Ernst Albrechts politisches Erbe

Klaus Wallbaum

Ernst Albrechts politisches Erbe

Wie Niedersachsen bis heute von der Wahl des Ministerpräsidenten 1976 geprägt wird

PETER LANG

Bibliografische Information der Deutschen Nationalbibliothek
Die Deutsche Nationalbibliothek verzeichnet diese Publikation
in der Deutschen Nationalbibliografie; detaillierte bibliografische
Daten sind im Internet über http://dnb.d-nb.de abrufbar.

Gedruckt mit freundlicher Unterstützung des
Sparkassenverbandes Niedersachsen.

Umschlagabbildung:
Ernst Albrecht (links) nach seiner Wahl zum Ministerpräsidenten
im Landtag am 15. Januar 1976. Ihm gratulieren unter anderem
Wilfried Hasselmann und Werner Remmers.
Fotograf: Weihs/dpa
Bildnachweis: picture alliance/dpa

ISBN 978-3-631-84671-1 (Print)
E-ISBN 978-3-631-85279-8 (E-PDF)
E-ISBN 978-3-631-85280-4 (EPUB)
E-ISBN 978-3-631-85281-1 (MOBI)
DOI 10.3726/b18322

© Peter Lang GmbH
Internationaler Verlag der Wissenschaften
Berlin 2021
Alle Rechte vorbehalten.

Peter Lang – Berlin · Bern · Bruxelles · New York ·
Oxford · Warszawa · Wien

Diese Publikation wurde begutachtet.

www.peterlang.com

Inhaltsverzeichnis

Einleitung

Es war ein kühler Wintertag, der 6. Februar. In der Schule sollten an diesem Tag die Eltern erscheinen – zum üblichen Sprechtag, der immer für diese Zeit angesetzt wird, wenn das Schulhalbjahr endet und die Lehrer mit den Vätern und Müttern über die Leistungen des Kindes und sein Sozialverhalten reden wollten. Für manche Mitschüler war das ein höchst bitterer Tag, der Tag der Wahrheit, andere konnten es gelassen angehen. Ich zählte wohl eher zu der zweiten Gruppe. Diesmal war es so geregelt, dass die Schüler – zumindest die der achten Jahrgangsstufe, für die kann ich reden – am Nachmittag noch mal in die Schule kommen sollten, denn der Sprechtag war mit einer Art „Tag der offenen Tür" verknüpft. Die Schüler sollten Kuchen und Kaffee anbieten. So saßen wir in der Pausenhalle und sahen das rege Treiben im Gebäude. Die Eltern kamen und gingen, die Lehrer begrüßten und verabschiedeten sie, und zwischendurch hatte der eine oder andere Lehrer mal eine Pause, stand mit einem Becher Kaffee in einer Ecke und plauderte mit Kollegen. Man spürte eine allgemeine Anspannung.

Immer wieder drang ein Gesprächsthema durch – die merkwürdigen Ereignisse im Landtag. Nicht, dass die Lehrer, die man traf, in besonderer Weise überrascht wirkten. Schließlich hatte sich das, was an diesem 6. Februar 1976 passierte, ja schon drei Wochen vorher angedeutet, im ersten und im zweiten Wahlgang, bei dem Ernst Albrecht zunächst vor dem SPD-Bewerber Helmut Kasimier gelegen hatte, dann sogar die ausreichende Zahl von Stimmen erhielt. Der dritte Wahlgang war nur nötig geworden, da Albrecht Mitte Januar noch kein Kabinett zur Bestätigung in der offenen Landtagsabstimmung vorstellen wollte. Er war ein gewählter Ministerpräsident, der sein Amt nicht übernehmen konnte. Der alte, Alfred Kubel, musste weiter amtieren. So gab es von Mitte Januar an bis Anfang Februar genug Gelegenheit für jedermann, sich mit der Landespolitik in Niedersachsen zu befassen. Die Zeitungen waren voll von dem Thema, in der Tagesschau am Abend tauchte der Landtag in Hannover auch regelmäßig auf. Und hier, in der Schule, waren zu jener Zeit alle Lehrer irgendwie politisch interessiert oder sogar engagiert. Der Rektor gehörte sogar dem FDP-Landesvorstand an. An diesem 6. Februar, als dann auch Ravens gegen Albrecht verloren hatte und der CDU-Politiker als nächster Ministerpräsident sicher fest stand, sah man an den ernsten und angespannten Gesichtern der Lehrer und mancher Eltern, dass die Politik ihnen doch sehr nahe ging.

Was hieß das für die Schule, für die Orientierungsstufe, den Aufbau der Gesamtschulen? Würde nun ein Roll-back unter der CDU eintreten, oder würde

sich nur wenig ändern? Was hieß das für die Bildungsinhalte? Die letzte Regierungszeit eines CDU-Kultusministers endete zwar erst vor sechs Jahren, 1970,
aber die Befürchtungen oder Erwartungen, je nach politischem Standort, waren
schon groß. Man sah es in den sorgenvoll wirkenden Gesichtern. Würde jetzt viel
umgewälzt werden? Hatte Albrecht als Ministerpräsident ohne formelle Mehrheit im Landtag überhaupt eine Chance für eine eigenständige Politik? Neu war
auch, dass man es eigentlich gewohnt war, dass die bekennenden „linken" Lehrer
sehr zufrieden und gelassen über Politik redeten – hatten sie doch bisher stets
Grund zur Freude gehabt. Diejenigen aber, die eher der CDU zuneigten (und
die in der Lehrerschaft eher rar gesät waren), hatten sich bisher an Niederlagen
gewöhnt. Nun hatten sie auf einmal Grund zur Freude.

Viele meiner Mitschüler waren politisch nicht sonderlich interessiert zu jener
Zeit, viele hatten auch nichts von den Ereignissen im Landtag am Vormittag mitbekommen. Ich war in gewisser Weise ein Einzelgänger – hatte schon Jahre vorher begonnen, politische Sendungen im Fernsehen zu schauen und Wahlkämpfe
hochinteressant zu finden. Ob ich als 15-Jähriger alles begriffen habe, einschließlich der Abläufe in Landtagen und im Bundestag, der Wechselbeziehungen zwischen den verschiedenen Machtzentren, das muss ich in der Rückschau
bezweifeln. Aber ich war CDU-Anhänger, und als solcher hatte ich in diesen
Wochen und besonders am 6. Februar 1976 einen neuen Star: Ernst Albrecht,
den neuen Ministerpräsidenten, einen strahlenden, jugendlich frisch wirkenden
Politiker, der reden konnte und immerfort lächelte. Eine optimistische, zugleich
freundlich und zupackend wirkende Person. Von Helmut Kasimier hatte man
als Fernsehzuschauer damals nur das Bild vor Augen, wie er regungslos in der
letzten Reihe seiner Fraktion saß, die Hände gefaltet, den Blick starr ins Leere
gerichtet. So wie Kasimier hatte man sich einen Verlierer vorgestellt, so wie Albrecht einen Gewinner. Mit Albrecht hatte auf einmal die CDU einen Triumph
erzielt, etwas ganz Großes, etwas Historisches.

Das sind meine Erinnerungen an diesen 6. Februar 1976. Die ganzen merkwürdigen Umstände, das Agieren der Überläufer und die Vorbereitungen auf
diesen Termin, das hat mich damals nicht interessiert, ich hätte es vermutlich
auch nicht begriffen. In den Wochen danach habe ich mich darauf konzentriert,
wie Albrecht auftritt, welche Reden er hält, wo er überall im Fernsehen zu sehen
ist. Bald darauf trat er abends in der ARD-Talkshow „Je später der Abend" auf,
interviewt von Reinhard Münchenhagen. Unser Ministerpräsident aus Hannover
im Abendprogramm des Fernsehens – der war auf einmal ein bundesweiter Star.
Es dauerte ein paar Monate, bis die Nachricht über ein Buch von Albrecht die
Runde machte. Ich bestellte es, der Titel war „Der Staat – Idee und Wirklichkeit".
In den Sommerferien hatte ich es gelesen, und verstand nichts. Daraufhin

schrieb ich an Albrecht in die Staatskanzlei und fragte, ob ich die ersten Kapitel begreifen müsse, um seine Botschaft zu erfahren. Die Antwort, persönlich von Albrecht unterschrieben, kam kurze Zeit später an – es sei nicht nötig, zum Verständnis des Buches auch die ersten Kapitel nachvollziehen zu können. Ich war erleichtert. Aus der Besonderheit wurde Normalität, ein paarmal noch sorgte Albrecht für bundesweite Schlagzeilen, etwa die Zustimmung zu den Polen-Verträgen. Im Wahlkampf 1978, inzwischen war ich Mitglied der Jungen Union geworden, erlebte ich ihn auf großen Wahlkampfveranstaltungen, etwa vor dem Rathaus in Hannover neben Helmut Kohl und Wilfried Hasselmann. Wieder ein paar Jahre später war er Gast unserer Kreisversammlung der Jungen Union in Burgdorf, ich sah ihn aus der Nähe – aber er wirkte immer herausgehoben, unnahbar, wie ein Außerirdischer, der mit guten Absichten kommt. Wirklich nah kam ihm niemand, und das sollte auch so bleiben, als ich ihm Jahre später in einer anderen Rolle gegenübertrat, als fragender Journalist dem Ministerpräsidenten. Einmal hatte ich Kontakt zu ihm, als es um die Frage ging, wie 1990 vor der Wiedervereinigung die Bundesländer geschnitten werden sollten – und er schilderte mir seine Pläne, sich auch für einen Zusammenschluss von Niedersachsen und Sachsen-Anhalt gedanklich zu öffnen. Die Schnelligkeit der Politik verhinderte seinerzeit, dass ernsthaft über einen solchen Ansatz diskutiert wurde. Das war ein sehr angenehmes, freundliches Gespräch mit dem politischen Senior Albrecht, dem es erkennbar um sein Bild in der Geschichte ging. Man merkte auch hier, wie zielgerichtet er in jede Unterhaltung gegangen war – gut vorbereitet und mit dem festen Willen, eine bestimmte Botschaft zu platzieren. Lockere Plauderei gab es bei ihm nicht.

Der Beginn der Albrecht-Zeit ist ein Teil meiner Kindheits- und Jugenderinnerungen, die vermutlich deshalb so einprägsam sind, weil man als Heranwachsender nicht die Gelassenheit im Umgang mit aufregenden Situationen hat, die sich später natürlich einstellt. Man steht als Kind oder als Jugendlicher staunend vor Abläufen, die man als hochinteressant und bedeutsam empfindet – ohne gleich reflexhaft zu fragen, wie es dazu kommen konnte und was dafür ursächlich gewesen ist. Man schaltet vom Erleben nicht gleich auf das Analysieren um, vielleicht kann man das Erlebte darum noch intensiver aufnehmen als jemand, der die ersten Eindrücke gleich durchstoßen und dahinter die Hintergründe aufhellen will. Das letztgenannte Verfahren gehört zur täglichen Praxis journalistischer Recherche.

Viel später erst merkte ich, dass ganz wichtige Faktoren in allen wesentlichen politischen Fragen auch die handelnden Akteure sind, die mit ihren Motiven und Strategien die Abläufe beeinflussen können. Was sind das für Leute? Ein paar Jahre nach diesen Ereignissen von 1976 im Landtag, es muss im Jahr 1979 oder

1980 gewesen sein, unternahm unsere Schulklasse einen Ausflug in den Harz. Es war wieder Winter, das Ziel war Braunlage. Von einem Klassenkameraden, dessen Vater Personenschützer beim Landeskriminalamt war, hatte ich erfahren, wo Alfred Kubel wohnte. Der Sozialdemokrat hielt absolute Treue zu seinem Heimatort, und selbst in seiner Minister- und Ministerpräsidentenzeit hatte er das Haus im Harz nicht aufgegeben, als Domizil in der Hauptstadt diente ihm nur eine kleine Wohnung gegenüber dem Landtag. Während dieser Klassenfahrt ging ich zum Haus von Kubel und klingelte. Er öffnete und fragte freundlich „Was willst Du?". „Ich bin hier mit meiner Klasse auf Klassenfahrt und hätte gern ein Autogramm von Ihnen", sagte ich. Kubel meinte: „Warte einen Moment", und kam wenig später mit einer unterschriebenen Visitenkarte zurück. Er fügte noch hinzu: „Aber sag' bitte den anderen nicht, dass ich hier wohne." Ich bedankte mich freundlich und ging. Das war meine erste Begegnung mit Alfred Kubel. Später, viel später habe ich ihn noch ein paarmal auf festlichen Veranstaltungen gesehen. Aber er wirkte schon alt, ich sprach ihn nicht an. Ein geselliger Mensch, auf den man gern zugegangen wäre, war Kubel nicht. Viele hielten eher aus Respekt Abstand, so ging es mir auch.

Immer wieder ist auch Peter von Oertzen als abgehobener, unzugänglicher Politiker beschrieben worden. Ich habe ihn anders erlebt. Es war im Jahr 1980, unsere Jahrgangsstufe des Hölty-Gymnasiums in Wunstorf stand ein Jahr vor dem Abitur. Im Gemeinschaftskunde-Leistungskurs reifte die Idee, Treffen mit regionalen Politikern zu organisieren. Was die CDU anbelangte, kamen wir in der Wohnung des Neustädter Landtagsabgeordneten Michael Baldauf mit Hans-Dieter Schwind zusammen, dem Justizminister. Er war früher selbst Hölty-Schüler in Wunstorf gewesen, deswegen wählten wir ihn aus. Auf SPD-Seite gingen wir auf Peter von Oertzen zu, der unseren Landtagswahlkreis auf SPD-Seite betreute und dort dann bei den Landtagswahlen auch antrat. In der Wunstorfer SPD-Geschäftsstelle in der Langen Straße wurde ein Treffen arrangiert, und ich erinnere mich noch gut, wie beeindruckend von Oertzen hier auftrat. Er, der Chefideologe der SPD, erläuterte seine Politik, beklagte sich über Verunglimpfungen des politischen Gegners, ging auf bundespolitische Themen ein. Man merkte ihm an, dass er nicht jeden Tag mit Schülern sprach, die sich in den meisten Verästelungen des politischen Tagesgeschäfts nicht auskannten. Aber er bemühte sich redlich, ließ sich auch auf Gegenargumente ein, wirkte alles andere als distanziert oder überheblich. Viele Jahre darauf, als ich als Journalist arbeitete, habe ich hin und wieder in Diskussionsrunden erlebt und mit ihm auch telefoniert – und es war immer angenehm, seinen Ausführungen, die meist ausführlich und geistreich waren, zuzuhören. Er trat immer auf wie jemand, der etwas wichtiges zu den aktuellen Abläufen beizutragen hatte – und sich dafür auch Gehör verschaffte. Unterbrochen habe ich ihn selten, das ergab sich auch kaum.

Im Landtagswahlkampf 1978 sah ich Karl Ravens, wie er sich bemühte vor recht leeren Rängen in Steinhude am zentralen Platz der Friedenseiche – und wie dankbar er wirkte für die wenigen Fotografen, die diese Szene festhielten. Während er in späteren Gesprächen, viele Jahre danach, durchaus mit sich und der Welt im Reinen wirkte, galt das für Helmut Kasimier weniger. Viele, die ihn noch kannten, sprachen von einem zeitlebens gebrochenen Mann. Ich habe ihn 1996 interviewt für eine Geschichte zum 50. Landesjubiläum – und begegnete einem überaus freundlichen und bescheidenen Mann, dessen Gedanken aber offenbar sehr stark um das Jahr 1976 kreisten. Ausgerechnet darauf musste ich ihn ansprechen. Er war in sich gekehrt, aber nicht verbittert. Seine Frau war immer in seiner Nähe, die beiden waren wie ein liebenswürdiges älteres Ehepaar. Nur spürte man immer dann, wenn es um die Abläufe im Landtag ging, dass er darüber nicht unbelastet reden konnte. Es nagte noch an ihm, 20 Jahre später.

Die anderen Erlebnisse mit wichtigen Akteuren rund um die Ministerpräsidentenwahl 1976 will ich nicht verschweigen. Zwei entscheidende Leute von der FDP sind mir Anfang der achtziger Jahre begegnet, als beide schon nicht mehr im Landtag und nicht mehr in der Landespolitik waren. Rötger Groß, der bis 1978 Innenminister war und als Vorantreiber der Gebietsreform galt, trat Ende Februar 1984 als Gast der Jungen Union Wunstorf auf – und berichtete auf Einladung meines guten Freundes Jörg Hoffmann und mir zum zehnjährigen Jubiläum der Gebietsneugliederung im Landkreis Hannover. Er wirkte ganz freundlich und umgänglich – ohne Allüren oder irgendwelche Eitelkeiten. Wie man ihn von früher kannte, trug er eine Fliege statt einer Krawatte, sein Markenzeichen. Und seine Botschaft war klar und gradlinig: Ohne die so oft gescholtene Gebietsreform, sagte Groß, hätte man ein Ungleichgewicht erzeugt. Die Länder mit größeren und leistungsfähigen Kreisen wie Nordrhein-Westfalen hätten wichtige Aufgaben ihren Kreistagen als politische Fragen überlassen können, in Niedersachsen mit viel zu kleinen und zu schwach aufgestellten Kreisverwaltungen hätte man ohne eine Reform die Aufgaben auf die Ministerialbürokratie hochziehen müssen – dann aber wäre ein Verlust an Bürgernähe und Bürgerbeteiligung die Folge gewesen. Da sprach ein kenntnisreicher Fachmann, der seine Haltung in der Sache über politische Erwägungen stellte. Einer, der absolut überzeugt von seiner Meinung war. Der andere hochrangige FDP-Politiker war auf merkwürdige Weise ähnlich. Als ich mein Politikstudium in Hannover begann, besuchte ich die Seminare von Honorarprofessor Winfrid Hedergott, das war Anfang der achtziger Jahre, wenige Jahre nach seinem Ausscheiden aus dem Landtag. Die Themen, denen er sich widmete, befassten sich mit seinen Erfahrungen im Parlament – freies Mandat und Rechte der Fraktion, Vorzüge einer staatlichen Parteienfinanzierung und deren Missbrauchsgefahren, Verhältnis von Bund und Ländern. Er nannte seine Lehrveranstaltungen „Seminar", aber in Wahrheit waren es Vorlesungen, Zwischenfragen gab es kaum, Diskussionen gar nicht. Dabei wäre er dafür prinzipiell wohl offen gewesen, doch niemand wollte ihn in seinem Redefluss bremsen, und auf Dialog angelegt waren die Hedergott-Termine nun mal nicht. Man hatte eher den Eindruck, dass er einfach bemüht war, seine Sicht der Dinge zu vermitteln und zu verdeutlichen.

Wilfried Hasselmann, den prägenden Mann der Niedersachsen-CDU, habe ich erst relativ spät kennengelernt, es war Mitte der neunziger Jahre, als ich schon als Journalist tätig war und den Politikern damit anders begegnete. Er liebte es, in Veranstaltungen launige Reden zu halten und verbal alle Anwesenden zu umarmen – und er war dann mittendrin in der Geselligkeit. Einmal rief er mich an und fragte, ob ich ihn nicht mal in die neuen Bundesländer begleiten wollte. Das war Ende der neunziger Jahre. Er hatte einen Kollegen dabei, Rentner wie Hasselmann, und wir waren zu dritt unterwegs in Sachsen-Anhalt. Hasselmann wollte mit den dortigen Landwirten über ihre Probleme reden, und wir steuerten vier oder fünf Höfe an. Nachdem die Bauern über verschiedene Schwierigkeiten geklagt hatten, bot er ihnen an, bei der Lösung zu helfen oder gute Bekannte um Rat zu bitten. Er wirkte leidenschaftlich, vertieft in die Sacharbeit, wollte seine Kontakte für das Wohl der Leute spielen lassen. Es ging ihm nicht wie anderen darum, nun mit einem positiven Artikel in der Zeitung glänzen zu können, denn die politische Karriere lag ja schon lange hinter ihm. Derlei mediale Begleitmusik hätte ihm wenig genützt. Er lebte vielmehr auf, als er mit den Bauern über ihre Sorgen und Nöte sprach – es war, zum Ende seines Wirkens hin, gewissermaßen eine Rückkehr zu seinen Wurzeln. So war sein Start in die Politik gewesen, der ja über die Arbeit in der Landjugend begann und dann in das Landwirtschaftsministerium führte. Hasselmann, der Kümmerer, der gut mit den Bauern, den einfachen Leuten kann – und nicht mehr der Hasselmann, der sich im Haifischbecken der Politik zuweilen ungeschickt bewegt hatte und dem die ganzen Fallstricke und Gemeinheiten des Geschäfts doch irgendwann zuwider sein mussten. In einem Interview 1996 sagte er mir, aus seiner Sicht müsse das Innenministerium am besten von einem Juristen geführt werden, das seien Leute, die sich mit den schwierigen Rechtsproblemen am besten auskennen würden. Es klang, als bedauere er manchen Schritt, den er in der Landespolitik gegangen war.

Damit sind nun einige von den handelnden Akteuren knapp charakterisiert – jeweils anhand sehr subjektiver Eindrücke aus meist kurzen, manchmal etwas längeren Begegnungen. Es sind sehr distanzierte Gemüter darunter wie Albrecht und Kubel, recht mitteilungsbedürftige wie Hasselmann und von Oertzen, oder auch sehr auf ihre fachliche Kompetenz bedachte wie Groß oder auch Hedergott. Diese und weitere Personen waren in ihrem Zusammenwirken mitverantwortlich für das, was dann 1976 im Landtag geschah – und was bundesweit für lange Zeit die politischen Verhältnisse prägen sollte. Wenn man nun nach 45 Jahren beschreiben will, was damals im Landtag geschehen war, wie es zustande kam und welche Begleitumstände wichtig sind, dann ist sicher eine Hypothese dazu hilfreich, wie diese und andere Politiker miteinander agiert haben, was sie aushandelten, worüber sie stritten, in welchen Punkten sie sich widersprachen oder gar bekämpften, welche Fallen sie sich gegenseitig stellten und wo sie sich aus dem Weg gingen.

Zusätzlich muss hinzukommen, die Verhältnisse von damals möglichst genau wiederzugeben – einschließlich der Mutmaßungen, Gerüchte, Behauptungen und Theorien, die gleich nach der Wahl des Ministerpräsidenten und in den Jahren danach kursierten. Eine Arbeitshypothese bestand in der Vermutung, die noch lebenden Mitglieder des Landtags, die direkt diese aufregenden Zeiten von 1976 miterlebt haben, würden jetzt, im hohen Alter, eine möglicherweise früher geübte Zurückhaltung aufgeben und offener als bisher darüber reden – sofern sie nicht schon gleich von Anfang an ohne Umschweife ihre Meinung geäußert hatten. Von den 155 Abgeordneten der achten Wahlperiode des Landtags, die von 1974 bis 1978 dauerte, lebten zum Zeitpunkt der Erstellung dieses Buches noch 39. 35 von ihnen waren erreichbar, bereit und in der Lage, sich zu den damaligen Ereignissen in einem kurzen Gespräch zu äußern. Die meisten gaben ohne zu zögern ihre Meinung preis, bei einigen wenigen war die Erinnerung schon so stark verblasst, dass sie nichts näheres ausführen wollten oder konnten. Nur ein einziger früherer Abgeordneter wehrte die Interviewanfrage mit den Worten ab: „Ich habe kein Interesse." Die meisten Befragten räumten ein, sie seien sich bis heute unschlüssig, wer die Überläufer gewesen seien. Einige wenige aber hatten eine feste Vorstellung davon, wo diese zu vermuten waren oder verortet werden können. Das überwiegende Urteil der damals dabei gewesenen Abgeordneten lautete, dass 1976 in ihrem Leben schon ein ganz besonderes, herausragendes Ereignis war – eine politische Anspannung und aufwühlende Stimmung, die im politischen Geschäft sonst kaum zu spüren ist, vielleicht von ganz eng verlaufenden Wahlabenden mal abgesehen. Die meisten derer, die sich jetzt noch äußerten, gehörten nicht zur ersten Reihe in ihren Fraktionen, ihr Wissen war nach eigener Einschätzung meistens begrenzt – und sie hatten das Gefühl, im Unterschied zu den führenden Leuten in vieles nicht eingeweiht gewesen zu sein. Umso mehr beschäftigte sie dann die Zeit danach, die Verarbeitung der Folgen.

Als ich Helmut Kasimier 1996 auf das damals 20 Jahre zurückliegende Ereignis ansprach, reagierte er unruhig und sagte: „Wohin ich auch komme, werde ich nach 1976 gefragt. Das darüber gewachsene Gras wird immer wieder hochgenommen." Das war die versteckte Botschaft, doch bitte nicht mehr nachzubohren. Offenbar haben es einige seiner Weggefährten dann auch gelassen, Kasimier zuliebe, demjenigen, der persönlich wohl das größte Opfer gebracht hat. Fortan hatte er das Verlierer-Image angeheftet bekommen, was er zeitlebens nicht mehr loswerden sollte. Und Albrecht als strahlender Sieger, der Gewinnertyp? Im Laufe der Jahren bekam dieses Bild Kratzer, nicht nur, weil etwa die Kanzlerkandidatur 1980 nicht geklappt hatte. Nach der Abwahl der CDU/FDP-Regierung bei der Landtagswahl 1990 wurde von vielen Christdemokraten beklagt, dass der Partei in den 14 Jahren Kabinettsverantwortung für Niedersachsen keine wirkliche Erneuerung gelungen war. In den drängenden Fragen der Kinderbetreuung, dem Streben nach mehr Repräsentanz von Frauen und nach mehr Offenheit gegenüber der Umweltbewegung, zeigte die CDU keine wirklichen Fortschritte – auch wenn Rita Süssmuth ziemlich überraschend als anvisierte Albrecht-Nachfolgerin präsentiert wurde. Aus der Politik von Aufbruch und Erneuerung von 1976 war 1990 eine Verwaltung in Erstarrung geworden.

Und doch ist 1976 mehr als nur ein landespolitisches Ereignis gewesen. Die Kanzlerschaft von Helmut Schmidt war zu diesem Zeitpunkt noch recht frisch, sie währte noch nicht einmal zwei Jahre. An Schmidts Seite stand Hans-Dietrich Genscher, der dann erst gut sechs Jahre später, 1982, den Wechsel zu einer christlich-liberalen Koalition in Bonn einleiten sollte. Helmut Kohl, der neue Vorsitzende der CDU, war Anfang 1976 auch erst gut zwei Jahre im Amt – und er agierte noch von Rheinland-Pfalz aus, erst Ende 1976 wechselte er in den Bundestag. Die bundespolitische Konstellation der führenden Leute in den Parteien war also noch relativ frisch und nicht verfestigt, der Regierungswechsel in Hannover war wenigstens geeignet, einige Bewegung in die Auseinandersetzung zu bringen. Dabei gelang es den Spitzen von SPD und FDP jedoch, ein Übergreifen des Feuers von Hannover auf Bonn vor der Bundestagswahl Anfang Oktober 1976 zu verhindern – indem sie sich gegenseitig ihre Treue schworen. Das gab der CDU die Chance, die FDP als „fest an der Seite der SPD" darzustellen und eher nationalliberale Stammwähler der Freien Demokraten für die Christdemokraten zu mobilisieren. Die Empörung und Verunsicherung nach dem verdeckten Agieren der Überläufer im Landtag war einfach zu groß, als dass sich die FDP jetzt schon bundesweit von der SPD hätte lösen wollen. Wäre in Hannover schon im Frühjahr oder Sommer 1976 eine christlich-liberale Koalition entstanden, so hätte dies auch wie eine Bestätigung der These ausgesehen, dass die Täter aus den Reihen der FDP gekommen seien.

Trotzdem muss sich die historische Einordnung der Vorgänge von 1976 von den taktischen Überlegungen der Parteien im damaligen Wahljahr lösen und die Perspektive verändern. Von weit oben betrachtet, markiert 1976 einen Übergang. Die sozialliberale Ära, die in Bonn 1969 begonnen hatte und sich auf etliche Bundesländer übertrug, erhielt einen starken Dämpfer. Es wurde erstmals offenbar, dass trotz der starken Erneuerung auch in der FDP eine gefühlte und gelebte Partnerschaft zwischen SPD und FDP nicht entstanden war. Das war dann mit dem anderen späteren Dauerpartner der SPD, den Grünen, schon anders, war dort doch lange Zeit von einem „rot-grünen Lebensgefühl" die Rede gewesen. Niemand hat zuvor aber je von einem „rot-gelben Lebensgefühl" gesprochen. Die CDU, ebenfalls in den siebziger Jahren eine Partei im Umbruch, gewann mit der Albrecht-Regierungszeit ein liberales Image – verbunden vor allem mit dem Ja Niedersachsens zu den Polen-Verträgen im Bundesrat, später dann auch mit der Aufnahme der vietnamesischen „Boat-People". Auch die Berufung von Walther Leisler Kiep förderte diese sichtbare Liberalisierung. Damit stellten sich die Niedersachsen unter Albrecht demonstrativ an die Seite von Kohl, öffneten sich zur FDP und wandten sich vom Konfrontationskurs, für den vor allem Franz Josef Strauß und die CSU standen, demonstrativ ab. Vielleicht markiert 1976 in Hannover damit weit mehr als andere Termine und Schauplätze die neue Profilbildung der CDU als eine Partei der Mitte, als Volkspartei. Dass es dann nicht schon eher auf Bundesebene zu einem Wechsel Richtung CDU/CSU/FDP-Regierung kam, hängt womöglich mit der Großwetterlage zusammen – einem geschickten Agieren von Kanzler Helmut Schmidt im Jahr des RAF-Terrorismus 1977 und einem Wiederaufbegehren der konservativen Kräfte in der Union, repräsentiert durch die Kanzlerkandidatur von Strauß 1980.

Und was heißt das für Niedersachsen, das damals 30. Geburtstag feierte – und sich bei Erscheinen dieses Buches auf den 75. Gründungstag vorbereitet? Die Ära Albrecht, die von 1976 bis 1990 dauerte, brachte Niedersachsen bundesweit viel stärker in die politische Aufmerksamkeit als je zuvor. Aus CDU-Sicht war diese Ära eine Zeit von wirtschaftlicher Aufwärtsentwicklung, einer Stärkung von Wissenschaft und Forschung, eines Schubs für die Infrastruktur. Da solche Entwicklungen immer nur teilweise von landespolitischen Entscheidungen geprägt sind und stark auch von der wirtschaftlichen Gesamtsituation abhängen, ist bei solchen Einschätzungen Vorsicht angesagt. Das gilt auch für die Gegenseite. Kritiker halten Albrecht vor, mit der Auswahl von Gorleben als Standort für ein Atommüll-Endlager unflexibel gewesen zu sein, die

Umweltbewegung nicht genug gefördert, sondern sogar verachtet zu haben – die Frauen- und Friedensbewegung dann ebenso. Eine gesellschaftliche Erneuerung habe es nicht gegeben. Auch dieses Urteil ist, im Detail betrachtet, ungerecht. Denn die Umweltbewegung, die bald darauf mit den Grünen einen sichtbaren Ausdruck in einer neuen Partei fand, entstand zu dieser Zeit erst, nicht nur in Niedersachsen (wenn auch einer der Urväter dieser neuen Richtung, der einstige CDU-Bundestagsabgeordnete Herbert Gruhl, ein Niedersachse war). Für gesellschaftlichen Aufbruch stand in der CDU bundesweit eine Niedersächsin, Rita Süssmuth, und was Gorleben angeht, darf nicht unterschlagen werden, dass es erheblicher Druck der SPD/FDP-geführten Bundesregierung war, der Albrecht zu einer frühzeitigen Festlegung drängte. Hier hatte es kurz nach Antritt der Regierung Albrecht fast einen Eklat gegeben[1]. Was aber unbestritten bleibt ist die starke Rolle Albrechts in der Bundespolitik – als Machtfaktor nicht nur in der CDU, sondern in der Bundespolitik überhaupt. So hat es auch Ernst-Gottfried Mahrenholz, ein Sozialdemokrat, 1996 eingeschätzt. Nach seinen Worten hätten nur zwei Regierungschefs in Hannover es vermocht, das Land bundesweit stärker zu profilieren, nämlich Hinrich-Wilhelm Kopf und Ernst Albrecht.[2] Zwei der Nachfolger Albrechts brachten es später zum Kanzler und zum Bundespräsidenten, ein weiterer zum Vizekanzler und Bundesaußenminister – aber Albrecht war wohl, obwohl er zeitlebens kein hohes Amt in der Bundespolitik erklomm, noch prägender als diese Politiker.

Beim Blick auf die Umstände, Hintergründe und Voraussetzungen, die zu Albrechts Karrierestart führten, gliedert sich dieses Buch in neun Kapitel.

Im ersten Kapitel geht es um die Frage, wie das „Trauma von 1976" heute noch, nach Jahrzehnten, seine Wirkung entfalten kann. Das hat im Jahr 2017 Ministerpräsident Stephan Weil für sich genutzt, als er in der vorgezogenen Landtagswahl seine SPD mobilisieren wollte. Mit geschickten Anspielungen auf die bis heute unbekannten Überläufer, die Albrecht zum Sieg verhalfen, kam er nach dem Übertritt der Grünen-Abgeordneten Elke Twesten zur CDU in die Offensive – während die CDU hilflos darauf reagierte und keine wirksame

---

1   Der damalige Landtagsabgeordnete Kurt-Dieter Grill berichtet, im November hätten die Bundesminister Horst Matthöfer, Hans Friedrichs und Werner Maihofer Albrecht aufgesucht und definitiv verlangt, binnen zwei Wochen einen Standort für ein nukleares Entsorgungszentrum zu benennen. Albrecht habe das als unfreundlichen Akt aufgefasst „und die Minister beinahe rausgeschmissen". (Gespräch mit Kurt Dieter Grill am 30.10.2020)

2   Hannoversche Allgemeine Zeitung, Beilage zum 50. Landesjubiläum: „Niedersachsen hat ein etwas graumäusiges Image".

Gegenreaktion zu entwickeln vermochte. Außerdem zeigt die lange geforderte, bisher nicht einmal ansatzweise umgesetzte Forderung nach einer neuen Kreisreform, wie auch hier Anspielungen auf 1976 jeglichen Ansatz im Keim ersticken und eine Debatte erdrücken konnten, bevor sie überhaupt startete. Auch die besondere, ausgesprochen starke Rolle der Fraktionen im Vergleich zu den Rechten einzelner Abgeordneter kann als Folge des Traumas von 1976 angesehen werden – denn das Verlassen einer Fraktion ist nach den aktuellen rechtlichen Vorgaben in Niedersachsen sehr unattraktiv.

Im zweiten Kapitel wird die politische Kultur der siebziger Jahre des vergangenen Jahrhunderts betrachtet. Während die politischen Debatten heute die Frage beleuchten, ob das System überhaupt geeignet ist, die globalen Themen von Klimaschutz, Digitalisierung und Globalisierung zu bewältigen, waren die Debatten in den siebziger Jahren viel stärker binnenfixiert: Die SPD, die CDU und die FDP erlebten einen starken Zustrom von Menschen, die sich politisierten und auf Mitbestimmung drängten – meisten solche, die im jeweiligen Spektrum der Parteien links angesiedelt waren. Diese neuen Kräfte rieben sich mit denen, die oft schon seit vielen Jahren in den Parlamenten saßen und wie Honoratioren selbstverständlich ihre gewohnten Rechte verteidigen wollten. Scharfe Konflikte zwischen den Parteien und ihren Vertretern in den Parlamenten waren die Folge, über das „imperative Mandat" wurde ernsthaft diskutiert.

Im dritten Kapitel wird die Regierungskrise von 1970 beleuchtet, in der mehrere Abgeordnete von FDP, SPD und NPD zur CDU wechselten oder wechseln wollten, damit die CDU gegenüber ihrem Koalitionspartner SPD in der Mandatsverteilung aufwerteten und die Machtfrage aktuell werden ließen. Bemühungen der CDU um ihren Fraktionschef Bruno Brandes, mit einem konstruktiven Misstrauensvotum den Ministerpräsidenten Georg Diederichs (SPD) zu stürzen, wurden nicht nur von der FDP unterbunden – sondern auch vom Veto des noch jungen CDU-Landesvorsitzenden Wilfried Hasselmann. Ganz direkt kam schon damals die Frage auf, inwieweit der Fraktionswechsel darauf beruhte, dass Abgeordnete „gekauft" worden wären.

Im vierten Kapitel fällt der Blick auf die SPD, hier besonders die starken linken Kräfte in Hannover-Linden, die eine ausgefeilte Strategie entwarfen, die bisherigen Machtgewichte in der SPD-geführten Landesregierung zu erschüttern und mehrere Minister, unter ihnen den ehrgeizigen Innenminister Richard Lehners, politisch zu erledigen. Für diesen Generationskonflikt interessierte sich auch die DDR-Staatssicherheit, wie später bekannt wurde.

Im fünften Kapitel soll der Kern der Ereignisse aufgehellt werden. Mit welchen Strategien starteten die Parteien in den Landtagswahlkampf 1974? Wie wirkten sich die Unregelmäßigkeiten bei der Stimmauszählung, die eine landesweite

Nachzählung nach sich zogen, auf das Verhältnis der drei Landtagsfraktionen
SPD, CDU und FDP untereinander aus? Dann zeigten sich im Vorfeld der Ministerpräsidentenwahl 1976 erhebliche Debatten in der SPD und auch in der CDU,
hinter den Kulissen kam es zu einer personellen Neuaufstellung. Im nächsten
Schritt wird geschildert, was genau im Landtag in den Januar- und Februartagen
1976 passierte – und wie die Akteure darauf reagierten.

Im sechsten Kapitel wird die Frage aller Fragen gestellt: Wer waren die Überläufer, die Albrecht zum Sieg verhalfen und in ihren eigenen Parteien, SPD oder
FDP oder beide, als Verräter gelten mussten? Beleuchtet wird die Wahrscheinlichkeit, ob die Überläufer wegen der Gebietsreform enttäuscht waren, ob sie aus
der FDP kamen, ob sie bei den Konservativen in der SPD oder bei den Linken
in der SPD gesucht werden müssen, ob die Gründe in der Bildungspolitik liegen
oder schlicht darin, dass schwankende Abgeordnete mit finanziellen Versprechen oder Karriereversprechen zu ihrem Stimmverhalten im Landtag bewegt
worden wären. Oder war einfach nur Helmut Kasimier der falsche Kandidat
gewesen?

Im siebten Kapitel wird beschrieben, wie in der Endphase der Regierung Albrecht der Auftritt eines früheren CDU-Beraters, der sich mit der Partei überwor-
fen hatte, die Vorgänge von 1976 wieder auf die politische Tagesordnung setzte.
Das geschah im Zusammenhang mit der Krise der Spielbank in Hannover. Die
Parteien im Landtag beleuchteten 1988 die noch vor 1976 entschiedene Vergabe
der Lizenzen an verschiedene Spielbankbetreiber, ein Untersuchungsausschuss
wurde eingerichtet – und in einigen Zeugenvernehmungen ging es auch um die
Umstände bei der erstmaligen Wahl von Albrecht Landtag.

Im achten Kapitel sollen dann noch einige Besonderheiten in den personal-
politischen Konstellationen bei SPD, CDU und FDP betrachtet werden. Es geht
um die ungeklärte Führungsfrage in den Parteien und die verschiedenen Charaktere. Die Planungseuphorie der Regierungszentrale in Hannover fand ihren
Ausdruck in der angeschobenen Kreisreform – sie bot eine wunderbar geeignete
Plattform, um gegen die Bürgerferne der politischen Planung in Hannover zu
protestieren. Die Hochschulreform trieb einen Keil zwischen die verschiedenen
Richtungen, die Konflikte wurden genutzt, tiefsitzende Ängste und Befürchtungen wach zu rufen. Ein Seitenblick wird auch geworfen auf die auffälligen Ähnlichkeiten der beiden Ministerpräsidenten des Jahres 1976, des bisherigen Alfred
Kubel und das neuen Ernst Albrecht.

Im neunten Kapitel soll versucht werden, ein Schema zur Beurteilung von
Abweichungen bei der geheimen Wahl von Ministerpräsidenten zu entwickeln.
Wie können die Maßstäbe aussehen, mit denen die Bedeutung der Vorgänge
gewertet und mit ähnlichen Vorfällen verglichen werden können? Dazu sollen

einige Beispiele anderer Entwicklungen erwähnt werden – die gescheiterte Wiederwahl von Heide Simonis in Schleswig-Holstein, die Widerstände gegen die ostdeutschen Ministerpräsidenten Georg Milbradt in Sachsen und Christine Lieberknecht in Thüringen, die Aufregung um die geplante, dann aber kurz vor dem Termin abgesagte Wahl von Andrea Ypsilanti zur neuen Ministerpräsidentin in Hessen. Die Frage wird angefügt, ob es Schutzvorkehrungen gegen Illoyalität bei Ministerpräsidentenwahlen geben kann – und wie diese aussehen könnten.

Im Schlusskapitel wird dann kurz erwähnt, worin das „Trauma von 1976" in der Sicht der jeweiligen Parteien besteht – denn hier werden erhebliche Unterschiede deutlich. Es ist eine Debatte darüber wert, ob es einen Weg gibt, dieses Trauma zu bewältigen. Eine Methode, wie das geschehen könnte, wird aufgezeigt. Ob sie je funktionieren könnte, hängt von den politischen Akteuren in der Zukunft ab. Eines immerhin scheint gewiss: So lange die Wahlen von Ministerpräsidenten in den Landtagen geheim bleiben, wird es immer wieder Abweichler geben.

1. Warum das Jahr 1976 für die niedersächsische Landespolitik nach wie vor ein Trauma ist

1.1. Der Fall Twesten und die These von der gekauften Verräterin

Die Sommerferien lagen in diesem Jahr 2017 recht früh in Niedersachsen, und so ging der politische Betrieb, der stets an den Schulbeginn gekoppelt ist, schon Anfang August wieder los. Die Tage waren warm, sonnig und ausgedehnt, und beim alljährlichen Sommerempfang der Unternehmerverbände am Maschsee, einem bei der hannoverschen Gesellschaft beliebten Abendtermin in der warmen Jahreszeit, kreisten die entspannten Gespräche um die vielen Reiseerlebnisse und Urlaubvergnügungen. Das politische Geschäft hatte sechs Wochen lang geruht, und so gab es hier wenig zu klären – vielleicht mit Ausnahme der bevorstehenden Bundestagswahl im September, für die der Wahlkampf der Parteien jetzt allmählich anlaufen sollte. Die nächste Landtagswahl war für den 15. Januar 2018 anvisiert worden, lag also noch ein gutes halbes Jahr entfernt und ließ sowieso keine Prognosen zu, da alles vom Ausgang der Bundestagswahl abhängen würde. Die Musik spielte also woanders, jedenfalls nicht in Hannover. Vermeintlich.

An diesem Abend ging auch die Grünen-Landtagsabgeordnete Elke Twesten aus Zeven (Kreis Rotenburg-Wümme) durch die Reihen, freundlich, unbeschwert und gut gelaunt. Dass sie, die in ihrer eigenen Fraktion schon länger eine Außenseiterrolle angenommen hatte, mit Beginn des nächsten Tages eine politische Bombe würde platzen lassen, ahnte noch kaum jemand. Wer war diese Elke Twesten? 54 Jahre alt, Mutter von drei Kindern, seit 1997 bei den Grünen aktiv und seit 2008 im Landtag. Einfach hatten es die Grünen in Hannover mit der Frau, die dem Realo-Lager zugerechnet wurde, nicht gerade – und sie hatte es nicht einfach mit ihren Kollegen, vor allem mit dem linken Flügel. 2008 kam sie noch über Platz neun der Landesliste in das Landesparlament, fünf Jahre später klappte das nur sehr knapp – sie hatte Rang 19, 20 Plätze standen den Grünen zu. Wiederholt probierte sie es, 2013 und 2014, bei Landratswahlen zu glänzen. Der große Erfolg blieb aus. Auch in der Fraktion mehrten sich die Konflikte. Das Thema Fracking, in ihrem Wahlkreis sehr bedeutend, hätte sie gern entschiedener von der grünen Seite in der rot-grünen Landesregierung thematisiert gesehen, das Thema Wolf ebenso. Hier seien die Grünen-Minister „geradezu abgetaucht"[3].

---

3 Politikjournal Rundblick: „Es wurde immer wieder diskutiert, aber es kam nicht zu irgendwelchen Lösungen", 18.09.2017

Von „Entfremdung" berichtete sie zu jener Zeit in internen Gesprächen. Den Ausschlag für ihr Verhalten, das für so viel Aufsehen sorgen sollte, mag auch ein Ereignis gegeben haben, das diesen Prozess dann erheblich verschärft haben muss. Am 1. Juni, also kurz vor Beginn der Sommerpause, unterlag sie in ihrem Kreisverband bei der Wiederaufstellung zur Landtagsabgeordneten gegenüber der 62-jährigen Birgit Brennecke, einer radikalen Fracking-Gegnerin. Das Ereignis schlug damals überregional kaum Wellen. Das Politikjournal Rundblick berichtete ein paar Tage darauf immerhin: „Twesten ließ unterdessen offen, ob sie nach ihrer Niederlage noch versuchen wird, auf der Grünen-Landesliste einen Platz zu bekommen. Sie zeigte sich enttäuscht, dass sie ihre Heimatregion künftig nicht mehr im Landtag wird vertreten können. Nun müsse sie erst einmal über ihren weiteren Weg nachdenken, sagte sie dem Politikjournal Rundblick. Innerhalb der Grünen hatte die frühere Zoll-Mitarbeiterin schon vor vielen Jahren dafür geworben, auch eine Kooperation mit der CDU als Möglichkeit in Erwägung zu ziehen. Falls Twesten nun ihre Partei und Fraktion verlassen würde, hätte die rot-grüne Koalition im Landtag keine Mehrheit mehr."[4]

Die Gefahr eines Koalitionsbruchs stand also zu Beginn der Sommerpause schon im Raum. Doch wer gemeint hätte, dies würde dann hektische Betriebsamkeit auslösen und die Grünen-Spitze im Landtag veranlassen, vertrauensbildende Maßnahmen gegenüber ihrer Abgeordneten zu starten, sah sich getäuscht. Twesten sah sich offenbar zuletzt, gerade auch nach ihrer gescheiterten Wiederaufstellung im Wahlkreis, „nicht mehr ernstgenommen"[5]. Die breite Öffentlichkeit ahnte noch nichts davon.

Am Freitagvormittag, einen Tag nach dem festlichen Abend der Unternehmerverbände Anfang August, verschickte die CDU-Landtagsfraktion eine eilige Einladung an die Redaktionen – Fraktionschef Björn Thümler und Twesten würden gemeinsam eine wichtige Erklärung abgeben. Das Signal konnte nur lauten: Die Einstimmenmehrheit der rot-grünen Koalition im Landtag in Niedersachsen war jetzt, ein halbes Jahr vor der Landtagswahl, zerbrochen – denn Twesten würde zu den Christdemokraten gehen. Schon Stunden vor dem Termin der Pressekonferenz herrschte auf den Fluren der CDU-Landtagsfraktion hektische Betriebsamkeit, man spürte die historische Bedeutung der aktuellen Situation, aber auch die große Anspannung. Als sich Thümler und Twesten den Weg durch einen Pulk von Kameraleuten an die Mikrophone gebahnt hatten, war die Botschaft klar: Twesten habe die Grünen-Fraktion verlassen und die

---

4   Politikjournal Rundblick: „Twesten muss Schlappe hinnehmen", 01.06.2017
5   Politikjournal Rundblick, 18.09.2017

CDU gebeten, sie in ihren Reihen aufzunehmen – was auch geschehen solle. Er befürworte nun möglichst schnelle Neuwahlen, fügte Thümler hinzu: „Ich kann mir jedenfalls nicht vorstellen, dass eine rot-grüne Minderheitsregierung bis zum regulären Landtagswahltermin im Januar amtieren kann."[6] Twesten ergänzte, ihre gescheiterte Wiederaufstellung im Wahlkreis habe „ein Fass zum Überlaufen gebracht. Ich empfinde es als verantwortungslos, nicht jede Chance zu nutzen, den eigenen Wahlkreis im Landtag zu vertreten." Auf Nachfragen musste sie dann aber einräumen, wohl kaum für die CDU in dem Landtagswahlkreis aufgestellt zu werden. Die CDU hatte bereits am 16. Februar 2017 ihren Kandidaten Marco Mohrmann für die Nachfolge des bisherigen Wahlkreisabgeordneten und früheren Agrarministers Hans-Heinrich Ehlen nominiert.[7] Es waren auch schon weitere Schritte eingeleitet worden, Mohrmann in der Kreispartei aufzubauen. Ein Überraschungscoup, Twesten hier jetzt als CDU-Bewerberin zu präsentieren, wäre CDU-intern kaum durchsetzbar gewesen.

Ein paar Bemerkungen von Twesten auf Fragen von Journalisten wirkten irritierend. Sie meinte, sich auch andere Mandate auf anderen Ebenen für die CDU vorstellen zu können. Diese wenig konkrete Aussage, verknüpft mit dem Lächeln von CDU-Fraktionschef Thümler, wurde dann von Beobachtern später als Indiz dafür gewertet, dass es wohl doch eine Absprache oder ein Versprechen der CDU an die Überläuferin Twesten gegeben haben könnte. Vor allem die SPD würde diesen Ball später noch auffangen und spielen. In den ersten Reaktionen der Beteiligten überwogen jedoch noch Ratlosigkeit und Verunsicherung. Ministerpräsident Stephan Weil pflichtete dem Vorschlag Thümlers bei, möglichst rasch Neuwahlen zu organisieren. „Ich stelle mich jederzeit gern dem Wählerwillen. Aber ich werde einer Intrige nicht weichen", betonte Weil und fügte hinzu: „Wenn eine Abgeordnete des Landtags aus ausschließlich eigennützigen Gründen die Fraktion wechselt und damit die von den Wählern gewollte Mehrheit verändert, halte ich das persönlich für unsäglich und schädlich für unsere Demokratie. Für die CDU gilt das gleiche, wenn sie sich dieses Verhalten aktiv zu eigen macht."[8] Die Grünen-Fraktionsvorsitzende Anja Piel appellierte an Twesten, ihr Mandat zurückzugeben, damit ein Grünen-Politiker nachrücken und die Beständigkeit von Rot-Grün im Landtag bis zur Landtagswahl im Januar 2018 garantieren kann. Der FDP-Vorsitzende Stefan

---

6   Politikjournal Rundblick: Rot-Grün in Niedersachsen ohne Mehrheit, 04.08.2017
7   Rotenburger Kreiszeitung vom 14.03.2017: „CDU will Landtagskandidaten im April zum Kreisvorsitzenden wählen"
8   Politikjournal Rundblick, 04.08.2017

Birkner betonte, man brauche rasch stabile Verhältnisse, daher seien zügige Neuwahlen sinnvoll.

Interessant ist in diesem Zusammenhang, dass schon in den ersten Reaktionen auf den Übertritt Twestens eine Variante in der politischen Debatte überhaupt keine Rolle spielte – nämlich ein konstruktives Misstrauensvotum, mit dem CDU und FDP einen von ihnen benannten Kandidaten in geheimer Abstimmung gegen den Amtsinhaber Stephan Weil hätten durchsetzen können. Es ist nicht bekannt, dass sich Christ- und Freidemokraten zusammengesetzt und diesen Weg wenigstens ernsthaft erwogen hätten. Lag es daran, dass bis zur Landtagswahl (damals geplant für den 15. Januar 2018) sowieso nur noch sechs Monate lagen? Lag es daran, dass die FDP frühzeitig signalisierte, dem CDU-Landesvorsitzenden Bernd Althusmann keinesfalls auf diesem Weg zur Macht verhelfen zu wollen? Schwer vorstellbar erscheint, dass ein neuer Ministerpräsident Althusmann im September oder Oktober 2017 ein Kabinett mit Ministern und Staatssekretären präsentiert hätte, das dann nur noch zwei Monate bis Weihnachten gearbeitet hätte – da ja gleich nach dem Jahreswechsel die Landtagswahlen stattfinden sollten. Das einzige, was ein gewählter neuer Ministerpräsident wohl hätte tun können, wäre eine Überleitung der Regierung in die Landtagswahlen – indem er mit den bisherigen, 2013 von Rot-Grün ernannten Staatssekretären die Regierungsarbeit weitergeführt hätte.

Immerhin: Hätte Schwarz-Gelb seinerzeit die Kraft gehabt, Weil mit ihrer neuen Mehrheit aus dem Amt zu heben und Althusmann zu inthronisieren, wäre der CDU-Chef als amtierender Ministerpräsident in den Wahlkampf gestartet – und Weil als ehemaliger, also geschlagener. Mit dem neuen Titel hätte Althusmann jenen Macht- und Gestaltungswillen verkörpert, der Politiker auf viele Wähler anziehend wirken lässt. Der Osnabrücker Staatsrechtler Jörn Ipsen hat den Fall später untersucht und kam zu dem Schluss, dass die schnelle Verständigung der Fraktionen auf Neuwahlen ein weiser Schritt gewesen sei, da ein erfolgreiches Misstrauensvotum kurz vor einem Wahltermin auch verfassungsrechtlich nicht ohne Risiko gewesen wäre[9]. Politisch stellt sich allerdings die Frage, ob die auffällige Zurückhaltung von CDU und FDP bei der Frage nach einem konstruktiven Misstrauensvotum auf fehlenden Machtwillen zurückzuführen war – oder auch darauf, dass auch bei ihnen das „Trauma von 1976" wirkte, nämlich die Furcht, in einer geheimen Wahl des Ministerpräsidenten nicht alle eigenen Stimmen mobilisieren zu können und sich so über Jahre hinaus zu

---

9   Jörn Ipsen in einem Beitrag für die Niedersächsischen Verwaltungsblätter, zitiert nach Politikjournal Rundblick, 19.09.2017

blamieren. Ganz so, wie es der SPD 1976 widerfahren war. Oder bestand das „Trauma" darin, dass man sich unwohl fühlte, da der Geruch von Stimmenkauf in der Luft lag?

1.2. Der Fall Twesten als Wahlkampfthema

Auch bei der SPD musste der Fall Twesten Erinnerungen an schlimme Wunden wach rufen. Die Partei regierte unter Ministerpräsident Weil viereinhalb Jahre, nachdem sie zuvor zehn Jahre lang in der Opposition verbringen musste. Nun sollte nach viereinhalb Jahren schon wieder Schluss sein – und das wegen einer Überläuferin, die ihr Mandat den Grünen verdankte und jetzt für die CDU ausüben wollte? Eigentlich gestatteten die Umstände keinen Vergleich zu 1976, als die Ära der sozialdemokratischen Ministerpräsidenten nach immerhin 17 Jahren zu Ende ging. Aber das Gefühl, wie 1976 um die politische Macht betrogen zu werden, da eine Abgeordnete den Wählerwillen verfälsche, breitete sich in der SPD in den Tagen nach der Wahl rasch aus. Der Begriff „Intrige", den Stephan Weil in seiner ersten Reaktion auf die Vorkommnisse verwendet hatte, bot nur den Auftakt. In den folgenden Tagen und Wochen wurden die Sozialdemokraten noch deutlicher.

Am 10. August 2017, eine knappe Woche nach Twestens Coup, traf sich der Landtag in Hannover, es war die erste Sitzungswoche nach der Sommerpause. Die CDU gab ihrem Neuzugang einen Platz in der Mitte der Fraktion, eingerahmt von altgedienten Kollegen, die ihr sichtlich Schutz und Begleitung geben sollten. Schon einige Tage zuvor hatten sich die Fraktionen darauf verständigt, die Landtagswahlen vom 15. Januar 2018 auf den 15. Oktober 2017 vorzuziehen, also drei Monate früher abzuhalten. Damit befand sich der Landtag auch direkt schon im Wahlkampf. Als erste in einer aktuellen Debatte sprach Johanne Modder, die Vorsitzende der SPD-Fraktion. Sie warf Twesten vor, ihren „moralischen Kompass" verloren zu haben. Die CDU habe sich „schlicht unanständig" verhalten und werde „dafür einen Denkzettel bekommen". An Twesten gerichtet fragte die SPD-Fraktionschefin, „welchen Preis" ihr Verhalten wohl gehabt habe. Da tauchte zum ersten Mal im Parlament eine Andeutung auf, die Stimme von Twesten könne von der CDU „gekauft" worden sein.

Ein paar Tage vorher schon hatte die Oldenburger „Nordwest-Zeitung" einen Artikel über Twesten veröffentlicht, dessen Überschrift schon den härteren Tonfall andeutete: „Hinweise auf ‚unmoralisches Angebot' der CDU verdichten sich"[10].

---

10 Gunars Reichenbachs in der Nordwest-Zeitung vom 07.08.2017

Der Autor Gunars Reichenbachs schrieb, Twesten habe schon im Juni gegenüber dem Parlamentarischen Geschäftsführer der Grünen im Landtag, Helge
Limburg, und im August dann gegenüber dem Alt-Landtagspräsidenten Rolf
Wernstedt (beide sitzen im Vorstand des Volksbundes für Kriegsgräberfürsorge)
erklärt, nach ihrer Nicht-Wiederaufstellung für die Grünen im Wahlkreis von
der CDU „ein unmoralisches Angebot" erhalten zu haben. Was genau damit
gemeint gewesen sein könnte, erwähnte die Nordwest-Zeitung nicht. Vermittelt
wurde mit dieser Darstellung aber der Eindruck, die Triebfeder könnte nicht
Twestens Wunsch nach einer neuen politischen Heimat gewesen sein, sondern
der Versuch der CDU, die Einstimmenmehrheit von Rot-Grün im Landtag zu
brechen. Für die Sozialdemokraten stellten sich derlei Vermutungen, die seither
verstärkt in landespolitisch interessierten Kreisen kursierten, als motivierend
heraus.[11]

Am 11. August 2017, einen Tag nach der aufgewühlten Landtagsdebatte und
genau eine Woche nach Twestens Entscheidung, trafen sich aktive und frühere
Funktionsträger der Sozialdemokraten zu einem schon länger geplanten Festakt. Der 90. Geburtstag des früheren Landes- und Fraktionsvorsitzenden Karl
Ravens sollte gefeiert werden. Der Anlass war zwar schon Ende Juni, aber die
Parteiregie verlegte das Treffen, vielleicht in einem Augenblick tieferer Einge-
bung, in den August. Für die Wahlkampfstrategen hätte es dann auch passender
nicht kommen können. Ravens war derjenige, der 1976 von Bonn nach Hannover geschickt worden war, als Helmut Kasimier zweimal bei der geheimen
Abstimmung im Landtag nicht alle Stimmen der SPD/FDP-Koalition für sich
mobilisieren konnte. Das Ergebnis war, dass Ravens diese Leistung auch nicht
vollbringen konnte. Er musste von der Besucherloge des Landtags aus seine Niederlage miterleben – und es war für ihn eine Niederlage in mehrfacher Hinsicht.
In einem Moment tiefer Depression der SPD musste Ravens die neue Leitfigur
der Landes-SPD werden, als Bundesminister einige Monate darauf zurücktreten
und dann als (erfolgloser) Spitzenkandidat bei den Landtagswahlen 1978 und
1982 antreten. Außerdem wurde er Fraktionschef und Oppositionsführer im
Landtag. Er hat anders, aber wohl nicht weniger gelitten unter den Ereignissen

---

11 Das gilt auch, weil Gerüchte die Runde machten. Twesten selbst erklärte in einem
Rundfunkinterview, es habe von der CDU keinerlei Versprechungen gegeben – auch
nicht von „Ablösesummen, von denen in der sozialen Netzwelt groteskerweise die Rede
ist" („Spiegel" 06.08.2017: „Twesten soll unmoralisches Angebot der CDU erhalten
haben")

von 1976 als Kasimier, der schon 2013 gestorben war und nun nicht mehr an dieser Veranstaltung teilnehmen konnte.

Ravens saß im Rollstuhl, aber seine Stimme klang fest und laut, als er zu den rund 200 Anwesenden sprach. Er erwähnte den „hinterhältigen Vertrauensbruch" von 1976 – und fügte dann hinzu, dass diese Wunde jetzt wieder aufreiße: „Angesichts des neuen politischen Vertrauensbruchs, des privat-persönlichen Missbrauchs eines übertragenen Mandats, schmerzen die Bilder von 1976 natürlich wieder deutlicher."[12] Tosender Applaus ertönte, der alte Mann hatte das Trauma von 1976 berührt und die einen Bezug zu den aktuellen Vorkommnissen hergestellt. Das löste im Saal emotionale Anteilnahme aus. Diese Episode tat den versammelten SPD-Altvorderen in diesem Moment, in dem viele von ihnen verunsichert wirkten, sichtlich gut. Stephan Weil klatschte auch ausgiebig, nachdem er zunächst etwas fahrig gewirkt hatte. Als er an diesem Abend die einleitenden Worte für den Jubilar sprach, leistete sich Weil einen freudschen Versprecher, als er sich und die SPD-Fraktionsvorsitzende Modder als Erben von Ravens in den Ämtern von SPD-Landesvorsitzenden und Oppositionsführer bezeichnete[13]. Ob er im Kopf schon die Variante durchspielte, in wenigen Wochen die Minderheit im Landtag anführen zu müssen?

Wochen vergingen, die Wahlkampfstrategen tüftelten und Stephan Weil verwandelte sich – vom irritierten Amtsinhaber, der die plötzliche Bedrohung seiner Machtposition kaum begreifen konnte, zum zuspitzenden Angreifer. Den Auftakt bot er bei der SPD-Vertreterversammlung zur Landtagswahl am 3. September 2017 in Hannover. In seiner Rede vor den Delegierten sprach er zunächst von den „mysteriösen Fraktionsübertritten zur CDU" im Jahr 1970, dann von der aus Sicht der SPD gescheiterten Ministerpräsidentenwahl 1976 und schließlich von der aktuellen Situation: „Und jetzt haben wir wieder, zum dritten Mal erlebt, dass die Mehrheit im Landtag anders geregelt werden soll als durch das Votum der Wähler. Es handelt sich offenbar um einen Teil des christdemokratischen Erbguts in Niedersachsen. Auch für die heutige CDU-Führung gilt: Sie haben viel Tricks drauf, aber wenig Anstand!"[14] Später ging er seinen direkten Herausforderer, den CDU-Landeschef Bernd Althusmann, noch einmal persönlich an: „Legal, illegal, piepegal – die niedersächsische

---

12 Rede von Karl Ravens am Festakt der SPD aus Anlass seines 90. Geburtstages
13 Vgl. Politikjournal Rundblick vom 13.08.2017: „Karl Ravens und die geschundene Seele der SPD"
14 Rede von Ministerpräsident Stephan Weil in der Landesvertreterversammlung der niedersächsischen SPD zur Aufstellung der Landesliste für die Landtagswahl, 03.09.2017

CDU hat inzwischen jeden Kompass verloren"[15]. Zwar drehte sich diese Passage nicht um Twesten, sondern um Althusmanns Position zu den vertraulich tagenden VW-Aufsichtsratssitzungen, aber für Weil bot auch das einen Anlass, den Christdemokraten einen Rechtsbruch zu unterstellen. Die Frankfurter Allgemeine Zeitung beschrieb Weil später in einem Wahlkämpfer-Porträt als völlig ausgewechselt: „Der 58 Jahre alte Jurist quillt gegenwärtig über vor Selbstvertrauen, springt im Wahlkampf von einer Bühne auf die nächste und redet frei drauflos. Er schimpft über den politischen Gegner, preist die eigenen Erfolge und schafft es, seine Parteifreunde mitzureißen. Der Ministerpräsident führt einen testosterongeschwängerten Wahlkampf, der die Niedersachsen fast ein wenig an seinen Vorgänger Gerhard Schröder erinnern dürfte, obwohl die beiden sonst gar keine Ähnlichkeit haben. Weil scheint berauscht von dieser neuen Facette an sich selbst."[16]

Von der CDU sind aus jenen Wochen kaum zugespitzte Aussagen zum Übertritt von Twesten überliefert. Die Christdemokraten hatten Mühe, auf die Angriffe von Weil und der SPD treffend zu antworten. So endete die Landtagswahl für die CDU mit Verlusten von 2,4 Prozentpunkten, während die SPD sogar 4,3 Prozentpunkte hinzugewinnen konnte und stärkste Partei im Lande wurde. Nur der Absturz der Grünen um fünf Prozentpunkte verhinderte, dass Rot-Grün in die nächste Runde gehen konnte. Weil sich die Grünen einem Jamaika-Bündnis verweigerten und die Freien Demokraten nicht mit SPD und Grünen eine Ampel-Koalition bilden wollten, kam es am Ende zur Bildung einer Großen Koalition von SPD und CDU. Althusmann, der noch im Wahlkampf massiv von Weil angegriffen worden war, wurde plötzlich der Bündnispartner des bisherigen Ministerpräsidenten. Am Tag nach der Wahl räumte der damalige CDU-Generalsekretär Ulf Thiele ein: „Wir hätten auch offensiver vertreten müssen, dass die SPD den Fall Twesten nutzt, um eine nicht haltbare Verschwörungstheorie zu verbreiten."[17]

Wie richtig Thiele damit lag, ergab wenig später eine Studie der Konrad-Adenauer-Stiftung. 72 Prozent der befragten Wähler hätten nach Angaben der Autoren der Untersuchung angegeben, sie hätten es für falsch gehalten, dass Twesten nach dem Austritt bei den Grünen ihr Landtagsmandat behalten und

---

15 Politikjournal Rundblick vom 03.09.2017: „Ein Tabu ist gebrochen: Jetzt greift Stephan Weil seinen Herausforderer persönlich an"
16 FAZ vom 13.10.2017: „Sturmfest, aber nicht erdverwachsen"
17 Politikjournal Rundblick vom 16.10.2017: „CDU-Spitze zeigt sich selbstkritisch nach den unerwarteten Verlusten"

damit die rot-grüne Mehrheit im Landtag beendet habe. Ein „Mitleidsphäno-
men" habe eine Rolle gespielt – erst der Verlust der rot-grünen Mehrheit im
Landtag, dann die Niederlage von Martin Schulz bei der Bundestagswahl am
24. September 2017 und schließlich die langfristige Schädigung der SPD im
Landtag durch Twestens Übertritt. Das alles habe viele Wähler veranlasst, die
SPD zu wählen.[18]

Die CDU sollte an den Wunden, die der unerwartet schlechte Ausgang der
Wahl und der Verlust der Rolle als stärkste Kraft im Lande bedeutete, noch
längere Zeit leiden. Am 20. November 2017 kam der „kleine Parteitag" der
Niedersachsen-CDU zusammen. Der Vorsitzende der Jungen Union, Tilman
Kuban, rügte in der Debatte über die Defizite im Wahlkampf unter anderem,
mit dem Twesten-Übertritt habe die Union „den Nimbus der Anständigkeit verloren". Althusmann ging länger auf das Thema Twesten ein und sagte, dies sei
für die CDU „medial schlecht gelaufen", die Partei habe „keine Antwort auf den
Vorwurf einer angeblichen Intrige" gehabt. So sei eine regelrechte „Kommunika-
tionskrise" entstanden.[19] Wieder zwei Monate später, in der Klausurtagung der
Funktionsträger der CDU, flammte die Debatte erneut auf. Jetzt ging er sogar
so weit zu sagen, der Übertritt der früheren Grünen-Frau habe der CDU „zum
Teil auch geschadet".[20] Wieder acht Monate später, im September 2018, stand
auf dem CDU-Landesparteitag die Neuwahl des Vorstandes an. Mit 83 Prozent
wurde Althusmann im Amt bestätigt, das war deutlich schlechter als bei seiner
ersten Wahl zwei Jahre zuvor. „Das ist ein ehrliches Ergebnis nach einer schwierigen Landtagswahl", sagte er. Über den Fall Twesten hatte er zuvor auch wieder
gesprochen.[21] Auch das macht ein Trauma aus, dass die unangenehmen Erinnerungen nie wirklich abgestreift werden, sondern regelmäßig zurückkehren und
zu einer immer größeren Belastung werden.

1.3. Die ewig vertagte Kreisreform

Die Rede von Karl Ravens, dem SPD-Urgestein, zu seinem 90. Geburtstag 2017
hatte den Charakter eines politischen Vermächtnisses. Eine seiner Botschaften,

18 Politikjournal Rundblick vom 18.10.2017: „Darum hat die SPD die Wahl gewonnen"
19 Politikjournal Rundblick vom 20.11.2017: „So las Bernd Althusmann seiner CDU die
Leviten"
20 Politikjournal Rundblick vom 20.01.2018: „CDU-Klausur: Althusmann bemängelt das
‚Glaskuppelphänomen' "
21 Politikjournal Rundblick vom 08.09.2018: „Erst eine gute Rede – aber die Schlappe für
Bernd Althusmann kann das nicht verhindern"

die der dann wenige Wochen später verstorbene Politiker für seine Zuhörer dabei übrig hatte, betraf auch ein großes politisches Vorhaben der SPD/FDP-Koalition in den siebziger Jahren: die Neugliederung der kommunalen Gebietsgrenzen. Ravens sagte in der Runde mit zorniger Stimme: „Es hat im ganzen Land gegärt wegen der nicht abgeschlossenen Kreisreform. Aber wir meinten, einen Ministerpräsidenten neu wählen zu müssen."[22] Diese Darstellung von Ravens war freilich nicht sehr originell, zumal die Verbindung zwischen der Kreisreform und der Niederlage von Helmut Kasimier und dann Karl Ravens bei der Ministerpräsidentenwahl im Landtag 1976 schon öfter hergestellt wurde. „Die Reform frisst ihre Zeuger" schrieb der langjährige journalistische Beobachter Helmut Rieger in seinem 1995 erschienenen Buch[23]. Zu jener Zeit waren die Landräte und Bürgermeister die jeweils ehrenamtliche Spitze ihrer Landkreise und Städte, auch die Vorsitzenden der Ratssitzungen. Für die hauptamtliche Seite waren die Oberkreisdirektoren und Stadtdirektoren zuständig. Das hieß aber auch, dass ehrenamtliche Landräte und Bürgermeister nebenher im Hauptberuf Landtagsabgeordnete sein durften, was häufig auch so geschah. Erst 1996 hat die damalige SPD-Alleinregierung diesen Zustand mit ihrer knappen Mehrheit im Landtag geändert, die obersten kommunalen Repräsentanten werden seitdem direkt vom Volk gewählt und gleichzeitig als Chefs ihrer Verwaltungen berufen, sie sind also Beamte und dürfen parallel nicht auch noch ein Landtagsmandat innehaben.

Der enge Mitarbeiter von Peter von Oertzen, Klaus Wettig, wagte später sogar die Behauptung, die Abweichler bei der Ministerpräsidentenwahl 1976 könnten aus der SPD-Fraktion gekommen sein – und zwar von Landräten, die damit gegen die geplante Auflösung ihrer Kreise protestieren wollten. Wettig nannte sogar Namen[24]. Das kann die Motivlage beschreiben, die führende Politiker in Niedersachsen seit jener Zeit dazu bringt, von kommunalen Gebietszuschnitten möglichst die Finger zu lassen. Nur zwei größere Entwicklungen in diesem Bereich, wenn man von der Fusion kleiner Gemeinden mal absieht, hat es in Niedersachsen seit der Mitte der siebziger Jahre gegeben. Zur Kommunalwahl 2001 sind Stadt und Landkreis Hannover zur „Region Hannover" verschmolzen. Anders ausgedrückt: Die Landeshauptstadt hatte in diesem Moment ihre

---

22 Politikjournal Rundblick vom 13.08.2017: „Karl Ravens und die geschundene Seele der SPD"

23 Helmut Rieger: Alles hat seine Zeit, Hannover 1995, Seiten 70–82

24 Hannoversche Allgemeine Zeitung vom 18.01.2016: „Wer machte Ernst Albrecht zum Ministerpräsidenten?"

Kreisfreiheit verloren, auch wenn sie im Unterschied zu den 20 Kommunen in ihrem Umland doch einige Sonderrechte bewahren konnte. Zur Kommunalwahl 2016, also 15 Jahre später, vereinigten sich die Landkreise Göttingen und Osterode. 2017 meinte der Landrat des vereinigten Kreises, Bernhard Reuter (SPD), es gebe in Niedersachsen viele nicht mehr lebensfähige Landkreise, weitere Fusionen seien also ratsam[25]. Aber Reuter blieb hier ein einsamer Rufer in der Wüste.

Im Politikjournal Rundblick hieß es: „Nachhaltig hält sich in der Landespolitik die Legende, dass es die Verärgerung vieler Kommunalpolitiker über die Ruppigkeit der Landesregierung in den siebziger Jahren gewesen sei, mit der die damalige Kreisreform verwirklicht wurde und die 1976 aus den Reihen der SPD und FDP zu einem ‚Racheakt‘ geführt habe: Damals verloren die SPD-Kandidaten Helmut Kasimier und Karl Ravens in geheimer Wahl im Landtag, der CDU-Bewerber Ernst Albrecht wurde dank Überläufern neuer Regierungschef. Seither meiden die verantwortlichen Landespolitiker das Thema Gebietsreform wie der Teufel das Weihwasser.“[26]

Es lohnt eine nähere Betrachtung im Detail: Tatsächlich hatte die 1976 ins Amt gekommene Landesregierung von Ernst Albrecht, die ein Jahr später für ein Jahr (bis zur Landtagswahl 1978) von der FDP verstärkt wurde, die Kreisreform anders abgeschlossen, als sie in der Zeit von Ministerpräsident Alfred Kubel geplant gewesen war. Sie war weniger drastisch und verringerte die Zahl der Landkreise nicht von 48 auf 32, wie es SPD und FDP 1975 wollten, sondern auf 38. Das Thema beschäftigte später noch Gerichte, hatte aber seinen politischen Erhitzungsgrad im Parlament eingebüßt. In den Folgejahren tat sich wenig, obwohl die Ungleichgewichte immer offensichtlicher wurden. Nachdem 2001 die Region Hannover geschaffen wurde, ein Landkreis mit einer Million Einwohner, fiel der Unterschied zum Kreis Lüchow-Dannenberg im Nordosten Niedersachsens mit gerade mal 48.000 Einwohner auf. Das Leitbild der Weber-Kommission, die Ende der sechziger Jahre eine Vorgabe für die Gebietsreform entwickeln sollte, sah eine ideale Kreisgröße von 150.000 Einwohnern vor. Im Kreis der Landräte sind nun der Regionspräsident von Hannover und der Landrat von Lüchow-Dannenberg gleichwertig, was ja noch verkraftbar wäre. Aber kann ein Mini-Landkreis auf Dauer das nötige Fachpersonal genauso rekrutieren wie es eine riesige Verwaltung wie die der Region Hannover vermag?

---

25 Göttinger Tageblatt vom 03.11.2017: „Happy Birthday, Landkreis!“
26 Politikjournal Rundblick vom 24.01.2019: „Modell für eine Verwaltungsreform: Nach wie vor gibt es nur ein Konzept“

In den Jahren der Regierungen von Gerhard Schröder, Gerhard Glogowski und Sigmar Gabriel (1990 bis 2003) tat sich in diesem Feld der Reform nichts. Ministerpräsident Christian Wulff startete 2003 mit dem Versprechen auf eine nachhaltige und konsequente Verwaltungsreform. Das CDU/FDP-Kabinett beschloss tatsächlich, die Bezirksregierungen in Hannover, Braunschweig, Oldenburg und Lüneburg abzuschaffen und ihre Aufgaben in die Landesämter einzugliedern. Teilweise wurden Kompetenzen auch in die Ministerien gezogen. Eigentlich hätte es nahe gelegen, viele Aufgaben von den Bezirksregierungen auf kommunale Einheiten, nämlich die Landkreise und kreisfreien Städte zu verlagern. Da viele der kleineren Kreise damit aber überfordert wären, kann das nicht effektiv geschehen. Wulffs Innenminister Uwe Schünemann entwickelte ein Konzept, wie mit einer maßvollen und vorsichtigen Fusion mehrerer Kreise so leistungsfähige Einheiten geschaffen werden, dass diese auch weitere Aufgaben des Landes übernehmen können – und damit eine Verschlankung der Landesverwaltung ihre Entsprechung in der Kommunalverwaltung haben könnte. Doch Schünemann konnte sich bei Wulff damit nicht durchsetzen, auch bei dessen Nachfolger David McAllister nicht. Und als 2013 Rot-Grün die Macht in Niedersachsen übernahm, wurden zwar neue Ebenen geschaffen, die „Landesbeauftragten für regionale Entwicklung", eine Verwaltungsreform mit dem Ziel der Verschlankung und Straffung aber wurde nicht formuliert und auch nicht angepackt.[27] Es war eher ein leichtes Zurückdrehen in Richtung Bezirksregierungen zu bemerken.

Immerhin hat es im Laufe der Zeit immer wieder Vorstöße für eine Kreisreform gegeben, vom Bund der Steuerzahler etwa oder auch vom SPD-Fraktionsvorsitzenden Sigmar Gabriel, als dieser nicht mehr Ministerpräsident war. Gabriel plädierte 2004 für neun Regionen, die anstelle von 38 Kreisen wachsen könnten – wohl zunächst unter Beibehaltung der Kreise[28]. In Braunschweig schickte sich der Oberbürgermeister Gert Hoffmann an, ein Modell für eine gemeinsame Region aus den drei kreisfreien Städten und vier Landkreisen im Braunschweiger zu formen. Das war auch dem Umstand geschuldet, als westlichen Nachbarn die gestärkte Region Hannover zu haben und aus Wettbewerbsgründen weitaus raschere Entscheidungen der kommunalpolitischen Organe auch im Raum Braunschweig bekommen zu

---

27 Dazu ausführlich Politikjournal Rundblick vom 06.11.2017: „Regionalämter: So sähe das Baden-Württemberg-Modell für Niedersachsen aus"
28 Elbe-Jeetzel-Zeitung vom 06.05.2004: „Gabriel für regionale Bündnisse"

müssen[29]. Als Schrittmacher in der Debatte wollte bis 2013 auch Innenminister Uwe Schünemann agieren. Unter seiner Verantwortung wurde der erste
„Zukunftsvertrag" auf den Weg gebracht, der eine Übernahme der kommunalen
Altschulden für den Fall vorsah, dass die Kommunen einen strikten Konsoli-
dierungskurs einschlagen und auch zu Fusionen bereit sind. Das Resultat bei
den Fusionen auf Kreisebene blieb mager, und auch solche Kommunen wurden
kurz darauf mit Entschuldungshilfen des Landes bedacht, die ihre Selbstständigkeit behaupteten und keine Fusionsanstrengungen unternahmen[30]. Schünemann beauftragte den Berliner Verwaltungswissenschaftler Joachim Jens
Hesse mit mehreren Gutachten. Im Mai 2012 schlug Hesse vor, mehrere der 38
Kreise sollten zusammengeführt werden, dafür gebe es in Ostfriesland, in Südniedersachsen, im Braunschweiger Raum und im Nordosten jeweils mehrere
Varianten[31]. Bei der Vorlage seines Abschlussberichts wurde der Gutachter konkreter: Anstelle von acht kreisfreien Städten und 38 Landkreisen (Osterode und
Göttingen wurden erst 2016 fusioniert) solle es nur noch vier kreisfreie Städte
und nur noch 18 Landkreise geben[32]. Die Erfolgsaussichten des Hesse-Modells
wurden allerdings auch dadurch getrübt, dass zum Zeitpunkt der Fertigstel-
lung seines Gutachtens schon eine rot-grüne Regierung bestand, die das Thema
Kreisreform nicht auf ihrer politischen Agenda vermerkt hatte.

So keimten die Hoffnungen der Reformbefürworter erst wieder auf, als nach
der Landtagswahl 2017 erstmals seit 1970 wieder SPD und CDU eine gemeinsame
Regierung bildeten und eine ausreichend breite parlamentarische Mehrheit auch
für unpopuläre Reformprojekte vorweisen konnten. Im Koalitionsvertrag wurde
versprochen, das Land wolle „zügig eine Potential- und Entwicklungsanalyse
der kommunale Strukturen vornehmen" und bis Mitte 2019 Ergebnisse bewerten[33]. Passiert war in dieser Richtung innerhalb der gesetzten Fristen nichts, es
wurde jedoch eine „Regierungskommission" zur Überprüfung der Verwaltung
eingesetzt. Diese klammerte mehrere personalintensive Bereiche von vornherein

---

29 Hannoversche Allgemeine Zeitung vom 29.10.2012: „CDU-Oberbürgermeister Hoff-
    mann rügt Kabinett"
30 Hannoversche Allgemeine Zeitung vom 19.07.2011: „Niedersachsen hilft Kommunen
    aus ihrer finanziellen Not"
31 Hannoversche Allgemeine Zeitung vom 06.05.2012: „Kreise müssen neu zugeschnitten
    werden"
32 Hannoversche Allgemeine Zeitung vom 18.03.2013: „Experte fordert Abschaffung von
    20 niedersächsischen Landkreisen"
33 „Gemeinsam für ein modernes Niedersachsen": Koalitionsvertrag von SPD und CDU
    in Niedersachsen fürdie 18. Wahlperiode, November 2017

aus, sodass die Landesrechnungshofpräsidentin Sandra von Klaeden im Juni 2020 vor dem Haushaltsausschuss des Landtags zu dem ernüchternden Ergebnis kommen musste: „Die mageren Ergebnisse sind zu erwarten gewesen, da kein ehrgeiziger Auftrag erteilt worden ist. Wenn man das anders angegangen wäre, könnten wir jetzt strategisch besser auf die gegenwärtige Lage reagieren."[34]

Der Reformgeist der Landesregierung aus Hannover ist also seit Jahrzehnten nicht spürbar oder führt letztlich nicht zu Konsequenzen. Ernsthaft überlegt worden war ein Zusammenschluss der Kreise Hildesheim und Peine, doch die Verantwortlichen spürten keine Unterstützung von der Landesebene – vielleicht auch, weil dann die lange aufgeschobene Neuordnung im Raum Braunschweig unausweichlich geworden wäre?[35] Im Politikjournal Rundblick wurde 2019 das Fazit gezogen: „Als Schwarz-Gelb regierte, hieß es stets: Eine richtige Gebietsreform, dafür sei eine breite Mehrheit im Landtag, parteiübergreifend, erforderlich. Dazu fehle jedoch die Verständigung. Als Rot-Grün anschließend die Regierung stellte, sagte man: Ein solches Projekt ist doch mit einer Einstimmenmehrheit im Landtag nicht zu leisten. Jetzt gibt es seit bald zwei Jahren eine Große Koalition mit stattlicher Mehrheit im Parlament. Die Ausreden, warum man das Thema nicht angeht, überzeugen also nicht mehr."[36]

Aufschlussreich ist in diesem Zusammenhang eine Szene, die sich 2015 in Peine abspielte, als Ministerpräsident Weil, damals noch Kopf einer rot-grünen Regierung, mit den Bürgern anderthalb Stunden lang über aktuelle Themen diskutierte. Unter anderem ging es auch um die damals noch aktuellen Überlegungen eines Zusammenschlusses der Kreise Peine und Hildesheim. Weil agierte mit äußerster Vorsicht und Zurückhaltung, wie damals in der Lokalzeitung berichtet wurde[37]. Zu diesem Thema habe er gesagt: „Eine von oben diktierte Gebiets- und Verwaltungsreform wird es nicht geben." Die Sorge, dass das Land schon konkrete Pläne habe, sei unbegründet. Und weiter hieß es in dem Bericht: „Vielmehr sei es so, dass Niedersachsen insbesondere zu den Plänen des Landkreises Peine noch gar keine Meinung habe. Fakt sei doch, dass

---

34 Rechnungshofpräsidentin Sandra von Klaeden im Haushaltsausschuss des Landtags, Zitat im Politikjournal Rundblick vom 03.06.2020: „Rechnungshof: Niedersachsen leistet sich zu viele Ämter"

35 Politikjournal Rundblick vom 24.06.2019: „Modell für eine Verwaltungsreform: Nach wie vor gibt es nur ein Konzept"

36 Politikjournal Rundblick vom 24.06.2019: „Modell für eine Verwaltungsreform: Nach wie vor gibt es nur ein Konzept"

37 Ausführlich ist der Verlauf beschrieben in der Peiner Allgemeinen Zeitung vom 16.01.2015: „Gebietsreform von oben wird es nicht geben"

es innerhalb des Landkreises doch noch sehr unterschiedliche Meinungen gebe. Sein Eindruck sei, dass vieles noch unklar sei.“ Der Artikel schloss dann mit einer Prognose: „Für den Kreis Peine könne am Ende auch herauskommen, dass es am besten ist, alles so zu lassen, wie es ist. Der frühere Landespolitiker Horst Horrmann aus Peine erinnerte in der Debatte an die Gebiets- und Verwaltungsreform in Niedersachsen in der Zeit von 1972 bis 1978, für die es politische Gründe gegeben habe. Weil versprach daraufhin, dass das Land Niedersachsen in dieser Hinsicht ‚nichts übers Knie brechen‘ werde.“

Daraus wird die Botschaft deutlich: Schon im Hinblick auf die Erfahrungen der siebziger Jahre werde die Regierung aus Sicht des Ministerpräsidenten nichts überstürzen – und vielleicht sei es am besten, wenn alles bleibe, wie es sei. Auch das kann als die Wirkung eines Traumas von 1976 gedeutet werden: Lieber nicht dran rühren, bevor es alles viel zu emotional zu werden droht.

1.4. Der Zerfall der AfD-Landtagsfraktion 2020

Der Fall Twesten zeigt sehr deutlich, wie eine bewusste Anspielung auf die Vorgänge 1970 und 1976 im Landtag Gefühle wecken kann – zum Nutzen oder zum Schaden in einer politischen Auseinandersetzung. Der Wechsel eines Abgeordneten wird mit Verrat und mit der Unterstellung eines Stimmenkaufs verknüpft. Das mittlerweile jahrzehntelange entmutigende Schicksal sämtlicher Pläne für eine Gebietsreform ist ein anderes Beispiel: Oft reicht ein kleiner Hinweis auf 1976, um jede weitere Debatte über solche Pläne, ihre Überarbeitung oder gar Umsetzung, sofort zu beenden. Es gibt noch ein drittes Beispiel für eine politische Entwicklung, deren Folgen indirekt auf eine Auswirkung der Ereignisse von 1976 zurückgeführt werden kann. Es geht um die überaus starke Stellung der Fraktionen in der Verfassung des Landes Niedersachsen und in der Geschäftsordnung des Landtags.

Bewusst geworden ist das vielen Parlamentariern im Landtag erst im September 2020, als die neunköpfige AfD-Landtagsfraktion nach knapp drei Jahren gemeinsamer Arbeit plötzlich zerbrochen war – eine Folge des Landesparteitags wenige Tage zuvor, bei dem die bisherige Vorsitzende Dana Guth, die auch die Landtagsfraktion führte, knapp abgewählt worden war. Zwei junge Abgeordnete, die bisher ohne Parteifunktionen waren, stiegen plötzlich in der Hierarchie des AfD-Landesvorstandes auf. Guth sah nun ihre Autorität in der Landtagsfraktion gefährdet und verlangte gemeinsam mit zwei Mitstreitern, die beiden jungen Abgeordneten aus der AfD auszuschließen. Sie unterstellte den beiden außerdem, schon lange gegen elementare Umgangsregeln in der Fraktionsarbeit zu verstoßen. Die beiden von Guth angegriffenen Abgeordneten weigerten sich nicht nur, sie bekamen auch die Solidarität der Fraktionsmehrheit zu spüren. In der Folge verließen Guth und zwei Mitstreiter die AfD-Fraktion.[38] Anstelle von bisher neun Abgeordneten der AfD-Fraktion gab es nunmehr zwei ungleich große Hälften: Drei Abgeordnete um Dana Guth, die für sich eine Zusammenarbeit begründen wollten – und auf der anderen Seite sechs Abgeordnete der Rumpf-Fraktion, die von Guth und ihren beiden Kollegen verlassen worden war. Was diese Aufspaltung nun besonders tragisch werden ließ, ist eine Bestimmung in der Geschäftsordnung des Landtags. Dort heißt es in der 18. Landtagswahlperiode, dass Fraktionen gebildet werden können, wenn sich „mindestens fünf vom Hundert der Mitglieder des Landtags zusammenschließen".[39] Bei 137 Landtagsabgeordneten bedeutet das rechnerisch eine Mindestzahl der Fraktionsmitglieder von 6,85 Abgeordneten, also sieben Abgeordneten. Diese Fraktionsmindestgröße ist 2017 in der Geschäftsordnung des Landtags per Gesetzesbeschluss willkürlich festgelegt worden – und sollte offensichtlich davor bewahren, dass eine Fraktionsspaltung als Vorwand für finanzielle Interessen genutzt wird. Theoretisch wäre es sonst ja möglich, dass sich eine Fraktion in zwei Teile trennt, anstelle von einer dann zwei Fraktionsapparate aufgebaut und diese anschließend vom Land finanziert werden müssten. Fraktionsspaltung wäre dann ein Mittel zur Abschöpfung von Steuergeldern. Dem wollte die Mehrheit im Landtag einen Riegel vorschieben.

Was als Schutzvorkehrung für einen Missbrauch gedacht war, hatte für die AfD nun politisch fatale Folgen: Obwohl sich die Fraktion in zwei Gruppen mit jeweils festem Willen zum gemeinsamen Agieren teilte, spielen Gruppen weder in der niedersächsischen Landesverfassung noch in der Landtags-Geschäftsordnung eine Rolle. Mit der Auflösung der Fraktion ging somit zwangsläufig der Fraktionsstatus der AfD verloren, das hieß dann erhebliche Einbußen an Zuwendungen und an Rechten – die Geschäftsstelle mit mindestens zehn Mitarbeitern ging verloren, die Zuschüsse des Landtags von rund 100.000 Euro monatlich, außerdem das Recht zur Antragstellung oder die Vertretung mit Stimmrecht in den Ausschüssen. Sogar die Rederechte der nunmehr neun fraktionslosen AfD-Abgeordneten im Landtag waren erheblich eingedampft worden. Dem Umstand, dass sich einmal sechs und einmal drei Abgeordnete für gemeinsame Ziele zusammengefunden haben, wird im niedersächsischen

---

38 Politikjournal Rundblick vom 22. September 2020: AfD-Fraktion zerbricht und verliert Geld und Parlamentsrechte

39 Geschäftsordnung des niedersächsischen Landtags vom 4. März 2003, Paragraph 2, Absatz 1 (in der Fassung von 2017)

Parlamentsrecht nicht Rechnung getragen. In den anderen Fraktionen im Landtag wurde die Entwicklung teilweise ausdrücklich begrüßt, so erklärte die SPD-
Fraktionschefin Johanne Modder: „Es ist ein gutes Zeichen, dass diejenigen, die
versuchen, unsere Gesellschaft zu spalten, sich nun selbst spalten. Durch den
Austritt dreier Abgeordneter aus der bisherigen AfD-Fraktion verliert die AfD
nun ihren Fraktionsstatus. Es ist erfreulich, dass das Land keine rechtspopulistische Fraktion im Landtag mehr finanzieren muss."[40] In dieser Aussage wurde
aber übersehen, dass diese strengen Vorschriften in Niedersachsen auf der anderen Seite auch bewirken können, eine im Eifer des Gefechts geschehene Spaltung rasch auch wieder rückgängig zu machen – und sei es nur aus pekuniären
Gründen. Sie können also Druck entfalten, trotz widerstrebender Haltungen
doch zusammenzufinden. Prompt hatte es in der niedersächsischen AfD, begleitet durch den Bundesvorstand, auch Vermittlungsversuche gegeben, sogar eine
Mediation wurde eingeleitet – die allerdings nach relativ kurzer Zeit ziemlich
aussichtslos wirkte.[41] Die Spaltung ließ sich nicht mehr abwenden.

Die Abläufe sind nicht deshalb besonders, weil sich das Regelwerk des Parlaments hier gegen eine rechtspopulistische, von den anderen Kräften im Parlament gemiedene Partei richtet. Diese Frontstellung gegen die AfD, die vielen
deutschen Parlamenten der Jahre 2015 bis 2020 spürbar war und oft auch ihre
Entsprechung in einem aggressiven, auf Abgrenzung ausgerichteten Verhalten
der AfD selbst fand, ist kein typisch niedersächsisches Phänomen. Auffällig ist
allenfalls, dass die vor 50 Jahren noch erkennbaren Versuche der CDU beispielsweise im niedersächsischen Landtag, einzelne Abgeordnete der rechtsextremen
NPD zu sich herüberzuziehen, hier nicht mehr wiederholt wurden. Nun hätte
die CDU im niedersächsischen Landtag 2020 davon auch keinen Nutzen gehabt,
die Regierungsmehrheit war nicht so knapp, dass ein Koalitionswechsel deshalb
möglich oder wegen aktueller Konflikte naheliegend gewesen wäre. Anders als
1970 spielte auch die Frage, ob SPD oder CDU mehr Mandate haben, für die
internen politischen Debatten in der Großen Koalition in Niedersachsen des
Jahres 2020 keine Rolle mehr.

Etwas anderes ist hingegen schon auffällig, auch wenn Hinweise auf ganz
konkrete Weichenstellungen in den vergangenen Jahrzehnten fehlen: Das parlamentarische System in Niedersachsen ist so gestrickt, dass ein Abgeordneter
sich einer Fraktion anschließen und sich damit auch der Fraktionsdisziplin

---

40 Mitteilung der SPD-Fraktion Nummer 18/883 vom 22.09.2020
41 Politikjournal Rundblick vom 30. September 2020: „AfD-Abgeordnete sollen künftig
    in der hinteren Reihe des Landtags sitzen"

unterwerfen muss, wenn er im Landtag etwas erreichen oder wenn er überhaupt auch nur auffallen will[42]. Das Gefälle zwischen einem Abgeordneten mit Fraktionsmitgliedschaft und seinem fraktionslosen Kollegen ist so groß, dass beide Mandate in der Praxis kaum mehr als vergleichbar angesehen werden können. Gemutmaßt werden kann, dass diese Konstruktion auch auf die Erfahrungen von 1970 und 1976 zurückzuführen ist, als es die Abweichler waren, die den Verlauf der Landespolitik bestimmten. Eine gesunde Reaktion auf die Gefahr von Überläufern oder Abtrünnigen in den eigenen Reihen ist, die Position der Gemeinschaft, also der jeweiligen Fraktion, erheblich zu stärken. So ist es in Niedersachsen geschehen.

Zugespitzt gesagt: Das Trauma von 1976 bewirkte in Niedersachsen, dass die Fraktionen mächtig und einflussreich ausgestattet wurden – also zu Institutionen werden konnten, in die sich jeder Abgeordnete, der im Parlament etwas erreichen will, am besten wohlgefällig einordnet.

---

42 In anderen Landtagen, beispielsweise Schleswig-Holstein, sind die Rechte einzelner Abgeordneter, ohne eine Fraktion zu agieren, wesentlich ausgeprägter.

2. Die politische Kultur der siebziger Jahre und das freie Mandat

2.1. Der Unterschied zwischen 2017 und 1969

In Niedersachsen war es in der Vergangenheit häufig so, dass die Nutznießer von Parteiwechseln, die Landtagsabgeordnete vollzogen haben, die Christdemokraten waren, also jene, die auf der rechten Seite des Landtagsplenums gesessen haben. Die Leidtragenden hingegen, die aus ihren Reihen Abgeordnete verloren hatten, waren oft die von der linken Seite – also Sozialdemokraten und Grüne, auch Freie Demokraten. Das war bei den Entwicklungen, die 1970 im Landtag zum Bruch der Großen Koalition und zu Neuwahlen führten, nicht anders als 2017, als der „Fall Twesten" ebenfalls vorgezogene Landtagswahlen nach sich zog.

Sogar die Argumentationslinien sind auch nach fast 50 Jahren Zeitunterschied ähnlich: Die Seite, die einen Abgeordneten verliert, spricht von einer Verfälschung des Wählerwillens und davon, dass der Überläufer gefälligst das Mandat zurückgeben solle, damit einer seiner früheren Parteifreunde auf der Nachrückerliste dafür in den Landtag kommen kann. Die Seite derer, die den neuen Abgeordneten in ihre Reihen aufnehmen, betont die Wichtigkeit des „freien Mandats" und preist die Gewissensgründe an, die den Abgeordneten nach reiflicher Überlegung zu seinem Schritt bewogen hatten. Sie fordern Respekt für diese Entscheidung und fügen gern hinzu, verändert habe sich ja nicht die Haltung des einzelnen Abgeordneten, sondern die seiner Partei, die sich seit der Landtagswahl gewandelt und in eine für den Mandatsträger unzumutbare Richtung entwickelt habe.

Interessant sind nun die Unterschiede in den Verhaltensweisen und Folgen der Entwicklung. Als Elke Twesten 2017 die Grünen-Fraktion verließ, war die Empörung bei SPD und Grünen sehr groß. Vor allem der SPD gelang es, über eine geschickte Nutzung des Themas für ihren Wahlkampf ihre Kräfte zu mobilisieren. Aufschlussreich war aber auch die Art der Argumentation der Sozialdemokraten, für die es einen ersten Vorgeschmack in der Landtagssitzung am 10. August 2017 gegeben hatte – nicht einmal eine Woche nach den ersten Ankündigungen des Fraktionswechsels. Ministerpräsident Stephan Weil (SPD) warf Twesten vor, sie habe „ein unmoralisches Angebot" oder ein „unseriöses Angebot" erhalten – blieb aber nähere Erläuterungen dafür schuldig, er beließ es bei der Andeutung[43]. Die SPD-Fraktionsvorsitzende Johanne Modder ging noch

---

43 Stenographischer Bericht der Landtagssitzung vom 10.08.2017, Seite 13489

einen Schritt weiter, auch sie sprach von „zahlreichen Fragen, die sich aus Ihrem Verhalten und Andeutungen der letzten Tage ergeben", ohne hier konkreter zu werden. Dann meinte Modder noch: Die Verhaltensweise von Twesten sei zwar rechtmäßig, habe aber keine innere Rechtfertigung. „Nicht alles, was legal ist, ist auch legitim."[44]

Diese Position ist deshalb bemerkenswert, weil sie zu keiner Zeit die rechtliche Bedenkenlosigkeit des Fraktionsübertritts der Abgeordneten in Frage stellt. Die Kritik hebt allein auf die moralische Ebene ab – als ein anstößiges, womöglich auf geheimen Absprachen beruhendes, auf jeden Fall aber verabscheuenswürdiges Verhalten. Dass Twesten auch rechtlich gar nicht so hätte handeln dürfen, wurde von keinem Redner 2017 vorgetragen. Das heißt, ihr Schritt wurde stillschweigend akzeptiert. Warum das so passierte und die Moraldebatte geführt wurde, war dann in den folgenden Wochen und Monaten zu spüren, als vor allem die Sozialdemokraten, weniger die Grünen im Wahlkampf mit Genugtuung bemerkten, wie wenig ein moralisches Verständnis für Twestens Schritt in jenen Teilen der Bevölkerung herrschte, die sich für den Fall überhaupt interessierten[45].

Damit wird ein großer Unterschied zu der Debattenlage vor fast 50 Jahren deutlich, als schon einmal die Übertritte von Abgeordneten eine niedersächsische Landesregierung ins Rutschen brachten. Ministerpräsident Georg Diederichs (SPD) und der spätere Kultusminister Peter von Oertzen (SPD) äußerten sich damals im Landtag zu den Vorgängen – und Diederichs erwähnte die verschiedenen Positionen im Grundgesetz zur Rolle der Parteien und zur Rolle der Abgeordneten, um dann zu dem Schluss zu kommen, übertrittswillige Abgeordnete seien am besten beraten, wenn sie ihr Mandat zurückgeben – und zwar freiwillig. Von Oertzen betonte, dass der Abgeordnete sein Mandat über seine Partei erhalten habe. Das verpflichte ihn auch, bei einem grundsätzlichen Dissens mit seiner Partei dieses Mandat zurückzugeben.[46] Nun muss ausdrücklich hinzugefügt werden, dass die Lage 1970 in dieser Beziehung wesentlich dramatischer war als später 2017. Es ging nicht um einen Einzelfall, sondern darum, dass in den Monaten zuvor und auch später seinerzeit eine Gruppe von Abgeordneten die FDP und die NPD verlassen hatten, wovon in erster Linie die damals zweistärkste Kraft der Großen Koalition, die CDU, profitierte. Die CDU

---

44 Stenographischer Bericht der Landtagssitzung vom 10.08.2017, Seite 13480
45 Vgl. Abschnitt 1.2.
46 Landtagsdebatten am 04.03.1970 und am 24.03.1970, zitiert nach Martin Müller: Fraktionswechsel im Parteienstaat, Opladen 1974, Seite 48

wurde mit dieser Aktion zur formell stärksten Kraft, womit die Stabilität der SPD/CDU-Regierung empfindlich gestört wurde. Diese Störung trat zwar 2017 auch ein, das aber lag allein an den knappen Mehrheitsverhältnissen. Schon der Übertritt von Twesten allein reichte aus, die Regierungszeit vorzeitig zu beenden. In der Dauer und Dramatik der personellen Veränderungen im Landtag war die Situation 1970 weitaus intensiver und nervenaufreibender gewesen. Von Oertzen ging darauf in seiner Rede sogar ein, indem er Fraktionsübertritte als singuläre Vorgänge für hinnehmbar erklärte, hier aber sei „fast eine kriegsstarke Fraktion von der einen zur anderen Seite übergegangen"[47] Er sagte tatsächlich „kriegsstark", verwendete also einen militärischen Begriff.

Zu jener Zeit war die sozialliberale Koalition in Bonn unter Willy Brandt, dem ersten sozialdemokratischen Kanzler der Bundesrepublik, gerade ein Jahr alt. Die Weichenstellungen in der Ostpolitik, vor allem die Annäherung an die DDR, verstimmten auch in der SPD und in der FDP das Lager der Politiker, die diese Politik mit ausgeprägter Skepsis verfolgten. Kurze Zeit nach den Ereignissen in Niedersachsen gab es auch in Bonn weitere Übertritte, die sogar die CDU/CSU-Bundestagsfraktion zu dem Versuch ermunterten, Brandt im Frühjahr 1972 über ein konstruktives Misstrauensvotum zu stürzen und Rainer Barzel (CDU) zum neuen Kanzler zu wählen. Das Vorhaben misslang vermutlich wegen Stasi-Einwirkungen, wie später noch beschrieben werden soll[48]. Der Politologe Martin Müller schrieb 1974, dass die acht Abgeordneten der SPD/FDP-Koalition im Bundestag, die bis 1972 die Fraktion gewechselt hatten, in der Folge ähnlicher Ereignisse im niedersächsischen Landtag vor allem aus diesem einen Grund eine so hohe Publizität erreicht hätten: „Es überschattete die mit jedem Wechsel erneut aufgeworfene Frage, ob die erste von einem Sozialdemokraten geführte Bundesregierung der Bundesrepublik Deutschland ihre parlamentarische Mehrheit verlieren und stürzen würde, die Ereignisse. Wie schon 1969/70 in Niedersachsen schienen auch ein vorzeitiges Ende der Wahlperiode und Neuwahlen im Bereich des Möglichen zu liegen."[49] Immerhin gab der Autor zu verstehen, dass Fraktionsübertritte an sich eigentlich kein besonders aufregendes Thema gewesen waren – zwischen 1949 und 1969 hatte es im Bundestag 120 Übertritte gegeben, ohne dass die Öffentlichkeit davon groß Notiz genommen hätte.

47 Landtagsdebatte vom 04.03.1970, Seite 6505, zitiert nach Martin Müller, a.a.O.
48 Dazu Andreas Grau: Zur Suche nach den fehlenden Stimmen 1972, in: Historisch-politische Mitteilungen, Heft 16/2009, Seiten 1 bis 17
49 Martin Müller, a.a.O., Seite 9

Die analytische Darstellung von Müller aus dem Jahr 1974, also zeitnah an den damaligen Ereignissen, zeigte nun eine Aufgeschlossenheit und Unbefangenheit gegenüber rechtlichen Änderungen und Neuinterpretationen von Verfassungsgrundsätzen, wie es sie später dann nicht mehr gab. Immer wieder wurde abgehoben auf zwei miteinander konkurrierende Vorschriften im Grundgesetz, die auch in die Landesverfassungen – ebenso in Niedersachsen – übernommen wurden. Artikel 38 bestimmt, die Abgeordneten seien „Vertreter des ganzen Volkes, an Aufträge und Weisungen nicht gebunden und nur ihrem Gewissen unterworfen". Auf der anderen Seite steht in Artikel 21: „Die Parteien wirken bei der politischen Willensbildung des Volkes mit. Ihre Gründung ist frei. Ihre innere Ordnung muss demokratischen Grundsätzen entsprechen." Müller erinnerte nun an die Debatten im Parlamentarischen Rat, der einst das Grundgesetz ausgearbeitet hatte. Dort habe die SPD-Politikerin Elisabeth Selbert empfohlen, sich auf die Parteien zu konzentrieren und diejenigen, die für die Partei gewählt worden sind, an deren Richtung zu binden. Sie wolle „keinen Schutz für Außenseiter und Einzelgänger"[50] und plädierte für einen Fraktionszwang.

Das Parteiengesetz, das die Ansprüche der Mitglieder auf Mitwirkung festschreibt, die Verfahren etwa für Parteiausschlüsse oder für die Aufstellung von Kandidaten genau regelt, ist erst 1967 entstanden – also zu Beginn einer Epoche, in der die Rufe nach innerparteilicher Demokratie und stärkerer Beteiligung „der Basis" schon deutlicher vernehmbarer waren als in den vorangegangenen Jahren. So entstanden dann in den siebziger Jahren Debatten, ob sich mit der damit verbundenen stärkeren rechtlichen Eingrenzung der Abläufe in den Parteien auch das Verhältnis der Parteien zu ihren Mandatsträgern ändere. Wenn nun behauptet werde, das freie Mandat schütze den Abgeordneten davor, dass die Partei den drohenden Mandatsentzug als Druckmittel für seine Linientreue einfordern kann, dann könne das jetzt entkräftet werden, hieß es: Die im Parteiengesetz garantierte innerparteiliche Demokratie gestatte es dem Abgeordneten ja, in solchen Fällen eine parteiinterne Debatte zu führen. Oder einfacher ausgedrückt: Da die Parteien ja laut Parteiengesetz demokratisch organisiert seien, könne man es jedem Abgeordneten zumuten, innerhalb seiner Partei für den richtigen Weg zu streiten. Wolle er die Partei wechseln, müsse er dann auch den Mandatsverlust hinnehmen.[51]

---

50 Martin Müller, a.a.O., Seite 24
51 Martin Müller, a.a.O., Seite 28

Eine andere Debatte knüpft daran an, ob der Abgeordnete wirklich „Vertreter des ganzen Volkes" ist, wie es in Artikel 38 des Grundgesetzes steht, oder ob diese Formulierung nicht vielmehr antiquiert ist und aus einer Zeit stammt, in der das Parlament auf der einen und der absolute Herrscher auf der anderen Seite gestanden hatte. Wenn die Begriffswahl hier also veraltet sei, dann seien Abgeordnete in der liberalen Gesellschaft doch vielmehr Vertreter von Einzelinteressen. Das wiederum könne bedeuten, dass man sie sehr gut stärker an ihre Partei und deren Politik binden könne.[52]

Zeitgenössische Debatten der siebziger Jahre kreisen dann um verschiedene Fragen: Soll man den Parteien verbieten, in einer laufenden Legislaturperiode diejenigen Abgeordneten, die eine andere Fraktion verlassen haben, in ihre Reihen aufzunehmen?[53] Soll man Abgeordnete, die von ihrer Parteilinie abweichen, zu einer Rechtfertigung ihres Verhaltens vor der Parteibasis verpflichten?[54] Soll ein Fraktionsaustritt eines Abgeordneten in der Weise bestraft werden, dass die Partei, aus der er austritt, dann im Parlament zwei zusätzliche Ausgleichsmandate erhält?[55] Soll ein Abgeordneter, der eine Fraktion verlässt, sein Mandat verlieren unter der Bedingung, dass die Fraktion dann niemand nachrücken lassen kann – dass sie also ebenfalls unter dem Zerwürfnis mit ihrem bisherigen Fraktionsmitglied zu leiden hätte?

Diese Fragen, die damals diskutiert wurden, haben ihren tieferen Sinn in der damaligen Debattenlage, die eine stärkere Rolle der Parteien einforderte – und zwar auf Kosten der Abgeordneten, die in den Parlamenten sitzen. Hier erschien die Partei als die moderne, vorwärtstreibende Kraft, während die Abgeordneten in den Parlamenten als die beharrenden, nur widerwillig zur Umsetzung von Parteibeschlüssen bereiten Honoratioren wirkten. Müller wählte dafür eine systemtheoretische Begründung: „Die Fähigkeit des Bundestages zur Reduktion von Komplexität zu politisch bindenden Entscheidungen kann im parlamentarischen Regierungssystem der Bundesrepublik nur dann auf dem gegenwärtigen Niveau gehalten werden, wenn die Parteien und ihre Fraktionen als entscheidungsfähige, die Komplexität bereits auf wenige Alternativen reduzierende Einheiten erhalten bleiben. Eine Ausweitung der Freiheit des

---

52 Martin Müller, a.a.O., Seite 33

53 So Detlef Kleinert, niedersächsischer FDP-Politiker, laut Martin Müller, a.a.O., Seite 46. Kleinert stellt diese Position in eine Reihe mit anderen Punkten, in denen er sich nachdrücklich für den Schutz des freien Mandats und gegen die Forderungen nach dessen Einschränkungen ausspricht. Vgl. Martin Müller, a.a.O., Seiten 97/98

54 So Johanno Strasser, laut Martin Müller, a.a.O., Seite 47

55 Martin Müller, a.a.O., Seiten 82 bis 90

Abgeordneten gegenüber ihren Parteien würde das Parlament mit einem Maß an Komplexität konfrontieren, das es zumindest mit seinen gegenwärtigen Strukturen nicht zu bewältigen vermag. Das Gewicht der Regierungen im Entscheidungsprozess würde unter diesen Umständen weiter anwachsen."[56]

Ein Vorschlag nun wurde in der Debatte der siebziger Jahre intensiver verfolgt: Man könnte immer dann, wenn ein Abgeordneter aus freien Stücken die Partei und Fraktion verlässt, ihm das Mandat aberkennen. Aber das hieße im Umkehrschluss: Ein Mandatsträger, der mit der Linie seiner Partei nicht mehr übereinstimmt, würde der Fraktion weiter angehören – aber womöglich im Parlament gegen die Linie seiner Leute stimmen. Er riskierte dann, dass die Partei ihn ausschließt, doch in diesem Fall könnte er ja sein Mandat behalten. Dies führte, wurde dieser These entgegengesetzt, jedenfalls nicht zu einer Stabilisierung der parlamentarischen Machtverhältnisse, die Müller ja gerade gefordert hatte.[57] Dabei wäre, wie der Autor hinzufügte, der Mandatsverlust bei Austritt auch deshalb eigentlich zu begrüßen, weil er „das innerparteiliche Konfliktpotenzial erhöht, was unter dem Gesichtspunkt der innerparteilichen Mitbestimmung wünschenswert erscheint"[58]. Diese Formulierung ist verräterisch für das Motiv der Debatte: Vielleicht ging es vielen, die damals mit merkwürdigen Vorschlägen auf den Markt der Ideen kamen, gar nicht so sehr um die Rechte des Abgeordneten und die der Parteien, sondern vor allem um eine Belebung eines politischen Systems, das sie auffrischen und erneuern wollten. Es ging ihnen womöglich um einen rebellischen Akt.

2.2. Verfassungsrechtliche Debatten in Niedersachsen und das imperative Mandat

Noch bevor die Debatte über die Fraktionswechsel von Abgeordneten zu einem großen bundespolitischen Thema wurde, das den Bestand der sozialliberalen Koalition und die Kanzlerschaft von Willy Brandt als gefährdet erscheinen ließ, befasste sich die Landespolitik in Niedersachsen näher damit – vor allem rund um die Ereignisse, die dann 1970 zur vorzeitigen Landtagsauflösung führten. Nicht nur die Fälle in Hannover, sondern auch ähnliche in Hamburg und Schleswig-Holstein ließen 1969 eine Diskussion über eine gesetzliche Änderung aufkeimen. Niedersachsens Innenminister Richard Lehners, damals eine der

---

56 Martin Müller, a.a.O., Seite 86
57 Martin Müller, a.a.O., Seite 89
58 Martin Müller, a.a.O., Seite 71

starken Figuren in der Landes-SPD, bat die Juristen seines Hauses um eine eingehende Prüfung.[59]

Das Ergebnis wurde am 17. Oktober 1969 vorgelegt – und später dann in einer juristischen Fachzeitschrift veröffentlicht[60]. Die Autoren kamen zu der Ansicht, dass es geradezu die Konsequenz des Parteienstaates sei, den aus ihrer Fraktion ausgetretenen Abgeordneten das Mandat abzuerkennen. Das Grundgesetz habe diese Konsequenz aber nicht gezogen. „Es ist heute allgemeine Meinung, dass durch diese Bestimmung auch der Mandatsverlust bei freiwilligem Parteiaustritt ausgeschlossen ist. Dagegen wurde in die Weimarer Verfassung von Radbruch und Anschütz die Anordnung des Mandatsverlustes in einem Landeswahlgesetz für den Fall des freiwilligen Austritts aus einer Partei für zulässig gehalten." Weiter wurde dann erläutert: „Eine Änderung der Landesverfassung in dem Sinne, dass ein Mandatsverlust bei freiwilligem Austritt aus der Partei eintritt, wäre zulässig." Eine Ergänzung der Landesverfassung sei daher vorstellbar, auch andere Bestimmungen des Grundgesetzes stünden dem nicht entgegen – etwa die, dass die Staatsgewalt vom Volke ausgehe (und eben nicht von den Parteien). Die Juristen aus dem Haus von Innenminister Lehners hatten also zu dieser Zeit quasi die Vorlage geliefert, eine Änderung der Vorgaben festzulegen – durchaus konzentriert zunächst auf das Feld des Landesgesetzgebers und mit Bezug auf die Landesverfassung. Einer raschen Umsetzung standen allerdings zwei Hürden entgegen. Erstens war sich die Große Koalition, die für eine notwendige Verfassungsänderung mit Zweidrittelmehrheit geschlossen auftreten musste, schon zu dieser Zeit, im Herbst 1969, nicht mehr einig. Zweitens war die Streitfrage, die Lehners hier anschnitt, gerade ein Punkt, der auch SPD und CDU in Niedersachsen in zwei Lager teilte. Während in der SPD die Stimmen für eine stärkere Bindung der Abgeordneten an ihre Parteien sehr ausgeprägt waren, profitierte die CDU zu jener Zeit ja gerade von den Fraktionsübertritten. Insofern war es kein Wunder, dass sie für eine Verteidigung des freien Mandats plädierte.

Aber wie konnte eine stärkere Bindung der Abgeordneten an ihre Parteien gelingen, wenn nun für eine Verfassungsänderung im Landtag keine Mehrheit erkennbar war? Die Sache wurde zunächst sehr theoretisch diskutiert. Zwei Ziele schienen sich hier miteinander zu verbinden – der Wunsch der SPD-Landtagsfraktion, die bei der Landtagswahl ermittelten Stimmverhältnisse im

---

59 „Spiegel" vom 17.11.1969: Hin und her
60 „Mandatsverlust bei Fraktionswechsel", Zeitschrift für Parlamentsfragen 1970, Seiten 302/303

Landtag nicht durch immer mehr Überläufer zu verfälschen, und der Wunsch der Linken in der SPD, im Verhältnis zwischen der Parteiorganisation und ihren Abgeordneten die Gewichte neu zu justieren. So wurden – bundesweit – die Rufe vor allem von linken politischen Kräften nach einem „imperativen Mandat" lauter. Das „imperative Mandat" sieht gerade nicht vor, dass der Abgeordnete an Aufträge und Weisungen nicht gebunden sein dürfe. Er akzeptiert diese Weisungen seiner Wählerschaft ausdrücklich. Als Wolfgang Pennigsdorf 1970 erstmals in den Landtag kam und häufig im „Info-Kreis" der SPD in Linden Bericht erstatten sollte, hatte er diese Prinzipien vorbehaltlos akzeptiert: „Anfangs, als neuer Abgeordneter, fühlte ich mich verpflichtet, vor dem Info-Kreis in Hannover-Linden regelmäßig vorzutragen über meine Arbeit und die Arbeit der Landtagsfraktion. Das entsprach den Vorstellungen eines imperativen Mandates, wie sie damals im Info-Kreis gepflegt wurden. Ich habe damals meine Kenntnisse an die Basis weitergegeben – anfangs noch alles, später merkte ich dann, dass ich auswählen und abwägen musste."[61] Das Spannungsfeld für die politischen Entscheidungsträger besteht beim imperativen Mandat darin, dass Abgeordnete oft kurzfristig abstimmen müssen oder taktische Erwägungen eine Rolle spielen. Eine Rückkopplung mit der Basis fällt dann schon aus Zeitgründen schwer. Angehörige der Basis misstrauen ihren Vertretern, weil die sich angeblich verselbstständigen – und die Vertreter ärgern sich über eine Basis, die oft die Zwänge und Notwendigkeiten eines politischen Prozesses gar nicht nachvollziehen könne oder wolle.

Die SPD kennt eine lange Tradition der Debatte über ein imperatives Mandat, die bis in die Zeit der Gründung der Partei zurückreicht, und aus den Reihen der Jusos wurde das dann in den siebziger Jahren sehr offensiv vertreten. So sagte der damalige Juso-Funktionär Johanno Strasser 1973: „Wir ziehen aus den Ereignissen der jüngsten Zeit – Abgeordnete nehmen ihre Mandate zu anderen Parteien mit, Abgeordnete halten sich nicht an ihre Wahlversprechen – den Schluss, dass es notwendig ist, eine stärkere Basis-Kontrolle sicherzustellen, die Abgeordneten an Richtlinienaufträge zu binden. Das ist der sinnvolle Kern dieser ganzen Diskussion"[62]. Soll man die Abgeordneten nun aber gleichmäßig binden – oder die Listen-Abgeordneten, die ihren Platz im Parlament dem günstigen Listenplatz bei der Listenaufstellen verdanken, stärker als die direkt gewählten Abgeordneten, die sich im Wahlkreis als Person gegen ihre Mitbewerber der anderen Parteien durchgesetzt haben? Der spätere

61 Gespräch mit Wolfgang Pennigsdorf am 13.10.2020
62 Johanno Strasser in einem Interview mit Konkret am 19.07.1973, Seiten 12 und 13

Bundesminister Jürgen Schmude wies im SPD-Pressedienst am 8. Januar 1971 daraufhin, dass ein solcher Schritt zwei Klassen von Abgeordneten schaffen würde – und das sei „offensichtlich unangemessen". Bedenken müsse man auch, dass sich ja nicht nur ein Abgeordneter von der Parteilinie lösen könne, es sei ja auch denkbar, dass die Partei eine andere Linie einschlägt als die, die sie zum Zeitpunkt der Wahl noch vertreten hat.[63]

Die Debatte um das „imperative Mandat" bezeichnete vor allem einen Generationskonflikt – neben den Jusos galten in den siebziger Jahren auch die Jungdemokraten, seinerzeit noch Jugendorganisation der FDP, als Befürworter. In einem „Kommunalpolitischen Konzept" der Jugenddemokraten, beschlossen im Juni 1971, hieß es: „Abgeordnete können während der Wahlperiode von den jeweiligen Parteiuntergliederungen mit Zweidrittelmehrheit zurückgezogen werden, dafür rückt der auf dem nächsten Listenplatz stehende Bewerber nach. Abgeordnete verlieren ihr Mandat automatisch mit dem Ende ihrer Parteimitgliedschaft. Im Fall des Ausschlusses bedarf der Mandatsverlust der Bestätigung der aufstellenden Parteiuntergliederung mit absoluter Mehrheit. Die gleichzeitige Ausübung von Amt und Mandat muss gesetzlich ausgeschlossen werden."[64] Das klang in weiten Teilen nach einer Kampfansage an etablierte Kräfte in den Parlamenten, die – damals ganz überwiegend – vor allem aus den älteren, schon länger in der Partei tätigen Mitgliedern bestanden.

Wenn es um das „imperative Mandat" geht, gerät auch der linke Vordenker der Sozialdemokraten ins Blickfeld, der 1970 zum hannoverschen SPD-Bezirkschef gewählte Peter von Oertzen, von 1970 bis 1974 Kultusminister in Niedersachsen. Es ist nicht so, dass er in Niedersachsen Anstrengungen unternommen hätte, das parlamentarische System oder auch nur die Prinzipien der innerparteilichen Willensbildung wesentlich zu verändern. Wie sein damaliger Weggefährte Rolf Wernstedt erläutert, hat von Oertzen stets gewusst, wie weit er gehen kann: „Er spürte die Widersprüchlichkeit zwischen Theorie und Utopie hier, praktischer Umsetzung dort. Er hatte ein starkes Bewusstsein für die praktischen Notwendigkeiten und sah seine Grenzen."[65] Aber er war neben seiner Rolle als Politiker auch noch Wissenschaftler – und als solcher auch eine Leitfigur für die Linken zumindest in der niedersächsischen SPD,

63 Jürgen Schmude im SPD-Pressedienst, zitiert nach Martin Müller, a.a.O., Seiten 101 und 102
64 Kommunalpolitisches Konzept der Deutschen Jungdemokraten vom 24.06.1971, zitiert nach Martin Müller, a.a.O., Seiten 99 und 100
65 Gespräch mit Rolf Wernstedt am 14.10.2020

wenn nicht bundesweit. In einem Buch, das 1994 zu seinem 70. Geburtstag erschien, hieß es im Vorwort: „Peter von Oertzen war und ist über Jahrzehnte eine,öffentliche Veranstaltung'. Der rote Professor, der zu Beginn der siebziger Jahre als Kultusminister die Schul- und die Hochschulreform vorantrieb und von den niedersächsischen Medien verfemt wurde; der mit Egon Franke die Figur der traditionellen Sozialdemokratie aus dem Sessel des hannoverschen Bezirksvorsitzenden kippte, der mit Leidenschaft über Wein philosophierte, aber mit gleicher Intensivität über seine innerparteilichen Widersacher gießen konnte. Eine Persönlichkeit, die Orientierung gab, an der sich abzuarbeiten immer lohnte, die aber als Integrationsfigur absolut untauglich war (und ist), an dem sich die Geister eher geschieden haben."[66] In diesem Buch ist auch ein Beitrag des belgischen Marxisten Ernest Mandel, zu dem von Oertzen über viele Jahre engen Kontakt gehalten hatte und der zu den Vordenkern eines Rätesystems zählt – eines Gesellschaftsmodells, in dem selbstverwaltete dezentrale Einheiten an die Stelle der Bürokratie treten.[67] Nun kennt das Rätesystem das imperative Mandat, die starke Bindung der Vertreter in den Räten an ihre Wähler, an ihre Basis.

Schon in den fünfziger Jahren zeigte von Oertzen ein theoretisches Interesse an Fragen, die mit dem Rätesystem zusammenhängen: „Aus der Leitkategorie ‚Produzentendemokratie' entwickelte er die Forschungsfrage, inwiefern die Arbeitnehmer in der Lage waren, ‚Einfluss in ihrer Eigenschaft als Produzenten in der Wirtschaft auszuüben und nicht als Staatsbürger über den Staatsapparat oder als Konsumenten über entsprechende Körperschaften'."[68] So sehr von Oertzen das Vokabular der Marxisten und Rufer nach Systemveränderung beherrschte, so selbstsicher er sich in diesen Kreisen bewegte und Wegmarken setzen konnte, so skeptisch blieb er doch, wenn es um die Übertragung revolutionärer oder auch nur stark reformistischer Ansätze auf den praktischen parlamentarischen Betrieb ging. In einem Beitrag für die „Frankfurter Rundschau" setzte er sich 1973 auseinander mit den ihm teilweise zu radikal und zu wenig reflektiert vorkommenden Forderungen der Jungsozialisten. Zum imperativen Mandat führte er dabei aus: „Ein gewählter Volksvertreter ist während einer Wahlperiode nicht abrufbar, und die SPD erstrebt in Verfassung und Rechtsordnung auch

---

66 Karin Benz-Overhage, Wolfgang Jüttner, Horst Peter (Hrsg): Zwischen Rätesozialismus und Reformprojekt, Köln 1994, Seite 11
67 Ernest Mandel: Alle Macht den Räten!, in: Benz-Overhage, Jüttner, Peter, a.a.O, Seiten 19 bis 27
68 Philipp Kufferath: Peter von Oertzen, Göttingen 2017, Seite 244.

nicht die Ersetzung des freien Mandats durch das gebundene Mandat im Sinne der Rätedemokratie. Dies ist unstreitig. Ebenso unstreitig ist aber auch, dass die Partei das Recht hat, ihre Mandatsträger zu kontrollieren – und dass Mandatsträger in ihrer Eigenschaft als Parteimitglieder an Parteibeschlüsse genauso gebunden sind wie andere Parteimitglieder. Die praktische Frage, ob Parteitage oder Parteivorstände Parlamenten, Regierungen und Verwaltungen dauernd in ihre Arbeit hineinreden sollten, ist kein verfassungstheoretisches Grundsatzproblem, sondern ausschließlich eine Sache der politischen Zweckmäßigkeit. Und hier bin ich der Meinung, dass es zweckmäßig ist, einen relativ großen Entscheidungsrahmen zu geben."[69]

Von Oertzens Position war es also, aus ganz praktischen Erwägungen die Einflussnahme der Parteigremien auf ihre gewählten Vertreter in den Parlamenten nicht zu übertreiben. Immerhin betonte er aber ganz klar das Recht der Parteigliederungen, auf ihre Mandatsträger Einfluss zu nehmen – er sprach sogar ausdrücklich von „kontrollieren" und von der Bindung an Parteitagsbeschlüsse.

Die juristische Debatte über das freie Mandat, die Lehners mit dem Rechtsgutachten seiner Fachleute 1969 angefacht hatte, setzte von Oertzen hier nicht fort. Die Diskussion blieb politologisch-theoretisch, Vorstöße für die praktische Umsetzung gab es nicht. Dabei wurden die Widersprüche der Bestimmungen im Grundgesetz auch in den Folgejahren durchaus vertieft, wie ein juristischer Fachbeitrag aus dem Jahr 2000 belegt. Der Autor Ulli F.H. Rühl, Verfassungsrechtler aus Bremen, wies dort nach, dass es in der Weimarer Republik „ein übersteigertes Verständnis von der Unabhängigkeit der Abgeordneten" gegeben habe.[70] Die Erklärung des Mandatsverzichts, meinte Rühl, sei kein Auftrag und keine Weisung, sondern nur ein Mittel, mit dem diese durchgesetzt werden könnten. Der Autor wies auch auf die übliche parlamentarische Praxis hin, in der ein Fraktionszwang oder eine Fraktionsdisziplin zum Alltag gehören, zur „parlamentarischen Regel"[71]. Die Unterwerfung unter das Gewissen, die im Grundgesetz verlangt werde, bedeute am Ende nichts anderes, als niemandem unterworfen zu sein – denn das Gewissen überlasse dem Abgeordneten die Entscheidung, ob er wirklich seiner Überzeugung folge oder

---

69 Peter von Oertzen: Strategie und Taktik des demokratischen Sozialismus, in: Frankfurter Rundschau am 22.11.1973 (aus einer Rede vor der Frankfurter SPD am 16. November 1973)

70 Ulli F.H. Rühl: Das freie Mandat – Elemente einer Interpretations- und Problemgeschichte, in: „Der Staat", Zeitschrift für Staatslehre, öffentliches Recht und Verfassungsgeschichte, 2000, Seiten 23 bis 48

71 Ulli F.H. Rühl, a.a.O., Seite 41

taktischen Erwägungen, die Nachprüfung sei nicht möglich. Die Einbindung des Parlamentariers in seine Fraktion sei in Wirklichkeit keine Einschränkung seines freien Mandates, „sie sind in großem Umfang Bedingung der Möglichkeit der Realisierung seiner Beteiligungsrechte"[72].

2.3. Die Kulisse der siebziger Jahre – Aufbruch und Bedrohung zugleich

Die siebziger Jahre haben sich als Zeit der großen politischen Umwälzungen eingeprägt – gesellschaftlich, politisch und kulturell. Die Große Koalition auf Bundesebene zwischen 1966 und 1969 war eine Phase des politischen Übergangs, die sich offenbar für die gesamte Gesellschaft stark politisierend auswirkte. Die SPD rüstete sich für eine dauerhafte Regierungsbeteiligung, die FDP bereitete sich auf ein neues Bündnis an der Seite der Sozialdemokraten vor, und auch die CDU erlebte eine Verjüngung und einen starken Mitgliederzuwachs. Die Christdemokraten, die 1965 bundesweit noch 287.591 Mitglieder zählten, hatten 1976, elf Jahre später, 652.010 – also mehr als doppelt so viele. Die SPD war seit jeher viel stärker eine Mitgliederpartei, 1965 hatte sie 710.488 Mitglieder, 1976 zählte sie mehr als 1,02 Millionen. Auch die FDP verzeichnete einen Zuwachs, wenn auch auf geringerem Niveau – von 57.644 im Jahr 1967 auf 78.750 im Jahr 1976[73]. Es waren oft die jüngeren Leute, die zu den Parteien stießen, in jedem Fall aber solche, die auf eine aktive Beteiligung zielten. Auf die Phase der außerparlamentarischen Opposition folgte also eine Zeitspanne, in der die Bürger offenbar auf Teilhabe und Mitsprache in den bestehenden Organisationen drängten. Interessant sind in diesem Zusammenhang die Diskussionen in der niedersächsischen FDP, die von 1969 bis 1971 zunächst mehr als 1000 Mitglieder verlor (von 6153 auf 4932), dann aber bis 1974 einen relativ steilen Anstieg auf 7657 verbuchen konnte[74]. Der Schwerpunkt der Neueintritte lag im Bezirksverband Hannover – während der südniedersächsische Raum, landwirtschaftlich geprägt, seine starke Stellung innerhalb des Landesverbandes einbüßte. Das lässt darauf schließen, dass die meisten der Neueintritte zum Bereich der Angestellten gehörten, während andere Berufsgruppen, etwa

72 Ulli F.H. Rühl, a.a.O., Seite 45
73 Zahlen auf der Internetseite der Bundeszentrale für politische Bildung (www.bpb.de)
74 Gabriela I. Carmanns: Geschichte und Politik des niedersächsischen Landesverbandes der FDP in seiner Umbruch- und Konsolidierungsphase 1967 bis 1978, Hannover 1978, Seite 137

Landwirte, verhältnismäßig abnahmen. Der Anteil der Angestellten in der niedersächsischen FDP verdoppelte sich[75].

Der Autor Detlef Siegmund schrieb: „Die Skepsis der Bundesbürger gegenüber der Demokratie, ihre ausgeprägte Staatsloyalität, das Ideal politischer Harmonie, ihrer Neigung zur Unterordnung und das geringe politische Engagement – diese Merkmale einer ‚Untertanenkultur‘, noch in den 1950er Jahren markant, traten im Laufe der 1960er Jahre und 70er Jahre zurück. Stattdessen entstand eine politische Kultur der Teilhabe, die über den Rahmen der repräsentativen Demokratie hinausging. Indikatoren waren etwa das Interesse für Politik, das mit dem Reichtum der Gesellschaft, dem Anwachsen des Dienstleistungssektors, dem Bildungsgrad, der Medialisierung und der politischen Konflikte stark zunahm. Auch die Tatsache, dass 1966 das sozialdemokratische Ideal der ‚mündigen Gesellschaft‘ viele Bürger bereits mehr ansprach als Visionen einer ‚formierten Gesellschaft‘, signalisierte ihr wachsendes politisches Selbstbewusstsein."[76] Man mag hinzufügen, dass dieses sozialdemokratische Ideal auch für Anhänger anderer politischer Richtungen plötzlich hohe Attraktivität gewann – auf die FDP, deren Vordenker Ralf Dahrendorf eine „umfassende Demokratisierung der Gesellschaft" forderte[77], und natürlich auch auf die Christdemokraten. Der starke Zustrom an neuen Mitgliedern dort bewirkte auch einen Wandel, nämlich den von einer Honorationen- zu einer Mitgliederpartei, der zweiten neben der SPD.

Wenn Werner Faulstich behauptet, die siebziger Jahre seien geprägt gewesen durch eine „Entscheidungskrise zwischen sozialutopischen Hoffnungen und Umweltkrisen, zwischen Machbarkeitsträumen und Endzeitberechnung", dann mag das für das gesamte Jahrzehnt gelten, das dann mit dem Aufkommen der Umweltgruppen, den Anti-Atom-Protesten und der Wachstumskritik der neuen sozialen Bewegungen zur Neige ging. Auch der Terrorismus mit dem Schicksalsjahr 1977 fiel in die Schlusszeit der siebziger Jahre. Aber die politischen Debatten im Vorfeld des landespolitisch so entscheidenden Jahres 1976 in Niedersachsen waren dann eher von einer im Grunde optimistischen, auf Erneuerung und Aufbruch ausgerichteten Stimmung geprägt. Der Historiker Habbo Knoch sagte: „Die neuen politischen Bewegungen dieser Zeit trugen moralische Argumente in den öffentlichen Raum und erweiterten

---

75 Gabriela I. Carmanns, a.a.O., Seite 138
76 Detlef Siegfried: Parlamentarismuskritik und Demokratie-Konzepte in der außerparlamentarischen Opposition und den neuen sozialen Bewegungen, in: Axel Schildt/ Wolfgang Schmidt (Hrsg): „Wir wollen mehr Demokratie wagen", Bonn 2019, Seiten 88 bis 102
77 Detlef Siegfried, a.a.O., Seite 89

ihn zugleich, noch vor, dann aber auch mit dem Aufwind der Parole, „mehr Demokratie zu wagen". Moral verlor den Anstrich, der Tradierung konservativer Wertemodelle zu dienen, und wurde zum Instrument, um ein neu artikuliertes und praktiziertes Konzept der Staatsbürgerlichkeit zu legitimieren."[78] Horst W. Schmollinger sah die Gründe für diese Politisierung vor allem im Agieren der außerparlamentarischen Opposition in den Jahren bis 1969: „Die APO beeinflusste Flügelpositionen in der SPD, die nun ihre reformistischen Konzepte akzentuierten. Selbst Gewerkschafter organisierten gegen ihre Vertreter, die eine Politik der niedrig zu haltenden Löhne in der Konzertierten Aktion mittrugen, spontane Arbeitsniederlegungen."[79]

Unbestritten bleiben die siebziger Jahre als Zeit großer politischer Konflikte in Erinnerung – auch solcher Konflikte, die sich innerhalb der Organisationen abspielten. Daniela Münkel schrieb mit Blick auf die Entwicklung der beiden großen niedersächsischen Parteien: „Die SPD entwickelte sich – parallel zur Bundesebene – seit Ende der fünfziger Jahre zunehmend von der Klassen- zur Volkspartei. Innerhalb von CDU und SPD vollzog sich dann seit Mitte beziehungsweise Ende der sechziger Jahre ein Generationswechsel, der auch eine Akzentverschiebung in der politischen Ausrichtung mit sich brachte."[80] An mehreren Beispielen in diesem Buch wird beschrieben, wie sich nachhaltige Konflikte in den Parteien, in den Fraktionen, zwischen der jeweiligen Partei und ihrer Fraktion oder auch zwischen verschiedenen Gruppen einer Partei abspielten. Oft waren diese Auseinandersetzungen mit herausragenden Personen verknüpft, den Anführern oder Leitfiguren. Oft waren Gruppen am Werke, bei denen leitende Personen schwer zu identifizieren waren. Die Spannungen ereigneten sich innerhalb der Gremien und Institutionen, deren Stärke und Zukunftsfähigkeit an sich gar nicht in Frage gestellt wurde – außer vom relativ überschaubaren Kreis der Kräfte, die sich bewusst vom System abwandten und sich der Mitwirkung verweigerten. Das hieß aber auch: Für die Akteure in den Parteien war die Gefahr, ausgebootet, abgewählt oder öffentlich diffamiert zu werden, weitaus größer als heute. Denn mit der wachsenden Zahl von Mitgliedern, von denen nicht wenige in die politische Verantwortung strebten oder zumindest die politischen Inhalte mitbestimmen wollten, wuchs die Zahl

---

78 Habbo Knoch, Vortrag vor der Jahrestagung des Zeitgeschichtlichen Arbeitskreises Niedersachsen am 25. November 2005 in Göttingen

79 Horst W. Schmollinger: Veränderung und Entwicklung des Parteiensystems in: Ders. (Hrsg): Die Bundesrepublik in den siebziger Jahren, Leverkusen 1984, Seiten 32 bis 52

80 Daniela Münkel: Von Hellwege bis Kubel, in: Gerd Steinwascher (Hrsg): Geschichte Niedersachsens Band 5, Hannover 2010, Seiten 733 und 734

der potentiellen Konkurrenten und Gegner. Damit war die Phase des Aufbruchs auch mit einer größeren Bedrohung verbunden, zumindest für die Akteure, die schon in Amt und Würden waren.

Damit wird ein Kontrast zur heutigen Lage beschrieben. Im Unterschied zu den siebziger Jahren leiden die Parteien heute unter enormen Mitgliederverlusten. Die SPD zählte 1990 noch 943.402 Namen in ihrer Mitgliederkartei, 2019 waren es 419.340. Bei der CDU sieht es nicht viel besser aus, in diesem Zeitraum sank die Zahl von 789.619 auf 405.816.[81] Die Krise der repräsentativen Demokratie, die sich in dieser Entwicklung ausdrückt, hat ihre Folgen in der politischen Kommunikation. Die Zeiten, in denen die Streitigkeiten zwischen Fraktionen und Parteien oder zwischen dem einen oder dem anderen Flügel der Partei zum beherrschenden Thema der öffentlichen Diskussion werden konnten, sind lange vorbei. Wenn heute Zweifel daran geäußert werden, ob Parteien, Parlamente und Politiker noch in der Lage sind, die aktuellen Probleme kompetent zu lösen, dann wird eine Lösung häufig nicht mehr in einer Veränderung der innerparteilichen Willensbildung gesehen, auch nicht in einer Verschiebung der Kompetenzen zwischen Parteigremien und den Vertretern der Partei in den Parlamenten. Beispielhaft sei hier das Buch von Utz Claassen und Ralph Guise-Rübe erwähnt, die den Rechtsstaat in Gefahr sehen, weil die Entscheidungen zu langwierig seien, die Bürokratie zu stark ausgeufert sei, Planungsvorhaben viel zu viel Zeit bis zu einer Realisierung benötigten und die Politik zu wenig tue, die internationale Wettbewerbsfähigkeit der Wirtschaft zu unterstützen. Was die politischen Prozesse angeht, werfen die beiden Autoren, ein Manager und ein Landgerichtspräsident, die Frage nach einer „Mindestqualifizierung" der Politiker auf.[82] Außerdem beklagen sie eine Niveaulosigkeit des öffentlichen Diskurses. Das Beispiel zeigt: Der Binnen-Blick auf die Machtgewichte zwischen den Teilsystemen der einzelnen politischen Parteien und Akteure, die als Politiker die Staatsgeschicke beeinflussen, fehlt heute fast völlig. Die Leistungsfähigkeit des Systems an sich wird so sehr angezweifelt, dass die noch in den siebziger Jahren diskutierten Lösungswege, die sich auf systemimmanente Reformen ausrichteten, fast völlig ausgeblendet werden. Das mag an der Ansicht liegen, die Reformierbarkeit habe ihre Grenzen – oder auch daran, dass man meint, die inneren Abläufe an sich seien nicht Teil der Probleme.

---

81 Zahlen auf der Internetseite der Bundeszentrale für politische Bildung (www.bpb.de)
82 Utz Claassen und Ralph Guise-Rübe: Überlastet, überfordert, überrannt – der Rechtsstaat vor dem Zusammenbruch, München 2020

Klimaschutz, Umweltschutz, Nachhaltigkeit und internationale Zusammenarbeit sind heute die globalen Themen, um die der gesellschaftliche Diskurs
kreist – verbunden mit Mahnungen zu einem verantwortlichen Verhalten und
verbunden mit grundsätzlichen Zweifeln am Wirtschaftssystem, die heute weit
glaubwürdiger vorgetragen werden als in den siebziger Jahren mit ihrem gerade
in linken politischen Kreisen vorherrschenden marxistischen Vokabular.[83] Dass
heute Flügelkämpfe in den Parteien eine größere Debatte auslösen oder damit
große öffentliche Aufmerksamkeit auf sich ziehen (zumindest dann, wenn hinter
Personen auch verschiedene Richtungen stehen), ist in der politischen Auseinandersetzung des Jahres 2020 eher eine Seltenheit[84].

2.4. Der Fall Helms oder: Wie bundespolitische Ereignisse auf Niedersachsen wirken

Die politischen Spannungen in der niedersächsischen Landespolitik der siebzi-
ger Jahre lassen sich kaum beschreiben, ohne die Verzahnung von Landes- und
Bundespolitik zu berücksichtigen. Die Überläufer hatten 1970 im Landtag zu
einer Regierungskrise geführt, wiederholt ist das mit dem Wirken des CDU-
Fraktionsvorsitzenden Bruno Brandes in Verbindung gebracht worden, der als
„Greifvogel" aktiv gewesen sein soll. Brandes selbst beschränkte sein Wirken
nicht auf die Landespolitik, er hatte bei der Bundestagswahl 1969 auch für den
Bundestag kandidiert und war gewählt worden, hatte aber das Mandat nicht
angenommen, als die Oppositionsrolle seiner CDU in Bonn deutlich wurde.[85]
Brandes hatte es 1969 geschafft, mehrere FDP-Politiker im Landtag zu einem
Wechsel zur CDU zu bewegen, darunter auch den Fraktionsgeschäftsführer Her-
bert Stender.

Eine durchaus prominente Figur der niedersächsischen FDP, die im Bundestag noch für Gesprächsstoff sorgen sollte, war der Landwirt und Kommunalpolitiker Wilhelm Helms aus Bissenhausen (damals Kreis Grafschaft Hoya). Er
gehörte bis 1962 zur Deutschen Partei, wechselte dann zur FDP und wurde 1969
für diese Partei in den Bundestag gewählt, nahm aber im Unterschied zu Brandes
sein Mandat an und blieb der Bundespolitik zunächst auch erhalten. Helms wurde
von Anfang an dem ländlich-konservativen, „rechten" Flügel der FDP zugeordnet. Seine Karriere war dennoch wechselhaft und von vielen Widersprüchen

---

83 Zum Beleg zwei Bücher: Christian Berg: Ist Nachhaltigkeit utopisch, München 2020,
     und Maja Göpel: Unsere Welt neu denken, Berlin 2020
84 Mit Ausnahme vielleicht der Machtkämpfe in der rechtspopulistischen AfD
85 Rolf Zick: Die CDU in Niedersachsen, Sankt Augustin 2008, Seiten 148 und 149

behaftet. Das fing schon an damit, dass Helms 1969 vom Landeshauptausschuss seiner Partei zunächst auf einen wenig erfolgversprechenden Listenplatz gesetzt worden war, dann aber den wegen eines Formfehlers der Partei nötig gewordenen neuen Beschluss für sich zu nutzen wusste – und auf Platz vier vorrückte[86]. Ein Jahr vorher, beim FDP-Landesparteitag im Mai 1968 in Bad Rothenfelde, wagte Helms den Sprung an die Spitze der Landespartei. Die Versammlung war damals vom Generationswechsel bestimmt. Der bisherige Vorsitzende Carlo Graaff, der zwischen rechten Kräften und Erneuerern in der FDP zu vermitteln versuchte, aber wie eine Symbolfigur der alten Zeit wirkte, wurde für die Wiederwahl vorgeschlagen. Helms war damals noch ehrenamtlicher Landrat des Kreises Grafschaft Hoya, also ein durchaus hochgestellter Kommunalpolitiker. Er kandidierte gegen Graaff für den Landesvorsitz, und die Jungdemokraten, die seinerzeit offen gegen Graaff Stellung bezogen, standen also zu Beginn dieses Parteitags auf der Seite von Helms[87]. Die Auseinandersetzung nahm allerdings einen anderen Verlauf als geplant. Teilnehmer des Parteitags berichteten, dass nicht nur die Vorstellungsrede von Graaff schlecht gewesen sei, sondern auch die von Helms. Dies habe die Bezirksfürsten der Freien Demokraten dazu veranlasst, die Lage erneut zu überdenken – und den damaligen Stadtdirektor von Hameln, Rötger Groß, als ihren Kandidaten zu präsentieren. Helms zog zurück, und im zweiten Wahlgang setzte sich dann der neue Kandidat Groß gegen Graaff mit 115 zu 66 Stimmen durch[88]. Rückblickend kann man also behaupten, dass Helms durch sein Verhalten die Möglichkeit für den Generationswechsel – und auch die damit verknüpfte Linksverschiebung – in der FDP überhaupt erst eröffnete. War das vielleicht sogar eine Taktik, mit der er Veränderungen in der Partei in Gang bringen wollte? Die Schwierigkeiten, denen Helms dann in der Folge bei der Aufstellung der Bundestagsliste ausgesetzt war, deuten zumindest auf Misstrauen hin, das ihm nach diesem Verhalten begegnete. Vielleicht war er schon zu jener Zeit zu einem Politiker geworden, der in der FDP zwischen den Stühlen stand und damit keine richtige politische Heimat mehr hatte.

Kaum zwei Jahre im Bundestag, kamen bereits Spekulationen auf, Helms könnte aus Protest gegen die sozialliberale Koalition in Bonn die Partei verlassen. Berichtet wurde sogar, schon Jahre vorher habe der damalige rheinland-pfälzische Ministerpräsident Helmut Kohl erfolglos versucht, Helms zum Wechsel in die CDU zu bewegen[89]. Damals beherrschte die Diskussion über die

86 Gabriela I. Carmanns, a.a.O., Seite 125
87 Gabriela I. Carmanns, a.a.O., Seiten 32 bis 37
88 Gabriela i. Carmanns, a.a.O., Seite 34
89 „Spiegel" vom 09.08.1971: Warme Fährte

Ostpolitik der Bundesregierung die politischen Debatten. Ein wichtiges Ereignis
jener Zeit war die Landtagswahl in Baden-Württemberg am 23. April 1972, die
vor allem drei wichtige Ergebnisse zeigte – die CDU gewann (ebenso wie die
SPD) stark hinzu, die Christdemokraten von Ministerpräsident Hans Filbinger
erreichten sogar die absolute Mehrheit. Die NPD, 1968 noch in den Ländern
stark, flog aus dem Landtag. Die FDP als dritte Kraft hatte erhebliche Verluste
zu verzeichnen. Helms erklärte einen Tag nach dieser Landtagswahl, dass er
die FDP „allein aus innerparteilichen Gründen" verlasse. In einer ersten Erklärung wurde von ihm noch betont, dass die Ostpolitik nicht der Grund für den
Austritt sei. Der FDP-Kreisverband Hoya zeigte sich überrascht, obwohl schon
einen Monat vorher fünf Mitglieder der dortigen FDP-Kreistagsfraktion zur
CDU übergetreten waren – ein Vorgang, der seinerzeit, wie die Lokalzeitung
bemerkte, von Helms unkommentiert geblieben war. Die CDU, die Helms vorher schon eine Kandidatur für ihre Liste zum Bundestag angeboten haben soll,
begrüßte Helms' Austritt aus der FDP mit den Worten, Helms sei nun bei ihnen
„herzlich willkommen"[90].

Die Wahl in Baden-Württemberg und der Austritt von Helms lösten in
Bonn eine Kettenreaktion aus. Die CDU/CSU-Bundestagsfraktion entschied,
einen Misstrauensantrag gegen Bundeskanzler Willy Brandt stellen zu wollen.
Die freidemokratischen Bundesminister Hans-Dietrich Genscher und Josef
Ertl trafen Helms in Bremen. Wie der Historiker Arnulf Baring später berichtete, habe Helms beiden versprochen, für die Ost-Verträge zu stimmen. Später sei Helms dann nach einer Rede von Bundesaußenminister Walter Scheel
so beeindruckt gewesen, dass er beim Misstrauensvotum nicht für den CDU-
Kandidaten Rainer Barzel gestimmt, sondern sich der Stimme enthalten habe[91].
Das Verhalten von Helms bei der Abstimmung über das Misstrauensvotum am
27. April 1972 hatte später dann noch viele Jahre lang für heftigen Streit gesorgt,
wie noch dargestellt werden soll. Bemerkenswert ist hier zunächst, wie intensiv die FDP-Spitze zu jener Zeit noch versucht hatte, den ausgetretenen Helms
zurückzugewinnen – oder zumindest, wie Barings Schilderung nahelegte, ihm
inhaltliche Zugeständnisse abzuringen. Baring meinte, das Ziel von Helms sei
es ja gerade nicht gewesen, die Ostpolitik zu ändern. Er habe vielmehr „die
Regierung zu Fall bringen" wollen. Berichtet wurde auch über Mutmaßungen,

---

90 Zu den Einzelheiten: Martin Müller, a.a.O., Seite 20
91 „Spiegel" vom 15.03.1982: „Wenn Du's willst, dann mach's doch"

die schon rund um den Austritt von Helms kreisten, dass hier finanzielle Zuwendungen eine Rolle gespielt haben könnten[92].

Die Vorgänge, die sich Ende April in Bonn überstürzten, hatten ihr Nachspiel im FDP-Landesverband. Der Landesvorsitzende Rötger Groß erklärte auf einem Landesparteitag Anfang Mai in Wolfsburg (in Anwesenheit von Genscher), die Motive von Helms lägen „im Dunkeln", der Delegierte Torsten Wolfgramm sprach in diesem Zusammenhang von einem „Versagen des Parteivorstandes" – und einige Stimmen forderten, die Partei müsse ihren Vorstandskandidaten (Helms hatte auch dem Landesvorstand angehört) ein „Loyalitätsbekenntnis abverlangen"[93]. Helms selbst war zwei Tage vor diesem Landesparteitag dann als Hospitant in die CDU/CSU-Bundestagsfraktion aufgenommen wurden. Durchaus kritisch zu den Versuchen, die Genscher und Ertl unmittelbar nach Helms' Entscheidung angestrengt hatten, urteilte Martin Müller, der sich über Umstände und Besonderheiten des freien Mandats Gedanken gemacht hatte: „Ein ausgetretener Abgeordneter entzieht sich... der Diskussion, er gibt den Versuch auf, Fraktionskollegen und Parteigenossen von der Richtigkeit seiner Ansicht zu überzeugen. Gleichzeitig verschließt er sich der Möglichkeit, selbst überzeugt zu werden. Ein Abgeordneter, der den Rubikon des Austritts überschritten hat, wird sich nicht mehr zurückgewinnen lassen, wie das Beispiel des Abgeordneten Wilhelm Helms zu zeigen vermag."[94]

Es lohnt nun ein Blick auf die Frage, was vor dem Austritt von Helms aus der FDP-Bundestagsfraktion geschah, welche Kräfte damals wirkten und welche Bewegungen erkennbar waren. So schrieb der „Spiegel" am 13. März 1972, also zwei Wochen vor Helms' Abschied aus der FDP, über eine nervöse Stimmung in der sozialliberalen Koalition und darüber, dass es viele Gespräche mit den möglichen Abweichlern bei der Ostpolitik gebe, auch mit Helms: „Der widerborstige Helms darf auf einen sicheren niedersächsischen Landeslistenplatz hoffen."[95] Helms habe Einblick in geheime Abmachungen zu den Ost-Verträgen gewünscht, außerdem solle er ein Gespräch mit dem Staatsminister im Auswärtigen Amt, Karl Moersch, über dieses Thema führen. Das heißt also: Schon Wochen vor dem konstruktiven Misstrauensvotum, bei dem sich Helms angeblich enthalten hat (so zumindest behauptete es Arnulf

---

92 Gabriela I. Carmanns, a.a.O., Seite 125, verweist auf verschiedene Darstellungen, die in diese Richtung weisen.
93 Gabriela I. Carmanns, a.a.O., Seiten 125 und 126
94 Martin Müller, a.a.O., Seite 79
95 „Spiegel" vom 13.03.1972: „Na gut, wenn's dann sein muss"

Baring), gab es Gespräche zwischen der FDP-Spitze und dem damals noch dieser Partei angehörenden FDP-Abgeordneten. Helms selbst räumte später ein,
direkt vor der Abstimmung über das Misstrauensvotum auch mit Kanzler Willy
Brandt selbst geredet zu haben[96]. Der Verlauf der weiteren Ereignisse aber, auch
das wurde deutlich, brachte den Abgeordneten und Kommunalpolitiker aus Bissenhausen zwischen die Mühlsteine der deutschen Politik. Die Hannoversche
Allgemeine Zeitung schrieb: „Überläufer haben ein schweres Los, das musste
der frühere FDP- und spätere CDU-Politiker rasch erkennen. Viele Journalisten
hätten ihm das Wort im Mund umgedreht, sagt er. Als provinzieller Politiker,
der ein einziges Mal Weltgeschichte schreiben wollte, wurde Helms dargestellt.
Die Ernsthaftigkeit seiner Motive wurde angezweifelt. Ging es um Geltungssucht
oder verletzte Eitelkeiten? Nein, sagt Helms, ihm habe die politische Richtung der
damals seit drei Jahren regierenden SPD/FDP-Koalition nicht mehr gepasst. Bei
allem Respekt vor der charismatischen Wirkung von Willy Brandt – seine Annäherung an die Mächtigen im Ostblock sei ihm suspekt gewesen, und die mangelnde haushaltspolitische Stringenz habe ihn auch gestört."[97] Helms berichtete
in dem Interview, das anlässlich seines 90. Geburtstages geführt wurde, er habe
einen „Spießrutenlauf" erleben müssen. Als Helms wenige Jahre später starb,
hieß es in der Lokalzeitung, der Syker Kreiszeitung: „Sein Sohn Ulrich erinnert
sich an Monate unter Polizeischutz, Sachbeschädigungen und Scharen von Journalisten vor dem Hoftor – aber auch an das Lebensmotto seines Vaters: ‚Wenn
man von einer Sache überzeugt ist, darf man sich nicht einschüchtern lassen'."[98]

Für einen Erfolg des Misstrauensvotums gegen Willy Brandt am 27. April 1972
wären 249 Ja-Stimmen nötig gewesen. Mit Ja stimmten aber nur 247 Abgeordnete,
zehn Abgeordnete hatten sich enthalten, 236 waren nicht anwesend oder hatten
ungültig gestimmt. Inzwischen verdichten sich die Hinweise, dass die DDR-
Staatssicherheit mit Geldbeträgen zwei Abgeordnete der CDU/CSU-Fraktion
dazu gebracht hatte, nicht für den Antrag ihrer eigenen Fraktionsspitze zu stimmen – nämlich Julius Steiner aus Baden-Württemberg und Leo Wagner aus
Bayern[99]. Helms wurde in diesem Zusammenhang auch deshalb nicht erwähnt,

---

96 Hannoversche Allgemeine Zeitung vom 18.12.2013: „Der Mann, der Willy Brandt
    stürzen wollte"
97 Hannoversche Allgemeine Zeitung vom 18.12.2013, a.a.O.
98 Kreiszeitung vom 11.12.2019: Ehemaliger Landrat und Bundestagsabgeordneter Wil-
    helm Helms gestorben
99 So Daniela Münkel: Kampagnen, Spione, geheime Kanäle – die Stasi und Willy Brandt,
    Berlin 2015, Seiten 51 bis 54

weil er zu diesem Zeitpunkt der CDU/CSU-Fraktion als Hospitant noch nicht angehörte.

Das verhinderte jedoch nicht, dass in den Wochen, Monaten und Jahren danach immer wieder über Helms' Verhalten spekuliert wurde. Kanzler Brandt selbst sprach von einem Korruptionsverdacht, und der Konstanzer SPD-Bundestagsabgeordnete Hermann Dürr, einst Bundesvorsitzender der damaligen FDP-Jugendorganisation Jungdemokraten, verbreitete Ende September 1972 im SPD-Pressedienst, Helms habe sein Verhalten im Bundestag begründet mit seiner beruflichen Existenz, er habe behauptet: „Ich kann doch nicht anders – mein Hof, mein Hof!"[100] Nun blieb in dieser Darstellung unklar, wie ein „Kaufen" einer Stimme im Fall Helms konkret hätte ausgesehen haben können: Dass die Union ihn mit einem Versprechen einer finanziellen Absicherung zu sich herüberlockt? Oder dass SPD und FDP auf den gerade ausgetretenen FDP-Abgeordneten mit Versprechungen einwirken, damit er im Bundestag nicht das konstruktive Misstrauensvotum gegen Willy Brandt unterstützt? Helms selbst erstattete Strafanzeige gegen Dürr.

Ein halbes Jahr später bezichtigte sich der CDU-Abgeordnete Steiner, er habe gegen Barzel gestimmt. Seinerzeit stand noch nicht die Stasi-Verbindung im Mittelpunkt, sondern der Vorwurf, der SPD-Politiker Karl Wienand habe versucht, Steiner für sein Stimmverhalten Geld zu bieten. Von 50.000 D-Mark war die Rede. In diesem Zusammenhang äußerte sich Helms im Mai 1973, es sei im Vorfeld der Abstimmung über das Misstrauensvotum auch versucht worden, ihn zu bestechen.[101] In der Folge wurde ein Untersuchungsausschuss eingerichtet, doch das Ergebnis blieb, wie der Historiker Andreas Grau berichtete, enttäuschend: „Während sich der Untersuchungsausschuss intensiv bemühte, Licht ins Dunkel der ‚Steiner-Wienand-Affäre' zu bringen, geriet der ‚Fall Helms' darüber in Vergessenheit. Obwohl Wilhelm Helms in mehreren Interviews im Juni und Juli 1973 darlegte, dass von Seiten der FDP im April 1972 wiederholt versucht worden sei, ihn zu bestechen, wurden die Vorwürfe nicht vom Untersuchungsausschuss geprüft. Aus unbekannten Gründen wurde Helms selbst als Zeuge nicht vorgeladen. Dabei hatte er mehrfach erklärt, genaue Angaben zu den Bestechungsversuchen machen zu können, die er aber nur gegenüber dem Untersuchungsausschuss darlegen wolle."[102]

---

100 Zitiert nach: Andreas Grau, a.a.O., Seite 5
101 Andreas Grau, a.a.O., Seite 7
102 Andreas Grau, a.a.O., Seite 9

Für Helms gingen die Auseinandersetzungen weiter. Im März 1976 untersagte das Oberlandesgericht Köln dem SPD-Bundestagsabgeordneten Wilderich Freiherr Ostman von der Leye, Helms habe nach seinem Nein zum Kanzler-Etat bei der Haushaltsabstimmung am 28. April 1972 (also kurz nach dem Scheitern des Misstrauensantrags gegen Brandt) gesagt: „Ich konnte nicht anders, mein Hof, mein Hof!" Helms sagte, das sei unwahr und der SPD-Politiker, der den Ausspruch gehört zu haben behauptete, sage die Unwahrheit. Später gab es noch einen Prozess. Helms ging gerichtlich gegen den Historiker Arnulf Baring an, der in seinem Buch „Machtwechsel. Die Ära Brandt-Scheel" schrieb, Helms sei nach der Rede von Bundesaußenminister Walter Scheel am Tag des konstruktiven Misstrauensvotums so beeindruckt gewesen, dass er sein Barzel gegebenes Wort gebrochen und sich der Stimme enthalten habe. Helms erreichte, dass Baring das nicht behaupten durfte. 1989 erschienen dann die „Erinnerungen" von Willy Brandt. Wieder wurde Bezug genommen auf die Abstimmung über den Kanzleretat – und Helms, hieß es im Brandt-Text, habe den Kanzler „mit Tränen in den Augen um Verständnis dafür gebeten", dass er mit CDU und CSU stimme – „er könne nicht anders, wegen des Hofes"[103]. Brandt verzichtete in weiteren Auflagen des Buches darauf, diese Szene zu beschreiben und den Namen Helms zu nennen. Der Historiker Grau kam zu dem Schluss: „Bei Wilhelm Helms gibt es keine klaren Anhaltspunkte, die auf eine Stimmenthaltung bei der Abstimmung über den Misstrauensantrag schließen lassen."[104] Helms wechselte später tatsächlich zur CDU, von 1979 bis 1984 war er für seine neue Partei Mitglied des Europäischen Parlaments.

2.5. Die Treueprämie der NPD[105]

Am Fall Helms wird deutlich, wie ein niedersächsischer Bundestagsabgeordneter in den Orkan einer bundesweiten Debatte um Stimmverhalten, Korruption, Überläuferambitionen und Verrat geraten kann – und das noch viele Jahre nach dem Ereignis in der medialen und historischen Nachbereitung. Die Entscheidungen, die Helms quasi zur historischen Figur werden ließen, fielen vor allem in die Jahre 1971 bis 1973 – just in die Mitte der Zeitspanne zwischen der niedersächsischen Regierungskrise im Landtag 1970 und den Entwicklungen nach der Landtagswahl 1974, die dann zu den Umständen des Schicksalsjahres 1976 führten.

---

103 Andreas Grau, a.a.O., Seite 15
104 Andreas Grau, a.a.O., Seite 17
105 Vgl. dazu auch den Abschnitt 3.6. in diesem Buch

Eine andere Entwicklung, die kennzeichnend ist für die Stellung und die Bedrohung des freien Mandats der Abgeordneten, ist etwas früher angesiedelt, nämlich in die späten sechziger und frühen siebziger Jahre. Die rechtsextreme NPD war bestrebt, sich vor der Gefahr von Überläufern in andere Fraktionen zu schützen. Aus diesem Grund beschloss der Parteivorstand erstmals im März 1965, allen NPD-Kandidaten für die Landeslisten eine „Unterwerfungserklärung" abzuverlangen. Das sei eine Folge aus dem Urteil des Bundesverfassungsgerichts über das Verbot der rechtsextremen „Sozialistischen Reichspartei" (SRP) 1952 gewesen. Da Festlegungen zur Rückgabe des Mandats bei Parteiaustritt, sogenannte Blankoverzichtserklärungen, unzulässig waren, versuchte die NPD eine andere Form. Sie schloss Vereinbarungen mit ihren Kandidaten mit folgendem Inhalt: „Ich erkläre, dass ich mein Mandat niederlegen werde, wenn ich aus der NPD austreten oder durch rechtskräftigen Spruch des Parteigerichts aus ihr ausgeschlossen werden sollte. Für den Fall, dass ich der vorstehenden Verpflichtung zuwiderhandele, das heißt im Falle des Austritts oder des Ausschlusses aus der NPD mein Mandat nicht niederlege, bekenne ich, der Nationaldemokratischen Partei Deutschlands, vertreten durch den Bundesvorstand, 30.000 D-Mark zu schulden. Ich unterwerfe mich bereits jetzt in Höhe des oben genannten Schuldbetrages der sofortigen Zwangsvollstreckung in mein gesamtes Vermögen und ermächtige den amtierenden Notar, auf Antrag der Gläubigerin jederzeit ohne weiteren Nachweis eine vollstreckbare Ausfertigung dieser Urkunde zu erteilen."[106]

Als der NPD-Abgeordnete Helmut Hass am 15. Januar 1970 seine Fraktion und die NPD verließ und erklärte, mit der Richtung der Partei nicht mehr übereinzustimmen, schickte die NPD ihm einen Gerichtsvollzieher. Der erinnerte Hass an die Erklärung, die er bei seiner Nominierung im April 1967 bei einem Notar hinterlegt hatte. Hass ging gerichtlich dagegen an und begründete das mit der Beschneidung der Freiheit seines Mandates, die in Artikel 38 des Grundgesetzes verankert sei. Die NPD reagierte mit Hinweis darauf, dass es doch nur darum gegangen sei, den vom Abgeordneten versprochenen Anteil an der Deckung der Wahlkampfkosten zu kassieren. Im Urteil schlugen sich die Richter auf die Seite von Hass: „Die Kammer hat keinen Zweifel daran, dass es – und dafür spricht der eindeutige Wortlaut der Urkunde – der Zweck der Vereinbarung war, den jeweiligen Kandidaten zur Niederlegung des Mandats zu zwingen und damit dem nächsten Anwärter auf der Landesliste im Interesse der

---

106 Zitiert nach: Hans-Joachim Winkler: 3000 D-Mark Strafe bei Parteiwechsel?, Zeitschrift für Parlamentsfragen 1970, Seite 171

Partei das Nachrücken in den Landtag zu ermöglichen."[107] Die Braunschweiger Richter bekannten sich in dieser Entscheidung also eindeutig als Anhänger des freien Mandats, das nicht durch Rechtshandlungen der Parteien eingeschränkt werden dürfe. Der Fall Hass hatte die NPD, ohnehin nach der Niederlage bei der Bundestagswahl 1969, in erhebliche Konflikte gestürzt. Sollte sie auf ihrer Unterwerfungsverpflichtung für Abgeordnete beharren – und damit die Feststellung der Sittenwidrigkeit ihres Vorgehens riskieren? Oder sollte sie Großzügigkeit walten lassen und damit riskieren, dass weitere dem Beispiel von Hass folgen?[108] Tatsächlich verlor die Treueprämie spätestens nach dem Braunschweiger Urteil ihre disziplinierende Kraft, weitere NPD-Abgeordnete folgten dem Beispiel von Hass.[109]

2.6. Die siebziger Jahre – keine Zeit der Ermutigung für politische Überläufer

Der Fall der NPD-Prämie belegt, wie heikel die Versuche der Partei, ihre Abgeordneten an sich zu ketten, in konkreten Auswirkungen sein konnten. In der Loyalitätsdebatte sticht nun das Beispiel Wilhelm Helms nicht besonders hervor, doch es zeigt in aller Deutlichkeit, wie es politischen Überläufern in den siebziger Jahren ergangen ist. Sie mussten mit erheblichem Gegenwind und mit allgemeinem Unverständnis rechnen. Die von den meisten immer wieder vorgetragene Behauptung, sie würden aus Gewissensgründen die Seiten wechseln und hätten sich von der neuen politischen Richtung ihrer Partei entfernt, wurde oft bestritten. Häufig kam der Korruptionsvorwurf auf den Tisch der – in diesen Jahren außerordentlich heftig und erbittert geführten – politischen Auseinandersetzung: Es sei Geld geflossen, hieß es, Mandatsträger seien „gekauft worden". Helms hat noch viele Jahre später gegen solche Mutmaßungen angehen müssen, zeitlebens wurde er den Geruch des Unmoralischen nicht mehr los.

Einige Besonderheiten dieser Zeit sollen hier noch einmal erwähnt werden: Erstens gab es zu jener Zeit einen großen Generationskonflikt in den Parteien, vor allem in SPD, CDU und FDP. Neue Leute drängten – als Folge einer Politisierung der Gesellschaft – in die Parteien, wollten mitbestimmen und mitgestalten, häufig auch aufräumen mit den bisherigen Zuständen. Die FDP trat mit dem Slogan auf: „Wir schneiden alte Zöpfe ab". Die Rufe einer

---

107 Zitiert nach: Hans-Joachim Winkler, a.a.O., Seite 171
108 So Uwe Hoffmann: Die NPD, Frankfurt 1999, Seite 403
109 Ausführlich geht das Kapitel 3 auf die Zusammenhänge ein

selbstbewusster und größer werdenden Parteibasis mündeten in Überlegungen, das imperative Mandat einzuführen – also die Mandatsträger in den Parlamenten stärker an das zu binden, was in den Parteien diskutiert, beschlossen und in den Parteivorständen artikuliert wurde. Sogar das Innenministerium in Niedersachsen kam in einem Rechtsgutachten zu dem Schluss, dass man Abgeordneten, die ihre Fraktion und Partei verlassen, das Mandat aberkennen dürfe. Einen ernsthaften Vorstoß für eine Verfassungsänderung hat es daraufhin zwar nicht gegeben. Aber Abgeordnete mussten in jenen Jahren, vor allem nach der Welle an Übertritten zur CDU vor der niedersächsischen Regierungskrise 1970, mit einer Verschärfung ihrer Arbeitsbedingungen rechnen.

Anders ausgedrückt: Es war alles andere als ratsam für einen Abgeordneten, der die Partei wechseln wollte, damit öffentlich aufzutreten. Er musste zwar nach dem Braunschweiger Urteil zur NPD-Unterwerfungserklärung nicht mehr damit rechnen, zu hohen parteiinternen Geldbußen verpflichtet zu werden. Doch er hatte mit starkem medialen Gegenwind zu rechnen, mit juristischen Auseinandersetzungen über Vorwürfe und Gegenvorwürfe, er musste auch stets fürchten, die Befürworter des „imperativen Mandates" würden sich irgendwann durchsetzen und seine Entscheidungsfreiheit einschränken können. Ob das alles eine Ermutigung für alle künftigen Abweichler war, ihren Widerstand gegen die offizielle Linie künftig eher verdeckt und unauffällig auszuüben, zumindest nicht mehr mit öffentlichen Bekenntnissen? Diese These wird später, nach den Ereignissen von 1976, von bestimmter Seite vorgetragen werden.[110]

Eine gewisse Zwiespältigkeit wird in diesen Abläufen sichtbar: Die siebziger Jahre mit ihrer hohen Politisierung mussten den Politikern selbst das Gefühl vermitteln, sie könnten viel bewirken, sie bekämen eine hohe Aufmerksamkeit für ihr Handeln und sie hätten durchaus „Macht", die Geschicke des Landes zu lenken. Das hat sich heute mit dem zwischenzeitlich eingetretenen enormen Ansehensverlust der Politiker extrem verändert. Eine Ernüchterung macht sich heute breit. Auf der anderen Seite herrschte in der politischen Debatte der siebziger Jahre auch die Vorstellung, man könne mit Reformen im System die Abläufe tatsächlich verbessern oder „demokratisieren", also die Einflussnahme der Basis auf die Repräsentanten vergrößern. Die gesunde Skepsis gegenüber allen Reformbestrebungen im System, die heute verbreitet ist, gab es seinerzeit noch nicht. Das hieß aber auch, dass sich in den siebziger Jahren kein Politiker seines Amtes, das begehrt erschien, sicher sein konnte. Er musste zum einen befürchten, von Konkurrenten in der eigenen Partei aus dem Weg geräumt zu

---

110 Vgl. Kapitel 6: Wer waren die Überläufer?

werden. Zum zweiten konnte er nie sicher sein, ob nicht doch die Gesetze in der Weise geändert werden, dass eine stärkere Anbindung der Parlamentarier an ihre Parteigremien festgelegt wird. Dass aus den verschiedenen Initiativen für ein „imperatives Mandat" in jenen Jahren nichts wurde, liegt ja nicht an der Weisheit der Politiker, die schon erkannt hätten, wie problematisch eine solche Vorschrift wäre. Es liegt auch nicht daran, dass Verfassungsjuristen eine derart starke Machtstellung gehabt hätten, dass sie ein Veto eingelegt und dieses dann sofort befolgt worden wäre. Vielmehr ist das dem Umstand geschuldet, selbst in den Vertretern der „Linken" in hohen Positionen, wie Peter von Oertzen einer war, im Grunde sehr rationale und systemtreue Persönlichkeiten gehabt zu haben. Bei aller Polarisierung und allem heftigen Streit, der zwischen den politischen Lagern herrschte, bei aller Annäherung auch, die linke Sozialdemokraten zu linksradikalen Kräften pflegten und rechte Christdemokraten zu rechtsradikalen Kräften, gab es im Landtag in Niedersachsen in dieser Zeit doch immer einen Grundkonsens: An den Grundlagen und an der Funktionsweise des Parlamentarismus sollte so festgehalten werden, wie diese waren.

3. Die Regierungskrise von 1970 belastet das Verhältnis der Parteien

3.1. Aufbruch und Dämmerung in der Großen Koalition

Als nach dem Tod des landesväterlichen Hinrich-Wilhelm Kopf 1961 ein neuer Ministerpräsident gesucht wurde, war der Aufstieg von Georg Diederichs keineswegs selbstverständlich, schrieb seine Biographin Hannah Vogt[111]. Auch damals schon sei der „fähige Mann Alfred Kubel" dafür im Gespräch gewesen, doch der habe wegen seiner Vergangenheit im „Internationalen Sozialistischen Kampfbund" (ISK) als „links" gegolten – und das sei für die SPD zwei Jahre nach der Verabschiedung des Godesberger Programms nicht angemessen gewesen. Also fiel die Wahl auf den Northeimer Apotheker Georg Diederichs, der zwar in der NS-Zeit nicht minder entschlossen gegen die Nazis gekämpft hatte, aber doch vom Auftreten und von der Herkunft eher als ein bürgerlicher, stets um Ausgleich und Verständigung bemühter Politiker galt, kein zuspitzender, die scharfe politische Auseinandersetzung schätzender Geist wie Kubel. In der Weimarer Republik hatte er erst der liberalen DDP angehört und war 1930 zur SPD gewechselt. Vogt schrieb über Diederichs' Rolle im Jahr 1961: „Er brauchte nur ganz er selbst zu sein, mit seinem Sinn für Humor, mit seiner Vorliebe für einen fairen Ausgleich und seiner unbedingte Hochschätzung der Toleranz, um die Aufgabe zu erfüllen, die seine politischen Freunde ihm zugedacht hatten. Mit großer Mehrheit traf der Landesausschuss der SPD die Entscheidung zu seinen Gunsten."[112]

Doch gerade der hohe Anspruch an ihn, in Konflikten zu schlichten und zu vermitteln, war nicht immer von Erfolg gekrönt. Bei der Landtagswahl 1963 legten SPD und CDU deutlich zu, die FDP ebenfalls. Für CDU und FDP wäre eine Regierungsbildung möglich gewesen, doch die FDP entschied sich für Verhandlungen mit den Sozialdemokraten – wohl auch, weil sie die Abkehr vom beliebten Diederichs, der erst kurz im Amt war, nicht riskieren wollte. Womöglich war auch das große Entgegenkommen der Sozialdemokraten an ihren Koalitionspartner ausschlaggebend – die Freien Demokraten bekamen sogar vier Ressorts im Vergleich zu den Sozialdemokraten mit ebenfalls vier plus Staatskanzlei. Dabei hatte der FDP-Stimmenanteil bei 8,8 Prozent

---

111 Hannah Vogt: Georg Diederichs, Hannover 1978, Seite 91
112 Hannah Vogt, a.a.o., Seiten 91/92

gelegen, der der SPD aber bei 44,9 Prozent.[113] Als Diederichs die Eröffnung von Bekenntnisschulen in staatlicher Trägerschaft erleichtern wollte, hing der Haussegen auf einmal schief, aufgebrachte Eltern und Lehrer wandten sich dagegen. Die FDP verweigerte sich einem zu starken Entgegenkommen an die katholische Kirche. Ihre Landtagsfraktion sagte nein zu dem Konkordat, das ihr eigener Kultusminister, Hans Mühlenfeld, zuvor ausgehandelt hatte. Mühlenfeld trat zurück, die SPD verlangte von der FDP Treue zu dem mit dem zuvor mit dem Vatikan vereinbarten Vertrag – und als die FDP das nicht bereit zu geben war, endete im Mai 1965 die sozialliberale Koalition, nach zwei Jahren. Diederichs entließ die FDP-Minister. Die SPD hatte auf Bundesebene ein Interesse daran, dass jetzt ein Bündnis von SPD und CDU entstand, immerhin war das auch die Strategie der Bundes-SPD. Tatsächlich war die niedersächsische Gründung der Großen Koalition 1965 dann die Vorstufe der Großen Koalition in Bonn ein Jahr später.[114]

Dass die CDU dem Konkordat nicht entgegenstehen würde, schon allein wegen ihres starken katholischen Flügels in der Landtagsfraktion, erleichterte eine schnelle Regierungsbildung im neuen Kabinett von Diederichs. Eine Novelle des Schulgesetzes, die Gebiets- und Verwaltungsreform und die Landesplanung waren die wesentlichen Vereinbarungen. Viel Zeit blieb dem neuen Bündnis nicht, denn schon im Juni 1967 standen erneut Landtagswahlen an. Im Wahlkampf lobte Diederichs den „friedlichen anständigen Ton".[115] Die Wahlen änderten an den Kräfteverhältnissen der Parteien wenig, eine Ausnahme war nur der Einzug der rechtsextremen NPD in den Landtag, was seinerzeit die Folge eines bundesweiten Trends war. Mit der Großen Koalition in Bonn kam es zur Stärkung kleiner Parteien – und dazu zählte neben der FDP eben auch die NPD.

Diese Konstellation der nunmehr vier Parteien im Landesparlament beflügelte auch die Phantasie der Parteistrategen. Das geschah vor dem Hintergrund eines Generationskampfes und einer schärferen politischen Auseinandersetzung – jung gegen alt in der SPD, der CDU und auch der FDP. Links gegen rechts kamen zumindest in der SPD und der FDP hinzu. Maria Meyer-Sevenich, eine selbstbewusste, aber auch schillernde Gestalt der Politik, war 1965 als SPD-Abgeordnete auch Ministerin für Bundesangelegenheiten, Vertriebene und Flüchtlinge geworden. Jetzt, knapp zwei Jahre später, verhinderte die SPD-Landtagsfraktion

---

113 Daniela Münkel: Von Hellwege bis Kubel, in: Gerd Steinwascher (Hrsg.): Geschichte Niedersachsens, Band 5, Seiten 710 bis 714
114 Daniela Münkel, a.a.O., Seiten 714 bis 716
115 Daniela Münkel, a.a.O., Seite 715

in einer erstmals vorgeführten Kampfabstimmung ihre erneute Nominierung. Meyer-Sevenich, die in der Weimarer Republik erst der SPD angehörte, dann zur KPD ging, nach dem Krieg Mitbegründerin der CDU in Hessen war und später wieder zur SPD wechselte, trat als resolute, machtorientierte Frau auf. In ihrem Ministerium soll sie sehr dominant aufgetreten sein, was sich auch an der Auseinandersetzung mit ihrem Referatsleiter Hans Beske zeigte, die später vor Gericht noch Schlagzeilen verursachte.[116] Die „versöhnende Richtung" ihres Mitarbeiters, dem selbstherrliches Agieren vorgehalten wurde, musste Meyer-Sevenich ein Dorn im Auge gewesen sein – zumal diese Politikerin, was später von Bedeutung für die Mehrheitsverhältnisse im Landtag wurde, längst nicht mehr die starke Bindung an ihre SPD hatte wie viele andere. Der zweite, der in der fraktionsinternen Kraftprobe der SPD-Landtagsfraktion zu den Verlierern zählte, war der bis dahin mächtige SPD-Bezirksvorsitzende Egon Franke, der Innenminister hätte werden wollen und gegenüber Richard Lehners unterlag[117]. Das war offenbar zugleich ein Protest gegen eine von Franke verkörperte Haltung in der SPD, die sich als „autokratischer Führungsstil"[118] ausdrückte. Der Kubel-Biograph Wolfgang Renzsch sah zwei Ursachen für den erfolgreichen Aufstand einer Gruppe jüngerer SPD-Abgeordneter – das enttäuschende Wahlergebnis bei der Landtagswahl 1967 (minus 1,8 Prozent gegenüber 1963) und einen „verzögerten Generationswechsel": „Das Wahlresultat verband sich mit dem Wissen der jüngeren Abgeordneten, dass die niedersächsische Parteiführung im Kern noch immer von denselben Personen beherrscht wurde wie zwanzig Jahre zuvor – abgesehen von denjenigen, die zwischenzeitlich verstorben waren. Auch 1967 gab es noch keinen Hinweis, dass sich daran etwas ändern würde. Im Gegenteil: Frankes Absicht, Innenminister zu werden, konnte nur heißen, dass der Jüngste der ‚Alten' bestrebt war, den Einfluss der bisherigen Parteiführung zu sichern. Für ehrgeizige jüngere Politiker war das natürlich enttäuschend, zumal in der CDU 1965 bei der Bildung der Großen Koalition ein Generationswechsel begonnen hatte, der sich politisch auszahlte."[119] Was Renzsch hier ansprach, war die Ernennung von Wilfried Hasselmann, der 1965 gerade 41 Jahre alt war, zum neuen Landwirtschaftsminister – und es war das Wahlergebnis für die

---

116 „Spiegel" vom 20.06.1966: Gewisse Ruhe, Cellesche Zeitung vom 04.07.1968: „Ministerin ging – Fall Beske blieb"
117 Vgl. Kapitel 4.1.
118 Daniela Münkel, a.a.O., Seite 716
119 Wolfgang Renzsch: Alfred Kubel, 30 Jahre Politik für Niedersachsen, Bonn 1985, Seite 128

CDU, die 1967 im Vergleich zur Wahl vier Jahre zuvor einen Zuwachs von vier Prozentpunkten verbuchte, also einen Achtungserfolg.

Zur „alten Garde" rechnete der Kubel-Biograph, der für seine Arbeit auch interne Unterlagen der SPD auswertete, neben Franke noch Diederichs und auch Kubel, dessen Zeit als Ministerpräsident erst noch bevorstehen sollte.[120] Im Unterschied zu diesen sollen Ernst-Georg Hüper, Richard Lehners, Helmut Greulich und Peter von Oertzen für ein ernsthaftes Prüfen eines Wechsels zu einem neuen Koalitionspartner, der FDP, geworben haben[121]. Während Kubel, Franke und Diederichs keine Alternative zur Fortsetzung der Großen Koalition gesehen hätten, seien die anderen dafür gewesen, sich hier zumindest gedanklich zu öffnen. In dieser Zeit zeigte sich also, dass gerade in der SPD ein personelles Kräftemessen nicht nur versucht wurde, sondern die jungen, aufstrebenden Kräfte mit ihrem Aufbegehren bei der Kabinettsbildung durchaus ansehnliche Erfolge erzielen konnten.

3.2. Die Umbrüche in der FDP und in der CDU

Diese unter anderem von Peter von Oertzen angeschobene Diskussion in der SPD mag durchaus strategisch gesehen worden sein, hatte doch auch in der FDP längst ein Generations- und Richtungskonflikt eingesetzt, der sich ein Jahr später, 1968, mit der Wahl von Rötger Groß, dem Hamelner Stadtdirektor, zum neuen Landesvorsitzenden ausdrücken sollte. So dürfte es 1967 schon das Ziel des linken Flügels der niedersächsischen SPD gewesen sein, den Erneuerungsprozess bei den Freien Demokraten inclusive Linksverschiebung zu beschleunigen – was mit einer Regierungsbeteiligung in einem sozialliberalen Bündnis durchaus gut möglich gewesen wäre. Neben von Oertzen zählte auch Greulich zu diesem Flügel, der Hoffnungen in die Wandlungsfähigkeit der Freien Demokraten setzte, Lehners und Hüper vermutlich weniger. Für Lehners und Hüper dürfte gelten, dass ihr Interesse an einem politischen Partnertausch zwischen CDU und FDP eher taktischen und machtstrategischen, weniger aber inhaltlichen politischen Motiven entsprang. Immerhin: Niedersachsen hätte in einem solchen Fall – wie 1965 mit Bezug auf die Große Koalition – ein weiteres Mal zum Vorreiter einer bundesweiten Entwicklung werden können. Schließlich folgte in Bonn 1969 der Übergang von der Großen Koalition zur ersten sozialliberalen Koalition. Mit einem Schwenk der SPD zur FDP wären Christdemokraten und die

---

120   Wolfgang Renzsch, a.a.O., Seite 125, vgl. Kapitel 8, insbesondere 8.1.
121   Wolfgang Renzsch, a.a.O., Seite 125

rechtsextreme NPD gemeinsam auf die Oppositionsbank gedrängt worden, das
Ergebnis einer solchen Konstellation hätte eine stärkere Trennung in einen linke
und eine rechte Seite bedeutet. Keine Frage ist, dass dem um Ausgleich bemühten Diederichs eine solche Polarisierung wohl missfallen hätte. Franke, damals
Vize-Vorsitzender der SPD-Bundestagsfraktion, dürfte seine Empfehlung für
ein Festhalten am Bündnis mit der CDU in Niedersachsen ausgerichtet haben
an den bundespolitischen Strategien der Sozialdemokraten – und die waren zu
der Zeit wohl nicht auf einen vorzeitigen Bruch der Regierung Kiesinger/Brandt
ausgerichtet gewesen. Kubel dürfte geahnt haben, dass ein Koalitionswechsel zu
diesem Zeitpunkt auch eine Kabinettserneuerung nach sich ziehen müsste. Aber
die Frage der Nachfolge für Diederichs, damals schon 66 Jahre alt, war zu jener
Zeit in der SPD eben noch nicht vorbereitet worden, die Stimmungslage war hier
noch zu unübersichtlich. Und Kubel stand eben noch nicht vorn auf der Liste, er
stand zeitweise gar nicht darauf.

Noch ein Grund sprach dagegen, dass die SPD 1967 nach zwei Jahren die Große
Koalition hätte beenden und zu einem SPD/FDP-Bündnis übergehen wollen. Die
NPD, die erstmals in den Landtag einzog, hatte zwar durchaus Verbindungen
zu einzelnen Abgeordneten der CDU, wie sich dann in den Folgejahren zeigen
sollte. Doch es war nicht so, dass die FDP als liberale Partei in Niedersachsen frei
von Verbindungen zu rechtsextremistischen Kräften gewesen wäre. Das Gegenteil traf vielmehr zu. Der niedersächsische Landesverband der Freien Demokraten war ebenso wie der in Nordrhein-Westfalen vor allem in den fünfziger Jahren
anfällig für Versuche früherer Nationalsozialisten, auf Umwegen zu Macht und
Einfluss zu gelangen. 1953 wurde Arthur Stegner zum Landesvorsitzenden
gewählt, der 1950 einen früheren NS-Funktionär zum Landesgeschäftsführer
bestellte und offenbar versuchte, die FDP zu unterwandern[122]. Später folgten weitere bedenkliche Entwicklungen: Die Nominierung des rechtsradikalen Göttinger Verlegers Leonhard Schlüter als neuen Kultusminister 1955, damals begleitet
von massiven Protesten der Göttinger Studentenschaft, währte nur wenige Tage.
Die Aufnahme von sechs Landtagsabgeordneten der rechtsextremen Deutschen
Reichspartei als Hospitanten in die FDP-Landtagsfraktion führte zwei Jahre später zum Bruch der Regierung von Ministerpräsident Heinrich Hellwege. Später lag ein Antrag des Goslarer Kreisverbandes für die FDP-Landesparteitag
1966 vor, Listenverbindungen mit der NPD zu billigen. Der Antrag wurde mit

---

122 Gabriela I. Carmanns: Geschichte und Politik des niedersächsischen Landesverbandes
der FDP in seiner Umbruch- und Konsolidierungsphase 1967 bis 1978, Aachen 2000,
Seiten 12 bis 15

170 zu 108 Stimmen beschieden – allein dieses relativ knappe Ergebnis zeigte, wie gespalten die Partei zu jener Zeit in dieser Frage noch war. Auf diesen Antrag folgte dann noch zwei Jahre später ein quälendes Hin und Her in den Parteigremien. Einerseits übten die Jungdemokraten Druck aus, man möge die Abgrenzung zur NPD klarer fassen, andererseits versuchten Funktionsträger, die Debatte möglichst nicht zu breit zu führen und die Aufmerksamkeit davon abzulenken[123] Der 1968 gewählte neue Landesvorsitzende Rötger Groß, der für den Richtungswechsel nach links stand, wurde 1973 mit den Worten zitiert: „Wenn mir damals jemand gesagt hätte, da wirst Du mal Landesvorsitzender, dann hätte ich dem geantwortet: Du bist verrückt."[124] Nach der Kommunalwahl 1968 gab es dann Berichte, dass in einzelnen Orten Ratsmitglieder von CDU und FDP sich nicht scheuten, in gemeinsamer Aktion mit NPD-Vertretern eine Mehrheit für SPD-Bürgermeisterkandidaten zu verhindern.[125]

Die Risse in der FDP waren in den sechziger Jahren sehr tief, das drückte sich auch in Machtkämpfen im Landtag aus. Beispielhaft dafür ist der Konflikt über das Konkordat zu nennen, der 1965 nicht nur zum Bruch des sozialliberalen Bündnisses und zur Bildung der Großen Koalition führte. Das Ereignis bezeichnet darüber hinaus einen tiefgreifenden Wandel in der Aufstellung der FDP. Dabei wirkten Akteure mit, die auch in den Folgejahren richtungsweisend für die FDP-Politik werden sollten. Gleichzeitig wurde das Ende der Ära des bisherigen FDP-Landesvorsitzenden Carlo Graaff eingeleitet. Als Graaff 1956 Parteichef wurde, galt er als Stabilisator, der die Partei langsam auf den Weg zur Mitte führen sollte, ohne den nationalen Flügel zu verprellen[126]. Dass der Konflikt über das Konkordat mit den bekannten Folgen, Bruch der Regierung und Ausscheiden der FDP-Minister aus dem Kabinett, auch eine machtpolitische Komponente für die Freien Demokraten hatte, wurde in einem anderen Zusammenhang deutlich: Alle FDP-Minister hatten kein Landtagsmandat, büßten also mit ihrem Abschied aus der Regierung auch ihre politische Basis ein. Graaff etwa suchte seine Zukunft in einem Bundestagsmandat, andere wie Justizminister Arvid von Nottbeck zogen sich aus der Politik zurück. Der Gewinner dieser Entwicklung war zweifellos der Fraktionschef der FDP im

---

123 Das beschreibt Carmanns anschaulich für September 1968, als es um die Auswertung der Kommunalwahl ging. Carmanns, a.a.O., Seiten 45 bis 47
124 „Spiegel" vom 12.11.1973: Zu allem fähig
125 „Spiegel" vom 02.09.1968: Nicht opportun. Genannt werden hier Dorfmark in der Heide und Eimbeckhausen am Deister. Von Kooperationen zwischen FDP und NPD im Stadtrat von Herzberg bei Osterode berichtet Carmanns, a.a.O., Seite 47
126 Carmanns, a.a.O., Seite 14

Landtag und Northeimer Abgeordnete Winfrid Hedergott, für den der Gang der Ereignisse auch eine politische Absicherung bedeutete[127]. Hedergott galt als Vertreter einer FDP, die sich auf den Kurs einer Modernisierung begeben sollte. Zeitgenossen beschrieben ihn als überzeugten Parlamentarier, er selbst soll sich in den achtziger Jahren, als der Konflikt zwischen Fundamentalisten und Realpolitikern bei den Grünen eskalierte, als „liberalen Fundi" bezeichnet haben[128].

Das Ende der sozialliberalen Koalition 1965 stärkte also Hedergott und jene Kräfte in der FDP, die zur Mitte strebten. Frühere führende Vertreter des rechten Flügels traten zur CDU über, besondere Aufmerksamkeit erntete seinerzeit dieser Schritt beim Diepholzer Kreisvorsitzenden und Landtagsabgeordneten Richard Ey, der im Februar 1967 spektakulär seine Partei verließ und sich den Christdemokraten anschloss, ohne aber sein Landtagsmandat aufzugeben. Verhandlungen zwischen ihm und der CDU hatten offenbar ergeben, dass ihm Platz 26 auf der CDU-Landesliste gegeben wurde – das reichte dann nach der Landtagswahl vier Monate später zum Wiedereinzug in den Landtag.[129] Diese Landtagswahl 1967 brauchte nun auch die NPD in den Landtag, und die FDP musste mit zehn statt bisher 13 Abgeordneten auskommen – weiterhin als Oppositionskraft, da die Große Koalition ihre Arbeit fortsetzte. Graaff versuchte dann bei der Vorstandswahl auf dem Landesparteitag 1968, noch einmal Vorsitzender zu werden, bekam aber einen Gegenkandidaten, den engagierten Kommunalpolitiker Wilhelm Helms aus Bissenhausen (Grafschaft Hoya). Berichtet wurde, dass beide eine schwache Rede gehalten hätten, Helms dann nach einer Unterbrechung der Sitzung verzichtet habe[130] und Rötger Groß als neuer Bewerber gegen Graaff auftrat – der dann 115 Stimmen erhielt, während 66 Delegierte für Graaf gewesen seien. In seiner Schlussrede auf dem Parteitag erklärte Groß, er sei „als sogenannter Linker von sogenannten Rechten gebeten worden, zum Vorsitzenden zu kandidieren", spielte also auf den Verzicht des als konservativ geltenden Helms an. Damit sei nun die Rechts-Links-Einordnung „historisch überholt"[131].

---

127 Zumal es Hinweise gab, auch Hedergott sei damals als Fraktionschef in seiner Position gefährdet gewesen. Carmanns, a.a.O., Seite 17
128 Helmut Rieger: Alles hat seine Zeit, Hannover 1995, Seite 50
129 Dazu ausführlich Carmanns, a.a.O., Seiten 19/20
130 Zur Rolle von Helms vgl. Abschnitt 2.4.
131 Schlussrede von Groß auf dem Landesparteitag im Mai 1968, Carmanns, a.a.O., Seite 36

Der Erneuerungsprozess verlief bei SPD[132] und bei der CDU nicht weniger heftig. Bis 1968 hatte es bei den Christdemokraten eine verfestigte Machtstruktur gegeben – Otto Fricke vom Braunschweiger Landesverband der CDU als Präsidierender Vorsitzender der CDU in Niedersachsen (denn einen schlagkräftigen starken „Landesverband Niedersachsen" der CDU gab es nicht) und der Holzmindener Rechtsanwalt Bruno Brandes als Vorsitzender der Landtagsfraktion. 1968 wurden Bemühungen verstärkt, die Parteiorganisation der CDU zu straffen und zu modernisieren, und als 1967 nach dem plötzlichen Tod von Hans-Christoph Seebohm ein neuer Vorsitzender des CDU-Landesverbandes Hannover gesucht wurde, fiel die Wahl auf den Osnabrücker Bundestagsabgeordneten Josef Stecker. Es hieß, man habe „dem aufstrebenden jungen Wilfried Hasselmann erst später eine Chance" geben wollen[133]. Hasselmann war 1965 bei der Bildung der Großen Koalition als 41-Jähriger an die Spitze des für die CDU so wichtig angesehenen Landwirtschaftsministeriums berufen worden. Anfang 1968 nahmen Vorschläge Gestalt an, die bisherigen Landesverbände zugunsten eines CDU-Landesverbandes Niedersachsen aufzulösen – begünstigt durch das neue Parteiengesetz, das Beschlüsse auf niedersächsischer Landesebene verlangte. Ein gewählter starker Landesvorstand sollte geschaffen werden anstelle des bisherigen Organs, das sich mehrheitlich aus von den Landesverbänden Hannover, Braunschweig und Oldenburg entsandten Vertretern zusammensetzte. Begleitet wurde dieser Prozess von Forderungen der Jungen Union, vor allem ihres damaligen Vorsitzenden Rudolf Seiters aus dem Emsland, die Neuaufstellung auch mit einem Generationswechsel (wie in der FDP später im Jahr mit Rötger Groß und in der SPD schon 1967 mit Peter von Oertzen) zu verknüpfen. Doch es kam zunächst nicht dazu.

Der Landesparteitag im Mai 1968 in Bad Rothenfelde, auf dem der Vorsitzende Otto Fricke und der langjährige Generalsekretär Arnold Fratzscher nicht erneut antraten, sollte Klarheit über den künftigen Kurs der CDU bringen. Fricke, der wohl gern noch einmal angetreten wäre, aber schwindende Unterstützung für sich feststellen musste, präsentierte als Kandidaten den 68 Jahre alten Vize-Ministerpräsidenten Richard Langeheine aus Peine, gegen ihn kandidierte der 53-jährige Justizminister Gustav Bosselmann aus Schneverdingen. Es waren, wie erst viel später thematisiert werden sollte, zwei Bewerber mit einer Vergangenheit

---

132 Vgl. ausführlich im Kapitel 4.
133 So schreibt es Rolf Zick. Rolf Zick: Die CDU in Niedersachsen, Sankt Augustin 2008, Seite 125

im NS-System.[134] Die Entscheidung war äußerst knapp: Im ersten Wahlgang lag Langeheine mit 248 Stimmen vor Bosselmann mit 243, wobei 19 Enthaltungen und 10 ungültige Stimmen festgestellt wurden. Vor dem zweiten Wahlgang soll es dann zu einem Treffen zwischen Langeheine, dem CDU-Landtagsfraktionschef Bruno Brandes und dessen persönlichen Referenten Dieter Haaßengier auf der Toilette des Tagungshotels gekommen sein. Bei dieser Gelegenheit soll die Idee geboren worden sein, dass Langeheine zugunsten von Brandes verzichtet – und so die Stimmen der Unentschlossenen und Unzufriedenen aus dem ersten Wahlgang zu sich herüberzieht. Doch das Tagungspräsidium nahm den Antrag, Brandes anstelle von Langeheine zu nominieren, dann überraschend nicht an, angeblich aus „satzungstechnischen Gründen"[135]. In zweiten Wahlgang überragte Bosselmann mit 264 Stimmen Langeheine mit 238. Bosselmann war also gewählt. Der Langeheine-Referent Haaßengier, damals 35 Jahre alt, Jurist und im Buch von Rolf Zick als „talentiertes Schlitzohr" beschrieben, brachte gegen das Ergebnis später juristische Bedenken vor. Er stellte fest, dass Langeheine nach den hier anzuwendenden Statuten der Bundespartei eigentlich schon im ersten Wahlgang die Mehrheit gehabt habe, da Stimmenthaltungen und ungültige Stimmen bei der Ermittlung des Resultats nicht hätten gewichtet werden dürfen. Auf einmal gab es nun also zwei Vorsitzende – den Sieger des ersten Wahlgangs, Langeheine, und den des zweiten, Bosselmann. Haaßengier soll diese Botschaft dann so gezielt an Journalisten und Nachrichtenagenturen gestreut haben, dass der chaotische Verlauf des Parteitages damit erst allgemein bekannt wurde und die Aufregung sich steigerte. In den folgenden Tagen erklärte der Landesvorstand die Wahlen für ungültig, im August teilten Langeheine und Bosselmann jeweils ihren Verzicht auf eine neue Kandidatur mit – und beim außerordentlichen Parteitag im September 1968 wurde dann ein neuer Bewerber, der damals 44-jährige Wilfried Hasselmann, als einziger Kandidat zum neuen CDU-Landesvorsitzenden gewählt.[136] Sein neuer Generalsekretär wurde später Haaßengier. Beide, Hasselmann und Haaßengier, sollten in den kommenden Jahren ein stets belastbares Gespann der Niedersachsen-CDU werden. Diese Abläufe belegen, dass der „lachende Dritte" am Ende einer war, dem man anfangs den Aufstieg nicht zugetraut hatte – der aber dann, in die

---

134 Stephan A. Glienke: Die NS-Vergangenheit späterer niedersächsischer Landtagsabgeordneter, Hannover 2012 (wobei hier Bosselmanns Wirken nicht näher beschrieben wird).

135 Zick, a.a.O., Seite 136

136 Zick, a.a.O., Seiten 136 bis 142

Wege geleitet von Langeheine und seinem Referenten Haaßengier, doch zum Zuge kommen konnte.

Hasselmann, der noch relativ junge, vorwärtstreibende Landwirt aus Nienhof bei Celle, war nun keineswegs in seiner Anfangszeit die Integrationsfigur der niedersächsischen CDU, der er in späteren Amtsjahren dann schon eher glich. Die CDU in Niedersachsen trat erst zur Landtagswahl 1963 ohne die bisherige welfisch geprägte DP an, sie hatte also erst in den sechziger Jahren begonnen, den Konflikt zwischen den protestantischen, eher ländlich geprägten Welfen und den Katholiken vor allem im Oldenburger Raum und im Emsland in der eigenen Partei zu klären – und mit Kompromissen in vernünftige Bahnen zu lenken. Hasselmann, der Neffe des früheren Landvolkpräsidenten Edmund Rehwinkel, war von seiner Herkunft und seinem Auftreten jemand, der auch an der Spitze der Deutschen Partei hätte stehen können – wenn diese als der stärkere Teil der Verbindung von CDU und DP überlebt hätte. Er war Protestant, er war Landwirt und er kam aus dem Raum Celle. Dass er auch noch relativ jung war und damit eine längere Zeit in der Politik vor sich hatte, musste ihn bei katholischen CDU-Politikern umso mehr als einen lästigen Konkurrenten erscheinen lassen. Dieter Haaßengier erinnert sich, dass nicht wenige Sitzungen der CDU-Landtagsfraktion in den sechziger und frühen siebziger Jahren recht eigentümlich verlaufen seien: In bestimmten Streitfragen hatten zunächst die katholischen CDU-Abgeordneten untereinander getagt und sich verständigt, parallel dann die protestantischen. Dann seien beide Lager zusammengekommen und hätten einen Kompromiss gefunden[137]. Dabei wussten die Parteistrategen als ihren Vorteil zu nutzen, dass die Machtzentren in der CDU keineswegs an der konfessionellen Grenze geschlossen abzulesen waren. Die Katholiken aus dem Emsland, eher von der katholischen Soziallehre geprägt und mit dem Namen des Feingeistes Werner Remmers verknüpft, hatten wenig gemein mit den – meist in Glaubensfragen rigorosen – bodenständigen Katholiken aus den Kreisen Vechta und Cloppenburg, repräsentiert vom Landwirt und CDU-Politiker Gerhard Glup. Der sprichwörtliche „Oldenburger Dickkopf" kam als Unterscheidungsmerkmal noch hinzu, während die Emsländer als höchst pragmatisch und anpassungsfähig galten. Was nun Hasselmann angeht, schrieb der Journalist Helmut Rieger, sein langjähriger Wegbegleiter: „Für die CDU, wie sie werden müsste, um versöhnt zu sein mit Niedersachsen, hätte sich kaum ein besserer finden lassen als Hasselmann. Seine Bodenständigkeit, die er auf sehr altmodische Weise besaß, hat die Bodenständigen in die CDU hineingebracht."[138]

---

137 Gespräch mit Dieter Haaßengier am 11.09.2020
138 Helmut Rieger, a.a.O., Seite 104

Die Entwicklung hatte natürlich ihre Vorgeschichte in dem „Zusammen-
raufen" des bürgerlichen Lagers in Niedersachsen. In den Erinnerungen des
ehemaligen CDU-Generalsekretärs Arnold Fratzscher wurde der Zerfall
der DP-Fraktion im niedersächsischen Landtag Anfang der sechziger Jahre
beschrieben: Eigentlich habe die DP geplant, mit dem Block der Heimattreuen
und Entrechteten (BHE) eine gemeinsame Partei zu bilden. Auch der bereits
erwähnte DP-Politiker Richard Langeheine, später CDU-Spitzenkandidat bei
der Landtagswahl 1967 und auch Minister der Landesregierung, habe diesen
Weg „mit Eifer betrieben". Als die Bundestagswahl 1961 dann den Niedergang
des BHE beschleunigt habe, sei Langeheine zunächst aus der DP ausgetreten
und habe als Unabhängiger dem Landtag angehört, 1962 dann seien ihm die
anderen Fraktionsmitglieder gefolgt – und hätten sich der CDU-Fraktion angeschlossen. Fratzscher kam mit Blick auf diese Zeit zu einer sehr positiv klingen-
den Einschätzung dieser Vereinigung von DP und CDU: „Ein langer Weg war
damit nach gelegentlichen Differenzen für beide Teile ehrenvoll zu Ende gegangen, und es zahlte sich aus, dass schon in den langen Jahren dazwischen CDU
und DP immer wieder in einer gemeinsamen Fraktion zusammen beraten und
gehandelt hatten. Man kannte einander durch die Jahre und man wusste, was
man voneinander zu halten hatte. So gab es zum Schluss keine Sieger und keine
Unterlegenen, aber es gab eine Fraktion und eine Partei."[139]

Die Konflikte der Jahre 1969 und 1970 allerdings, die auch die CDU vor
eine Zerreißprobe stellen sollten, hingen zumindest nicht erkennbar an diesem
Gegensatz zwischen den Konfessionen oder zwischen alten DP- und CDU-
Traditionen. Sie wurden sichtbar vielmehr im Umgang mit den Abgeordneten
der rechtsradikalen NPD, der zu einer Belastungsprobe für die Partei werden
sollte. Die Frage war, ob sich die CDU in diesen späten sechziger Jahren, die
von Aufbruch und gesellschaftlicher Erneuerung geprägt waren, Richtung rechts
oder zur Mitte bewegen sollte.

3.3. Vorstufe der Regierungskrise 1970: Der Fall Stender

Die Wahl des SPD-Kandidaten Gustav Heinemann zum neuen Bundespräsidenten im März 1969 markierte eine Hinwendung der FDP zur SPD und
belastete die Große Koalition in Bonn. Hannah Vogt schreibt: „In der FDP
hatten die Jahre der Opposition jenen Kräften zum Durchbruch verholfen, die

---

139 Arnold Fratzscher: CDU in Niedersachsen 1952 bis 1970, unveröffentlichtes Manuskript, 1971, Seite 58

eine ‚linksliberale Lösung' für zeitgemäß und politisch richtig hielten."[140] Im niedersächsischen FDP-Landesvorstand wurde vor und nach diesem Ereignis heftig diskutiert, und der neue Landesvorsitzende Rötger Groß appellierte mehrfach an die notwendige Geschlossenheit der von der FDP benannten Mitglieder der Bundesversammlung. Obwohl dies nicht offen so geäußert wurde, musste der Kurs von Groß als eine Unterstützung jener jungen Kräfte in der FDP angesehen werden, die in dieser Zeit auf Bundesebene die Hinwendung zu den Sozialdemokraten wollten[141]. Von Groß war in diesem Jahr das Zitat überliefert: „Wir müssen uns wandeln, auch wenn konservative Mitglieder verloren gehen."[142] Tatsächlich war zu dieser Zeit ein Reformprozess in der FDP zugange, der erhebliche personelle Konsequenzen haben sollte. Hedergott äußerte später in einem Interview, diese Entwicklung sei auch auf das beeindruckende Machtgewicht der Jungdemokraten zurückzuführen gewesen – denn diese hätten ihre Vertrauensleute in jedem Kreisverband straff organisiert und so die Chance gehabt, etwa bei Kandidatenaufstellungen ihre Bewerber durchzusetzen[143]. Der neue Landesvorsitzende Groß entließ acht Bezirksgeschäftsführer der FDP, die eher dem nationalen Kurs von Graaff nahe standen, verhinderte ein geplantes Comeback von Graaff als Schatzmeister im Landesvorstand und verhinderte seinen Vorgänger im Landesvorsitz auch noch bei der Nominierung für die Bundestagswahl 1969. Tatsächlich wurde dieser Prozess, der nach Heinemanns Wahl zum Bundespräsidenten noch deutlicher zutage trat, von einem personellen Aderlass bei der FDP begleitet. Zwei frühere Landesminister hatten die FDP schon 1967 verlassen, 1968 traten etliche Kommunalpolitiker und auch zwei komplette Gemeinderatsfraktionen der FDP zur CDU über. Mitte April 1969 erklärten dann drei von zehn FDP-Landtagsabgeordneten ihren Austritt aus der Fraktion – der bisherige Landesgeschäftsführer Herbert Stender (Hannover), Nicolaus Dreyer (Stade) und Erich Konrad (Osnabrück). Sie wurden zunächst Hospitanten in der CDU-Fraktion[144].

Gerade der Fall Stender verdient eine nähere Betrachtung. Schon Jahre zuvor hatte es in der FDP Unmut über seine Machtfülle gegeben, weil er sowohl Landesgeschäftsführer als auch Landtagsabgeordneter gewesen war. Stender galt als Mann der alten Richtung, und der neue Landesvorsitzende Groß ging diesem

140 Hannah Vogt: Georg Diederichs, Hannover 1978, Seite 133
141 Carmanns, a.a.O., Seiten 69 bis 73
142 „Spiegel": „Schwach im Herzen", 21.04.1969
143 Carmanns, a.a.O. Seite 48
144 „Spiegel": „Schwach im Herzen", 21.04.1969

Konflikt nicht aus dem Weg. Er warf Stender Fehler bei der Vorbereitung des Kommunalwahlkampfes 1968 vor, es kam zu längeren Gesprächen, am Ende trennten sich beide, Stender kündigte. Dass er schon im Kontakt mit der CDU gestanden hatte, räumte Stender später ein. In der FDP wurde daraufhin der Vorwurf erhoben, die Christdemokraten hätten Stender „finanziell abgeworben". Aus der CDU wurde entgegnet, Stender sei die materielle Existenzsicherung für vier der entlassenen Bezirksgeschäftsführer wichtig gewesen[145]. Im Gespräch mit Gabriela I. Carmanns beklagte Hedergott später, dass Stender „eine Art Nebenregierung" aufgebaut habe: „Dieser hauptamtliche Apparat mit Stender an der Spitze, das war die geheime Macht in der FDP, weil sie die ehrenamtlichen Kreis- und Bezirksvorsitzenden benutzten, die zwei Tage in der Woche sich mal um politische Dinge kümmerten, während sie selbst gegen Bezahlung im Land umherfuhren und sich ihren Einfluss sicherten."[146]

Der „Spiegel" wies seinerzeit auf Stenders Vergangenheit als HJ-Führer in der NS-Zeit hin und zitierte ihn nach seinem Wechsel zur CDU mit dem Satz „Ich wollte nicht für etwas marschieren müssen, an das ich nicht mehr glaubte."[147] Stender war ein halbes Jahr zuvor schon einmal aufgefallen. Damals war von Überlegungen in einigen Gemeinden die Rede gewesen, gemeinsame Listen mit NPD-, CDU- und FDP-Politikern zu bilden. Es könne ja sein, dass die Leute vor Ort gar nicht wüssten, mit wem sie dort gemeinsame Sache machen, meinte Stender entschuldigend.[148] War das nun ein Versuch, diese Kooperation mit Politikern der NPD herunterzuspielen, um sie so durch die Hintertür zu einer kommunalen Normalität werden zu lassen? Der Wechsel von Stender und den beiden anderen Abgeordneten zur CDU brachte im spannenden Jahr 1969, das dort den Übergang von der Großen Koalition zum ersten sozialliberalen Bündnis auf Bundesebene bringen sollte, das SPD/CDU-Bündnis in Hannover zunehmend in Bedrängnis. Dies ist auch wegen der weiteren Begleitumstände im Fall Stender so gewesen. Drei von den vier Bezirksgeschäftsführern, die bei der FDP freigesetzt wurden, sollten von der CDU aufgenommen werden. Wie der damals neue CDU-Generalsekretär Dieter Haaßengier berichtet, verlangte CDU-Landtagsfraktionschef Brandes, der offenbar im guten Kontakt mit Stender gestanden hatte, die Bezirksgeschäftsführer in der CDU als festangestellte Mitarbeiter unterzubringen. Haaßengier folgte. Das sei gar nicht so leicht

---

145 Carmanns, a.a.O., Seite 54 bis 63
146 Carmanns, a.a.O., Seite 60
147 Spiegel: „Schwach im Herzen", 21.04.1969
148 Spiegel: „Nicht opportun", 02.09.1968

gewesen, da diese Leute bei der FDP besser bezahlt gewesen seien als die Leute, die an ähnlicher Stelle im hauptamtlichen Apparat der CDU beschäftigt waren und nun ihre neuen Kollegen werden sollten, berichtete Haaßengier später. Gerhard Glup, der Chef der Oldenburger CDU, habe gleich abgewinkt – er wollte mit dem Deal nichts zu tun haben und keinen der FDP-Leute aufnehmen. In Göttingen, Hannover und Osnabrück habe Haaßengier dann schließlich Verwendung für die früheren FDP-Mitarbeiter gefunden, und diese hätten sich in der Folgezeit dann auch gut eingefügt in die Parteiarbeit der Christdemokraten. Stender selbst schaffte es, in der CDU neuer Geschäftsführer der Landtagsfraktion zu werden, also die Rolle einzunehmen, die er vorher auch bei der FDP gehabt hatte. Er war damit die neue rechte Hand des Fraktionschefs Brandes als Organisator, strategischer Berater und Strippenzieher im Hintergrund. Haaßengier sagt heute, sein Verhältnis zu Stender sei von Anfang an sehr distanziert gewesen: Er habe ein großes Netzwerk gehabt und war es aus FDP-Zeiten wohl noch gewohnt gewesen, Partei und Fraktion zu beherrschen. Was den CDU-Parteiapparat anging, war aber jetzt zweifellos Haaßengier der Einflussreichere[149]. Haaßengier mutmaßt, das eigentliche Ziel von Brandes mit Unterstützung von Stender in jener Zeit sei es gewesen, die FDP so entscheidend zu schwächen, dass sie als politischer Faktor in Zukunft keine Rolle mehr würde spielen können. Mag Stender also versucht haben, mit Rückendeckung von Brandes in der CDU das aufzubauen, was er vorher unter dem Vorsitzenden Graaf bei der FDP mit weitgehenden Freiheiten konnte, so stieß er damit beim Gespann Hasselmann/ Haaßengier an Grenzen.

3.4. Die Regierungskrise von 1970

Mit dem Übertritt von Stender und zwei FDP-Kollegen zur CDU hatten die Christdemokraten im Landtag 66 Mandate erreicht – genauso viele wie die SPD. Diese Situation nutzten Brandes und einige CDU-Kollegen dazu, die SPD unter Druck zu setzen. Es war die Rede davon, die CDU könne das Amt des Landtagspräsidenten beanspruchen oder einen zusätzlichen Ministerposten (bisher hatte jeder der beiden Partner vier Ministerposten, unter Hinzuziehung des Regierungschefs hatte die SPD jedoch eine Stimme mehr am Kabinettstisch). Die CDU dachte mehr oder weniger laut darüber nach, das Vertriebenenministerium (das Maria Meyer-Sevenich 1967 nach einer Kampfabstimmung in der SPD an Herbert Hellmann abtreten musste)

---

149 Gespräch mit Dieter Haaßengier am 11.09.2020

aufzulösen und eine strikte Enthaltung im Bundesrat bei Unstimmigkeiten im Kabinett festzulegen (bisher war das Einzelfallentscheidungen des Kabinetts vorbehalten). Die SPD zeigte sich wenig entgegenkommend – und verwies darauf, dass die Übertritte zwar die Stimmverhältnisse im Landtag verändert hätten, nicht jedoch das Wahlergebnis der Landtagswahl vom Juni 1967[150].

Die Situation spitzte sich zu, als der SPD-Abgeordnete Walter Baselau (Langenhagen) im Oktober 1969 die SPD-Fraktion verließ und das mit dem Kurs der neuen rot-gelben Bundesregierung in der Ostpolitik begründete[151]. Der Rechtfertigungsdruck für die SPD wurde nun größer, das selbstbewusste und fordernde Auftreten der CDU nahm ebenfalls an Schärfe zu. Die dann folgenden Ereignisse wurden in der Diederichs-Biographie von Hannah Vogt ausführlich beschrieben[152]: Baselau war im Oktober 1969 aus der SPD-Fraktion ausgetreten und danach fraktionslos geblieben. Seither schwelte die Kabinettskrise, verbunden mit der SPD-intern wieder stärker geführten Debatte über die Frage, wer demnächst Diederichs' Nachfolge antreten soll. Am 6. Januar 1970 kursierten Meldungen, die CDU dringe auf eine Verkleinerung des Kabinetts, die SPD wies das zurück. Am 16. Januar erklärte der NPD-Abgeordnete Herbert Hass seinen Austritt aus der NPD, betonte aber, im Landtag bleiben zu wollen. Eine Woche später nahm die CDU zunächst Baselau als Gast in ihre Fraktion auf, wenige Tage darauf stellte Hass den Antrag, dies auch tun zu wollen. Die SPD reagierte empört und teilte mit, bei der Aufnahme des früheren NPD-Politikers Hass in die CDU stelle sich die Koalitionsfrage – zumal spekuliert worden war, weitere NPD-Abgeordnete würden die dortige Fraktion verlassen und zur CDU überwechseln wollen. Das war nun, nach der für die NPD so enttäuschenden Bundestagswahl von September 1969, auch ein Zeichen für den Auflösungsprozess der NPD. Anfang Februar dann verließ der CDU-Abgeordnete Hans Eck (Harburg) die CDU-Fraktion, aber kurz darauf konnte Brandes vermelden, dass sowohl Hass und Baselau als neue Mitglieder der CDU-Fraktion aufgenommen wurden – als auch die frühere Ministerin Maria Meyer-Sevenich, die aus Protest gegen die neue Bonner Ostpolitik den Sozialdemokraten den Rücken kehrte.

Das brachte Ministerpräsident Diederichs dann am 24. Februar 1970 dazu, die Große Koalition für beendet zu erklären. Zurücktreten allerdings wollte

150 Daniela Münkel, a.a.O., Seiten 718 bis 722, Hannah Vogt, a.a.O., Seiten 134 bis 143
151 Daniela Münkel, a.a.O., Seite 719, berichtet über „egoistische Motive" für den Wechsel: Baselau habe hannoverscher Polizeipräsident werden wollen, was jedoch nicht klappte. Auch Wolfgang Renzsch zitiert entsprechende zeitgenössische Presseberichte. Wolfgang Renzsch, a.a.O., Seite 136
152 Hannah Vogt, a.a.O., Seiten 134 bis 143

der Regierungschef nicht. Er entließ die der CDU angehörenden Minister. Nach der Verfassung musste die Entlassung von Ministern im Landtag von mehrheitlich bestätigt werden. Aber würden die Oppositionsfraktionen – FDP und NPD – das tun wollen? Die SPD hatte am 22. Februar schon ihren Weg vorgezeichnet und vorgezogene Neuwahlen befürwortet, doch das hieß nach den geltenden Regeln, jeder Abgeordnete, der nicht in das Parlament zurückkehren würde und zuvor weniger als acht Jahre dem Landtag angehört hatte, würde seine Pensionsansprüche verlieren. Vor allem FDP und NPD wurde deshalb ein mangelndes Interesse an vorgezogenen Neuwahlen unterstellt, eine Zweidrittelmehrheit wäre überdies auch noch nötig dazu gewesen. Anfang März 1970 blieb der Antrag auf Entlassung der CDU-Minister im Landtag ohne Mehrheit. Zuvor war Maria Meyer-Sevenich im Krankenhaus gestorben, sodass ihr Fraktionswechsel gar nicht mehr vollzogen werden konnte. Für sie rückte ein SPD-Mann auf der Landesliste in den Landtag nach. Damit fehlte einer möglichen CDU/ FDP-Koalition nun die nötige Mehrheit für ein konstruktives Misstrauensvotum. Dies hätte nur noch zum Erfolg führen können, wenn der CDU-Kandidat, es sollte Kultusminister Richard Langeheine sein, auch von den verbliebenen Stimmen der NPD-Fraktion unterstützt worden wäre. Oder könnte es gelingen, den gerade aus der CDU-Fraktion ausgetretenen Eck zur Unterstützung eines Ministerpräsidentenwechsels zu gewinnen?

Mitte März beantragte die SPD im Parlament die vorzeitige Auflösung des Landtags, wofür eine Zweidrittelmehrheit erforderlich gewesen wäre. Die CDU sperrte sich, und auf den Fluren wurde getuschelt, zwei weitere NPD-Abgeordnete trügen sich mit dem Gedanken an einen Übertritt zur CDU. Doch die Pläne, die offenbar von Brandes vorangetrieben wurden, entwickelten sich nicht weiter. Zum einen sprach sich der Landesausschuss der FDP mit 57 gegen 50 Stimmen für Neuwahlen aus. Das reichte für eine Mehrheit im Landtag noch nicht, war aber das Signal an die Christdemokraten, dass die Freien Demokraten in einem konstruktiven Misstrauensvotum Langeheine die Unterstützung verweigern würden. Spätestens jetzt, im März 1970, setzte in der CDU-Spitze eine kontroverse Debatte über die eigene Strategie ein. Brandes, wohl auch unterstützt von Stender, hatte das Ziel vor Augen, Diederichs zu stürzen und durch Langeheine zu ersetzen. Eine neue bürgerliche Koalition in Hannover hätte dann einen Kontrast zur sozialliberalen Koalition in Bonn unter Willy Brandt bilden können. Den Schönheitsfehler, bei einem solchen Übergang auf die Hilfe von Politikern angewiesen zu sein, die kurz zuvor die NPD-Fraktion verlassen hatten, wollte er wohl in Kauf nehmen.

Die Gegenposition wurde im Umfeld des neuen CDU-Vorsitzenden Hasselmann entwickelt. Generalsekretär Haaßengier drängte ihn, sich auf die

Brandes-Pläne nicht einzulassen. Wie Haaßengier berichtet[153], habe Langeheine auch gewankt und sei nicht wirklich entschlossen gewesen, zum Abschluss seiner politischen Karriere noch einmal Ministerpräsident zu werden. Die Junge Union habe sich gegen das Paktieren mit Stimmen von bisherigen NPD-Politikern ausgesprochen, Haaßengier, der einst als persönlicher Referent von Langeheine seine politische Arbeit begonnen hatte, war auch dagegen. Skeptisch wurde das Agieren des Fraktionsvorsitzenden wohl auch deshalb betrachtet, weil die Vermutung nahe gelegen hatte, Brandes habe das mit seinem guten alten Bekannten, dem langjährigen NPD-Vorsitzenden Adolf von Thadden (er war noch bis 1971 NPD-Bundesvorsitzender) ausgehandelt. Erzählt wurde, Unterstützer aus der CDU hätten Brandes, von Thadden und Langeheine in jener Zeit aus einer peinlichen Situation befreien müssen. Die drei waren in einem Auto in Südniedersachsen unterwegs, offenbar um taktische Fragen zu besprechen. Der Wagen muss sich im Matsch festgefahren haben, sodass ein Landwirt gerufen werden musste, der die drei Politiker möglichst unauffällig aus ihrer misslichen Lage befreit hatte.

Haaßengier berichtet, in jenen Tagen habe er sich mit Hasselmann in der Wohnung des Rundblick-Chefredakteurs Helmut Rieger getroffen. Zu dritt habe man eine Erklärung ausgearbeitet, die Hasselmann dann – kraft seines Amtes als Landesvorsitzender, ohne vorherige Beteiligung der Gremien – an die Presse verschicken ließ. Der Inhalt lautete, dass auch Hasselmann vorgezogene Neuwahlen befürworte. Damit hatte der CDU-Chef in einer Situation, als die FDP schon ihre Zustimmung zu einem Misstrauensvotum zurückzog und die Unterstützung für den Brandes-Plan im Parlament bröckelte, ein Zeichen gesetzt. Der sorgfältig, über viele Monate ausgetüftelte Plan, eine CDU-geführte Landesregierung zu installieren, war damit gescheitert. Am 20. Mai 1970 zog die CDU ihren Misstrauensantrag zurück, am 27. Mai 1970 beschloss der Landtag seine Selbstauflösung, die Neuwahlen wurden für den 14. Juni 1970 terminiert. Zwischen Brandes und Hasselmann, hieß es anschließend, sei spätestens nach diesem Vorfall das Tischtuch endgültig zerschnitten gewesen.

3.5. Die Schlüsselfigur Bruno Brandes

CDU-Landtagsfraktionschef Bruno Brandes wurde in jenen Jahren mit einem Spitznamen versehen, dessen Urheberschaft wohl beim NPD-Politiker Adolf von Thadden lag[154] – er sei „der Greifer" oder auch „der Greifvogel". Damit wurde

---

153 Gespräch mit Dieter Haaßengier am 11.09.2020
154 „Spiegel" 23.02.1970: Falsche Träume, auch Rolf Zick, a.a.O., Seite 149

wenig schmeichelhaft das Talent von Brandes beschrieben, Abgeordnete anderer Gruppierungen mit Versprechungen zu sich herüberzuziehen. Das betraf seit Ende der sechziger Jahre zunächst mehrere FDP-Politiker rund um Herbert Stender, danach dann Abtrünnige aus der NPD, und auch aus der SPD, etwa die frühere Ministerin Meyer-Sevenich. Zeitzeugen bescheinigten Brandes einen hohen Machtinstinkt, aber auch ein Denken und Handeln nach dem Freund-Feind-Schema des bekannten Rechtswissenschaftlers der Weimarer Republik, Carl Schmitt: „War man nicht sein ergebener Freund, so war man sein Feind. Ihm hatte man viel mehr nachzusehen, als er anderen nachsehen mochte.“[155] Als 23-Jähriger war Brandes der NSDAP beigetreten, war als Offizier im Zweiten Weltkrieg eingesetzt, wurde nach 1945 Rechtsanwalt und Notar in Holzminden und kam 1963 in den Landtag. Zwei Jahre später schon wurde er Vorsitzender der CDU-Fraktion und blieb das zunächst bis 1970. Schnell entwickelte er in dieser Zeit in der CDU ein eigenes Machtzentrum, das er lange angegliedert hatte an das des zehn Jahre älteren Richard Langeheine. Beide stammten aus dem Kreis Peine, beide hatten das Realgymnasium in Peine besucht. Der spätere Peiner CDU-Landtagsabgeordnete Horst Horrmann erinnert sich: „Wenn Brandes und Langeheine zusammen beraten haben und man als Zuhörer dabei saß, musste man immer höllisch aufpassen. Die hatten ihre eigene Sprache, in der sie sich verständigten – und manchmal meinten sie nicht das, was sie genau sagten, sondern meinten über bestimmte Floskeln etwas anderes.“[156]

Mehrere Wegmarken sind mit dem Namen Brandes verbunden – sei es die Kür des neuen CDU-Chefs 1968, die dann zugunsten von Hasselmann ausfiel, nachdem er selbst kurze Zeit im Gespräch gewesen war, oder eben jene Regierungskrise von 1970, als Brandes nach Einschätzung von Zeitgenossen sein Meisterstück abliefern wollte. Was ihn nicht aufhielt, waren offenbar Abweichler in eigenen Reihen. So wird berichtet, Brandes' Plan eines Misstrauensvotums gegen Diederichs sei damals fraktionsintern auf sieben Gegenstimmen (darunter Justizminister Gustav Bosselmann) und vier Enthaltungen (darunter Hasselmann) gestoßen. Das Kalkül von Brandes damals sei es gewesen, Langeheine nur als Vorstufe eines nächsten Ministerpräsidenten-Kandidaten namens Bruno Brandes anzusehen.[157] Allein der Erfolg solcher Unternehmungen war Brandes oft verwehrt geblieben. Diese Vorgänge beim Parteitag 1968 hatten viele Delegierten nachhaltig verärgert, teilt der damalige Landesvorsitzende der

155 Helmut Rieger, a.a.O., Seiten 30–32
156 Gespräch mit Horst Horrmann am 07.10.2020
157 „Spiegel“ vom 30.03.1970: Ziemlich kess

Jungen Union und spätere Bundesinnenminister Rudolf Seiters mit: „Ich habe mich damals sehr über das Vorgehen von Brandes geärgert. Wir hatten das Gefühl, das geht nicht mit rechten Dingen zu"[158]

Um das Wirken von Brandes, der 1976 dann erneut CDU-Fraktionschef und 1982 Landtagspräsident werden sollte, ranken sich viele Anekdoten. Der frühere Sprecher des Philologenverbandes und spätere Wunstorfer Gymnasialleiter Peter Bertram, der bis Mitte der sechziger Jahren Studienassessor in Holzminden gewesen war, berichtet über die sonderbaren Methoden von Druck und Überredungskünsten, mit denen Brandes damals in Holzminden versucht habe, ihn zum Eintritt in die CDU zu bewegen. Das sei der Grund dafür gewesen, dass er sich schließlich den Sozialdemokraten anschloss und später viele Jahre lang SPD-Kreistagsabgeordneter im Landkreis Hannover war.[159] Der Geschäftsführer der SPD-Landtagsfraktion, Reinhard Scheibe, berichtet von einem sonderbaren Zusammentreffen mit Brandes, als es um eine Entscheidung in den Gremien des NDR gegangen war. Scheibe gehörte dem Rundfunkrat des Senders an, und Brandes hatte den Plan, eine bestimmte Personalie im Sender durchzusetzen. „Da hat er mir als Gegenleistung für meine Stimme versprochen, ich könne der nächste Funkhausdirektor des NDR in Hannover werden", berichtet Scheibe. Er habe dankend abgelehnt – und jemand anders rückte dann an die Spitze des Funkhauses.[160]

Wie intensiv Brandes Intimfeindschaften pflegte und mit Vorwürfen agierte, wird auch in einem Schreiben deutlich, das er im September 1970 – wenige Monate nach dem Wechsel der CDU in die Oppositionsrolle im Landtag – an die Mitglieder seiner Fraktion schickte. Darin berichtete er darüber, dass sich der CDU-Abgeordnete und Innenexperte Heinz Müller aus Osterode über Brandes' Auftreten beschwert habe. So sei kolportiert worden, Brandes habe gesagt, er werde Müller „die Gebiets- und Verwaltungsreform kaputt machen". So etwas, betonte Brandes in dem Brief weiter, habe er „nie gesagt". Außerdem verwahrte sich Brandes in dem Schreiben gegen die Unterstellung, er werde Hasselmann, der ihn kurz zuvor als Fraktionsvorsitzenden abgelöst hatte, „innerhalb einer Jahresfrist fertiggemacht haben". Dazu schrieb nun Brandes an die Fraktionsmitglieder: „Selbstverständlich habe ich eine solche Äußerung niemals getan." Im nächsten Absatz dann holte Brandes aber zum Gegenangriff aus: „Bei dieser Gelegenheit möchte ich den Vorstand davon in Kenntnis setzen, dass ich,

158 Gespräch mit Rudolf Seiters am 05.10.2020
159 Gespräch mit Peter Bertram am 20.08.2020
160 Gespräch mit Reinhard Scheibe am 18.09.2020

selbst auf die Gefahr hin, ‚unnötigen Schriftwechsels‘ beschuldigt zu werden, alles, was nach Rufmord aussehen könnte, nicht mehr in Kauf nehme."[161] Der Tonfall dieses Schreibens wies schon darauf hin, dass zwischen Brandes und Heinz Müller, der zeitweise im Innenausschuss die Gebiets- und Verwaltungsreform für die CDU bearbeitete, nicht gerade ein herzliches Einvernehmen geherrscht haben muss. Das klang auch im Entwurf eines Briefes an, den Müller im August 1966 aufgesetzt, dann aber nicht abgeschickt hatte. Darin beschwerte er sich bei Brandes, der aus dem gleichen CDU-Bezirksverband Hildesheim stammte, dass dieser gegen ihn Intrigen schmiede. Eine Passage des – wie gesagt nicht abgesendeten – Briefes lautete: „Ich habe Sie vor mehreren Jahren schon einmal geradeheraus gefragt, wie es – wohl oft zu meinem Nachteil – meine Art ist, was Sie eigentlich gegen mich hätten. Sie meinten damals, das sei eigentlich nicht viel. Sie störe nur, dass ich unbedingt Bezirksvorsitzender werden wolle."[162]

Das Agieren mit Versprechungen und zweifelhaften Absprachen bezog Brandes allem Anschein nach auf viele innerparteiliche Konflikte. Darüber berichtete der Zeitzeuge Helmut Rieger, der in jenen Jahren mal journalistischer Berichterstatter, mal politischer Strategieberater gewesen war. Eine Episode dürfte aus der Zeit der Wahl von Hasselmann zum neuen CDU-Landesvorsitzenden 1968 stammen – aus jener Zeit also, als vorübergehend, dann aber ziemlich schnell erfolglos, auch Brandes als neuer CDU-Chef im Gespräch gewesen war, bevor dann Hasselmann als plötzlicher neuer Kandidat auftauchte. Für die Landtagswahlen, die damals für 1971 angepeilt waren, regte Brandes eine Abmachung zwischen ihm, Hasselmann und Langeheine an. Sie sah vor, dass Hasselmann für Brandes stimmen soll, falls sich vor der Landtagswahl in der CDU-Fraktion eine Mehrheit für Brandes als nächsten Spitzenkandidaten finden sollte. Als Gegenleistung bot Brandes an, den Verbleib sowohl von Hasselmann wie von Langeheine im Kabinett sicherzustellen. Rieger schrieb, weder Hasselmann noch Langeheine hätten diesen Vertragsentwurf gegengezeichnet.[163]

Tatsächlich war die Landtagswahl dann wegen der vorzeitigen Auflösung des Landtags schon 1970, und bereits im April 1970 hatte sich der CDU-Landesausschuss für Hasselmann als Spitzenkandidaten entschieden. Brandes hatte kurz zuvor auch deshalb für allerhand Irritationen in der CDU gesorgt,

---

161 Brief an Bruno Brandes an die Mitglieder der CDU-Landtagsfraktion vom 25.09.1970, in: ACDP 01-473-078/2 (Nachlass von Heinz Müller)
162 Briefentwurf von Heinz Müller an Bruno Brandes, in: ACDP 01-910-005/1
163 Helmut Rieger, a.a.O., Seite 32

weil er im September 1969 für den Bundestag kandidiert hatte, auch gewählt wurde, dann aber das Mandat in Bonn nicht annahm und seinen Job als Chef der CDU-Landtagsfraktion behielt.[164]

Die Landtagswahl entwickelte sich zum Zweikampf zwischen SPD und CDU, am Ende hatte die SPD mit 46,3 Prozent die Nase vorn, die CDU kam auf 45,7 Prozent, FDP und NPD verpassten die Rückkehr in den Landtag. Beide großen Parteien hatten zwar zugelegt, aber in der CDU wurden Vorwürfe laut, mit dem Amtsbonus eines christdemokratischen Ministerpräsidenten hätte man eine bessere Ausgangsposition gehabt.[165] Dieter Haaßengier berichtet, er habe damals Hasselmann ermuntert, sich zur Wahl als neuer Fraktionschef zu stellen, immerhin sei die Spitzenkandidatur auch mit dem Anspruch der Fraktionsführung verbunden gewesen. Das geschah dann auch. Brandes kandidierte nicht, wohlwissend, dass er – nach Ansicht von Haaßengier – „damals nicht mehr den nötigen Rückhalt in der Fraktion hatte". Auch bei der Ministerpräsidentenwahl trat Hasselmann gegen den SPD-Bewerber Alfred Kubel an. Das lag nah, da der Unterschied zwischen SPD und CDU im Landtag nur ein Mandat ausmachte. Bei der geheimen Wahl fehlten Hasselmann dann jedoch vier Stimmen aus dem eigenen Lager. Waren es Anhänger des Brandes-Planes, die sich rächten dafür, dass er mit seiner Presseerklärung das Misstrauensvotum endgültig beerdigt hatte? Waren es Vertreter des katholischen Flügels, die ihm nicht über den Weg trauten? Haaßengier berichtet, in den folgenden Wochen und Monaten habe es Hasselmann schwer gehabt mit der Fraktionsführung, es sei für ihn auch eine Last gewesen, zumal ihm die Attacken auf den politischen Gegner grundsätzlich nicht gelegen hätten.[166]

3.6. Die Rolle des Geldes[167]

In den späteren Betrachtungen zu den Ereignissen in der Regierungskrise von 1970 spielte wiederholt die Frage eine Rolle, ob die Aktivitäten des „Greifvogels" Bruno Brandes womöglich auch mit Geld- oder Jobangeboten an die Betroffenen zu tun hatten, ob die Überläufer also von der CDU „gekauft" worden seien. Eine Andeutung in diese Richtung gibt der Kubel-Biograph Wolfgang Renzsch, der einen Artikel der Süddeutschen Zeitung von März 1970 zitierte. Danach habe

---

164 Rolf Zick, a.a.O., Seiten 148 und 149
165 So Dieter Haaßengier im Gespräch am 11.09.2020
166 Gespräche mit Dieter Haaßengier am 25.08.2020
167 Zur Bedeutung der Überläufer-Prämie der NPD siehe auch den Abschnitt 2.5 dieses Buches

der bisherige FDP-Fraktionsgeschäftsführer Herbert Stender, als er zur CDU wechselte, von der CDU einen Gehaltsaufschlag von 1000 D-Mark erhalten, für ihn sei die Aufgabe des Parlamentarischen Geschäftsführers neu geschaffen worden.[168] Die Frage ist nun, ob man das als finanzielles Lockmittel bezeichnen kann, zumal Stender ja von Brandes gerade die Aufgabe zugewiesen bekommen hatte, seine in der FDP ausgeübte Tätigkeit auch in der CDU fortzusetzen. Das heißt, sein Wechsel zur CDU war auch mit einer besonderen Rolle Stenders für Brandes verbunden gewesen. Die FDP hatte seinerzeit ebenfalls den Vorwurf der „finanziellen Abwerbung" erhoben – die CDU reagierte darauf mit dem Hinweis, die materielle Existenzsicherung sei für Stender und die betroffenen Bezirksgeschäftsführer quasi die Voraussetzung für einen aus politischen Gründen vollzogenen Parteiwechsel gewesen.[169]

Auch mit Blick auf die NPD ist das Argument der finanziellen Lockmittel immer wieder vermutet worden. Der Historiker Frank Bösch ging auf die „Unterwerfungsklausel" der NPD ein, der sich der aus der NPD ausgetretene Helmut Hass nicht habe fügen wollen[170]. Die NPD hatte damals ihren Abgeordneten eine Strafzahlung von 30.000 D-Mark abverlangen wollen, sollten sie die Partei verlassen und das Mandat behalten. Das wollte Hass nicht akzeptieren. Die NPD beantragte eine Zwangsvollstreckung gegen ihn, Hass klagte daraufhin vor dem Landgericht Braunschweig – und gewann[171]. Gleichzeitig aber hat nach Darstellung von Bösch die niedersächsische CDU „NPD-Landtagsabgeordnete zum Fraktionswechsel überredet". Bösch fügte hinzu: „Dabei ging es auch um Geld."[172] In seinem Buch „Die Adenauer-CDU" ging Bösch ausführlicher darauf ein. Am 25. April 1970 habe der Vorstand der Niedersachsen-CDU entschieden, dass Herbert Hass in der CDU-Landtagsfraktion bleiben solle und den beiden anderen bisherigen NPD-Politiker, die Hospitanten der CDU-Fraktion wurden, zur Niederlegung des Mandats ermuntert werden sollten. Hinzugefügt wurde in seiner Darstellung: „wenn sichergestellt ist, dass die Aufnahme in die CDU Zug um Zug erfolgt".[173] Bösch beschrieb zudem, dass der Bundesvorstand der CDU auf Wunsch von Niedersachsen beschlossen habe, dass frühere NPD-Mitglieder aufgenommen werden können, wenn diese „keine bedenkliche politische

168 Wolfgang Renzsch, a.a.O., Seite 140
169 Carmanns, a.a.O., Seite 56
170 Hannah Vogt, a.a.O., Seite 135
171 Hans-Joachim Winkler: 30.000 DM bei Parteiwechsel?, in: Zeitschrift für Parlaments-
     fragen 1970, Seiten 170 bis 173
172 „Spiegel" vom 10.03.2018: Männer radikalisieren sich
173 Frank Bösch: „Die Adenauer-CDU", Stuttgart 2001, Seiten 401 und 402

Vergangenheit haben". Dies sei trotz Bedenken anderer CDU-Landesverbände geschehen.

Das Protokoll der CDU-Landesvorstandssitzung vom 25. April 1970 gibt tatsächlich eine Debatte über die Frage wieder, ob die drei aus der NPD-Fraktion ausgetretenen und von der CDU-Fraktion zunächst als Gäste tolerierten Abgeordneten nun in die CDU aufgenommen werden sollen. Mehrere Vorstandsmitglieder, unter anderem Herbert Stender, schlugen demnach vor, man solle allen drei Abgeordneten den Verzicht auf ihr Mandat nahelegen. Dies würde die Aufnahme von CDU-Kreisverbänden erleichtern. Zuvor wurde deutlich, dass einer der drei Politiker in seinem Heimatort Hannover keine Chance auf eine Aufnahme in die CDU habe.[174] Bösch wies dazu noch auf die handschriftlichen Notizen der Protokollführerin hin, die Grundlage dieser Niederschrift waren: „Zudem verzeichnete die handschriftliche Version des Protokolls, dass die NPD-Abgeordneten für die Mandatsniederlegung einen finanziellen Ausgleich erhalten sollen."[175]

Schaut man sich nun die handschriftliche Notiz genau an, so kann die zugespitzte Aussage von Bösch nicht bestätigt werden. Einleitend wird darin zwar klar, dass es tatsächlich um die 30.000-Mark-Auflage für die abtrünnigen NPD-Abgeordneten ging, die ihr Mandat behalten wollen. Der NPD-Abgeordnete Ekkehard Stuhldreher hatte das offenbar in einem Schreiben an den CDU-Vorstand herangetragen. Erwähnt wurde dann, dass Hasselmann und Brandes hierzu eine Position geäußert hätten. Welche das war, geht aber aus den Unterlagen nicht hervor. Der Vorschlag, die NPD-Abgeordneten sollten ihr Mandat niederlegen und dafür einen finanziellen Ausgleich erhalten, wurde offenbar vom Gifhorner Bundestagsabgeordneten Philipp von Bismarck, Vorsitzender des Wirtschaftsrates, vorgetragen. Aus den Notizen geht aber, anders als Bösch es darstellt, kein Beschluss in diese Richtung hervor. Aus dem Einwand von Brandes auf die Bismarck-Äußerung: „Sie müssen dann aber in die CDU aufgenommen werden" kann geschlossen werden, dass sich der CDU-Vorstand tatsächlich in dieser Sache einig geworden war. Gesichert ist das aber nicht. Haaßengier erklärt, an diesen Vorgang keine Erinnerung mehr zu haben[176]. Das gilt auch für Rudolf Seiters, der als Landesvorsitzender der Jungen Union zu jener Zeit dem Landesvorstand der CDU angehörte.[177] Gegen die Zahlung

174 Protokoll der Sitzung des CDU-Landesvorstandes Niedersachsen vom 25.04.1970
175 Frank Bösch: „Die Adenauer-CDU", a.a.O., Seite 402
176 Gespräch mit Dieter Haaßengier am 25.08.2020
177 Gespräch mit Rudolf Seiters am 05.10.2020

eines Ausgleichs an die früheren NPD-Abgeordneten spricht überdies, dass das Landgericht Braunschweig schon am 8. April 1970 Hass in dem Rechtsstreit mit der NPD Recht gegeben hatte, die „Treueprämie" der NPD also zum Zeitpunkt der CDU-Landesvorstandssitzung rechtlich bereits auf höchst wackeligem Boden gestanden hatte.[178]

Die Vermutung, dass die CDU den Übergang von FDP- und dann NPD-Abgeordneten von der CDU finanziell abgeschirmt worden war, liegt zwar nach all den geschilderten Umständen nah. Im Fall von Stender und seiner FDP-Kollegen scheint das sogar wahrscheinlich gewesen zu sein. Was die Vorgänge im Jahr 1970 rund um die drei NPD-Überläufer angeht, ist diese Hypothese allerdings nicht bewiesen. Ob Geld im Spiel war oder nicht – auf jeden Fall hatte das Agieren von Brandes in dieser Phase intern heftigen Widerspruch erfahren. Der damalige JU-Vorsitzende und spätere Bundesminister Seiters teilt auf Anfrage mit: Er sei stolz auf seinen Beitrag zur Erneuerung der CDU: „Das gilt auch für die Auseinandersetzung mit Bruno Brandes, dessen politische Linie gegenüber der damals erstarkten NPD wir für inakzeptabel hielten."[179]

---

178 Vgl. Hans-Joachim Winkler, a.a.O., Seiten 170 bis 173
179 Mitteilung von Rudolf Seiters vom 06.10.2020

4. Der Generationskampf in der SPD

4.1. Egon Franke und die traditionelle SPD-Politik

Die Ereignisse von 1976, die vor allem die niedersächsische SPD belasteten, sind wohl kaum zu erklären ohne die Vorgeschichte. Der Generationswechsel[180] in der Partei wurde sichtbar und öffentlich spürbar vor allem im Jahr 1967, als die Landtagsfraktion die Kandidaten für die Minister in der erneuerten Großen Koalition benennen musste. In jener Zeit überlegte Egon Franke, seit 1952 als Bezirksvorsitzender die mächtigste Figur der SPD im Bezirk Hannover, seinen Wirkungsradius von Bonn nach Hannover zu verlegen. In Bonn gab es seit einem Jahr die Große Koalition, Franke gelangte seinerzeit im Bundestag zu Einfluss und Ansehen, er wurde zu einem der stellvertretenden Fraktionsvorsitzenden gewählt und war der Kopf der konservativen „Kanalarbeiter". Sogar als Teil des dreiköpfigen „Führungsteams" der SPD-Bundestagsfraktion wurde er angesehen[181]. Trotzdem reizte es den damals 54-Jährigen, in das niedersächsische Kabinett des Ministerpräsidenten Georg Diederichs einzusteigen. Zu jener Zeit war Diederichs schon 66 Jahre alt, und die Arbeit im Kabinett war in den folgenden Jahren überlagert von der Frage, wer denn wohl die Nachfolge antreten könne[182]. Konkrete Aussagen zu den Motiven Frankes sind nicht überliefert, wohl aber Hinweise, er könne seinen niedersächsischen Plan mit dem Ziel verknüpft haben, eine gute Startposition in der Diederichs-Nachfolgedebatte zu erringen und so selbst einmal zum Ministerpräsidenten aufsteigen zu können[183].

Es kam allerdings anders. Die SPD-Fraktion im Landtag, die zu einem Drittel aus erstmals in dieses Parlament gewählten Politikern bestand, bot eine völlig neue Form, sie lieferte sich eine offene Kampfabstimmung über die Ministerkandidaten. Maria Meyer-Sevenich, die Vertriebenenministerin bleiben sollte, fiel dabei ebenso durch wie Franke mit seinem Versuch, neuer Innenminister zu werden. An seiner Stelle wurde ein anderer Hannoveraner

---

180 Ein Begriff von Daniela Münkel: Von Hellwege bis Kubel: Niedersachsen 1955 bis 1976, in: Steinwascher, Gerd (Hrsg.): Geschichte Niedersachsens, Band 5, 2010, Seite 716

181 So Helmut Schmidt in einer späteren Aufzeichnung, siehe Katrin Grajetzki: „Kanalarbeiter" und Bundesminister, Bonn 2019, Seite 76. Die beiden anderen waren Alex Möller und Helmut Schmidt.

182 So Münkel, a.a.O., Seite 717

183 Diese Vermutung hegt Grajetzki, a.a.O., Seite 78

gewählt, der fünf Jahre jüngere Richard Lehners, bisher Landtagspräsident. Für Lehners waren 39 Abgeordnete, für Franke nur 24. Das Ereignis markierte, wie später vermerkt wurde, den Anfang vom Ende der Ära Franke[184]. Berichtet wurde über ein verbreitetes Unbehagen der Franke-Kritiker in der Fraktion über das schlechte Abschneiden bei der Landtagswahl 1967 mit zwei Prozentpunkten Verlust. Viele hätten daraufhin ein Ende der seit zwei Jahren bestehenden Großen Koalition mit der CDU gewollt und eine Hinwendung zur FDP, viele seien auch damit unzufrieden gewesen, dass der von Franke geführte SPD-Landesausschuss die Landtagsfraktion „als sein ausführendes Organ ansah"[185]. Bemerkenswert sind an dieser Stelle auch die weiteren personellen Auswirkungen dieser Kraftprobe in der SPD-Fraktion. Auch der Fraktionschef wurde ausgetauscht, anstelle des bisherigen Vorsitzenden Wilhelm Baumgarten, der als junger Mann auch der NSDAP angehörte, wurde der damals erst 41 Jahre alte Helmut Kasimier gewählt. Baumgarten übernahm dann das Amt des Landtagspräsidenten. So zählten nun Lehners und Kasimier zu denen, die eine Erneuerung repräsentierten. Andere jüngere Politiker jener Zeit hatten sich zudem vor der Wahl der Ministerkandidaten hervorgetan mit Rufen nach einer Auffrischung der Mannschaft, darunter Peter von Oertzen, Helmut Greulich und Ernst-Georg-Hüper[186]. Der Vertraute von Peter von Oertzen, sein damaliger Referent Klaus Wettig, sieht heute in von Oertzen „einen der Organisatoren" des Scheiterns von Franke bei der fraktionsinternen Kür des neuen Innenministers. Damit sei klar geworden, dass von Oertzen nunmehr „zum Anführer der Franke-Opposition werden würde".[187] [188]

Für Franke muss die Niederlage einen Anlass dafür gegeben haben, dass er sich auf sein altes Spielfeld, die Bundespolitik, zurückzog. In den Folgejahren unternahm er keinen Ausflug mehr in die landespolitischen Niederungen. Dass er die doch recht deutliche Niederlage in der Landtagsfraktion jedoch als Warnung oder Mahnung zur Zurückhaltung verstanden hätte, lässt sich nicht sagen.

---

184 Münkel, a.a.O., Seite 717

185 Das beschreibt ausführlich Wolfgang Renzsch: „Alfred Kubel – 30 Jahre Politik für Niedersachsen", Bonn 1985, Seiten 125 bis 129

186 Münkel nennt hier noch Hans Bartel, und Klaus-Peter Bruns. A.a.O., Seite 717

187 Klaus Wettig: Soziale Demokratie und Geschichte, Göttingen 2020, Seite 256

188 Wolfgang Renzsch ordnet dieser Gruppe mit Verweis auf einen internen Vermerk der SPD auch Lehners zu – und er verknüpft es mit der politischen Strategie der Jüngeren, auf die FDP zugehen und sich von der CDU abwenden zu wollen. Das zu einem Zeitpunkt, als die Große Koalition in Bonn, ein Jahr nach der in Niedersachsen gegründet, sich noch in ihrer Anfangsphase befand.

Seine starke Verwurzelung im hannoverschen Stadtleben, die ungebrochen war, blieb – wie bisher – eine sichere Basis für die Arbeit im Bundestag. Auch von einer fortan noch stärkeren Konkurrenz zu Lehners war die Rede, womöglich waren sich die beiden im äußeren Auftreten zu ähnlich, womöglich sah Franke in dem dann erfolgreich nominierten Innenminister eine Bedrohung für seine damals noch starke Stellung im hannoverschen SPD-Bezirk[189].

Die Verhinderung von Franke als Innenminister dürfte aber auch als Signal an die Partei verstanden worden sein, in der er bis dahin unangefochten an der Spitze stand. Franke galt, wie sich der spätere SPD-Bezirkschef Wolfgang Jüttner berichtet, „wegen seiner autoritären Art als einer von vorgestern"[190]. Dem alten Haudegen wurde die Schwäche bescheinigt, dass er in dem von ihm straff geführten Verband niemand gegen sich aufsteigen lassen wollte[191]. Der offene Dialog mit den nach Veränderung strebenden Jungsozialisten war ihm auch fremd, wie beispielsweise eine Anweisung von 1968 zeigte, in der er der Arbeitsgemeinschaft eigenständige Presseveröffentlichungen (auch in parteiinternen Publikationen) untersagte, da politische Erklärungen allein vom Bezirksvorstand herausgegeben werden dürften[192]. War das in der Nachkriegszeit vielleicht noch ein Vorgang gewesen, der von den meisten Genossen mehr oder weniger verständnisvoll hingenommen wurde, so hatte sich die Stimmung nun radikal geändert. Das zeigte eine Veröffentlichung der hannoverschen Jusos vom August 1967, in der auch die Vorgänge rund um die Nicht-Nominierung von Franke in der Landtagsfraktion beleuchtet werden. Die siegreichen Akteure wie Lehners, Kasimier, Hüper und von Oertzen wurden hier „Junggardisten" genannt. In der Juso-Veröffentlichung heißt es ergänzend: „Die Kandidaten der Odeonstraße, Egon Franke und Maria Meyer-Sevenich, fielen durch. Die Entwicklung hatte sich bereits vorher mit Donnergrollen angekündigt, als die Fraktion durchsetzte, über die Kandidaten ohne Debatte und in geheimer Wahl abzustimmen. Was sind die Hintergründe dieser ‚Rebellion'? In unserer Partei herrscht ein autoritärer Trend. Vorsitzende, Geschäftsführer, Sekretäre halten es offenbar für selbstverständlich, neben ihrer eigenen Meinung nach Möglichkeit keine andere gelten zu lassen." Beschrieben wurde ein „Mitläufertum der zuständigen Kontrollgremien", dann folgte der Satz: „Wir sprechen viel von innerparteilicher Demokratie. In Wirklichkeit werden oft genug Resolutionen,

---

189 Eine Andeutung in diese Richtung macht Katrin Grajetzki, a.a.O., Seite 79
190 Wolfgang Jüttner laut Politikjournal Rundblick, 26.06.2018
191 Katrin Grajetzki, a.a.O., Seite 77
192 Katrin Grajetzki, a.a.O. Seite 95

Anträge, konträre Meinungsäußerungen zwar nicht unterdrückt, jedoch geschickt beiseitegeschoben." Der Autor kam zu dem Schluss: „Vielmehr tut die Einsicht Not, dass es an der Zeit ist, die Partei nach innen zu öffnen, aus der ,Inzucht' herauszukommen und neue Leute, von denen es genügend gibt, an die Front zu lassen."[193]

Allein der Begriff „Front" in diesem Text zeigte an, in welcher kämpferischer Haltung sich die Jungsozialisten fühlten – und dass die Verhinderung von Franke für sie den Anlass bot, die Auseinandersetzung in aller Härte fortzusetzen. Das sollte offenbar auch weiterhin über den Weg des personellen Austausches geschehen. Wie der spätere SPD-Bezirksvorsitzende Wolfgang Jüttner schildert, der 1971 in den Juso-Unterbezirksvorstand Hannover kam, herrschte damals auch bei der Gegenseite, den alten Genossen, ein nicht weniger barscher Umgangston: „Als ich als neugewählter hannoverscher Juso-Vorsitzender in eine Sitzung des hannoverschen SPD-Parteivorstandes kam, fragte der Oberbürgermeister August Holweg seinen Geschäftsführer: Wer ist das? Als Holweg hörte, ich sei der neue Juso-Chef, fragte er: Ist das schon schriftlich mitgeteilt? Als der Geschäftsführer verneinte, sagte Holweg zu mir: Raus hier!"[194]

Die Chance zu weiteren personellen Umbrüchen sollte sich schon bald ergeben. Im April 1970, parallel zur Krise der Großen Koalition im Landtag, die dort dann zu einer vorzeitigen Parlamentsauflösung führte, stand beim SPD-Bezirk Hannover eine Neuwahl an. Peter von Oertzen, der sich spätestens mit seiner Ablehnung des Godesberger Programms auf dem SPD-Bundesparteitag 1959 innerparteilich einen Namen gemacht hatte, kündigte im Bezirksvorstand seine Kandidatur gegen Franke an – was dort überrascht aufgenommen wurde, da offene Kritik in diesem Gremium offenbar ein Tabu war[195]. Die Eintrittswelle in die Partei, gerade mit Blick auf die Jüngeren, machte von Oertzen zu diesem Schritt ebenso Mut wie seine Tuchfühlung zu der – damals linksstehenden – IG Chemie. Nützlich war wohl auch seine Kooperation mit dem DGB-Landesvorsitzenden und wenige Wochen später zum niedersächsischen Wirtschaftsminister berufenen Helmut Greulich[196]. Franke, damals immerhin seit einem Jahr Bundesminister für innerdeutsche Beziehungen, verlor beim Parteitag deutlich mit 107 Stimmen gegenüber 149 Stimmen für von Oertzen. Bei den Stellvertretern unterlag der von Franke unterstützte Kandidat Kurt

---

193 Jusos Hannover, Heft 5, August 1967, Seite 5
194 Gespräch mit Wolfgang Jüttner am 11.05.2018
195 So Philipp Kufferath: Peter von Oertzen, Göttingen 2017, Seite 180
196 Kufferath, a.a.O., Seite 180

Partzsch, der niedersächsische Sozialminister. Seinen Platz nahm als Kandidat des Oertzen-Lagers Klaus-Peter Bruns ein, der im gleichen Jahr neuer niedersächsischer Landwirtschaftsminister wurde. Franke selbst traf seine Abwahl nicht unvorbereitet, denn Greulich warnte ihn offenbar und fragte in einem vertraulichen Gespräch prüfend nach, ob der alte Bezirkschef nach 18 Jahren Amtszeit vielleicht bereit wäre, zu verzichten. Das soll Franke jedoch schroff abgelehnt haben[197]. Dass es sich bei dem Vorgang mehr um eine Abwahl des alten als um eine bewusste Unterstützung für die Alternative Peter von Oertzen handelte, wird auch in dem Umstand deutlich, dass zunächst der noch relativ jung im Amt befindliche SPD-Landtagsfraktionschef Helmut Kasimier um eine Kandidatur gebeten wurde, diese jedoch mit Hinweis auf seine Loyalität zu Franke ablehnte[198].

4.2. Die gewiefte Taktik der SPD-Linken in Hannover

Entwickelte sich nun Peter von Oertzen, der neue Chef des SPD-Bezirks Hannover, zum starken Mann der niedersächsischen SPD? Immerhin war der Bezirk mit seinen rund 60.000 Mitgliedern seinerzeit der viertgrößte bundesweit – und in Niedersachsen war er deshalb dominant, weil die Hannoveraner (der Bezirk reicht von Lüneburg bis Göttingen) mehr Mitglieder zählten als die übrigen drei niedersächsischen Parteibezirke zusammen. Daher stand von Oertzen auch der Vorsitz im Landesausschuss zu, den er auch übernahm, allerdings bei fünf Enthaltungen und einer Gegenstimme[199]. Wolfgang Jüttner, der damals zu den jungen Anhängern von Peter von Oertzen zählte, berichtet von einem Politiker, der ein großer Theoretiker gewesen sei, in politischen Entscheidungen aber pragmatisch vorging und „kein guter Taktiker" gewesen sei[200]. Den Weg an die Spitze, etwa in den SPD-Bundesvorstand, habe er nicht konsequent angestrebt – so habe er dort etwa zugunsten seines Freundes Jochen Steffen aus Schleswig-Holstein verzichtet. Von Oertzen war indes im Parteiamt vor große strategische Herausforderungen gestellt. In der SPD musste er spätestens mit der Übernahme seines Bezirksvorsitzendes auch die Frage klären, wer Nachfolger des bisherigen Ministerpräsidenten Georg Diederichs werden sollte. Dass er selbst, immerhin jetzt mächtigster Mann der Partei, in Betracht käme, schloss von Oertzen aus[201].

---

197 „Spiegel", 13.04.1970: „Plötzlich runtergestuft"
198 „Spiegel", 13.04.1970: „Plötzlich runtergestuft"
199 Kufferath, a.a.O., Seite 181
200 Gespräch mit Wolfgang Jüttner am 11.05.2018
201 Kufferath, a.a.O., Seite 382

War es die für Intellektuelle typische Zurückhaltung, wenn es um konsequenten Machtwillen geht? Oder spielte eine Rolle, dass er in der SPD (vor allem der Landtagsfraktion) mit seinen linken Positionen trotz der Mehrheiten bei Parteitagen eigentlich immer zur Minderheit zählte?[202] Jüttner sagt, Peter von Oertzen habe einen Kreis enger Mitarbeiter gehabt, an die er viele Arbeiten delegiert habe – und die öfter auch in seinem Namen gesprochen hätten[203]. Dabei sei es aber mehr um Programmpositionen und politische Inhalte gegangen, weniger um das harte Geschäft der politischen Machtverteilung. Ernst-Gottfried Mahrenholz, damals Leiter der Staatskanzlei und später dann sein Nachfolger als Kultusminister, sieht zwar die großen Qualitäten Peter von Oertzens, vor allem in der Analyse und der politischen Theorie. „Aber er war eher abweisend, hatte wenig Freunde. Er wollte nie Ministerpräsident werden – und jeder akzeptierte, dass er das so festgelegt hatte."[204] Aus diesen Darstellungen spricht, wie wenig der neue Bezirksvorsitzende Peter von Oertzen als die zentrale Figur der weiteren Entwicklungen gelten kann, die in der Folge den weiteren „Generationswechsel" in der niedersächsischen SPD prägten. Er war trotz seiner unbestrittenen starken Funktion in der SPD vermutlich nicht die unumstrittene Leitfigur, bei der alle Fäden zusammenliefen und die die entscheidenden taktischen Schritte angeordnet hat. Dazu fehlte ihm offenbar der starke Wille zur Macht.

In jenen Jahren reifte in Hannover-Linden, der SPD-Hochburg in Hannover schlechthin, ein SPD-interner Machtfaktor auf der linken Seite heran. Viele der Neumitglieder der SPD, die in den späten sechziger und frühen siebziger Jahren zur Partei stießen, auch im Umfeld der Universität Hannover, engagierten sich im Ortsverein Linden-Limmer. Wie Wolfgang Jüttner berichtet, war die Leitfigur der SPD-Linden-Limmer, der Freizeitheimleiter Egon Kuhn, „ein Linkssozialist mit DKP-Nähe, der aber nie auf den Gedanken gekommen wäre, die SPD zu verlassen"[205]. Er sei ein „cleverer Organisator" gewesen und habe alles daran gesetzt, seine Kandidaten für wichtige Positionen zu platzieren – in der Anfangszeit mit beachtlichen Erfolgen. Dies muss getreu der Devise geschehen sein, die in der Juso-Zeitung von 1967 vorgegeben wurde, nämlich „neue Leute an die Front zu lassen"[206]. Kuhns Ziel sei es gewesen, anzukämpfen gegen „die Dreieinigkeit von Partei, Rat und Verwaltung, die seit 1945 in Hannover herrscht

202 Helmut Rieger: Alles hat seine Zeit, Hannover 1995, Seite 63
203 Gespräch mit Wolfgang Jüttner, 11.05.2018
204 Gespräch mit Ernst-Gottfried Mahrenholz, 22.09.2020
205 Gespräch mit Wolfgang Jüttner, 11.05.2018
206 Jusos in Hannover, Heft 5, August 1967, Seite 5

und dafür sorgt, dass in allen entscheidenden Gremien immer dieselben unter sich sind."[207] Wegen der hegemonialen Ausrichtung und der kadermäßigen Organisation im SPD-Ortsverein wurde das Freizeitheim Hannover-Linden, der Arbeitsplatz von Egon Kuhn, scherzhaft auch mit der Machtzentrale in der Sowjetunion verglichen. Wenn man abends dort vorbeikam und die Fenster erleuchtet waren, hieß es: „Im Kreml brennt noch Licht."[208]

Attraktive neue Spielfelder eröffneten sich für die linken Wortführer im Freizeitheim Linden, als es 1970 zu vorzeitigen Landtagsneuwahlen kam und die Direktkandidaten in den – für die SPD weitgehend sicheren – hannoverschen Wahlkreisen aufgestellt werden mussten. Die Linken legten sich eine Strategie zurecht und triumphierten. Im Wahlkreis Linden-Ricklingen wollte Innenminister Richard Lehners, der noch 1967 bei der Nominierung für das Kabinett Egon Franke besiegte und damals in einem Juso-Mitteilungsblatt als „Junggardist" gelobt wurde, erneut für die SPD benannt werden. Doch es kam anders, der Betriebsratsvorsitzende der Vereinigten Leichtmetall-Werke (VAM), Bruno Orzykowski, trat gegen Lehners an. Orzykowski, ein früherer Kommunist, überraschte die Partei – aber er war jemand, der immer im Handumdrehen ein Großaufgebot an Unterstützern aus seinem Betrieb mobilisieren konnte. Wolfgang Jüttner erzählt, Orzykowski habe in Linden das große Wort geführt, das sei für Wahlkämpfer sehr wertvoll gewesen. Wenn man in Wahlkampfzeiten gefragt hatte, wohin man mit einem Redner geht, habe es oft „zu Bruno" geheißen: „Das garantierte dann ein volles Haus."[209] In der entscheidenden Abstimmung in der Wahlkreisdelegiertenversammlung hatte Lehners 15 Stimmen, Orzykowski 18. Das war eine Sensation, ein Minister war in seinem Wahlkreis verhindert worden. „Da hat einer falsch abgestimmt und sich geirrt", sagte viel später Egon Kuhn offenbar ironisch, auf diese Vorgänge angesprochen[210]. Es seien Kollegen aus Orzykowskis Werk gewesen, die der SPD beitraten und die Mehrheiten beeinflusst hätten. Der Sturz von Lehners als Wahlkreiskandidat war aber nur der erste Schritt, der zweite geschah im Nachbarwahlkreis, Hannover-Mitte. Dort wollte Ernst-Gottfried Mahrenholz, seinerzeit Direktor des NDR-Funkhauses in Hannover, für die SPD nominiert werden. Der frühere persönliche Referent des ersten Ministerpräsidenten Hinrich-Wilhelm Kopf hatte einen Gegenbewerber, den Amtsrichter und Beamten im Justizministerium, Jan-Wolfgang Berlit.

---

207 „Spiegel", 22.10.1973, „'ne Republik Linden-Limmer?"
208 Politikjournal Rundblick, 16.09.2018
209 Gespräch mit Wolfgang Jüttner, 14.04.2018
210 Gespräch mit Egon Kuhn am 20.04.2018

Eigentlich meinte der damals eher dem rechten Flügel zugeordnete Mahrenholz, auch die Unterstützung der Linken zu haben. „Ich wähnte mich schon fast
am Ziel“, berichtet er[211]. Aber als in den Ortsvereinen die Delegierten gewählt
waren und diese dann zur entscheidenden Sitzung zusammenkamen, trat plötzlich ein neuer Kandidat nach vorn, der sich in den Vorstellungsrunden bisher
nicht gemeldet hatte – der Jurist und Mitarbeiter im Hauptvorstand der IG
Chemie, Wolfgang Pennigsdorf. „Er hatte verdeckt agiert und war im entscheidenden Moment aufgetreten“, sagt Mahrenholz, der sich damals sehr ärgerte,
aber immerhin keinen entscheidenden Karrieredämpfer erlitt. Da das SPD-
Establishment auf seiner Seite war, wurde Mahrenholz 1970 auch ohne Landtagsmandat erst Chef der Staatskanzlei, vier Jahre später dann – mit Mandat
– Kultusminister. Kuhn sagte später zur Situation 1970: „Wir hatten ihn damals
in seinem Wahlkreis ins Leere laufen lassen.“ Mit „wir“ meinte Kuhn Orzykowski und Pennigsdorf, er sprach von den beiden Linken aus Hannover als „den
Ministerkillern“[212].

Solche Erfolge spornten an. Die Linken in der hannoverschen SPD mit ihrem
Kristallisationspunkt im Freizeitheim Hannover-Linden witterten damals,
Anfang der siebziger Jahre, ihre Stärke und Durchsetzungskraft. So holten sie
noch zu einem weiteren, entscheidenden Schlag gegen die etablierten Kräfte in
der SPD der Landeshauptstadt aus – wieder sehr erfolgreich, wieder als Überraschungscoup. Der bisherige Oberbürgermeister (als ehrenamtlicher Rats-
vorsitzender) August Holweg teilte im Frühjahr 1970 seinen bevorstehenden
Amtsverzicht aus Altersgründen mit, und im örtlichen Parteivorstand zeichnete
sich eine Mehrheit für den IG-Metall-Sekretär Albert Kallweit als Nachfolger
ab, ein Mann, den der damalige junge SPD-Politiker Rolf Wernstedt später
„redlich, aber farblos“ nannte.[213] Der Jungsozialist und Sparkassenkaufmann
Herbert Schmalstieg, der ebenfalls Interesse signalisierte, hatte im Parteivorstand nur wenige Unterstützer. In der Ratsfraktion deutete sich ebenfalls eine
klare Mehrheit für Kallweit an. Es folgten dann immer mehr Untergliederun-
gen der hannoverschen SPD, die sich für Schmalstieg stark machten, Wernstedt spricht rückblickend von einer „innerparteilichen Welle“. Holweg habe das
gespürt und den angekündigten Rückzug vom Amt verschoben, im September

211 Gespräch mit Ernst-Gottfried Mahrenholz am 17.04.2018
212 Gespräch mit Egon Kuhn am 20.04.2018
213 Rolf Wernstedt: Herbert Schmalstieg und seine Partei: geprägt, erduldet und manch-
    mal auch erlitten, in: Jürgen Koerth (Hrsg.): Der Hannoveraner, Berlin 2006, Seiten
    35 bis 49

1971 dann aber sei die Diskussion erneut aufgeflammt. Für Holweg sei „die öffentliche und innerparteiliche Auseinandersetzung schwer zu ertragen gewesen", er habe das Verhalten Schmalstiegs „schlicht für ungehörig" gehalten. Am 14. September 1971 sprachen sich in der Sitzung der SPD-Ratsfraktion 16 Ratsmitglieder für Kallweit aus, sieben für Schmalstieg, zwei für einen weiteren Ratsherren – und sieben enthielten sich der Stimme. Als vier Tage darauf die Delegierten der hannoverschen SPD zu einem außerordentlichen Parteitag zusammentraten, um den Bundesparteitag vorzubereiten, meldeten sich die Linken zu Wort und beantragten die Erweiterung der Tagesordnung. Die Parteitagsmehrheit dafür war deutlich, und für die Linken war das ein Signal, gleich den nächsten Schritt zu wagen. Sie stellten einen zweiten Antrag, Schmalstieg aufs Schild zu heben – und prompt nominierte das Gremium, das in der SPD-Hierarchie höherwertig ist als ein Vorstand oder eine Ratsfraktion, den 28-jährigen Schmalstieg mit 143 zu 101 Stimmen. Die alte Riege war beim Parteitag zunächst perplex, fühlte sich überrumpelt und wollte eine Festlegung erst verzögern. Das blieb erfolglos, Wolfgang Pennigsdorf drängte umgehend auf eine Abstimmung und erreichte dann in der Folge die Festlegung auf Schmalstieg. Der damalige Juso und jetzige Alt-Oberbürgermeister erinnert sich, dass seinerzeit auch viele vom rechten Flügel für ihn gestimmt haben mussten – offenbar Leute, die Kallweit nicht wollten. Dessen Anhänger rund um Holweg hätten dann sogar erwogen, den Parteitag vorzeitig zu verlassen und damit eine Beschlussunfähigkeit herzustellen. Es seien aber Helmut Kasimier und Bernhard Kreibohm gewesen, die das verhindert hätten[214]. Die CDU nutzte die erkennbare Uneinigkeit in der SPD und stellte für die Wahl im Rat einen Gegenkandidaten auf, da sie den 28-jährigen Jungsozialisten für ungeeignet an der Spitze einer Großstadt ansah.[215] Das allerdings konnte den Erfolg Schmalstiegs im zweiten Wahlgang Ende Januar 1972 nicht mehr aufhalten.

Wie sich Wolfgang Jüttner erinnert, hatte der bisherige Oberbürgermeister Holweg sehr lange gebraucht, seine Niederlage zu verdauen und Schmalstieg als seinen Nachfolger zu akzeptieren. Jüttner und Schmalstieg berichten noch, es sei ursprünglich Egon Kuhn gewesen, der in dieser Personalrochade die Strippen gezogen und die Verhinderung von Kallweit eingefädelt hatte[216]. Schmalstieg erinnert sich an ein auslösendes Telefonat: „Die Sache begann damit, dass

---

214 Gespräch mit Herbert Schmalstieg am 17.11.2020
215 Vgl. Hannoversche Allgemeine Zeitung vom 26.01.1972: „Heute bekommt Hannover seinen neuen Oberbürgermeister"
216 Gespräch mit Wolfgang Jüttner am 11.05.2018

Kuhn mich eines Tages anrief und zu sich ins Freizeitheim Linden bat. Dort eröffnete er mir: Du musste jetzt Oberbürgermeister werden. Ich wusste erst nicht, wie mir geschah, freundete mich dann aber mit dem Gedanken an."[217] Am Ende klappte alles, Schmalstieg wurde 1972 neuer Oberbürgermeister und startete als junger Mann eine politische Karriere, die lange und eindrucksvoll werden sollte. Der weitere Gang der Ereignisse hatte dann allerdings auch gezeigt, dass das neue Stadtoberhaupt, im Amt auf Ausgleich und Vermittlung ausgerichtet, sich keinesfalls einer dauerhaften Unterstützung der SPD-Linken in Linden-Limmer sicher sein konnte. So manches Mal eckte Schmalstieg mit seinen Entscheidungen bei den Linken im Freizeitheim Linden an. Viel später, 1982, hatte Schmalstieg Landtagsabgeordneter werden wollen und dies dann im Wahlkreis Linden/Ricklingen versucht. Dort hatte sich eine Mehrheit jedoch für einen ausgewiesenen Vertreter der Linken, den Anwalt Werner Holtfort, ausgesprochen. Schmalstieg kam erst vier Jahre später ins Landesparlament, dann im Wahlkreis Hannover-List.

Der von Kuhn verwendete Begriff „Ministerkiller" galt zunächst für den Sieg von Orzykowski über Lehners 1970, mit Abstrichen auch für Pennigsdorfs Triumph über Mahrenholz. Er sollte noch einmal Verwendung finden, vier Jahre später – als wieder vor einer Landtagswahl neue Kandidaten gefunden werden mussten. Orzykowski konnte sich inzwischen in seinem bisherigen Wahlkreis nicht mehr sicher sein, eine ausreichende Unterstützung seiner Partei zu haben. Inzwischen waren die gemäßigten Kräfte in der hannoverschen SPD gewarnt und wussten, dass sie sich vor den Überraschungsangriffen aus Linden-Limmer in Acht nehmen mussten. Die „Rechten" hatten auch ein paar Erfolge auf ihrer Seite. So klappte die geplante Wahl von Pennigsdorf zum Chef der hannoverschen SPD 1972 nicht, er unterlag gegenüber einem Kandidaten der anderen Seite[218]. Nun drohte auch in Linden-Limmer eine Niederlage für Orzykowski. Aber die Genossen heckten einen Plan aus, wie man mit einer Ausweichaktion die absehbare Schmach für Orzykowski vermeiden konnte. Der benachbarte Wahlkreis, der auch Teile von Linden einschloss, war vom langjährigen Sozialminister Kurt Partzsch besetzt, jenem Partzsch, der als Franke-Gefolgsmann galt und 1970 bei der Wahl zum SPD-Bezirksvorstand kurz nach dem Franke-Sturz auch seinen Vize-Posten verloren hatte. Bei Partzsch setzte die Taktik von Kuhn an. In SPD-Kreisen wurde im Vorfeld der Wahlkreiskandidaturen das Gerücht gestreut, der damals 62 Jahre alte Partzsch

---

217 Gespräch mit Herbert Schmalstieg am 17.11.2020
218 „Spiegel", 15.05.1972: Marsch gestoppt

habe intern seinen Rückzug nach der nächsten Landtagswahl angekündigt. Das wurde Partzsch zugetragen, und so schrieb dieser im März 1973 einen empörten Brief an den Vorstand des SPD-Ortsvereins Hannover-Stadt. Darin klagte er über „Manipulation und Verfälschung", beschwerte sich über das Agieren von Kuhn, der ihn erst um ein Gespräch gebeten und dann behauptet habe, Partzsch habe sich nicht zurückgemeldet – offenbar ein Trick, Partzsch Unzuverlässigkeit und Überforderung zu attestieren. In den Brief von Partzsch hieß es: „Hinzu kommt, dass der Genosse Kuhn wahrheitswidrig die Behauptung verbreitet, ich wolle aus Altersgründen bei den bevorstehenden Landtagswahlen 1974 nicht mehr in meinem bisherigen Wahlkreis kandidieren." Das Agieren von Kuhn sei „parteischädigendes Verhalten"[219]. Unfreiwillig hatte der Sozialminister damit aber selbst das Gerücht, gegen das er sich zur Wehr setzte, erst richtig in Umlauf gebracht.

Der Protest nützte Partzsch am Ende wenig: Bei der Wahlkreisaufstellung für 1974 unterlag er gegen Orzykowski, der damit seinen Verbleib im Landtag sichern konnte und ein weiteres Mal nach 1970 einen etablierten Landesminister parteiintern besiegte. Für Partzsch allerdings war bei der Bildung des neuen Kabinetts 1974 die Ministerzeit vorüber.

4.3. Der Fall Lehners – oder: Wie die SPD-internen Konflikte 1970 hervortreten

Die Umstände und Folgen des ersten Sieges von Orzykowski über Lehners Ende April 1970 verdienen noch einmal eine nähere Betrachtung. In der Folge dieses Schocks für die etablierten Sozialdemokraten in Niedersachsen hatte es nämlich in den Wochen und Monaten danach weitere Aktivitäten in dieser Sache gegeben – von Seiten der Lehners-Gegner wie auch von Lehners selbst. Der bisherige Innenminister hatte zwei Tage nach seiner Niederlage im Rausch einer ersten Enttäuschung erklärt, weder für ein Landtagsmandat noch für einen Platz im Kabinett bereit zu stehen. Doch er hatte in der hannoverschen SPD einige Anhänger, die ihn trotz der Nicht-Aufstellung im Wahlkreis gern auf die SPD-Landesliste zur Landtagswahl gesetzt und damit politisch abgesichert hätten. Anfang Mai entschieden die Leiter der hannoverschen SPD-Abteilungen zunächst, Lehners nicht für die Liste vorzusehen. Der Bezirksbeirat folgte dem später[220]. Die Landtagswahl am 14. Juni 1970 ergab dann, dass die SPD 75 Mandate

---

219 Brief von Kurt Partzsch an den SPD-Ortsverein Hannover-Stadt vom 02.03.1973
220 Chronologie in der Dokumentation „Fall und Aufstieg des Genossen R.L." vom 02.10.1970

hatte, die CDU 74. Einen Tag nach der Wahl legte der SPD-Landesausschuss, das Führungsgremium der Partei auf Landesebene unter dem Vorsitz Peter von Oertzens, eine Liste der Minister der SPD-Alleinregierung vor. Als neuer Innenminister und Nachfolger von Lehners war darauf der bisherige, seit drei Jahren amtierende SPD-Fraktionschef Helmut Kasimier vorgesehen. Doch schon einen Tag danach, am 16. Juni 1970, verschickte die SPD-Landtagsfraktion eine merkwürdig formulierte Presseerklärung: Kasimier habe in einem Gespräch mit dem designierten neuen Ministerpräsidenten Alfred Kubel „seine Bedenken dagegen vorgetragen, die gesamte bisherige Fraktionsspitze mit Ministerämtern zu betrauen." Weiter hieß es in dem Text: „Im Interesse der Kontinuität der Arbeit und angesichts der Mehrheitsverhältnisse hat der Abgeordnete Kasimier Minister Kubel darum gebeten, von seiner Berufung ins Kabinett abzusehen. Der Abgeordnete Kasimier wird sich erneut um das Amt als Fraktionsvorsitzender bewerben."[221]

Zwischen den Zeilen in dieser Erklärung ist die Sorge abzulesen, bei einer Neuwahl der Fraktionsspitze könne deren Schwächung eintreten – vor allem mit Blick auf die Aufgabe, alle 75 SPD-Abgeordneten stets auf Linie zu bringen und die Geschlossenheit zu sichern. So verzichtete der „stets auf Ausgleich und Vermittlung ausgerichtete Kasimier"[222] offenbar aus Sorge um den Zusammenhalt der Fraktion auf die Ministerwürden. Dass er damit Lehners eine Möglichkeit eröffnete, seinen Verbleib in der Regierung zu sichern, wurde in der Presseerklärung der SPD-Fraktion noch nicht angedeutet. Zu spannenden Personaldebatten kam es erst in der Sitzung der SPD-Landtagsfraktion zwei Tage später, am 18. Juni 1970, in der über die Besetzung der Kabinettsposten entschieden wurde. Der SPD-Abgeordnete Wolfgang Pennigsdorf (Hannover) fertigte wenig später ein Gedächtnisprotokoll an, das die Abläufe und Stimmergebnisse festhielt: Zunächst hatte der Bauunternehmer und Abgeordnete aus Wedemark-Bissendorf, Werner Evers, die erneute Berufung von Lehners vorgeschlagen. Unter anderem Pennigsdorf widersprach vehement und warnte, diese Personalie könne in Hannovers SPD erhebliche Unruhe auslösen und sich „bei den knappen Mehrheitsverhältnissen im Landtag schädlich auswirken"[223]. Peter von Oertzen soll daraufhin mitgeteilt haben, dass der SPD-Landesausschuss dafür plädiert habe, den ehrenamtlichen Landrat des Kreises Hannover und

---

221 Pressemitteilung der SPD-Landtagsfraktion 21/70 vom 16. Juni 1970
222 So der frühere SPD-Abgeordnete Werner Evers in einem Gespräch am 26.09.2020
223 Gedächtnisprotokoll zur SPD-Fraktionssitzung vom 18.06.1970 (Wolfgang Pennigsdorf)

frischgewählten Abgeordneten Günter Kiehm als Innenminister zu benennen. In der Personaldebatte sollen Kubel und von Oertzen gemäß dem Beschluss des Landesausschusses als Parteigremium für Kiehm geworben haben.

Es wurden dann noch zwei andere Kandidaten vorgeschlagen – der junge SPD-Innenpolitiker Horst Milde (damals Leer) und der Schaumburger Abgeordnete Herbert Saß. In der ersten Runde zeigte sich eine Dreiteilung der Fraktion: 26 Abgeordnete waren für Lehners, 22 für den von der Parteiführung und dem künftigen Ministerpräsidenten vorgeschlagenen Kiehm, 21 für Milde aus Ostfriesland und nur drei für den Schaumburger Saß. In der folgenden Stichwahl mussten sich dann viele aus dem Milde-Lager für Lehners ausgesprochen haben, denn der bisherige Innenminister erhielt 37 Stimmen, für Kiehm sprachen sich 35 aus. Zwei Teilnehmer und Akteure der damaligen Sitzung erinnern sich noch an die Umstände dieser denkwürdigen Sitzung: „Es war eigentlich alles ganz entspannt", berichtet Milde[224]. Er sei damals junger Vize-Fraktionschef gewesen, jemand, der sich sehr für die Verwaltungsreform interessierte und hier manche Vorschläge auch sehr kritisch beurteilte. Vor allem aber, sagt Milde, habe er damals öfters mal protestiert in der Fraktion, wenn der Parteivorstand – in Gestalt des hannoverschen Bezirksgeschäftsführers Hans Striefler – eine Vorgabe machen wollte. „Einmal habe ich Striefler in einer Sitzung deutlich widersprochen und erklärt, die Abgeordneten ließen sich keine Vorgaben der Partei gefallen. Das muss einigen der älteren Fraktionskollegen wohl gefallen haben", sagt Milde.

Auch Werner Evers, Bauunternehmer und Anführer der fraktionsinternen Lehners-Unterstützer, sieht rückblickend ein Motiv der Pro-Lehners-Stimmen unter den Abgeordneten in einer gewissen Distanz zu den Machtansprüchen des Parteivorstandes. Zwar stand an der Spitze des Bezirks jetzt Peter von Oertzen, ein Linker mit Anspruch auf einen offenen Führungsstil, aber Egon Frankes langjähriger Geschäftsführer und wohl auch Erfüllungsgehilfe Hans Striefler war ja noch im Amt – und er verkörperte die traditionelle Vorstellung einer SPD, deren Politik im Wesentlichen in der Geschäftsstelle entwickelt werden solle. Evers sagt, er sei einst gegen Striefler bei der Wahl der Mitglieder zum NDR-Rundfunkrat angetreten und habe „fast 70 Prozent bekommen". Darin habe sich Protest „gegen eine gewisse Bevormundung durch die Festangestellten an der Parteispitze" ausgedrückt[225]. Außerdem seien die Lehners-Unterstützer in der Fraktion eher aus Braunschweig oder Weser-Ems gekommen, „weniger aus dem

224 Gespräch mit Horst Milde am 21.09.2020
225 Gespräch mit Werner Evers am 26.09.2020

Raum Hannover", dem Wohn- und Wirkungsort des Politikers. Das habe ihn motiviert, in der Fraktionssitzung deutlich Partei für den von ihm geschätzten Lehners zu beziehen.

Die äußerst knappe Wahl des neuen Innenministers in der Fraktion mit nur zwei Stimmen Mehrheit war das eine bemerkenswerte Signal dieser Fraktionssitzung. Ein anderes bestand darin, dass das gesamte Personaltableau für die neue Landesregierung keine ungeteilte Unterstützung der 75 SPD-Abgeordneten hatte, wobei in der Sitzung ein Abgeordneter nicht abstimmte: Für Kubel, den Kandidaten für das Ministerpräsidentenamt, waren in der Fraktionssitzung nur 70 Genossen – einer stimmte mit Nein und drei enthielten sich. Auch Kurt Partzsch, der Sozialminister, kam nur auf 70 Ja-Stimmen, von Oertzen als neuer Kultusminister immerhin auf 71. Aber Helmut Greulich, neben Kasimier wenige Jahre später einer von denen, die von der SPD-Spitze als möglicher neuer Ministerpräsident in Erwägung gezogen wurden, erhielt bei der Nominierung zum Wirtschaftsminister 60 Ja-Stimmen, acht Gegenstimmen und sechs Enthaltungen[226] – also ein äußerst dürftiges Resultat. Die Geschlossenheit, die von der Parteiführung erhofft worden war und die sich immerhin später dann bei der Ministerpräsidentenwahl im Landtag auch bewies, gab es zumindest bei der Aufstellung der Kandidaten in der Fraktion nicht.

Die Prognose von Pennigsdorf in dieser Sitzung, eine Fortsetzung der Lehners-Amtszeit als Innenminister werde die SPD belasten, bewahrheitete sich. Vor allem der SPD-Nachwuchs machte in den Wochen danach mobil, so widmete das Mitteilungsblatt der Jusos in Hannover sein September-Heft 1970 diesem Thema und stellte unter dem Titel „Der lachende Dritte" Lehners an den Pranger. Auf der Titelseite war ein Bild des Ministers zu sehen, wie er gerade aus den Fluten aufsteigt und sagt „Na bitte, da bin ich wieder!"[227] Das blieb nicht die einzige Publikation in dieser Sache. Am 2. Oktober 1970 stellte der Unterbezirksvorstand der Jungsozialisten in Hannover-Stadt eine Broschüre zusammen, in der die Umstände der gescheiterten neuen Nominierung des Ministers im Wahlkreis, die parteiinternen Debatten über das neue Kabinett und die Abläufe in der entscheidenden Fraktionssitzung nachgezeichnet und bewertet wurden[228]. Im Vorwort hieß es, die Jusos wollten am konkreten Fall Lehners „exemplarisch die Prinzipien der demokratischen Meinungs- und Willensbildung aufzeigen". Sie

---

226 Die Ergebnisse hat Wolfgang Pennigsdorf in seinem Gedächtnisprotokoll der Fraktionssitzung festgehalten.
227 Mitteilungsblatt der Jusos Hannover-Stadt, Heft 17, September 1970
228 „Fall und Aufstieg des Genossen R.L." vom 02.10.1970

warfen die Frage auf, wie es sein könne, dass ein vom Landesausschuss der SPD, einem der höchsten Parteigremien, abgelehnter Ministerkandidat dann doch – durch Votum der Landtagsfraktion – für das Kabinett nominiert und schließlich zum Minister berufen werden kann. Sodann wurden auch noch einmal die Hinweise auf frühe Karrierepläne erwähnt. So hieß es in zeitgenössischen Veröffentlichungen, Lehners habe eigentlich schon 1969 die Nachfolge von Georg Diederichs als Ministerpräsident antreten wollen – mitten in der Wahlperiode. Damals seien Kubel und Partzsch seine internen Gegenspieler gewesen[229]. Hinweise in diese Richtung deutet auch ein Zitat von Helmut Greulich aus jener Zeit an: Lehners habe in seiner Art dem früheren Ministerpräsidenten Hinrich-Wilhelm Kopf geähnelt, und „der Richard sollte Ministerpräsident werden"[230]. In der Juso-Broschüre wurden dann auch verschiedene Vorwürfe gegen den damals seit drei Jahren amtierenden Innenminister Lehners zusammengestellt. So soll der Polizeieinsatz im Zusammenhang mit der „Rote-Punkt-Aktion" Mitte 1969 in Hannover nicht glücklich verlaufen sein, in Einzelfällen hätten Polizisten offenbar Info-Stände von Studenten abgerissen, wogegen der Minister nichts unternommen habe. In der Hauptversammlung des SPD-Ortsvereins Hannover sei ihm am 14. März 1970 zudem vorgehalten worden, eine von den Gewerkschaften geplante Gegendemonstration gegen eine NPD-Kundgebung unterbunden zu haben. Die Publikation der Jusos las sich wie eine Anklageschrift. Plötzlich musste sich Lehners, der 1967 noch als Kandidat gegen das Partei-Establishment reüssiert hatte, als der Polizeiminister rechtfertigen dafür, dass die Ordnungshüter beispielsweise in jenen aufgewühlten späten sechziger Jahren auch NPD-Demonstrationen zu schützen hatten. Er, der um Ausgleich bedachte, eher landesväterliche Politiker, vollzog in kurzer Zeit den Wandel vom „Junggardisten" zum Lieblingsfeind der Linken in der SPD. Die gegen Lehners gerichtete Broschüre der Jusos wurde gezielt gestreut – bis in höchste Kreise. Egon Kuhn schickte sie seinerzeit an den Ministerialdirektor im Bundeskanzleramt, Herbert Ehrenberg, der 1976 dann zum Bundesarbeitsminister aufstieg. Im Begleitschreiben hieß es: „Ich übersende Dir die delikate Broschüre über den Fall und Aufstieg des Genossen R.L. Ich möchte noch einmal betonen, dass

---

229 Hannoversche Allgemeine Zeitung: „Der Innenminister stolperte am Lindener Berg", 29.04.1970. Daniela Münkel schreibt, dass Lehners im Sommer 1968 neben Kurt Partzsch der Favorit für die Diederichs-Nachfolge gewesen sei (Daniela Münkel, a.a.O., Seite 717). Wolfgang Renzsch meint, 1967 habe Lehners die besten Chancen auf die Nominierung zum nächsten Ministerpräsidenten gehabt, nicht Kubel (Wolfgang Renzsch, a.a.O., Seite 127).

230 „Spiegel": 18.05.1970: Kann nicht wahr sein

diese Dokumentation jetzt schon vergriffen ist. Wir erwarten, dass nunmehr in unserem Bereich eine Diskussion darüber einsetzen wird. Freuen würden wir uns, wenn diese Diskussion auch im Bundeskanzleramt geführt würde."[231] Einer der Autoren der damaligen Broschüre war der junge Lehrer und Juso-Aktivist Horst Meister. Er berichtet 2020 im Abstand von 50 Jahren, das Ziel der Jusos sei damals nicht allein Lehners gewesen, sie hätten allgemein auch gegen jene auf- begehren wollen, die mit ihrer Abstimmung in der SPD-Landtagsfraktion dafür gesorgt hätten, dass der Innenminister im Amt bleiben konnte – beispielsweise gegen Ernst-Georg Hüper, der seinerzeit auch im Visier der linken Kräfte in der SPD Hannover gestanden habe. Meister hat auch noch vor Augen, wie Ende der sechziger Jahre manche Demonstration in Hannover verlaufen war, die sich etwa gegen die Auslieferung der „Bild"-Zeitung richtete und in der Lehners als Innen- minister an der Spitze der Polizeigewalt gestanden hatte, manchmal auch selbst vor Ort gewesen sei. „Einmal habe ich ihn aus der Ferne gesehen, und wir riefen dann gemeinsam: ‚Richard, Deine Genossen stehen hier!' Ganz plötzlich war er dann wieder verschwunden. Es war ihm offenbar selbst peinlich."[232]

Inwieweit die Lehners-Broschüre und die aufgewühlte Debatte in der han- noverschen SPD Kanzler Willy Brandt damals direkt erreicht hatten, ist nicht überliefert. Nur angedeutet wurde in der Broschüre ein Umstand, der dann in den SPD-Gremien in Hannover noch breiteren Raum einnehmen sollte. So schrieben die Juso-Autoren zur Rolle von Bruno Orzykowski, der Lehners als Wahlkreiskandidat gestürzt hatte: „Zusätzlich erfolgten Angriffe auf den Gen. Orzykowski wegen seiner früheren Mitgliedschaft in der FDJ und der KPD und deshalb verbüßter Freiheitsstrafen. Dabei sollte nachgewiesen werden, dass Orzykowski auch nach seinem Eintritt in die SPD noch illegale Arbeit für die KPD geleistet habe. Nur Gerüchte lassen vermuten, woher diese Diffamierungs- versuche kamen und auf welchem Material sie beruhten. Nach einer vom Gen. Orzykowski erwirkten einstweiligen Verfügung wurde es sehr schnell still um diese Sache."[233]

Tatsächlich hatte lediglich zwei Tage nach der für Lehners bitteren Niederlage bei der Aufstellung in seinem Wahlkreis eine Sitzung des SPD-Bezirksvorstandes stattgefunden, in der zunächst von Oertzen berichtete, er müsse „eine heikle Situation aufzeigen": Orzykowski sei 1964 SPD-Mitglied gewesen, habe aber

231 Brief von Egon Kuhn an Herbert Ehrenberg, 20.10.1970
232 Gespräch mit Horst Meister am 18.12.2020
233 „Fall und Aufstieg des Genossen R.L." vom 02.10.1970, Seite 6

„von 1964 bis 1966 noch die Parteizugehörigkeit zur KP gehabt"[234]. Wenn das zutreffe, so von Oertzen in dieser Sitzung weiter, sei das illegal, es müssten Nachforschungen angestellt werden. Daraufhin meldete sich Lehners und sagte, in der Wahlkreisversammlung habe er sein dienstliches Wissen nicht offenbaren können. Es gebe aber Beamte des Verfassungsschutzes, die Orzykowskis Arbeit in der illegalen KPD belegen könnten. Von Oertzen meldete sich noch einmal und erwähnte, die Hinweise von einem Journalisten gehört zu haben – und es sei „unerträglich", dass sein Geschäftsführer (gemeint war offenbar Striefler) ihn nicht vorher unterrichtet habe. Von Oertzen meinte, er hätte „sicher noch eine Möglichkeit gehabt, eine Kandidatur Orzykowskis zu unterbinden". Jedenfalls hätte er es versucht, wenn er denn rechtzeitig informiert worden wäre. Lehners meldete sich erneut und erklärte, er habe Striefler gebeten, den Vorsitzenden zu unterrichten. Striefler hingegen rechtfertigte sich, Lehners habe ihn gebeten, die Information „nicht nach außen zu tragen". Im Übrigen habe Hannovers OB August Holweg versichert, Orzykowski werde ja sowieso nicht gewählt, Lehners werde sich doch sicher erneut durchsetzen. Dann kam die Vorstandsrunde zu dem Ergebnis, zunächst mit dem Verfassungsschutz Kontakt aufzunehmen. Anschließend solle von Oertzen auf Orzykowski einwirken und ihn überzeugen, zu verzichten. Sollte dieser sich weigern, wolle man Fraktionschef Kasimier hinzuziehen. Außerdem beschloss der Bezirksvorstand, ein Schiedsverfahren einzuleiten, damit die Wahlkreiskonferenz wiederholt werden könne. Einen Ersatzkandidaten für den Fall, dass Orzykowski sich wie erhofft verhält, wurde in der Sitzung auch schon genannt – Vize-Fraktionschef Helmut Greulich, der wenige Monate später, nach den Wahlen, neuer Wirtschaftsminister werden sollte. Greulich war noch ohne Wahlkreis geblieben.

Wenige Wochen später, am 7. Mai 1970, traf sich der Bezirksvorstand erneut. Von Oertzen erklärte nun, die Unterlagen des Verfassungsschutzes zu Orzykowski seien „außerordentlich dürftig". Eine Doppelmitgliedschaft in der SPD und der illegalen KPD könne ihm nicht vorgehalten werden. Orzykowski sei vielmehr Sitzredakteur der KPD-Zeitung „Wahrheit" gewesen und man habe ihn nur dafür verurteilt. Seine Kritik an Striefler müsse er auch zurücknehmen, fügte von Oertzen hinzu. Die Sache mit der angeblichen Doppelmitgliedschaft sei „nicht so weit reif gewesen, dass man ihn hätte unterrichten sollen". Der Bezirksvorsitzende fügte am Ende dann noch eher beiläufig hinzu, Orzykowski sei schließlich auch nicht bereit gewesen, von seiner Nominierung zurückzutreten.[235]

234 Protokoll der Sitzung des SPD-Bezirksvorstandes Hannover vom 27.04.1970
235 Protokoll der Sitzung des SPD-Bezirksvorstandes vom 07.05.1970

Die Debatte im Bezirksvorstand unter dem neuen Vorsitzenden Peter von Oertzen zeigte einmal mehr, welche Konflikte in diesem Gremium – wenige Wochen nach dem Sturz Frankes – noch bestanden. Von Oertzen fühlte sich nicht ausreichend informiert von seinem Geschäftsführer Striefler, der vorher schon intensiv über den Fall mit Lehners gesprochen haben musste. Der Oertzen-Biograph Philipp Kufferath kam zu dem Ergebnis, der Vorgang zeige einen Mentalitätswandel an, da die Vorwürfe gegen Orzykowski „konstruiert" gewesen seien. Von Oertzen habe diese dann sorgfältig geprüft und sich „hinter den gewählten Kandidaten" gestellt[236]. Diese Hypothese scheint allerdings gewagt zu sein. Denn entscheidend für die Frage, ob eine Wiederholung der parteiintern höchst umstrittenen Wahlkreisaufstellung möglich war, dürfte wohl eher die Tatsache gewesen sein, dass Orzykowski in dem Gespräch mit von Oertzen keinerlei Anstalten machte, seinen Platz zu räumen. Für die Vermutung aber, im Grunde sei Orzykowski als Linker in der SPD ein Wunschkandidat von Oertzens gewesen, spricht ausgesprochen wenig. Wolfgang Jüttner berichtet, von Oertzen sei ein „Antistalinist" gewesen und habe Orzykowskis Auftreten ausgesprochen skeptisch begleitet[237]. Egon Kuhn, der Strippenzieher für die von ihm selbst „Ministerkiller" getauften Abgeordneten Pennigsdorf und Orzykowski, pflegte auch ein distanziertes Verhältnis zu von Oertzen: „Mit ihm verstand ich mich nicht gut. Er war stets sowohl dafür als auch dagegen. Wenn es um die Substanz ging, hat er gekniffen."[238]

Insofern kann wohl von verschiedenen Machtzentren und Triebfedern gesprochen werden, die den Generationswechsel und Umbruch in der niedersächsischen SPD der frühen siebziger Jahre prägten. Da gab es den Kreis um Peter von Oertzen, der die Strukturen des alten Franke-Lagers aufbrach und gleichzeitig, dem Kurs von Helmut Kasimier entsprechend, auf Ausgleich angelegt sein und die Konflikte begrenzen musste. Von Oertzen ging, was Reformen anging, ausgesprochen behutsam vor. Dann agierten die selbstbewussten Jungsozialisten, die gemeinsam mit den Linken ihre Strategien ausheckten – und mit Egon Kuhn im Freizeitheim in Linden eine organisatorische Schaltzentrale nutzen konnten. Was die Personalentscheidungen in der Landtagsfraktion anging, war sicher der Konflikt zwischen Partei und Fraktion das Ausschlaggebende. Konservative, ländliche und jüngere Abgeordnete (wie Horst Milde) begehrten auf gegen alte Parteistrategen wie Striefler, der es schon

---

236 Philipp Kufferath, a.a.O., Seiten 383/384
237 Gespräch mit Wolfgang Jüttner am 11.05.2018
238 Gespräch mit Egon Kuhn am 20.04.2018

unter Franke gewohnt war, Vorgaben zu machen – und der nun als verlängerter Arm einer auf links gedrehten Parteiführung agieren musste. All diese Vorgänge verdichteten sich Anfang der siebziger Jahre zu einer konfliktbeladenen
Stimmung in der SPD, die jeden Akteur in der vordersten Reihe zur Umsicht
und Vorsicht veranlassen musste: Keiner konnte sicher davor sein, ob er nicht
das nächste Opfer einer aufgeheizten Debatte werden würde. Dann war da noch
der Kreis um Lehners, der in einem Moment des Zögerns von Kasimier seine
Chance auf ein Comeback nutzte und sich auch durchsetzte. In der Reservepo-
sition blieb auch Greulich, der neue Wirtschaftsminister, der neben Kasimier zu
den kommenden Leuten für höheren Aufgaben zählte. Die SPD, sonst immer
vorbildlich in der Geschlossenheit hinter der Führung, driftete auf einmal auseinander. Die Ereignisse in diesen Wochen und Monaten mögen schon Vorboten
gewesen sein für das, was sich dann ein paar Jahre später rund um die dann
zu regelnde Nachfolger von Alfred Kubel zeigte. Rolf Wernstedt erinnert sich,
dass nicht etwa das strategische Wirken von Egon Kuhn, dem er rückblickend
„obskuren theoretischen Dilettantismus" bescheinigt, ein einigendes Band der
Linken in der SPD gewesen sei. Es sei vielmehr „der Zorn gegenüber dem autoritären Gehabe" führender Genossen gewesen, so vor allem Egon Franke und
August Holweg.[239]

4.4. Hatte die Stasi Einfluss genommen auf die Abläufe?

Eine wichtige Frage ist, welche Motive die SPD-Linken in Hannover-Linden
für ihre gegen das Establishment der niedersächsischen SPD gerichteten Aktionen getrieben haben mögen. Steckte eine Einflussnahme von außen dahinter?
Das Interesse an den damaligen Aktivitäten der beiden linksgerichteten SPD-
Abgeordneten Orzykowski und Pennigsdorf flammte nach 2017 noch einmal
auf, als im Landtag die Enquetekommission zum Thema „Verrat an der Freiheit –
Machenschaften der Stasi in Niedersachsen" ihren Abschlussbericht vorlegte.
Darin wurde dargestellt, dass der Geheimdienst der DDR in vielen Jahrzehnten
immer wieder versuchte, Politiker auszuforschen oder in deren Umfeld auf ihr
Agieren Einfluss zu nehmen. Mitarbeiter wurden in einem Vorstand der SPD
Hannover angesetzt, waren aktiv als Fahrer von CDU-Politikern oder agierten
an Stellen, an denen sie in Kontakt mit vielen Politikern treten konnten. Auch
ein ehemaliger FDP-Landesvorsitzender in den fünfziger Jahren war offenbar
ein Stasi-Zuträger gewesen, hieß es. Die Enquetekommission ließ sich auch ein

---

239 Gespräch mit Rolf Wernstedt am 18.12.2020

Gutachten vorlegen, das 2013 von einem Mitarbeiter des Bundesbeauftragten für die Stasi-Unterlagen geschrieben wurde. Der Autor Georg Herbstritt erläuterte, dass die Stasi im Landtagswahlkampf 1974 konkrete Schritte zur Unterstützung zweier SPD-Abgeordneter unternahm. Worin genau diese Unterstützung bestanden habe, ergab sich aus dem vagen Hinweis nicht. Da viele Unterlagen der DDR-Auslandsaufklärung nach 1989 vernichtet worden waren, hatte der Forscher auch keine weiteren Hinweise in den noch vorhandenen Akten gefunden[240]. In weiteren Recherchen hatte das Politikjournal Rundblick dann 2018 herausgefunden, dass es sich bei den beiden Abgeordneten um Pennigsdorf und Orzykowski handelte. Im Gutachten von Herbstritt wurde erläutert, dass der Kieler Rechtswissenschaftler und Hochschullehrer Prof. Wolfgang Seiffert, der in seiner Jugend Kommunist im Westdeutschland war, in die DDR geflohen war und von dort 1978 wieder in die Bundesrepublik übersiedelte, von der Stasi als Mitarbeiter geführt und auf westdeutsche SPD-Politiker wie Herta Däubler-Gmelin angesetzt worden war[241]. Über Seiffert hieß es dort, dass er viele Auslandsreisen unternahm und die Stasi spätestens 1977 begonnen habe, ihn „wegen seiner eigenwilligen Ansichten und Verhaltensweisen von einer anderen MfS-Abteilung überprüfen" zu lassen. Spätestens ab 1978 sei er nicht mehr für die Stasi aktiv gewesen. Herta Däubler-Gmelin teilte 2018 mit, zu Seiffert nur wenig beitragen zu können[242], er sei an der Uni Kiel als Professor tätig und SPD-Mitglied gewesen, mehr wisse sie nicht über ihn. Der frühere Bundesjustizminister Edzard Schmidt-Jortzig, der ein Berufskollege in Kiel von ihm war, erklärte, er habe zu der „schillernden Gestalt" Seiffert „immer einen gewissen Abstand" gehalten[243].

In dem von Herbstritt erwähnten Vermerk hieß es, Seiffert habe konkrete Kenntnisse „über die von ihm im Auftrag der HV A durchgeführten Maßnahmen der Unterstützung der Mitglieder des Landtags Niedersachsen, Orzykowski und Pennigsdorf, im Wahlkampf 1974" gehabt.[244] Das ist wohl so zu verstehen, dass Seiffert selbst die Hilfe für den Wahlkampf der beiden Abgeordneten, die sich 1974 beide um die Wiederwahl bemühten (dabei Orzykowski in einem neuen Wahlkreis, dem bisherigen von Kurt Partzsch), vollzogen haben muss. Worum

240 „Die Stasi half im Landtagswahlkampf 1974 auch zwei SPD-Abgeordneten": Politikjournal Rundblick, 31.05.2017
241 Gutachten: „Der Deutsche Bundestag 1949 bis 1989 in den Akten des Ministeriums für Staatssicherheit (MfS) der DDR", Berlin 2013, Seiten 184/185
242 Mail von Herta Däubler-Gmelin vom 20.03.2018
243 Mail von Edzard Schmidt-Jortzig vom 20.03.2018
244 BStU GH 65/88 Band 3, Blatt 292

genau kann es sich dabei gehandelt haben? Herbstritt hatte erwähnt, dass die Stasi den beiden SPD-Politikern auch ohne deren Wissen eine Unterstützung gegeben haben könnte – womöglich auch verknüpft mit der Absicht, diesen Schritt ihnen gegenüber später zu offenbaren und sie so erpressbar zu machen[245]. Berücksichtigt werden muss wohl auch, dass just zwei Jahre vorher, 1972, das konstruktive Misstrauensvotum gegen Bundeskanzler Willy Brandt scheiterte, weil vermutlich zwei Unionsabgeordnete nicht für ihren eigenen Kandidaten Rainer Barzel stimmten. Es gibt starke Hinweise, dass die Stasi zwei Abgeordnete bestochen hatte[246]. Wenn es also das Ziel der Stasi 1972 war, ein Scheitern der sozialliberalen Regierung unter Willy Brandt zu verhindern, hat dann womöglich mit einem Agieren der Stasi zwei Jahre später im niedersächsischen Landtagswahlkampf auch ein größeres politisches Ziel der DDR-Führung in Verbindung gestanden? Oder war es der Versuch, zwei ausgewiesene Linke in der SPD in ihrem SPD-internen Machtkampf zu fördern? Gab es Querverbindungen zu Egon Kuhn, der später auch freimütig erklärte, der DKP-Bundesvorsitzende Herbert Mies sei für ihn ein geschätzter Gesprächspartner und „fähiger Bündnispartner" gewesen?[247] Die DKP war damals der von der SED finanzierte politische Arm der Kommunisten der Bundesrepublik. Stand die Aktivität der Stasi womöglich gar in irgendeiner Verbindung zu den Ereignissen, die dann 1976 zur Wahl von Ernst Albrecht anstelle von Helmut Kasimier führten?

Orzykowski ist 2013 gestorben, Hinweise auf Hinterlassenschaften, die solche Verbindungen aufhellen könnten, sind nicht bekannt. Wolfgang Pennigsdorf erklärt, sein Freund Orzykowski habe ihm 1974 Seiffert vorgestellt, Orzykowski und Seiffert (Jahrgang 1923 und 1926) hätten sich offenbar von früher aus der FDJ-Arbeit gekannt, beide waren in der Bundesrepublik zu Haftstrafen verurteilt worden. Im Jahr 1974 habe er, Pennigsdorf, sich zweimal auf Bitten von Seiffert mit ihm getroffen – im Februar, also vor der Landtagswahl, und am 26. August 1974. Für Seiffert sei Pennigsdorf nicht als Politiker, sondern als Anwalt und Arbeitsrechtler interessant gewesen, das Gespräch habe sich um Rechtsfragen gedreht – es sei offenbar auch um den wissenschaftlichen Austausch zwischen Bundesrepublik und DDR[248] gegangen. Von Unterstützungsmaßnahmen der Stasi in seinem Wahlkampf oder dem von Orzykowski wisse er nichts, betont

245 So eine Mutmaßung im Politikjournal Rundblick, 09.10.2017
246 Vgl. Andreas Grau: Auf der Suche nach den fehlenden Stimmen 1972, in: Historisch-politische Mitteilungen, Heft 16/2009
247 Gespräch mit Egon Kuhn am 20.04.2018
248 Gespräch mit Wolfgang Pennigsdorf am 22.03.2018

Pennigsdorf. Es habe nach den beiden Treffen mit Seiffert in den Folgejahren keinen weiteren Kontakt gegeben.

Wenn von „Unterstützungsmaßnahmen im Wahlkampf 1974" die Rede ist und dabei die engen Kontakte der beiden genannten Abgeordneten zur SPD in Linden-Limmer berücksichtigt werden müssen, lohnt sich ein Blick in die Überlegungen und Pläne, die damals im Ortsverein Linden-Limmer angestellt wurden. Bemerkenswert ist hier das Manuskript eines Referates, das Egon Kuhn in einer Funktionärssitzung des Ortsvereins am 27. Juni 1974 gehalten hatte, also wenige Wochen nach der Landtagswahl Anfang Juni. Darin beschrieb Kuhn das Konzept eines „eigenständigen Wahlkampfs" seines Ortsvereins, der sich also in die Strategie der Landespartei nicht eingegliedert habe. Dies bedeute „wesentlich mehr geistigen, programmatischen, zeitlichen und finanziellen Aufwand als ein herkömmlicher Wahlkampf". Eine „Doppelstrategie" sei nötig gewesen. Erstens habe „eine Politisierung, das heißt eine Herausbildung eines antikapitalistischen Bewusstseins" der Bevölkerung erreicht werden sollen. Die Leute sollten am Arbeitsplatz und Wohnort mobilisiert werden „für gesellschaftsverändernde, das kann für uns nur heißen: für systemüberwindende Reformen". Zweitens bedeute das, in der SPD deshalb mitzuarbeiten, „weil wir eine inhaltliche und personelle Absicherung brauchen, eine Umsetzung der Impulse, die durch die Bevölkerungsmobilisierung erreicht worden sind".[249] Für Kuhn war, wie er weiter ausführte, auch das Verhältnis zur SPD von einem „Doppelcharakter" geprägt: „Die Partei sagt uns in vielen programmatischen und parlamentarischen Aussagen, in vielen ihrer führenden Personen in keiner Weise zu. Deswegen ist der Hauptansatz unserer Arbeit, die Politik dieser Partei zu verändern und zugleich die Personen, die diese Politik zu vertreten, abzulösen." Das Arbeiten für die Veränderung der SPD bedeute jedoch gleichzeitig ihre Stärkung: „Deswegen ist es in höchstem Maße irreführend zu sagen, unser Ziel sei ,die Zerstörung' oder ,die Zerschlagung' der Partei – die Veränderung, auch eine grundlegende Veränderung der Partei ist genau das Gegenteil davon, nämlich eine Stärkung der Partei."

Ob sich von dieser Positionierung ein Bogen spannen lässt zu der angesprochenen Stasi-Unterstützung für den Landtagswahlkampf 1974, bleibt vorerst wohl im Reich der Spekulation, solange keine neuen Dokumente dazu auftauchen. Wie der Stasi-Forscher und frühere Leiter der Gedenkstätte

249 „Einführung in die Diskussion über den Wahlkampf 1974": Referat von Egon Kuhn, gehalten in der Funktionsträgersitzung des SPD-Ortsvereins Linden-Limmer am 27.06.1974

Hohenschönhausen, Hubertus Knabe, auf Anfrage erklärte, waren die Stasi-Aktivitäten mit Blick auf westdeutsche Bundes- und Landtagsabgeordnete sehr vielfältig: „Ziel und Form der Instrumentalisierung waren dabei unterschiedlich und reichten von der Abschöpfung (Kontaktperson) über die gezielte Informationsbeschaffung (IM) bis zur politischen Einflussnahme (Einflussagent) – jeweils teilweise mit und teilweise ohne Bezahlung."[250]

Auffällig ist immerhin, wie stark hier in einem anti-kapitalistischen, systemfeindlichen Duktus über die Strategie des Landtagswahlkampfes 1974 gesprochen wurde. In den Referat von Kuhn kam außerdem sehr deutlich eine besondere Zielrichtung der Politik zum Ausdruck – es gehe darum, die bisherigen Repräsentanten der SPD abzulösen. Wen er genau meinte, ob neben Lehners und Partzsch noch weitere im Visier waren, etwa Kubel oder Kasimier, blieb seinerzeit unerwähnt. Allerdings geschah diese im Juni 1974 getroffene Aussage im Vorfeld von weiteren personellen Veränderungen in der niedersächsischen Sozialdemokratie, die dann noch kommen sollten.

---

250 Mitteilung von Hubertus Knabe vom 08.10.2020

5. Die Lage spitzt sich zu vor der Ministerpräsidentenwahl 1976

5.1. Die Vorbereitungen auf die Landtagswahl 1974

Die SPD hatte ihren Wahlkampf vor der Landtagswahl 1974 ganz auf ihren Spitzenkandidaten zugeschnitten, den Ministerpräsidenten Alfred Kubel. Seine Erfahrung, seine Kompetenz und seine hohe Integrität sollten in den Vordergrund gestellt werden. Dass Kubel selbst zu diesem Zeitpunkt, im Frühjahr 1974 rund um seinen 65. Geburtstag, längst zum Abschied aus der Politik entschlossen war, sollte im Wahlkampf überdeckt werden, schreibt sein Biograph Wolfgang Renzsch. So habe der SPD-Landesausschuss Ende Juni 1973 demonstrativ beschlossen, Kubel als Bewerber für den Spitzenposten „ohne Zeitbegrenzung für vier Jahre" zu nominieren[251]. Der Wahlslogan hieß dann entsprechend: „Vertrauen für Alfred Kubel". Klaus Wettig, der seinerzeit ein enger Mitarbeiter Peter von Oertzens war, beschrieb diese Konzeption später als eine Reaktion auf bundesweit zunehmende Schwierigkeiten in der Strategie der Sozialdemokraten. Eine „Vertrauenskrise der SPD im Bund" konstatierte er, verstärkt durch die Erdöl-Krise im Winter 1973, wirtschaftliche Probleme etwa bei Volkswagen und die Verluste der SPD bei den Hamburger Bürgerschaftswahlen. Dem habe die SPD etwas entgegensetzen wollen und habe Kubel als jemanden herausgestellt, der „mit fester Hand" regieren könne. Trotzig wurde vor das Parteikürzel ein Zusatz gesetzt, es lautete auf den Plakaten dann „Weiter SPD". Kanzler Willy Brandt habe sich persönlich stark in den Wahlkampf eingeschaltet – bis die Guillaume-Affäre ihn am 6. Mai 1974 zum Rücktritt zwang. Das war gut einen Monat vor der niedersächsischen Landtagswahl. Wettig beschrieb, dass die SPD ihre gesamte Anzeigenwerbung auf den neuen Kanzler umstellte und die landespolitische Stoßrichtung mit ihrer Fixierung auf Kubel schlagartig in den Hintergrund getreten war.[252]

Ein knappes Jahr vor der Landtagswahl, im Frühjahr 1973, hatte die SPD schon ihre ersten internen Strategiepapiere für den bevorstehenden Wahlkampf im kleinen Kreis besprochen. Das geht aus dem Nachlass des damaligen

---

251 Wolfgang Renzsch: Alfred Kubel. 30 Jahre Politik für Niedersachsen, Bonn 1985, Seite 209

252 Klaus Wettig: Die niedersächsische Landtagswahl vom 9. Juni 1974, in: Zeitschrift für Parlamentsfragen 6/1975, Seite 406

SPD-Bezirksvorsitzenden Peter von Oertzen hervor. Auffällig war die Skepsis, mit der Vordenker der SPD wie Wettig oder auch der spätere Kultusminister Ernst-Gottfried Mahrenholz die Lage analysierten. So wird über „ungeklärte Schwierigkeiten der Wahlkampfstrategie" gesprochen, über ein „FDP-Problem" und „die schwankende Haltung der SPD zur Koalitionsfrage"[253]. In verschiedenen Papieren und Antwort-Papieren tauschten sich die Sozialdemokraten über die Wahrscheinlichkeit aus, in der die FDP analog zur Bundesebene für ein Bündnis mit der SPD nach der Landtagswahl plädieren werde. Ausgesprochen kritisch wurde zu diesem Zeitpunkt, Anfang 1973, auch das Erscheinungsbild der Mitglieder der damaligen SPD-Alleinregierung auf: Der Bekanntheitsgrad der Minister sei nicht sehr hoch, es gebe ein „Versäumnis einer gezielten Öffentlichkeitsarbeit" und die Werte bedürften „einer Verbesserung". „Insbesondere von Alfred Kubel", wurde hinzugefügt – und an anderer Stelle wurde angedeutet, auch die ungeklärte Nachfolgefrage des Ministerpräsidenten könne ein strategisches Problem sein. Aus dieser Gemengelage folgte dann die Wahlkampflinie der Sozialdemokraten, die Kampagne ganz auf Kubel zuzuschneiden und ihn betont staatstragend erscheinen zu lassen.

Bei der CDU fiel der deutlich aggressive Ton auf, ausgedrückt etwa im Slogan „Jetzt CDU – die Alternative zu den Funktionären".[254] Auffällig war, dass die Partei vor allem die Schulpolitik der SPD anprangerte. Eine Aussage des CDU-Spitzenkandidaten Wilfried Hasselmann lautete, dass die Kinder „nicht als Versuchskaninchen für pädagogische Experimente missbraucht" werden dürften[255]. Allerdings war diese Zuspitzung offenbar keine durchweg getragene Strategie, denn die offizielle Wahlwerbung beinhaltete zwar auch eine klare Abgrenzung. So hieß es dort: „Die meisten Eltern wollen immer noch, dass ihre Kinder auf der Schule das lernen, was sie zum Leben brauchen. Viele Schulreformer kümmern sich nicht darum. Sie haben die Schule zu ihrem Experimentierfeld gemacht und ihre Versuchskaninchen sind unsere Kinder."[256] Bemerkenswert war aber, dass diese doch recht angriffslustige Botschaft in der offiziellen Wahlbroschüre im Kleingedruckten verschwand, dass im Vordergrund vielmehr sehr groß ein Viererteam präsentiert wurde – der Ministerpräsidentenkandidat Wilfried Hasselmann, umrahmt von seinen Ministerkandidaten Werner

253 Aus dem Nachlass von Peter von Oertzen, in: TIB/Universitätsarchiv Hannover, Az. 2009/09, Karton 36/2
254 Klaus Wettig, a.a.O., Seite 410
255 „Spiegel" vom 03.06.1974: Marx in der Mogelpackung?
256 Wahlkampfprospekt der CDU für die Landtagswahl 1974 – „CDU setzt neue Zeichen für Niedersachsen"

Remmers (Bildung), Hermann Schnipkoweit (Soziales) und Ernst Albrecht (Wirtschaft). Die Broschüre stellte diese vier Leute in den Mittelpunkt – und war ganz als Positiv-Werbung ausgerichtet, nicht im Stil der harten Attacke auf die Sozialdemokraten, sondern vom Bemühen geprägt, die CDU-Kandidaten menschlich erscheinen zu lassen. Der damalige Landesvorsitzende der Jungen Union, Klaus-Michael Machens, war an der Erstellung dieser Materialien beteiligt. Er denkt noch zurück daran, wie schwierig es damals gewesen sei, den Wirtschaftsminister-Kandidaten Albrecht zu einem betont lockeren, volksnahen Erscheinungsbild auf den Wahlkampffotos zu bewegen.[257]

Dieses Konzept einer Positiv-Werbung entsprang einer internen Analyse, die CDU-Generalsekretär Dieter Haaßengier am 14. September 1973, also ein dreiviertel Jahr vor dem Wahltermin, ausgearbeitet hatte.[258] Darin hatte er ernüchternd festgestellt, dass in Niedersachsen ein landespolitisches Bewusstsein für die CDU nicht sehr stark ausgeprägt sei. Gerade in der Schulpolitik sei die CDU bei der Landtagswahl 1970 „nicht in der Lage gewesen, gegenüber der Person von Prof. Peter von Oertzen eine personelle Alternative zu stellen". Ausdrücklich warnte Haaßengier seine Partei davor, von Oertzen „als sozialistischen Buhmann aufzubauen", denn die Niedersachsen-SPD habe trotz der unbestritten linken Prägung des Kultusministers im Bewusstsein der Bevölkerung den Ruf, ein eher konservativer SPD-Landesverband zu sein. Haaßengier schrieb außerdem, die sozialdemokratischen Minister von Oertzen, Lehners und Klaus-Peter Bruns seien „im Land fast durchweg bekannter als die Mannschaft der CDU", von Hasselmann, dem Oppositionsführer, einmal abgesehen. Von Oertzen entfalle also als Negativfigur – und Kubel werde trotz der Bezeichnung „Landesschulmeister" keine Zielscheibe für Angriffe der CDU sein können, weil viele Menschen diese Charakterisierung des strengen, etwas unnahbaren Ministerpräsidenten durchaus positiv einschätzten. Haaßengier riet, die Wahlauseinandersetzung stark auf die einzelnen Wahlkreise und die dortigen regionalen Themen zuzuschneiden, auf kommunaler Ebene solle der Kontakt zur FDP verbessert werden – damit die Liberalen womöglich dazu bewegt werden könnten, sich nicht auf eine Koalitionsaussage zugunsten der SPD festzulegen. Wenn die FDP sich aber doch dahin bewege, dann solle das aus strategischer Sicht der CDU am besten möglichst früh geschehen. Nur so nämlich habe die CDU die Möglichkeit, die FDP „als unfrei und Anhängsel der SPD" zu bezeichnen.

---

257 Gespräch mit Klaus-Michael Machens am 23.11.2020
258 Konzept von Dieter Haaßengier vom 14.09.1973, in ACDP 01-473-071/2

Nun mag der Team-Gedanke, mit dem die CDU in den Landtagswahlkampf zog, ein Ausfluss dieser Beschreibung Haaßengiers gewesen sein, nämlich des Hinweises, dass die Popularität der führenden CDU-Landespolitiker sehr begrenzt ist – und man mit der „Vierer-Mannschaft" nachhelfen und das personelle Angebot verbreitern müsse. Sie war vielleicht aber auch ein erstes Signal für Hasselmanns Abschied auf Raten von der Spitzenposition. Albrecht, der erst vier Jahre zuvor in die Landespolitik eingestiegen war, stand auf den Wahlkampfbildern direkt neben Hasselmann. Werner Remmers, der als Rivale für Albrecht gelten konnte, war selbstverständlich auch zugegen, er symbolisierte die katholischen Emsländer. Hermann Schnipkoweit aus Hildesheim war das soziale Gewissen der CDU, aber ein Mann, der nie ganz nach oben gestrebt hätte. Interessant war das Fehlen von Gerhard Glup, des Vertreters der in der CDU ebenfalls starken Oldenburger. Im Nachlass des SPD-Bezirksvorsitzenden Peter von Oertzen findet sich noch ein Papier von 1973, in dem die führenden Politiker der CDU in ihrem Bekanntheitsgrad und ihrer Wirkung eingeschätzt werden. Dabei wurde Hasselmann zugeschrieben, sein Name sei 56 Prozent der Befragten ein Begriff. Bei Ernst Albrecht jedoch, der wenige Jahre später aufsteigen sollte, wurden lediglich acht Prozent gemessen. Folgende Attribute wurden Albrecht zugeschrieben: „wenig beständig, wenig bewährt, aber aktiv und leistungsfähig".[259] Bei der SPD war man 1973 darauf eingestellt, von der CDU und ihrem Spitzenteam eine unsachliche und dramatisierende Kampagne erwarten zu müssen.

Was konnte nun aber dahinter stecken, dass die CDU in diesem Landtagswahlkampf zwar auf scharfe Attacken nicht verzichtete, diese aber nicht in den Mittelpunkt ihrer Kampagne stellte, sondern eher verdeckt vorkommen ließ? Ein Hinweis mag in einem Brief zum Ausdruck gekommen sein, den der damals noch frisch im Amt befindliche CDU-Bundesvorsitzende Helmut Kohl im September 1974, also nur wenige Monate nach der Landtagswahl, an CDU-Funktionsträger schickte, so auch den damaligen CDU-Fraktionsreferenten Georg-Berndt Oschatz. Ausführlich beschäftigte sich Kohl darin mit der Frage, wie mit der FDP umzugehen sei. Er betonte mit Blick auf die Bundestagswahl 1976 und die sozialliberale Koalition in Bonn: „Wir werden uns niemandem, auch nicht bei der FDP, anbiedern. Die FDP wird spätestens bei der Behandlung von Mitbestimmung und Bodenrecht Farbe bekennen müssen, welchen Kurs sie steuert. Die Koalitionsfrage für 1976 wird daher schon im Frühjahr 1975 zur

---

259 Aus dem Nachlass von Peter von Oertzen, in: TIB/Universitätsarchiv Hannover, Az. 2008/09, Karton 36/2

Debatte stehen."[260] Mit 1976 meinte Kohl die Bundestagswahl, in der er dann erstmals Kanzlerkandidat der Union sein würde.

Der Brief von Kohl enthielt zwar die Botschaft, dass sich die CDU der FDP nicht anbiedern solle, implizit wurde damit jedoch eine strategische Ausrichtung erkennbar; also, wenn man so will, ein Appell an die eigenen Parteifreunde, sich irgendwann auf eine Zusammenarbeit mit den Freien Demokraten einzustellen – um des Machterwerbs Willen. Man konnte das als „Öffnung nach links" begreifen, zumal in jener Zeit die linksliberalen, bislang eher der SPD zugeneigten Kräfte in der FDP, repräsentiert durch Walter Scheel, Hans-Dietrich Genscher und Wolfgang Mischnick, das Sagen hatten. Ob das auch die prägende Strategie der Niedersachsen-CDU schon im Landtagswahlkampf 1974 war, muss jedoch in Zweifel gezogen werden – denn es gibt Belege, die in eine andere Richtung weisen.

In der Niedersachsen-CDU gab es schon Jahre vor dem Wahljahr 1974 die Position, dass neue Vereinigungen und Kräfte, die sich am Rand der CDU bildeten (vornehmlich wohl am rechten Rand), aufgesogen und als lästige Konkurrenten unschädlich gemacht werden sollten – am besten über eine Umarmungsstrategie. Am 11. Februar 1974 schrieb Hasselmann in seiner Eigenschaft als Vorsitzender der CDU-Landtagsfraktion an den bayerischen Unternehmer und früheren FDP-Politiker Dietrich Bahner, der inzwischen zusammen mit anderen rechtsliberalen Kräften die „Deutsche Union" gegründet hatte. Mit Hinweis auf die niedersächsische Landtagswahl am 9. Juni 1974 führte der CDU-Vorsitzende aus: „Um die Mehrheit erringen zu können, sind wir auf alle verfügbaren Kräfte angewiesen. Aus diesem Grunde ist uns sehr daran gelegen, dass die DU in unserem Lande nicht mit eigenen Kandidaten auftritt. Das würde eine Schwächung unserer Position bedeuten, die DU hätte aber keine Aussicht, in den Landtag zu kommen."[261] Wie Hasselmann weiter erläuterte, habe sich der DU-Landesvorsitzende zwar noch nicht gemeldet und gewünscht, über die CDU in den Landtag zu kommen. Er würde das auch nicht für sinnvoll halten. Aber Hasselmann bot schon einmal vorsorglich an, bei einer Auflösung des Vertriebenenministeriums solle der Bereich in der Staatskanzlei angesiedelt werden. „Daraus könnte sich die Notwendigkeit eines Landesbeauftragten für Vertriebene ergeben." Wie Bahner auf dieses versteckte Angebot an den

260 Brief von Helmut Kohl an Georg-Berndt Oschatz vom September 1974, in: ACDP 03-007-195/1
261 Brief von Wilfried Hasselmann an Dietrich Bahner vom 11.02.1974, ACDP 01-473-088/2

niedersächsischen Landesvorsitzenden seiner DU reagiert hatte, diesen als Gegenleistung für eine Nicht-Kandidatur in der Staatskanzlei unterzubringen, geht aus den Akten nicht hervor. Die DU trat zu der Wahl nicht an. Der Aufbau der DU auch in Niedersachsen hatte schon drei Jahre zuvor zu internen Debatten in der Union geführt. Der CDU-Generalsekretär Dieter Haaßengier war bereits im Juni 1971 in Bayern unterwegs gewesen mit dem Ziel, einen Kontakt zu Bahner zu knüpfen[262]. Gegen die Gründung einer DU, die womöglich auch noch von der CDU unterstützt wird, wandte sich zur gleichen Zeit der JU-Landesvorsitzende Bernd Huck in einem Schreiben an den Vorsitzenden der CDU-Landesgruppe Niedersachsen im Bundestag, den ehemaligen Bundeswirtschaftsminister Kurt Schmücker aus Löningen.[263]

Grundlegend für die Strategie, die sich auch im Wahlkampf 1974 bemerkbar machte, dürfte eine richtungsweisende Rede des CDU-Vorsitzenden Hasselmann auf dem Landesparteitag im April 1970 in Hannover gewesen sein – gehalten zu einer Zeit, da die vorgezogene Landtagswahl von 1970 noch zwei Monate entfernt war. Seinerzeit spielte die NPD im Landtag noch eine Rolle, und Hasselmann sagte: „Wir werden uns bemühen, auch noch das Vertrauen der einstigen FDP-Wähler zu gewinnen, die sich bisher für uns noch nicht entscheiden konnten. Sie wissen inzwischen, genau wie die Wähler der auseinanderbrechenden NPD, dass in Niedersachsen die Stunde der Sammlung gekommen ist, einer Sammlung all der Kräfte, die eben nicht zur SPD gehören und die die SPD nicht wählen wollen."[264] Ist dieses 1970 vertretene Konzept der „Sammlung", das auch eine weite Öffnung nach rechts beinhalten konnte und davon absah, als Basis für eine Unterstützung eine Übereinstimmung in den politischen Grundsatzfragen vorauszusetzen, auch noch im Wahlkampf 1974 angewandt worden? Es gibt immerhin einige Hinweise, die in diese Richtung gehen.

Aufschlussreich ist in diesem Zusammenhang ein Briefwechsel zwischen dem Vorsitzenden der „Niedersächsischen Wählergemeinschaft" (NWG), dem früheren Landwirtschaftsrat Heinrich Stulle, und dem CDU-Landesvorsitzenden Hasselmann zwischen Januar und April 1974. Stulle sprach für die NWG, die sich in der Tradition der alten DP wähnte, und plädierte im Januar für eine „Konzentration aller bürgerlichen Wähler auf die CDU", wobei er „bürgerlich" nicht weiter definierte. Für sich selbst schlug Stulle vor, dass er als Kopf der NWG

---

262 Vermerk von Haaßengier vom 04.06.1971, ACDP 01-473-081/2
263 Brief von Bernd Huck an Kurt Schmücker vom 12.06.1971, ACDP 01-473-081/2
264 Rede von Wilfried Hasselmann beim CDU-Landesparteitag am 17./18.04.1970, ACDP 01-473-063/2

einen Landeslistenplatz bis Nummer zehn der CDU erhält und dann nach der Wahl auf sein Mandat verzichten könne. Hasselmann antwortete Mitte Februar auf dem Briefkopf des CDU-Fraktionschefs im Landtag und meinte, dass „der Vorstand nicht der Meinung" sei, „dass eine Absicherung von Mitgliedern noch bestehender Wählergemeinschaften den Wahlausgang beeinflussen könnte". Was Stulle angeht, zeigte der CDU-Vorsitzende sich leicht irritiert – so habe Stulle in einem persönlichen Gespräch ja noch erläutert, sein Mandat dann in jedem Fall nicht anzunehmen. Nun schränke er ein, so Hasselmann weiter, dass er diesen Schritt lediglich erwäge. „Sie werden sicher verstehen, dass der Vorstand bei diesem Widerspruch nicht dazu bereit ist, Sie auf die Liste zu setzen", betonte der CDU-Chef. Aber Stulle ließ offenbar nicht locker. Ende Februar schrieb er in einem weiteren Brief an Hasselmann, der NWG-Vorstand habe beschlossen, ihn zu verpflichten, ein Landtagsmandat für die CDU „während der ganzen nächsten Legislaturperiode auszuüben", im März und April schickte Stulle verschiedene Pamphlete hinterher – alles erkennbar in der Absicht, die NWG bei der CDU anzudienen[265]. Tatsächlich wurde Stulle nicht auf der Landesliste platziert – was später dann noch zu Verwicklungen führen sollte, die auch in Aktivitäten vor der Ministerpräsidentenwahl 1976 mündeten.[266] Aber, was die NWG angeht, zeigte sich Hasselmann in diesem Briefwechsel von 1974 in keiner Form entgegenkommend.

Es gab aber noch mehr Gespräche. Innerhalb der rechtsextremen NPD um ihren Vorsitzenden Adolf von Thadden, der nach einer Serie enttäuschender Wahlergebnisse schon nicht mehr Bundesvorsitzender der Partei war, aber noch einen gewissen Bekanntheitsgrad hatte, wurde vor der Landtagswahl 1974 ebenfalls intensiv strategisch diskutiert. Schon Jahre zuvor hatte es in Baden-Württemberg Berichte über angebliche Absprachen zwischen NPD und CDU vor der Landtagswahl gegeben, was jedoch von den Beteiligten heftig dementiert worden war.[267] Vor der Landtagswahl in Niedersachsen nun soll es zu einem Treffen zwischen CDU-Landeschef Wilfried Hasselmann und dem NPD-Politiker Heinz Rudolph (der bis 1965 in der CDU gewesen war) gekommen sein. In einem Brief an einen Parteifreund schrieb von Thadden am 29. April 1974, dass in diesem Gespräch zwischen Hasselmann und Rudolph die Erfolgsaussichten der NPD bei der Landtagswahl eine Rolle gespielt hätten. Wegen von Thadden

---

265 Briefwechsel zwischen Wilfried Hasselmann und Heinrich Stulle zwischen Januar und April 1974, in: ACDP 03-007-274/3
266 Vgl. Abschnitt 6.6.
267 Uwe Hoffmann: Die NPD, Frankfurt 1999, Seite 179

habe Hasselmann der NPD bei der Wahl bis zu 2 Prozent zugetraut – und dieses Potenzial könne dann der CDU bei der angepeilten absoluten Mehrheit fehlen. Bei der CDU herrsche nun „Aufgeschlossenheit", mutmaßte von Thadden.[268] Worin diese besteht, wird in den Akten nicht deutlich. In dem Schreiben berichtete von Thadden dann aber, dass sich der NPD-Vorstand gleichwohl mehrheitlich für eine Kandidatur zur Landtagswahl entschieden habe, und er führte das auch darauf zurück, dass die Details der „verbindlichen Zusagen" von der CDU in der NPD-Landesvorstandssitzung nicht vorgetragen worden seien. Von Thadden fügte hinzu: „Dies aber wäre unmöglich gewesen, weil der Inhalt irgendwann herausgekommen wäre und dann ein großes Geschrei über Verrat und Verkauf der Partei an die CDU die Folge gewesen wäre." Uwe Hoffmann, der die Geschichte der NPD untersucht hat, berichtete im Jahr 1999 über damals in NPD-Kreisen kursierende Vermutungen, es könne sich um eine Geldsumme in Höhe von mehreren hunderttausend D-Mark gehandelt haben.[269] Belege für eine solche Absprache gibt es allerdings nicht – und neben dem Briefwechsel zwischen von Thadden und seinem Parteifreund sind auch keine weiteren Hinweise auf den angeblichen Kontakt zwischen Hasselmann und Rudolph bekannt. In Hasselmanns Nachlass findet sich dazu nichts.

5.2. Der Wirbel um das Wahlergebnis und die Nachzählung

Am Wahlabend ging die SPD als Verlierer hervor, sie hatte 3,2 Prozentpunkte eingebüßt und war nur noch zweitstärkste Kraft hinter der CDU, die um 3,1 Prozentpunkte auf 48,8 Prozent zulegte. Da aber die FDP mit 7,0 Prozent in den Landtag zurückkehrte, war die Bildung einer sozialliberalen Koalition, wie von der FDP vorher als Ziel ausgegeben, möglich. Allerdings hatten die Freien Demokraten im Vergleich zur Bundestagswahl 1972 in Niedersachsen mehr Wähler an die CDU verloren, als sie damals und bei der Landtagswahl 1970 aus dem SPD-Lager zu sich hatten herüberziehen können. Ihr selbstgestecktes Ziel, acht Prozent zu erreichen, wurde verfehlt.[270] Am Wahlabend sah es noch so aus, als ob der Vorsprung der künftigen Koalition bei zwei Mandaten lag – 79 für SPD und FDP, 76 für die Christdemokraten. So wurde es zunächst auch für gültig erklärt. Doch die Beständigkeit dieses Resultats sollte sich schon bald als nicht sonderlich belastbar herausstellen. Es fing in den Tagen und Wochen nach

---

268 Nachlass Adolf von Thadden, in: Landesarchiv Hannover, NdsHStA VVP 39, Nr. 63 I
269 Uwe Hoffmann, a.a.O., Seite 205
270 Klaus Wettig, a.a.O., Seite 412

der Wahl am 9. Juni 1974 ein längerer Streit darüber an, ob bei der Wahl alles mit rechten Dingen zugegangen sei.

Der Zeitzeuge Rolf Zick erinnerte sich später, dass dieser Wahltag für Hasselmann äußerst unangenehm verlaufen sei: „Die CDU hatte trotz ihres höchsten Wahlergebnisses in der Geschichte Niedersachsens nicht die absolute Mehrheit erreicht. Es war ein bitterer Abend für Wilfried Hasselmann. Er lernte die Unerbittlichkeit der Medien kennen, als er in der Zentrale des Landeswahlleiters im Innenministerium ankam. Die Kameras surrten, Blitzlichter der Fotografen zuckten, Fragen der wartenden Journalisten prasselten herab. Spitzenkandidaten werden in der Wahlnacht von einem Tross von Menschen, von Freunden und Sympathisanten und von Neugierigen umgeben. Bei dem Wahlsieger wächst der Tross unendlich an, bei dem Verlierer wird er klein. Er wurde in dieser Nacht um Wilfried Hasselmann sehr klein."[271] Hasselmann wurde in den folgenden Tagen mit geschlossenen Stimmen seiner Fraktion als Vorsitzender bestätigt. Sein enger Mitarbeiter Dieter Haaßengier hatte damals den Blick auf das Landtagswahlergebnis gerichtet, er folgerte aus dem sehr engen Resultat, was sich an der Zuordnung des letzten, des 77. Mandats bei lediglich 116 Stimmen festmachte, dass eine Nachzählung sinnvoll sein könnte. Gemeinsam mit dem CDU-Mitarbeiter Georg-Berndt Oschatz, der gute Beziehungen zur hannoverschen Stadtverwaltung gehabt habe, besprach er die Notwendigkeit einer Überprüfung. Oschatz sei daraufhin „wie der Hauptmann von Köpenick" ins Rathaus von Hannover geschickt worden und habe dort – obwohl es gar keine Rechtsgrundlage dafür gab – in Absprache mit dem Stadtwahlleiter eine Überprüfung in Gang geschoben. In der Landeshauptstadt sei aufgefallen, dass viele Stimmen für die SPD, auf denen die Wähler zugleich auch die FDP angekreuzt hatten, für gültig erklärt worden waren. Dabei gab es damals in Niedersachsen nur ein Einstimmen-Wahlrecht, das heißt also, diese Stimmen hätte als ungültig gewertet werden müssen. Dieser Vorgang habe dann die Landesregierung „verunsichert", wie Haaßengier sagt – und eine landesweite Nachzählung ausgelöst.[272]

Der damalige Landeswahlleiter Claus-Henning Schapper, später dann sozialdemokratischer Staatssekretär im Innenministerium, stellt die Abläufe heute etwas anders da. Sechs Tage vor der Landtagswahl war der CDU-Direktkandidat in Northeim, Günter Ludwig, bei einem Verkehrsunfall gestorben. Das heißt: Die Northeimer konnten am 9. Juni 1974 nicht an der Landtagswahl

271 Rolf Zick: Die CDU in Niedersachsen, Sankt Augustin 2008, Seiten 161/162
272 Gespräch mit Dieter Haaßengier am 11.09.2020

teilnehmen, sie mussten das zwei Wochen später tun – mit einem neuen CDU-Direktkandidaten. Dass dieser den Wahlkreis hätte erobern können, galt als unwahrscheinlich, denn Northeim war schon damals eine sozialdemokratische Hochburg, der Direktkandidat der SPD war diesmal Helmut Greulich gewesen, einer der Spitzenleute der SPD in Niedersachsen. Um den Direktkandidaten ging es also nicht, aber umso mehr um die Frage, wie viele Stimmen die SPD und die CDU insgesamt in Northeim würden schaffen können – angesichts der äußerst knappen Verhältnisse, die bei der Berechnung des 77. Mandats erkennbar waren. Schapper hatte nun als Landeswahlleiter die Aufgabe, am Abend des 9. Juni ein landesweites Ergebnis der Landtagswahl zu präsentieren – und dabei den weißen Fleck Northeim irgendwie zu berücksichtigen. Er hatte dafür zwei Möglichkeiten. Entweder konnte er für Northeim das Ergebnis von 1970 zunächst übertragen, und da dies für die SPD positiv ausfiel, hätte die SPD am Wahlabend zunächst den Vorteil gehabt. Die andere Variante war, Northeim bei den Berechnungen am Abend des 9. Juni zunächst auszuklammern. Die Nichtberücksichtigung einer SPD-Hochburg im vorläufigen Endergebnis hätte der CDU in der vorläufigen Darstellung einen Bonus und damit für später eine bessere Ausgangsposition beschert. Schapper entschied sich für den zweiten Weg – und sagt heute rückblickend: „Vermutlich bin ich Schuld an dem, was dann danach geschah – denn ich hatte dadurch, dass die CDU in meiner Modellrechnung das 77. Mandat erhielt und alles sehr knapp war, die Christdemokraten angestachelt, überall noch einmal genau nachzuschauen. Ich hatte den Kampfgeist bei der CDU geweckt."[273]

Es begann ein Wahlkrimi. Als nach zwei Wochen Northeim nachwählte, zeigte sich im Gesamtergebnis, dass doch die SPD das letzte Mandat errungen hatte – jedoch mit einem Vorsprung von lediglich 21 Stimmen. Schapper fragte beim Northeimer Oberkreisdirektor nach, ob es Unregelmäßigkeiten bei der Wahl oder der Auszählung gegeben hatte – der aber verneinte. Doch die CDU nutzte die seit dem 9. Juni grassierende Verunsicherung – 77 Mandate für die CDU in der von Schapper zunächst präsentierten Modellrechnung, nur 76 nach der Nachwahl in Northeim, die äußerst knapp ausgefallen war – für eine Kampagne zugunsten einer landesweiten Nachzählung. Schapper bremste zunächst, gab einen Erlass an die Kreiswahlleiter heraus: Nachgezählt werden dürfe nur, wenn es tatsächlich Anzeichen für Mängel gegeben hätte. Begleitet worden sei diese Situation im Juni 1974 von ungünstigen Medienberichten, so erinnert sich Schapper an einen Artikel in der „Welt", in der Niedersachsen mit Nicaragua und

---

273 Gespräch mit Claus-Henning Schapper am 12.10.2020

Nigeria gleichgestellt worden sei – allesamt Länder mit „Ni", in denen man nicht richtig auszählen könne. Auch der OKD in Northeim habe unter diesem Druck dann die Nachzählung angeordnet, und danach sei der SPD-Vorsprung von 21 auf 13 Stimmen geschmolzen. Der damalige Landeswahlleiter berichtet in der Rückschau, dass daraufhin auch die SPD in Hannover unruhig geworden sei. Im Landtag habe man sich wenig später entschieden, die landesweite Neuauszählung zu beschließen und dafür einen „Wahlprüfungsausschuss" einzurichten. Dessen Arbeit dauerte Monate.

Im Vorfeld hatte es zunächst noch Kontrollzählungen der Kreiswahlleiter gegeben, aus denen hervorging, dass landesweit vermutlich rund 60 Stimmen für die CDU zu wenig und für die SPD zu viel gewichtet worden seien. Es wurden Briefwahlstimmen vergessen, Wahlurnen aus einem Krankenhaus in Löningen nicht geöffnet, da man sie zu einem anderen Wahllokal zur Auszählung brachte, diese dort aber dann vergessen wurden. Es wurde von den Vorgaben bei der Einstufung als „ungültige Stimme" abgewichen – und es wurde falsch zusammengezählt. In dem Abschlussbericht über die Arbeit des Landtags-Wahlprüfungsausschusses vom 26. Februar 1975 heißt es, dass in vielen Wahllokalen zugleich die Landtags- und die Kommunalwahl stattgefunden habe – und einige Wahlvorstände seien wohl eigenmächtig abgewichen von der Vorgabe, zuvörderst die Landtagswahl auszuzählen. Die Nachprüfung gestaltete sich auch deshalb schwierig, weil in zwei Gemeinden die Stimmzettel am Tag nach der Wahl am 9. Juni verbrannt worden seien. „Das geschah in einer Gaststätte bei mir im Wahlkreis – und es war ein Missverständnis, weil irgendjemand gesagt hatte, man brauche die Stimmzettel nicht mehr. Die Nachprüfung hat dann aber ergeben, dass das Gesamtergebnis nicht verändert worden wäre, selbst wenn alle Stimmen für die SPD abgegeben worden wären", berichtet der damalige CDU-Landtagskandidat im Kandidat Wolfsburg II, Helmut Kuhlmann.[274] Wettig schrieb damals, im Ergebnis seien der CDU landesweit 114 Stimmen zu wenig zugerechnet worden – und das habe den knappen Vorsprung der SPD beim 77. Mandat, der auf der Auszählung in Northeim beruht hatte, wieder ausgeglichen[275].

Schapper erklärt, die monatelange Nachzählung im Wahlprüfungsausschuss des Landtags habe das Klima im Landtag belastet. Ministerpräsident Alfred Kubel habe dann irgendwann auf Hasselmann eingewirkt und ihn gebeten, die Kampagne einzustellen und Haaßengier als mutmaßlichen Vorantreiber

274 Gespräch mit Helmut Kuhlmann am 21.10.2020
275 Klaus Wettig, a.a.O., Seite 415

zu bremsen – was jedoch ohne Erfolg geblieben sei. Am Ende habe dann FDP-Fraktionschef Winfrid Hedergott die Geduld verloren und als erster aus der künftigen Koalition klein beigegeben. Ausgerechnet Hedergott, von dem Rieger 1995 in seinem Buch behauptete, er sei die treibende Kraft für die Nachzählung gewesen – neben Innenminister Richard Lehners, der diese hausintern „wegen einer gewissen Panik" schon sehr früh angeordnet habe[276]. Der Wahlprüfungsausschuss entschied schließlich am 26. Februar 1975, immerhin fast neun Monate nach der Landtagswahl, der CDU das 77. Mandat zuzusprechen. In der Begründung hieß es: „Als eigentliche Ursache der festgestellten Zählfehler konnten neben falschen Additionen insbesondere Lege- und Stapelfehler ermittelt werden. Zu einem Legefehler kommt es entweder durch falsches Vorlesen des Stimmabgabevermerks oder durch versehentliches Ablegen des Stimmzettels in einem dem Stimmabgabevermerk nicht entsprechenden Päckchen von Stimmzetteln. Daneben besteht aber auch die Möglichkeit, dass beim erstmaligen oder wiederholten Durchzählen der gebildeten Päckchen von je zehn, 20, 50 oder 100 Stimmzetteln einzelne von ihnen irrtümlich in einen falschen Stapel geraten." Geschlussfolgert wurde sodann: „Diese Versehen habe ihren Grund ausnahmslos in menschlicher Unzulänglichkeit. Irgendwelche Anhaltspunkte für absichtliche Verfälschungen des Wahlergebnisses sind in keinem einzigen Falle sichtbar geworden."[277]

5.3. Die schwierige Regierungsbildung

Der mit der Nachzählung verbundene Übergang eines Mandats von der SPD auf die CDU führte der jungen Koalition schlagartig vor Augen, auf welch wackliger Grundlage sie stand. Hatte doch Kubel bei der Wiederwahl als Ministerpräsident im Landtag am 10. Juli 1974, noch zu einer Zeit, als das 77. Mandat der SPD zugeordnet war, eine Stimme aus der Koalition nicht erhalten. Der Vorgang war dann vom SPD-Fraktionsvorsitzenden Bernhard Kreibohm heruntergespielt worden, wie sich der damals frischgewählte SPD-Abgeordnete Wolfgang Schultze erinnert: „Uns wurde erzählt, es sei ein älterer Genosse gewesen, der seine Brille vergessen und gedacht habe, die Namen seien alphabethisch geordnet. Der habe sich schlicht vertan."[278] Heute denkt Schultze, diese Legende sei von der Fraktionsführung absichtlich so verbreitet worden, damit in der

---

276   Helmut Rieger: Alles hat seine Zeit, Hannover 1995, Seite 66

277   Bericht des Wahlprüfungsausschusses an den Landtag am 26.02.1975, in: ACDP 01-473-101/2

278   Gespräch mit Wolfgang Schultze am 08.10.2020

Truppe keine Unruhe ausbricht – denn tatsächlich sei den führenden SPD-Leuten schon bewusst gewesen, wie mangelhaft die Geschlossenheit in der jungen Koalition damals war. Rieger schrieb, das habe auch an der FDP gelegen, die im bundesweiten sozialliberalen Aufbruchsgeist eine Koalitionsaussage zugunsten der SPD abgegeben hatte und das knappe Landtagswahlergebnis bei ihr „nicht zu einer neuen Abwägung führen mochte".[279] Wenn aber nun die SPD/FDP-Koalition bei der endgültigen, 1975 festgestellten Sitzverteilung nur ein Mandat Vorsprung gegenüber der CDU hatte, nachweislich bei Kubels Wahl zum Ministerpräsidenten aber eine Stimme aus der Koalition fehlte – dann musste jede geheime Wahl im Landtag von extremer Spannung begleitet sein.

Erschwerend kam die Absicht der neuen Koalitionäre hinzu, die personellen Weichen im zweiten Kabinett Kubel neu zu stellen. Der Kubel-Biograph Wolfgang Renzsch schrieb, Kultusminister Peter von Oertzen habe sich „teils auf eigenen Wunsch, teils auf Drängen des Koalitionspartners" aus der Regierungstätigkeit zurückgezogen und die Aktivitäten in der Parteiarbeit verstärkt.[280] Die Aufteilung des Ministeriums in einen Bereich für Schule und einen für Hochschule sei „nicht ohne innerparteiliche Widerstände" verlaufen. Neuer Kultusminister sollte Ernst-Gottfried Mahrenholz werden, bisher Leiter von Kubels Staatskanzlei. Da er als „Rechter" galt, sollte in der Hochschulpolitik ein Gegengewicht geschaffen werden mit Joist Grolle als künftigem Wissenschaftsminister. Eigentlich hätte die Aufteilung der Bildungspolitik in zwei Ressorts zur Folge haben sollen, dass ein Ministerium – das für Bundesangelegenheiten – wieder wegfällt, denn SPD und FDP wollten die Zahl der Ministerien nicht vergrößern. Doch Landesausschuss und Landtagsfraktion der SPD beharrten auf dem Bundesratsministerium. Der bisherige Finanzminister Siegfried Heinke bewarb sich intern dafür – und verlor gegen den bisherigen Amtsinhaber Herbert Hellmann mit zwölf zu zehn Stimmen. Für Heinke, der ohne Landtagsmandat war, bedeutete das den Abschied aus der Politik. Mahrenholz, Kubels bisheriger Staatskanzleichef, bekam im ersten Wahlgang nur zehn Stimmen im Landesausschuss bei der Nominierung als Kultusminister, neun waren gegen ihn und drei enthielten sich. Im zweiten Wahlgang reichte es dann, und in der Fraktion waren 40 Abgeordnete für ihn, 22 gegen ihn.[281] Auch in der FDP begann der Start holprig, die Partei bekam zwei Kernressorts, die für Inneres und Wirtschaft. Der erst für das Innenministerium gehandelte Günter Hartkopf, Staatssekretär im Bundesinnenministerium,

---

279 Helmut Rieger, a.a.O., Seite 65
280 Wolfgang Renzsch, a.a.O., Seite 210
281 Über die Abläufe berichtet Klaus Wettig ausführlich, a.a.O., Seiten 416/417

sagte seinen Parteifreunden in Hannover ab, so musste der Landesvorsitzende Rötger Groß statt des von ihm angestrebten Wirtschafts- das Innenministerium übernehmen. Eine Kampfabstimmung gab es um den zweiten Posten, bei der sich der Oldenburger Landtagsabgeordnete Erich Küpker nur knapp gegen den hessischen Wirtschafts-Staatssekretär Helmut Schnorr als neuer Wirtschafts- minister durchzusetzen vermochte. Gabriela I. Carmanns schrieb in ihrer 2000 erschienenen Betrachtung, dass das Wirken von Groß, eine programmatische Erneuerung voranzutreiben, in seinem Landesverband kaum gefruchtet habe, dass zu jener Zeit pragmatische Gedanken im Vordergrund gestanden hätten.[282] Die Kampfabstimmungen um die wichtigen Posten dürften die Aufbruchstim- mung noch mehr gedämpft haben, von Gemeinsamkeit und Aufbruch war wenig zu spüren.

Waren in diesen Konflikten, die sich dann auch in den Personalentscheidun- gen ausdrückten, die tieferen Spannungen begründet, die später dann zum vor- zeitigen Ende der Koalition führten? Der „Spiegel" sah am 1. Juli, nach Abschluss der Koalitionsverhandlungen und noch vor Kubels Wiederwahl im Landtag, zwei großer Verlierer der Regierungsbildung – Lehners und Mahrenholz. Es hieß dort: „Der lebenslustige Lehners wurde nicht einmal wieder Minister; er verdarb es mit dem puritanischen Kubel, weil er gegen dessen erklärten Widerwillen ein Gesetz durchbrachte, das die Einrichtung von Spielbanken auch in Niedersach- sen ermöglicht. Das war, so Kubel, ‚eine Schmarre in unserem so reinen Gesicht'. Pastorensohn Mahrenholz fehlte es schließlich doch an ausreichendem Rück- halt in der Arbeiterpartei. Mit dem schlechtesten Abstimmungsergebnis in der neuen SPD-Fraktion kam er gleichwohl ins Kabinett: Nur 40 der 65 anwesenden Abgeordneten stimmten für ihn."[283] Weiter hieß es, die Fraktion habe die Ressort- verteilung in der neuen Regierung nur mit vier Nein-Stimmen und neun Enthal- tungen durchgewinkt – denn eine Verständigung mit den Freien Demokraten sei nach von Oertzens Worten nur um den Preis zustande gekommen, dass die FDP diese beiden wichtigen Ministerien zugesprochen bekommt. Wettig fügte in einer zeitgenössischen Betrachtung noch hinzu, es habe ja auch inhaltliche Dif- ferenzen gegeben – die FDP pochte auf eine Reform des Schulgesetzes, wandte sich gegen eine vorgesehene Abgabe für Unternehmen im geplanten neuen Bildungsurlaubsgesetz, wollte die Zuständigkeiten der Krankenhausträger neu

---

282 Gabriela I. Carmanns: Geschichte und Politik des niedersächsischen Landesverbandes der FDP in seiner Umbruch- und Konsolidierungsphase 1967 bis 1978, Aachen 2000, Seite 147

283 „Spiegel" vom 01.07.1974: Schmarre im Gesicht

ordnen und ein Bürgerbegehren in die Kommunalverfassung schreiben. Die hohe Konfliktträchtigkeit der Schulpolitik drückte sich auch darin aus, dass Mahrenholz als neuer Kultusminister einen der FDP angehörenden Staatssekretär berufen sollte.[284] Der Kubel-Biograph Renzsch kam 1985 zu einer sehr ernüchternden Bilanz: „Angesichts dieser Konstellation muss es als sehr fraglich gelten, ob Kubel – hätten die Niedersachsen gleich richtig gezählt – zumindest im ersten Wahlgang wieder zum Ministerpräsidenten gewählt worden wäre. Der Eklat für die Koalition von 1976 hätte sich also schon 1974 ereignen können. Von vielen in der SPD wurde das aber verdrängt; die beruhigende, aber wohl unwahre Erklärung, ein Koalitionsabgeordneter habe versehentlich falsch abgestimmt, wurde weithin akzeptiert."[285]

5.4. Endphase im Streit um die Kreisreform

Das Jahr 1975 hat sich in Niedersachsens Landesgeschichte vermutlich eingeprägt durch den großen Waldbrand in jenem Jahr, der viele Kräfte gebunden und das Krisenmanagement auf eine Probe gestellt hatte. Politisch hingegen herrschte gleichzeitig noch im übertragenen Sinn ein Flächenbrand. Das Thema Kreisreform, das schon seit Jahren angetippt und in unterschiedlichen Formen diskutiert wurde, sollte nach dem Willen der SPD/FDP-Koalition, vor allem des in dieser Frage vorantreibenden Innenministers Rötger Groß, ausverhandelt, entschieden und auch umgesetzt werden. Das heißt, dass die vielen ungeklärten Einzelfragen, die mit neuen Gebietszuordnungen, der Auflösung von Kreisen und dem Verlust von Kreisverwaltungen, Landratsposten und kommunalen Mandaten verbunden waren, jetzt auf einmal konkret werden sollten. In einigen Bereichen fachte das den Widerstand, der schon seit längerem spürbar war, noch einmal an. In anderen ging es mit den Protesten, Demonstrationen und Kundgebungen gegen die Pläne nun erst richtig los.

Sehr früh hatte die FDP in ihren Sitzungen die Stimmung beleuchtet und über Details diskutiert. Der FDP-Landesvorstand ließ sich am 15. März 1975 berichten über die Anhörungen, die es in den verschiedenen Regierungsbezirken gegeben hat – und über die Stimmungslage. Noch relativ ruhig seien die Debatten in Hannover, in Osnabrück und in Stade verlaufen, aufregender sei es dann schon in Südniedersachsen gewesen, wo sich beispielsweise Northeim gegen ein Zusammengehen mit Einbeck und Holzminden gewehrt habe. Im Nordwesten

---

284 Klaus Wettig, a.a.O., Seite 416
285 Wolfgang Renzsch, a.a.O., Seite 211

hätten Vechta und Cloppenburg eine Fusion strikt abgelehnt, das Ammerland habe nicht mit Oldenburg vereinigt werden wollen, Wilhelmshaven wolle „energisch" an der Kreisfreiheit festhalten, Delmenhorst auch. Norden habe zwar mit Emden zusammengehen wollen, aber keinen ostfriesischen Großkreis gewollt – während Emden auf seine Kreisfreiheit gepocht habe. Geplant war so die Aussage in der Sitzung, dass die Kreisreform möglichst rasch durch den Landtag geht und am 1. April 1976 schon in Kraft tritt.[286]

In dieser Sitzung legte die FDP-Spitze schon erste Tendenzbeschlüsse fest – der Status der Städte, die ihre Kreisfreiheit verlieren, solle verbessert werden, Holzminden solle Hameln zugeordnet werden, Ammerland solle mit Oldenburg-Land zusammengehen, Wilhelmshaven und Friesland sollten ebenfalls fusionieren und für Ostfriesland werde eine „große Lösung" angestrebt. Wilhelmshaven und Emden sollten „eingekreist" werden. Alle diese Punkte waren konfliktbeladen, vermutlich an der Basis der SPD noch viel stärker als an der von FDP und CDU. Rieger schrieb, dass ein Sozialdemokrat nach diesen Tendenzbeschlüssen der FDP angemerkt habe, „weit mehr als zehn Gegenstimmen" aus der SPD-Landtagsfraktion würden damit wohl ausgelöst werden.[287] In der SPD muss es in dieser Zeit schon ein Gespür für die Sprengkraft des Themas gegeben haben. Als der Landesvorstand am 10. Mai 1975 zusammenkam, wurde nämlich die Frage aufgeworfen, ob Kubel nicht erst dann zurücktreten solle, wenn die Kreisreform unter Dach und Fach ist, also später als im Januar 1976. Darüber, so verständigte sich die SPD-Führung, solle man in einer Sondersitzung am 7. Juni befinden. An diesem Tag solle dann auch „die letzte Entscheidung zur Kreisreform fallen". Die Hoffnung war also, man könne die Sache zügig durchziehen. Die SPD-Führung zeigte sich sodann mit einem Teil der Überlegungen des Innenministeriums einverstanden, hatte bei Delmenhorst/Wesermarsch und Cloppenburg/Vechta aber Änderungsbedarf – und meldete Vorbehalte bei der Auflösung kreisfreier Städte an sowie bei bestimmten, im Protokoll nicht näher definierten „Problemgebieten"[288] (gemeint waren wohl der Braunschweiger Raum und Ostfriesland). Das Signal an die FDP lautete also: Über Details muss noch einmal verhandelt werden.

Als die SPD-Spitze sich dann wieder am 7. Juni traf, stand die Klärung der Kubel-Nachfolge im Mittelpunkt. Zur Kreisreform berichtete von Oertzen dann, dass man ein Verhandlungsergebnis erzielt habe. Wenn die SPD dies

---

286 Protokoll der FDP-Landesvorstandssitzung vom 15.03.1975, in: ADL 15541
287 Helmut Rieger, a.a.O., Seite 68
288 Protokoll der SPD-Landesausschuss-Sitzung vom 10.05.1975, in: FES-AsD

nicht einhalte, „würde es eine schwierige Situation gegenüber der FDP geben". Er warb für einen Kompromiss, denn auch die FDP habe „eine Reihe von Lieblingsvorstellungen auf der Strecke gelassen". Sodann legte die SPD sich fest: Die Hafenstädte sollten kreisfrei bleiben, Peine und Salzgitter sollten nicht fusionieren – für den Braunschweiger Raum seien vier Landkreise unter dem Dach eines Großraumverbandes „sachgerechter"[289], die Reform nach den Vorstellungen von Groß solle hier also ausbleiben. Rieger berichtete, es habe im Landeausschuss „drei Gegenstimmen und drei Enthaltungen" gegeben, in der SPD-Landtagsfraktion dann fünf Gegenstimmen – aus den Bereichen Cuxhaven, Hildesheim, Ostfriesland, Braunschweig und Holzminden.[290] Im Protokoll des Landesausschusses heißt es lediglich, die Einigung sei „mehrheitlich" beschlossen worden. Eine Woche nach dem Treffen der SPD-Spitze kam der FDP-Landesvorstand noch einmal zusammen, und zu Beginn erläuterte Fraktionschef Winfrid Hedergott, wo die Hauptstreitpunkte mit der SPD lagen – die Kreisfreiheit der Hafenstädte, die die SPD erhalten wollte, der Zuschnitt in Ostfriesland und im Braunschweiger Raum, die Zuordnung von Holzminden und die Frage der Zuordnung von Kreissitzen. Hedergott war es dann auch, der in der Sitzung verlangte, man solle auf „großräumigen Lösungen" bestehen – während eine Woche vorher die SPD gerade hier ja eine klare Absage beschlossen hatte. Festgelegt wurde daraufhin, dass „für die Räume zwischen Ems und Jade, Braunschweig und Holzminden" nach Ansicht des FDP-Landesvorstandes „wesentlich bessere Regelungen anzustreben" wären. Mit „Ems und Jade" ist Ostfriesland gemeint – und der FDP-Vorstand forderte die SPD auf, für Ostfriesland und den Braunschweiger Raum „großräumige Lösungen zu erreichen".[291] Die Botschaft hieß am 14. Juni 1975 also, abweichend vom ursprünglichen Zeitplan: Die Pläne waren noch nicht geeint, die Debatten in der Koalition müssten weitergehen.

Über den Sommer schälte sich dann heraus, dass im Innenministerium die neue Landkarte 32 statt bisher 48 Landkreise vorsah, und „der Ton wurde schärfer", wie der Zeitzeuge Rieger berichtete[292]. Der FDP-Abgeordnete Gustav Ernst soll erklärt haben, er wolle den Kubel-Nachfolger erst wählen, sobald die Kreisreform abgeschlossen sei. Der Holzmindener SPD-Politiker Reinhold Schultert soll mitgeteilt werden, die Angliederung von Holzminden an Alfeld sei

289 Protokoll der SPD-Landesausschuss-Sitzung vom 07.06.1975, in: FES-AsD
290 Helmut Rieger, a.a.O., Seite 68
291 Protokoll der FDP-Landesvorstandssitzung vom 14.06.1975, in: ADL 15541
292 Helmut Rieger, a.a.O., Seite 68

„völlig unannehmbar". Unterdessen bewegte sich auch bei der oppositionellen CDU etwas. Nachdem der damalige Fraktionschef Bruno Brandes noch im April 1969, also sechs Jahre zuvor, grundsätzliche Kompromissbereitschaft zu den Vorschlägen der Weber-Kommission kundgetan hatte[293], beschloss die CDU-Landtagsfraktion am 27. August 1975 unter Führung von Hasselmann ein Konzept, das 37 Landkreise vorsah. Darunter waren auch konfliktträchtige Vorschläge – die Auflösung des Kreises Alfeld etwa, die Zusammenlegung von Soltau und Fallingbostel, die Fusion von Aurich und Wittmund und von Ammerland und Oldenburg-Land. Aschendorf-Hümmling sollte mit Meppen verschmelzen, Lingen mit Nordhorn, Bremervörde mit Rotenburg. So umstritten auch dieser Plan im Detail war, er konnte in einer kritischen Phase der Debatten in der Koalition als Signal der CDU aufgefasst werden, selbst viel milder vorzugehen zu wollen als die Regierungsmehrheit und dort vor allem ihr freidemokratischer Teil.[294] Auffällig war am christdemokratischen Konzept, dass beispielsweise wichtige Knackpunkte in Ostfriesland oder auch im Raum Braunschweig bei der CDU nicht angetastet wurden, was später von Zeitzeugen als taktischer Schritt bewertet wurde: Die CDU-Ideen lägen ganz nah an den Vorstellungen der Dissidenten aus der SPD-Fraktion.[295]

Versuche in der SPD-Spitze, die Stimmung zu beruhigen, blieben erfolglos. Das galt für die Absicht von Kubel, aus sachlichen Gründen mit der CDU über eine Verständigung zu reden[296], aber auch für Kasimier, der fast beschwörend die Genossen bat, wegen dieser Streitfragen bitte die Koalition nicht platzen zu lassen[297]. Vor allem Rötger Groß, der Innenminister, wollte in dieser Debatte offenbar Härte und absolute Konsequenz beweisen. Unterdessen war in den Protokollen der SPD-Landesausschuss-Sitzungen aus jener Zeit gut abzulesen, wie das Thema mehr und mehr an Schärfe gewann. Drei Vorstandsmitglieder berichteten in der Sitzung am 18. August 1975, dass die Stimmung in Ostfriesland sich massiv verschlechtere. „Aktionen wie ‚Rettet Aurich jetzt' würden der Partei das Leben immer schwerer machen".[298] In der SPD-Landesausschuss-Sitzung am 18. Oktober 1975 wurden Pläne besprochen, wie bei einer Fusion mehrerer ostfriesischer Kreise ein Ausgleich in Form anderer

293 Vertraulicher Bericht von Bruno Brandes vom 02.04.1969, in: ACDP 01-910-006/1
294 Protokoll der CDU-Fraktionssitzung am 27.08.1975, in: ACDP 05-005-009/1
295 So Wolfgang Renzsch, a.a.O., Seite 213 – mit Verweis auf den Rundblick vom 28.08.1975
296 So Helmut Rieger, a.a.O., Seite 68
297 Kasimier in der Fraktionssitzung am 20/21.10.1975, in: Renzsch, a.a.O., Seite 213
298 Protokoll der SPD-Landesausschuss-Sitzung vom 18.08.1975, in: FES-AsD

Behörden geschaffen werden kann. „Wenn der Kreissitz nach Emden kommt, sollen Katasteramt und Finanzamt in Norden bleiben", hieß es im Protokoll mit Verweis auf eine Aussage von Agrarminister Klaus-Peter Bruns. Gesprochen wurde über einen Schwerpunkt der Behördenansiedlung in dieser Region und über einen „Ostfrieslandplan". Ein eigener „Ostfrieslandbeauftragter" werde aber vom Innenministerium abgelehnt, verlautete. In der Debatte wagte der SPD-Fraktionsvorsitzende Bernhard Kreibohm die These, dass die Koalition in dieser Reformdebatte stabil bleiben werde und die CDU mit ihren Vorschlägen keineswegs die FDP herausbrechen könne. Mit Blick auf die Christdemokraten wurde eine Aussage von Kreibohm wiedergegeben: „Zu offiziellen Verhandlungen mit der Opposition werde es nicht kommen, da alle Verhandlungsangebote immer nur gegenüber der SPD ausgesprochen werden und den Koalitionspartner nicht miteinbeziehen."[299] Der SPD-Landesausschuss beschloss anschließend, in der Frage der Kreisfreiheit keine weiteren Verhandlungen mit der FDP anzuschieben – zwei Vorstandsmitglieder trugen das nicht mit. Was die Kreissitze anging, intervenierte Karl Ravens in der Sitzung, er wandte sich gegen Osterholz und für Verden als Hauptstadt in dem geplanten gemeinsamen Kreis. Sieben Vorstandsmitglieder waren dafür, vier dagegen, fünf enthielten sich. Die SPD bekräftigte in dieser Sitzung noch ihr Nein zu zwei Schalenkreisen rund um Braunschweig. Von Oertzen erklärte anschließend, die Kreisreform solle „in einem angemessen großen Zeitraum vor den Sommerferien verabschiedet werden", um genügend Zeit bis zu Kommunalwahlen am 3. Oktober 1976 zu haben. Das hieß nun aber gleichzeitig, dass der ursprüngliche Plan, die Kreisreform schon am 1. April 1976 in Kraft treten zu lassen, nach den heftigen Konflikten im Herbst 1975 vom Tisch war. Als die SPD-Landtagsfraktion danach zu vielen Detailfragen der Kreiszuschnitte ihre Haltung festlegen sollte, kam es zu mehreren Gegenstimmen. Rieger behauptete, die Abstimmung über den Verlust der Kreisfreiheit habe eine „Schlüsselfunktion" gehabt – und dort hätten sich dann im Herbst 1975 acht Abgeordnete offen zu erkennen gegeben, die mit der Konzeption zur Kreisreform höchst unzufrieden gewesen seien.[300]

So steuerte die niedersächsische Landespolitik im Herbst 1975 ohne endgültige Klärung der Kreisreform auf das Weihnachtsfest und die Feiertage zu. Viel Zeit, in dieser Ruhephase an der Konzeption noch etwas zu ändern und Details anzupassen, blieb nun nicht mehr. Denn schon für den 14. Januar, also

299 Protokoll der Sitzung des SPD-Landesausschusses am 18.10.1975, in: FES-AsD
300 Helmut Rieger, a.a.O., Seite 70

eine Woche nach dem Neustart des politischen Geschäfts im neuen Jahr 1976, sollte der Ministerpräsident gewählt werden.

5.5. Interne Personaldebatten in der CDU

Im Schatten der heftigen und immer noch heftiger werdenden Debatten um die Kreisreform vollzog sich 1975 noch eine schrittweise, teilweise von Konflikten belastete, weitgehend aber nach außen nicht sichtbare personelle Neuaufstellung in den beiden großen Parteien. Sie wurde begleitet zunächst von einem sehr rauen, teilweise auch extrem unsachlichen Umgangston in der parlamentarischen Auseinandersetzung. Sinnbildlich dafür können Debatten sein, die mehr als einmal im Landesvorstand der FDP geführt wurden. Am 15. Februar 1975, als der Wahlprüfungsausschuss schon beschlossen hatte, das eine strittige Mandat an die CDU zu vergeben, trug Landtagsfraktionschef Winfrid Hedergott im Landesvorstand vor. Er beklagte sich, die CDU nehme diese Entscheidung des Ausschusses „zum Anlass zu einer Verschärfung der Verunsicherungskampagne gegen die FDP". Ein Vorstandsmitglied meinte, die CDU streue Gerüchte „bis auf die unterste Ebene der FDP". Über den Beitrag des Vorsitzenden Groß wurde so berichtet: „Er unterstreicht, dass sich die CDU-Kampagne nach Veröffentlichung des Berichts des Wahlprüfungsausschusses noch steigern werde. Insbesondere werde man versuchen, einige Personen innerhalb der FDP-Fraktion zu isolieren. Bezeichnend seien auch die Angriffe gegen ihn persönlich."[301] Ein Vorstandsmitglied der FDP meinte dazu, die CDU schweiße „mit wahrheitswidrigen und unsachlichen Attacken" die Koalitionspartner noch zusammen. In der nächsten Vorstandssitzung am 8. März 1975 beklagte sich Groß dann über eine „hysterische Kampagne" der CDU zur inneren Sicherheit – das geschah im Umfeld der Entführung des Berliner CDU-Vorsitzenden Peter Lorenz durch Mitglieder der RAF.[302] Zwei Monate später war das Verhalten der CDU erneut ein Thema im FDP-Vorstand. Diesmal spielte die Weigerung der CDU eine Rolle, bei der Erkrankung eines Koalitionsabgeordneten (des Sozialministers und damals möglichen neuen Ministerpräsidenten-Kandidaten Helmut Greulich) im Landtag die dritte Lesung des Haushalts und die zweite Lesung des Schulgesetzes zu einem gütlichen Abschluss zu bringen. Das wäre nur möglich gewesen, wenn die CDU in ein „Pairing" eingewilligt hätte – also einen ihrer Abgeordneten an dem Tag zurückgezogen hätte, damit die bisherigen

---

301 Protokoll der FDP-Vorstandssitzung am 15.02.1975, in: ADL 15541
302 Protokoll der FDP-Vorstandssitzung am 08.03.1975, in: ADL 15541

Mehrheitsverhältnisse gesichert blieben. Das „Pairing" gilt als guter parlamentarischer Brauch – aber die CDU war dazu nicht bereit. Angeboten hätte es sich schon, denn Walter Remmers war bei einer Kur. Die CDU bestand aber darauf, der Koalition ihre Verletzbarkeit vor Augen zu führen, sie beorderte Remmers in den Landtag zurück. Das Ergebnis war aus Sicht der FDP nun vor allem deshalb ärgerlich, da mit dem Schulgesetz gerade ein vorsichtiges Abrücken von der vorher rein sozialdemokratisch geprägten Bildungspolitik geplant gewesen sei.[303] Dieser Schritt also, meinten sie, hätte doch in der Sache durchaus im Interesse der CDU liegen müssen. Der „Presse-Informationsdienst" (PID) kommentierte die mit der Ablehnung des Schulgesetzes erreichte Verzögerung damals mit folgenden Worten: „Durch den Aufschub hat sich die CDU nicht nur die restlichen Sympathien der Liberalen verscherzt, sondern gleichzeitig erreicht, dass das Schulgesetz in der ursprünglichen, auch von der CDU im Wahlkampf hart attackierten sozialdemokratischen Fassung vorläufig weiter gültig bleibt."[304] PID zitierte gleich dazu noch den SPD-Fraktionschef Bernhard Kreibohm, der meinte, die CDU habe „dieses scheinbare Erfolgserlebnis gebraucht um ihres eigenen Selbstverständnisses Willen, um über ihre inneren Schwierigkeiten hinwegzukommen". Ein paar Sätze danach berichtete das Medium dann von Konflikten in der CDU zwischen vernunftbegabten älteren Abgeordneten und „hartleibigen Jung-Konservativen", die es der Koalition hätten zeigen wollen.

Tatsächlich erlebte die CDU in jener Zeit eine lebhafte Strategiedebatte, der Kubel-Biograph Wolfgang Renzsch berichtete in den achtziger Jahren sogar von Überlegungen in den Reihen der Opposition, 1975 den Ministerpräsidenten Kubel mit einem konstruktiven Misstrauensvotum zu stürzen[305]. Belege blieb Renzsch allerdings schuldig. In der CDU-Fraktion stand seinerzeit, nach Ablauf des ersten Jahres der Legislaturperiode, die Neuwahl des Fraktionsvorstandes an. Wilfried Hasselmann, erinnert sich sein langjähriger Vertrauter und Weggefährte Dieter Haaßengier, sei kein idealer Oppositionsführer gewesen – „er hat die Menschen immer umarmt und konnte nicht richtig angreifen".[306] Gut möglich war also, dass der Streit rund um das Schulgesetz und das harte Auftreten der CDU gegenüber der FDP mit internen Rollenkonflikten der CDU in der Opposition zu tun gehabt hatte. Im Mai 1975 wurde spekuliert, der emsländische CDU-Bildungspolitiker Werner Remmers wolle gegen Hasselmann als Fraktionschef

303 Protokoll der FDP-Vorstandssitzung am 24.05.1975, in: ADL 15541
304 Presse-Informationsdienst (PID) vom 23.05.1975, in: ACDP 01-473-045/3
305 Wolfgang Renzsch, a.a.O., Seite 212
306 Gespräch mit Dieter Haaßengier am 11.09.2020

kandidieren. Haaßengier berichtete, er habe das damals verhindert – indem er einen Pakt mit den starken Oldenburgern um Gerhard Glup geschlossen habe, damit sei keine Mehrheit für Remmers mehr möglich gewesen[307]. Hermann Bröring hingegen, der damalige enge Mitarbeiter von Remmers, sieht es anders. Sein Chef habe nie ernsthaft Fraktionschef werden, sondern nur ein Zeichen setzen wollen gegen die Dominanz der alten DP-Linie in der CDU[308]. Aufschlussreich ist in diesem Zusammenhang auch die Darstellung, die Ernst Albrecht (seinerzeit CDU-Wirtschaftsexperte im Landtag) dazu abgegeben hat in seiner 1999 erschienenen Autobiographie: „Werner Remmers lud mich zum Mittagessen ein und teilte mir seine Absicht mit, für den Fraktionsvorsitz oder auch bei der alle zwei Jahre stattfindenden Wahl des Parteivorsitzenden gegen Wilfried Hasselmann zu kandidieren. Ich sagte ihm, dass ich ihn darin nicht unterstützen könne und dass ich, wenn er bei seiner Absicht bleibe, eventuell selber kandidieren würde.“[309] Daraufhin, schrieb Albrecht 1999 rückblickend, habe Remmers auf eine Kandidatur verzichtet. Im „Osnabrücker Tageblatt“ am 21. Mai 1975 ließ sich Remmers mit der Mitteilung zitieren, er werde nicht gegen Hasselmann antreten[310]. Im Text hieß es dazu erklärend, die Oldenburger hätten sich für Hasselmann ausgesprochen und die scharfe Kritik aus der eigenen Fraktion am Oppositionsführer habe einen „Solidarisierungseffekt“ ausgelöst. Etwas umständlich wurde dann noch erläutert, dass ein Aufstieg von Remmers zum Fraktionsvorsitzenden automatisch eine Vorentscheidung für die Spitzenkandidatur zur Landtagswahl 1978 bedeutet hätte. Hasselmann selbst, wurde weiter in dem Artikel beschrieben, solle gegenüber Osnabrücker Abgeordneten „eine ganze Reihe von Zusagen“ gemacht haben. Vielsagend ist in diesem Artikel, der auf ein Gespräch zwischen Remmers und dem Autor zurückgeführt werden dürfte, noch über Hasselmann zu lesen: „Da sich der Unwillen gegen seine Fraktionsleitung nicht auf einen ‚akuten Anlass‘ bezieht, sondern mehr allgemeiner Art ist, dürfte er es schwer haben, durch konkrete Einzelmaßnahmen Abhilfe zu schaffen. Wenn ihm das nicht schnell und überzeugend gelingt, muss er für die Landtagswahl 1978 mit einem Rivalen für die Position des Spitzenkandidaten rechnen. Das, so sagt man in der CDU-Fraktion, muss nicht nur Dr. Remmers sein.“

---

307 Gespräch mit Dieter Haaßengier am 11.09.2020
308 Gespräch mit Hermann Bröring am 26.10.2020, vgl. auch Abschnitt 8.2.
309 Ernst Albrecht: Erinnerungen, Erkenntnisse, Entscheidungen, Göttingen 1999, Seite 45
310 „Osnabrücker Tageblatt“ vom 21.05.1975, in: ACDP 01-473-045/3

Bemerkenswert ist dieser Artikel im Osnabrücker Tageblatt vor allem deshalb, weil zu diesem Zeitpunkt die Weichen offenbar schon längst anders gestellt waren. Während der „Nord-Report" am 28. Mai 1975 unter der Überschrift „CDU-Fraktion einmütig hinter Hasselmann" dessen Wiederwahl verkündete und das Ausbleiben einer „Revolution" der jüngeren Abgeordneten um Ludolf von Wartenberg, Reinhard von Schorlemer und Jürgen Gansäuer[311] erwähnte, hatte ein anderer, der noch in der Deckung blieb, längst etwas in eigener Sache unternommen. Von Wartenberg, der seinerzeit – wie er heute sagt – durchaus für Remmers als neuen Fraktionschef eingetreten war, sieht die Folgewirkungen des „Aufstandes der Jungen" im Jahr 1975 als bedeutend an: „Ernst Albrecht muss gespürt haben, dass sich der Unmut gegen die Fraktionsführung zusammenbraute. Er wusste das dann zu nutzen."[312] Es muss im Mai 1975 gewesen sein, als Albrecht dann eine Gruppe jüngerer CDU-Landtagsabgeordneter zu sich nach Hause einlud, damals noch in Sehnde-Ilten. „Nach einer halben Stunde gab es dann für jeden eine Flasche Bier, Röschen hat sie uns gebracht", erinnert sich Helmut Kuhlmann, damals Abgeordneter aus Gifhorn. Mit „Röschen" ist Albrechts Tochter Ursula gemeint, die spätere Präsidentin der EU-Kommission in Brüssel. Die Gruppe wusste anfangs nicht, was das Treffen sollte, dann aber – gegen 21.30 Uhr – habe der für sein furchtloses Auftreten bekannte Kuhlmann nachgehakt und direkt gefragt: „Herr Dr. Albrecht, warum haben Sie uns eingeladen, was können wir für Sie tun?" Daraufhin habe Albrecht geantwortet, wie Reinhard von Schorlemer aus Osnabrück berichtet: „Ich will Ministerpräsident werden. Sie können gar nichts für mich tun, lassen Sie mich mal machen."[313] Er habe, wie Jürgen Gansäuer sich erinnert, die Teilnehmer des Treffens noch um Stillschweigen gebeten – und darum, ihn seine Pläne ungestört umsetzen zu lassen.[314] Von Schorlemer sagt, Albrecht sei von den Jüngeren wegen seines Intellekts, seiner internationalen Erfahrung und guten Selbstdarstellung sehr geschätzt worden, die Gruppe habe große Sympathien für ihn gehabt – und deshalb seien alle auch mit Albrechts Vorgehensweise einverstanden gewesen. Gansäuer blieb von diesem Termin vor allem haften, dass Hasselmann auf eine Spitzenkandidatur verzichten wolle – „das war eine Sensation". Horst Horrmann aus Peine empfand vor allem Albrechts Hinweis als wichtig, dass die Abgeordneten bitte „die FDP schonen" sollten, denn „die

---

311 Nord-Report vom 28.05.1975, in: ACDP 01-473-045/3
312 Gespräch mit Ludolf von Wartenberg am 21.10.2020
313 Gespräch mit Reinhard von Schorlemer am 22.10.2020
314 Gespräch mit Jürgen Gansäuer am 21.10.2020

brauchen wir ja noch, hat Albrecht uns gesagt."[315]. Klaus-Jürgen Hedrich aus
Uelzen bestätigt: „Ja, er bat uns bei dem Treffen auch darum, die FDP bitte gut zu
behandeln. Er war wie Helmut Kohl der Ansicht, dass die FDP für uns hilfreich
werden könnte."[316]

Das Bündnis, das in dieser Zeit – vermutlich kurz vor der Wiederwahl von
Hasselmann als Fraktionschef – zwischen Albrecht und den jüngeren CDU-
Landtagsabgeordneten geschmiedet wurde, hatte nun offensichtlich einen dreifa-
chen Effekt: Es sicherte Hasselmann zunächst die Machtposition in der Fraktion
und in der Landespartei, auf der anderen Seite versperrte es Remmers den –
womöglich gar nicht ernsthaft angestrebten – Aufstieg an die Spitze. Und schließlich hatte Albrecht selbst begonnen, seine Karrierepläne in der Landespolitik
mit einem ersten mutigen Schritt zu starten. Begleitet wurde das noch von einer
bemerkenswerten Kommentierung in der Hannoverschen Allgemeinen Zeitung
zu Hasselmanns Wiederwahl als Fraktionschef – erschienen am 29. Mai 1975,
also nicht lange nach dem geheimen Treffen zwischen Albrecht und den jungen
Abgeordneten. Hans-Peter Sattler schrieb damals: „Es ist kein Geheimnis, dass
es in der CDU derzeit mit dem Wirtschaftsexperten Ernst Albrecht nur einen
einzigen Politiker gibt, der das Zeug hat, Hasselmann abzulösen. Aber Albrecht
wird selbst dann, wenn der Ruf der Partei an ihn unüberhörbar würde, nichts
unternehmen, was nicht auch die Billigung Hasselmanns fände, mit dem ihn eine
herzliche Freundschaft verbindet."[317] Eine wohlmeinende mediale Begleitmusik
für den sich anbahnenden Wechsel war also bereits zu vernehmen.

Diese Abläufe waren im Mai 1975, also wenige Wochen vor Beginn der
parlamentarischen Sommerpause 1975. Es sollte dann noch gut drei Monate
dauern, bis die Personalpläne auch offiziell und öffentlich wurden. Am 12. September 1975, zu einer Zeit, als sich die SPD dann schon auf Helmut Kasimier
als Ministerpräsidentenkandidaten für die Wahl im Januar 1976 verständigt hatte, berichtete die Hannoversche Allgemeine Zeitung über die Variante, die CDU könne Albrecht als Gegenkandidaten aufstellen – und nicht
mehr Hasselmann. Es hieß dazu: „Die Überlegungen sind von Hasselmann
eingeleitet worden. Er hat dabei betont, dass er auf längere Sicht eine stärkere Arbeitsteilung befürworte. Hasselmann hat, wie es heißt, seine Pläne mit
Albrecht fest abgesprochen." Dann tauchte dort noch der Hinweis auf, dass

---

315 Gespräch mit Horst Horrmann am 07.10.2020
316 Gespräch mit Klaus-Jürgen Hedrich am 09.10.2020
317 Hans-Peter Sattler: Vorentscheidung, Hannoversche Allgemeine Zeitung vom
     29.05.1975, in: ACDP 01-473-045/3

Hasselmann angeblich die Personalfrage erst im Oktober habe klären wollen.[318] Ob der Autor, Hans-Peter Sattler, diese vorgeblichen Terminvorstellungen Hasselmanns absichtlich aufgeschrieben hatte, um die Spur zum Informanten zu verwischen? Auffällig ist jedenfalls, dass der Artikel Hasselmann als Wegbereiter des politischen Wechsels hinstellte und ihm damit einen Abgang erhobenen Hauptes ermöglichte – in der Vorstandssitzung am Abend des Tages und beim „kleinen Parteitag" am folgenden Sonnabend konnte diese Berichterstattung nützlich sein gegen alle Stimmen, die Hasselmann als Getriebenen oder gar als Verlierer der Aktion hätten bezeichnen wollen. Am Montag, dem 15. September, hieß es dann in den Zeitungen, der frühere Bundeswirtschaftsminister Kurt Schmücker habe in den internen Sitzungen beklagt, dass die Personalpläne vorher durchgesickert waren.[319] Ansonsten habe Hasselmann dort seine Überlegungen vorgetragen – und das sei von den Delegierten ohne Aussprache zur Kenntnis genommen worden. Der damalige Generalsekretär Dieter Haaßengier berichtet, er habe in jenen Wochen vor der Bekanntgabe der Albrecht-Personalie einige Journalisten zu einem Sommerabend in seinen Garten eingeladen und getestet, was sie von Albrecht hielten: „Das Ergebnis war, dass die meisten abgeraten haben und sagten, der sei ja zu unbekannt."[320] Er selbst, sagt Haaßengier, habe Hasselmann in den Wochen vor der Festlegung dann aber geraten, bei der bevorstehenden Ministerpräsidentenwahl im Landtag nicht selbst gegen Kasimier anzutreten, sondern diese Aufgabe Albrecht zu übertragen: „Ich sagte ihm: Wenn er gewinnt, sind Sie der Königsmacher. Wenn er verliert, dann hat er verloren – und nicht Sie."

5.6. Interne Personaldebatten in der SPD

Alfred Kubel hatte nach der Bildung der SPD/FDP-Koalition darauf bestanden, die Vereinbarung zu seinem Ausscheiden als Ministerpräsident zur Hälfte der Wahlperiode ausdrücklich in den Koalitionsvertrag aufzunehmen. Wie sein Biograph Wolfgang Renzsch 1985 schrieb, habe das dem politischen Selbstverständnis des SPD-Politikers entsprochen: „Es entsprach seiner Vorstellung von Amtsverantwortung, rechtzeitig sein Ausscheiden aus dem Amt vorzubereiten, um dem Nachfolger hinreichende Gelegenheit zu geben, sich

---

318 Hannoversche Allgemeine Zeitung vom 12.09.1975: Stellt die CDU Albrecht statt Hasselmann gegen Kasimier?
319 Hannoversche Allgemeine Zeitung vom 15.09.1975: Langeheine dankt Hasselmann
320 Gespräch mit Dieter Haaßengier am 25.08.2020

vor den nächsten Landtagswahlen in sein Amt einzuarbeiten."[321] So standen damals, im Juni 1974, drei Namen als mögliche Nachfolger Kubels fest – Helmut Greulich, der vom Wirtschafts- ins Sozialministerium wechseln musste, da die FDP das Wirtschaftsressort für sich beanspruchte, Helmut Kasimier, der nun statt Fraktionschef neuer Finanzminister geworden war, und der Bundesbauminister Karl Ravens. Die FDP, schrieb Renzsch, hatte damals gegen keinen der drei irgendwelche Bedenken angemeldet. Die SPD hatte also freie Hand, die Personalie zu entscheiden, neue Koalitionsverhandlungen waren dazu nicht mehr erforderlich. So sah nun die Lage im Sommer 1974 aus.

Helmut Rieger wagte in seinem 1995 erschienen Buch die These, dass Greulich auf dieser Liste „an der Spitze stand"[322]. Der „Spiegel" teilte im Juli 1974 die Kandidaten so ein: Greulich sei „der Gewerkschaftler", Kasimier der „Parteifunktionär" und Ravens der „Kanalarbeiter" in Anlehnung an die seit Egon Frankes Zeiten so bezeichneten „Rechten" in der SPD. Als Favoriten sah das Blatt damals Greulich und Kasimier, wobei Greulich nach Einschätzung des Autoren die Nase vorn hatte: „Der Ur-Hannoveraner Greulich, der sich vom Hanomag-Arbeiter zum Vorsitzenden des DGB-Landesbezirks Niedersachsen und Bremen hochrackerte und als Wirtschaftsminister durch geschickte Politik den niedersächsischen Arbeitsmarkt vor größeren Unruhen bewahrte, verbesserte seine Startposition noch durch ein respektables SPD-Ergebnis (49,5 Prozent) bei der Nachwahl in seinem Wahlkreis Northeim – Erfolg eines Mannes, ‚der Ehrgeiz hat' (Greulich) und so kregel beim Bier wie hart in der politischen Sache sein kann, die er – ein wenig links von der Parteimitte – verficht."[323] Ein Redetalent war Greulich nicht gerade, wie der damalige SPD-Fraktionsgeschäftsführer Reinhard Scheibe berichtet, aber ergänzt: „Greulich hatte den stärksten Rückhalt in der Partei – auch wenn seine rhetorische Ausstrahlung begrenzt war."[324] Wie der spätere Landtagspräsident Horst Milde berichtet, hätten sich führende Sozialdemokraten 1972 getroffen und vereinbart, sich für Greulich als Kubel-Nachfolger auszusprechen. SPD-Bezirkschef Peter von Oertzen habe dazugehört, dann der eher dem rechten Lager zugeordnete Ernst-Georg Hüper, der Landtagsabgeordnete Friedel Bertram und eben auch Milde. „Wir waren der Überzeugung, er ist der richtige Mann. Kasimier war damals noch gar nicht im Gespräch gewesen."[325] Der ehemalige SPD-Landtagsabgeordnete Eckehart Peil

321 Wolfgang Renzsch, a.a.O., Seite 211
322 Helmut Rieger, a.a.O., Seite 66
323 „Spiegel" vom 01.07.1974: Schmarre im Gesicht
324 Gespräch mit Reinhard Scheibe am 18.09.2020
325 Gespräch mit Horst Milde am 14.01.2021

aus Burgdorf, einst enger Mitarbeiter von Richard Lehners in dessen Zeit als Innenminister, sieht bei Greulich rückblickend durchaus Ambitionen: „Klar war, dass Greulich gern Ministerpräsident geworden wäre. Lehners und Greulich haben darüber auch gesprochen."[326] Dass er dann doch nicht in Betracht kam, wie sich im Laufe des Jahres 1975 zeigen sollte, hatte einen gesundheitlich bedingten Auslöser. Renzsch schrieb, nach einer Erkrankung habe Greulich die Bewerbung abgelehnt[327]. Im Buch von Rieger heißt es, dass Greulich im Mai 1975 einen Herzinfarkt erlitten habe, der „zu seinem Verzicht führte"[328]. Trotz Erkrankung sei der Sozialminister aber später dann in die entscheidende Landesausschuss-Sitzung der SPD gegangen und habe Kasimier dort gewählt, obwohl er diesen „nicht sonderlich mochte".

Aber war es wirklich so, dass Greulich von sich aus seinen Verzicht erklärte und sich dann aus freien Stücken für Kasimier engagiert hat? Am 10. Mai 1975 diskutierte der SPD-Landesausschuss über die Frage, ob man mit dem Kubel-Rücktritt nicht warten solle, bis die Kreisreform endgültig mit der FDP ausverhandelt worden ist. Mit anderen Worten: Sollte der Wechsel im Amt des Ministerpräsidenten verschoben werden? Der SPD-Protokollant vermerkte an dieser Stelle: „Genosse Kubel habe bisher keine Neigung in dieser Richtung gezeigt."[329] Am 7. Juni 1975 tagte der SPD-Landesausschuss erneut, zwischen diesen beiden Sitzungen hatte Greulich nach seinem Herzinfarkt in einer Landtagssitzung gefehlt, hier war er jetzt auch nicht anwesend. Der hannoversche SPD-Bezirksvorsitzende Peter von Oertzen teilte in dieser Landesausschuss-Sitzung nach dem Protokoll nun folgendes mit: „Er berichtet, dass die Genesung des Genossen Greulich gute Fortschritte mache und er hofft, an der nächsten Landesausschuss-Sitzung teilnehmen zu können." Dann führte von Oertzen zum Thema Kubel-Nachfolgekandidatur weiter aus: „Genosse Greulich sieht sich unter den obwaltenden Umständen nicht in der Lage, dieses Amt zu übernehmen. Es sei allenfalls denkbar, dass er nach einer nochmaligen längeren Behandlung zu einem sehr viel späteren Zeitpunkt sich zur Verfügung stellen könnte. Genosse Kubel hat nachdrücklich bekräftigt, dass er aus politischen, physischen und zwingenden persönlichen Gründen nicht in der Lage sei, seinen Rücktritt länger als einige Wochen hinauszuschieben, allenfalls bis Anfang März 1976. Nach Möglichkeit möchte er im Januar 1976 sein Amt niederlegen."[330]

---

326 Gespräch mit Eckehart Peil am 01.10.2020
327 Wolfgang Renzsch, a.a.O., Seite 212
328 Helmut Rieger, a.a.O., Seite 68
329 Protokoll der SPD-Landesausschuss-Sitzung am 10.05.1975, in: FES-AsD
330 Protokoll der SPD-Landesausschuss-Sitzung am 07.06.1975, in: FES-AsD

Weiter berichtete von Oertzen in diesem Kreis, dass sowohl Greulich als auch Karl Ravens „ihre Zustimmung für die Kandidatur von Helmut Kasimier gegeben" hätten. Der Vorstand hatte dann noch darüber diskutiert, ob er nicht jetzt schon Kasimier nominieren sollte – bei zwei Gegenstimmen und drei Enthaltungen sei dann aber beschlossen worden, dies wie bislang vorgesehen erst am 23. Juni 1975 zu tun.

Diese knappe Zusammenfassung einer offenbar längeren Diskussion im SPD-Landesausschuss legt den Schluss nah, dass die Absage von Greulich eben doch nicht definitiv war – aber sich seine Variante, die Nachfolgeregelung zu verschieben, in dem Moment der Festlegung Kubels von selbst erledigt hatte. Dabei war ja nicht nur die länger dauernde Genesung eines möglichen Ministerpräsidentenkandidaten Greulich ein Grund für viele in der SPD, über eine Verschiebung der Wahl des Regierungschefs im Landtag nachzudenken. Der Unmut über die Kreisreform hatte ja ebenfalls viele Sozialdemokraten skeptisch werden lassen. Mit seiner strikten Weigerung, seinen Abgang weiter hinauszuschieben, bewirkte Kubel aber politisch eine klare Festlegung seiner Partei auf Kasimier als den Kandidaten für seine Nachfolge – jenen Kasimier, der ihm in vielen Eigenschaften, Ansichten und Positionen viel ähnlicher war als viele andere in der SPD, wohl auch als Greulich, der einen guten Draht sowohl zu den Rechten um Richard Lehners als auch zu den Linken um von Oertzen gehabt hatte. In der Landesausschuss-Sitzung am 23. Juni dann wurden Fakten geschaffen. In geheimer Wahl – nun wieder bei Anwesenheit von Greulich – stimmten 20 der 21 Mitglieder für Kasimier als Ministerpräsidenten-Kandidaten, ein Mitglied des Landesausschusses enthielt sich der Stimme.[331] Gemutmaßt werden kann, dass die Enthaltung von Kasimier selbst, dem immer bescheiden auftretenden Politiker, gekommen war.

Vorher hatte auch der dritte Name auf der Liste der Nachfolgekandidaten für Kubel seinen Verzicht erklärt, Karl Ravens. In der Landesausschuss-Sitzung am 7. Juni 1975 teilte Ravens mit, er stehe „nicht zur Verfügung", im Protokoll wurde vermerkt: „Seine Begründung liegt in der Regierungsarbeit in Bonn."[332] Renzsch schrieb, Ravens habe seinerzeit erklärt, er müsse „seine Aufgaben in Bonn weiter führen"[333], Rieger bemerkte knapp: „Ravens hat nicht gewollt."[334] Nach der späteren Wahl Albrechts zum Ministerpräsidenten im Februar 1976

---

331 Protokoll der SPD-Landesausschuss-Sitzung am 23.06.1975, in: FES-AsD
332 Protokoll der SPD-Landesausschuss-Sitzung vom 07.06.1975, in: FES-AsD
333 Wolfgang Renzsch, a.a.O., Seite 212
334 Helmut Rieger, a.a.O., Seite 68

wurde berichtet, dass der Bundesbauminister nie wirklich ernsthaft für das Rennen um die Kubel-Nachfolge angetreten sei.[335] Zitiert wurde aus einem sechs Seiten langen handschriftlichen Brief von Ravens an Kubel von Juni 1975, in dem es geheißen habe: „Du weißt, dass meine Bereitschaft, in die Liste möglicher Kandidaten aufgenommen zu werden, ausschließlich gegeben wurde, um dem Koalitionspartner die Zustimmung zum angestrebten Verfahren des ‚fliegenden Wechsels‘ ohne erneute Koalitionsverhandlungen zu erleichtern." Ravens soll in dem Schreiben auch angedeutet haben, dass er Kubel mit dieser Haltung vermutlich enttäuschen werde. Ob das aber tatsächlich so war, kann rückblickend auch bezweifelt werden – denn viel spricht dafür, dass Kubel in Kasimier den richtigen aller möglichen Kandidaten für seine Nachfolge erkannt hatte. Die weiteren SPD-internen Abläufe des Jahres 1975 deuteten dann auf einen Verlauf in den hier bereits vorgezeichneten Bahnen hin. Wolken am Horizont waren aber schon sichtbar – etwa die, die mit der Nominierung des neuen Finanzministers aufzogen. Bei der Abstimmung im SPD-Landesausschuss bekam Ernst-Georg Hüper in geheimer Abstimmung eine Neinstimme, drei Vorstandsmitglieder hatten sich der Stimme enthalten[336]. Von der Einmütigkeit, mit der Kasimier noch fünf Monate zuvor aufgestellt worden war, spürte man hier nichts mehr.

5.7. Die Abläufe im Landtag im Januar und Februar 1976

Kurz vor Weihnachten, am 15. Dezember 1975, traf sich der SPD-Landesausschuss noch einmal zu einer vierstündigen Sitzung, neben organisatorischen Fragen ging es vor allem auch um die Vorbereitung des für den 14. Januar angepeilten Ministerpräsidentenwechsels. Von „Schwierigkeiten mit der CDU" war hier die Rede, denn die Christdemokraten traten für eine feierliche Verabschiedung von Alfred Kubel ein. Die SPD aber wollte, wie der Abgeordnete Werner Pöls später schrieb, „kurzfristig zur Sache schreiten, der sie sich ganz sicher war"[337]. Dies habe auch „dem nüchternen Kubel und seiner eher trockenen Wesensart" entsprochen. Im Protokoll des SPD-Landesausschusses wurde die Position der Partei vermerkt: „Unser Vorschlag: Nach dem Rücktritt von Alfred Kubel kurze Sitzungsunterbrechung und am gleichen Vormittag Neuwahl und Regierungserklärung. In der Regierungserklärung soll die

---

335 Hannoversche Allgemeine Zeitung vom 07.02.1976: „Fröhliche Festgemeinde und ein Trauerzug"
336 Protokoll der SPD-Landesausschuss-Sitzung am 24.11.1975, in: FES-AsD
337 Werner Pöls: Regierungswechsel in Hannover, Hannover 1977, Seite 4

Auseinandersetzung mit der CDU stärker hervorgehoben werden. Sie soll keine neuen grundlegenden Aspekte aufweisen, sondern klar machen, dass es sich um einen ganz kontinuierlichen Übergang handelt, und der eingeschlagene Weg von 1974 fortgesetzt wird."[338] Dann wurde noch deutlich hinzugefügt: „Es muss sichergestellt werden, dass unsere Fraktion am 14.1. geschlossen auftritt. Von Seiten der FDP sind keine Schwierigkeiten sichtbar." So wurde die Absicht der Sozialdemokraten deutlich, die Ministerpräsidentenwahl, eigentlich eine besondere und herausgehobene Situation in jedem Landesparlament, möglichst unaufgeregt und routinemäßig erscheinen zu lassen – die Sache also rasch zu erledigen und dann schnell zur Tagesordnung überzugehen. Man kann aus dem Satz im Protokoll allerdings auch schon die Sorge ablesen, dass in den eigenen Reihen der SPD die Einmütigkeit nicht vorhanden sein könnte. Die Angabe von Pöls, die SPD sei sich damals ihrer Sache „ganz sicher" gewesen, erscheint aus heutiger Sicht zweifelhaft.

Die CDU beschäftigte sich in einer Sitzung ihres Landesausschusses, des „kleinen Parteitags", am 10. Januar mit dem Thema – also vier Tage vor dem entscheidenden Termin. Keineswegs stand die Ministerpräsidentenwahl im Mittelpunkt, sie war vielmehr auffällig nebensächlich präsentiert als Teil des Berichts vom Landesvorsitzenden Hasselmann, eingerahmt von der Vorbereitung des Wahlkampfes für die Bundestagswahl im Oktober und vom bevorstehenden Kommunalwahlkampf. Knapp wurde im Protokoll vermerkt: „Herr Hasselmann erklärte, der Parteivorstand und die CDU-Landtagsfraktion hätten einmütig beschlossen, am 14. Januar dem von der Koalition nominierten Kandidaten Kasimier Herrn Dr. Albrecht als Alternative gegenüberzustellen. ‚Wir wissen, dass wir 77 sind, wir wollen aber keine Spekulationen und den Ausgang der Wahl abwarten', betonte Herr Hasselmann."[339] Warum wollte Hasselmann „keine Spekulationen"? Lag es womöglich daran, dass ein vorbereiteter Coup durch zu viel Gerede aufgeflogen wäre oder hätte gefährdet werden können? Wie generalstabsmäßig die Landtagssitzung vorbereitet wurde, zeigt auch ein Beschluss des CDU-Landesvorstandes am 9. Januar, einen Tag vor der Sitzung des größeren Kreises, des Landesausschusses: „Der Vorstand bestätigte einstimmig die mit einem Schreiben an alle Abgeordneten verlangte Präsenzpflicht. Eine weitere Fraktionssitzung wird am 14. Januar um 9.15 Uhr stattfinden. Die Einladung hierzu soll in der Fraktionssitzung am 13. Januar mündlich erfolgen.

338 Protokoll der SPD-Landesausschuss-Sitzung vom 15.12.1975, in: FES-AsD
339 Protokoll der CDU-Landesausschuss-Sitzung am 10.01.1976, in: ACDP 03-007-195/1

Die Ehefrauen der Abgeordneten müssen in der Lage sein, Auskunft über die Abreise und den Aufenthalt der Abgeordneten zu geben."[340]

Interessant ist in diesem Zusammenhang die Schilderung des CDU-Landtagsabgeordneten Helmut Kuhlmann, der damals noch den Wahlkreis Wolfsburg vertrat. Der junge CDU-Mann war 1974 erstmals in den Landtag gewählt worden und hatte sich etwas angefreundet mit dem älteren SPD-Abgeordneten Heinrich Clavey aus dem Schaumburger Raum. „Der hatte mir immer sein Leid geklagt mit der SPD, er war mit vielen Dingen in seiner Partei nicht einverstanden. Ich erkannte die Chance, ihn von den Vorzügen einer CDU-geführten Landesregierung zu erzählen. Irgendwann dann erhielt ich aber einen Anruf von Ernst Albrecht, der vorher wohl mit Hasselmann oder Haaßengier gesprochen haben musste. Albrecht bat mich eindringlich, meine Aktivitäten sofort einzustellen."[341] Dass Clavey ein SPD-Abgeordnete hätte sein können, der aus Ärger über die eigene Partei womöglich ein unsicherer Kantonist war, verbreitete sich damals dann auch in der SPD-Spitze, auch von Oertzen bekam davon Wind, wie es hieß. Kam der Rat zur Mäßigung von Albrecht an Kuhlmann auch deshalb, um die SPD-Spitze nicht weiter aufzuschrecken?

Dass in der CDU die Unzufriedenheit, die in weiten Teilen der SPD-Landtagsfraktion herrschte, nicht verborgen blieb, hat mehrere Gründe. Der damalige CDU-Generalsekretär Haaßengier erklärt: „Viele in der SPD waren nicht einverstanden mit dem, was die SPD entschieden hatte. Sie hatten es ihrer Führung vorher auch gesagt – aber kein Gehör gefunden. Sie wollten kein Geld und keine Ämter. Das Besondere war: Diese Leute sind auf uns zugekommen, wir waren selbst überrascht – und wir haben sie auch nicht abgeworben."[342] Der CDU-Landtagsabgeordnete Ernst-Henning Jahn aus Wolfenbüttel, damals als einer der Jüngeren schon Vize-Fraktionschef, sagt: „Alle Beteiligten haben damals vereinbart, Stillschweigen zu bewahren." Die damalige Situation sei von starken regionalen Bindungen der Abgeordneten geprägt gewesen – über Parteigrenzen hinweg hätten sich Politiker gut verstanden und offen gesprochen, häufig in der „Klickmühle", einer traditionsreichen Gaststätte in Landtagsnähe. Nicht selten floss viel Alkohol, und nicht wenige schütteten sich gegenseitig ihr Herz aus, vor allem dann, wenn die Abgeordneten aus allen Teilen des Landes zu den Plenarwochen in Hannover zusammenkamen und hier dann auch übernachteten. „Viele haben sich in diesen Runden den Ärger von der Seele

340 Protokoll der CDU-Landesvorstandssitzung am 09.01.1976
341 Gespräch mit Helmut Kuhlmann am 21.10.2020
342 Gespräch mit Dieter Haaßengier am 25.08.2020

geredet", erinnert sich Jahn[343]. SPD-Fraktionsgeschäftsführer Reinhard Scheibe blickt auch auf diese Treffen zurück – und erkennt ein Ungleichgewicht: „Generell war es so, dass Sozial- und Christdemokraten viel zusammengesessen und miteinander getrunken haben. Die FDP-Leute waren weniger gesellig."[344]

Scheibe selbst zählte als Geschäftsführer der SPD-Fraktion zum inneren Kreis, war an vielen Vorgesprächen und strategischen Weichenstellungen beteiligt. Er beschreibt, dass Anfang 1976 die Unsicherheit wegen der knappen Mehrheiten und wegen des Streits um die Kreisreform mit Händen zu greifen gewesen sei. „Es gab dann im Büro des SPD-Fraktionsvorsitzenden Kreibohm ein Gespräch zwischen diesem, Kasimier, von Oertzen, Kubel und mir. Kubel wurde eindringlich gebeten, doch noch weiter zu machen. Doch er lehnte rigoros ab. Ich vermute, er war gekränkt, weil man ihn 1974 nicht gebeten hatte, sein Amt bis 1978 fortzusetzen."[345] Der damalige Wissenschaftsminister Joist Grolle kann sich heute, 45 Jahre nach diesen Ereignissen, stärker einen Reim darauf machen, was in Kubels Umfeld geschehen ist. Grolle, ausgewiesener Vertreter der Linken in der SPD, hatte seinerzeit einen sehr guten Draht zum Ministerpräsidenten, der auch nach Kubels Rücktritt hielt. Irgendwann habe Kubel ihn gefragt, ob er nicht eine Biographie über Kubel schreiben wolle – was Grolle ablehnte, da er nach eigener Einschätzung selbst ehemaliger Staatssekretär und Minister „zu nah dran" an den Entscheidungen gewesen war. In diesem Zusammenhang habe Kubel ihm anvertraut, dass er Anfang 1976 einen Anruf aus Bonn erhalten habe. „Der Anrufer, den er namentlich nicht nannte, habe Kubel gesagt, dass er sich doch noch mal überlegen solle, ob ein Verschieben der Wahl nicht sinnvoller sei. Die FDP-Fraktion in Hannover habe nämlich intern abgestimmt und dabei deutlich werden lassen, dass keine Mehrheit für Kasimier erreicht werden könne. Kubel kommentierte das dann mir gegenüber mit den Worten, er lasse sich seine Lebensplanung doch nicht von parteitaktischen Erwägungen bestimmen. So ist er sehenden Auges in die Katastrophe gegangen – er war der einzige, der vorher schon wusste, was drohte."[346] Diese Schilderung fand sich auch, knapper, in der Kubel-Biographie von Renzsch. Dort wurde erwähnt, dass Kubel die Andeutung 1984 in einem Interview äußerte und bereits am 10. Februar 1976, also kurz nach der Albrecht-Wahl, in einem privaten Brief an eine Vertraute. Der Hinweis

---

343 Gespräch mit Ernst-Henning Jahn am 03.09.2020
344 Gespräch mit Reinhard Scheibe am 18.09.2020
345 Gespräch mit Reinhard Scheibe am 18.09.2020
346 Gespräch mit Joist Grolle am 23.09.2020

bezog sich hier auf „die Bonner FDP-Führung", also auf einen Anrufer aus hochgestellten politischen Kreisen.[347]

Die aufgewühlte Stimmung in den ersten Januartagen, nach Abschluss der Weihnachtspause, die für jeden Politiker auch Zeit zum Nachdenken ließ, wurde seinerzeit auch im Rathaus von Hannover bemerkt. Der junge sozialdemokratische Oberbürgermeister Herbert Schmalstieg war alarmiert, als er davon hörte – schließlich kannte er Kasimier schon aus Jugendtagen und fühlte sich verpflichtet, ihn zu warnen. „Ich rief in seinem Büro an und bat ihn um Rückruf. Irgendwann meldete er sich – und ich sagte ihm, es könne alles sehr eng werden. Seine Reaktion war: Mach' Dir keine Sorgen, die Koalition steht, die SPD ist geschlossen hinter mir."[348] Schmalstieg unternahm dann nichts mehr.

Am Tag vor der ersten Abstimmung im Landtag, am 13. Januar, klingelte das Telefon beim SPD-Landtagsabgeordneten Jens-Rainer Ahrens aus dem Kreis Harburg vor den Toren Hamburgs. Ein Genosse aus dem Ortsverein Rosengarten meldete sich und berichtete von einem Erlebnis in einer Gaststätte seiner Region. Dort sei am Tag zuvor ein hochrangiger CDU-Politiker als Redner einer CDU-Versammlung aufgetreten – und der Genosse sei rein zufällig Ohrenzeuge einer Begebenheit geworden. Der hochrangige CDU-Politiker habe gesagt: „Wir haben zwei." Ahrens sagt heute dazu: „Ich dachte mir zunächst nichts dabei. Waren es womöglich zwei weitere Landräte, die Opfer von Kreisneuzuschnitten zu werden drohten und deshalb nun gegen die Regierungspläne protestierten? Erst viel später ist mir dann klar geworden, dass es sich um Stimmen für Albrecht handeln musste."[349]

So rückte der historische Tag näher, während viele in der SPD ein mulmiges Gefühl im Bauch hatten. Am Dienstag, 13. Januar, kamen die Fraktionen in Hannover zu vorbereitenden Sitzungen zusammen. Kuhlmann, der im Auto anreiste, bekam unterwegs schon etwas Panik, weil sein Reifen auf der Autobahn geplatzt war und er sich mit dem Taxi zum nächsten Bahnhof begeben musste. „Gerade noch rechtzeitig" habe er es geschafft. Wenige Stunden später waren die ersten Fraktionssitzungen vorüber, die Abgeordnete verließen den Landtag und strebten zu ihren Hotels, wo sich noch gesellige Zusammenkünfte anschlossen. Auf dem Weg dahin gingen die SPD-Abgeordneten Wolfgang Schultze und Friedel Bertram durch die Landtagsgaststätte, und sie kamen am Tisch von Wilfried Hasselmann vorbei, der dort gerade mit Bruno Brandes saß, wie sich

---

347 Wolfgang Renzsch, a.a.O., Seite 216
348 Gespräch mit Herbert Schmalstieg am 17.11.2020
349 Gespräch mit Prof. Jens-Rainer Ahrens am 19.10.2020

Schultze erinnert: „Hasselmann rief uns zu: ‚Unser letztes Angebot lautet: Wir können eine Große Koalition bilden. Sagt Euren Genossen das!‘ Wir waren als junge Abgeordnete etwas irritiert, hatten die Botschaft dann aber tatsächlich weitergegeben – und es wurde von den älteren Kollegen nur mit Gelächter quittiert. Aus heutiger Sicht war das wohl eine leichtsinnige Reaktion.“[350] Die SPD-Politiker strebten in den „Thüringer Hof“, damals ein beliebter Treffpunkt der SPD-Abgeordneten – während vornehmlich Bruno Brandes einen Kreis von trinkfesten Abgeordneten im Central-Hotel gegenüber dem Hauptbahnhof um sich scharte. So gingen die Fraktionen in sich bevor der nächste Tag nahte, der historisch werden würde. Horst Milde, damals kein Landtagsabgeordneter, sondern Verwaltungspräsident in Oldenburg, war als Gast der SPD-Fraktion geladen. Er erinnert sich an eine „merkwürdige Anspannung“. Am Abend den 13. Januar startete eine SPD-Fraktionssitzung um 20 Uhr, was ungewöhnlich gewesen sei, da solche Zusammenkünfte sonst immer vormittags begonnen hätten. Jeder Abgeordnete habe sich auch in eine Liste eintragen und dort angeben müssen, wo er an diesem Tag übernachte. „Das wirkte alles wie ein Zählappell“, berichtet Milde. Noch etwas sei irritierend gewesen: Jeder Teilnehmer habe die Sorge gehabt, die knappe Mehrheit könne am Ende nicht reichen. „Aber niemand sprach offen darüber, es war ein Tabu.“[351]

Die genauen Ereignisse des 14. Januar 1976 und der folgenden zwei Abstimmungen im Landtag am 15. Januar und später dann am 6. Februar sind in vielen Zeitungsartikeln, Aufsätzen und in Fernsehberichten ausführlich nachgezeichnet worden. Der Historiker, CDU-Politiker und profilierte Wissenschaftspolitiker Werner Pöls, der selbst als Landtagsabgeordneter an den Ereignissen beteiligt war, hat die Abläufe später in einem längeren Aufsatz analysiert, der ein Jahr später in der Schriftenreihe des Landtags erschienen war. Landtagspräsident Heinz Müller hatte die Sitzung um 10.16 Uhr eröffnet und zunächst Kubel das Wort gegeben. Dessen für diesen Tag vorbereitete Abschiedsrede, relativ kurz, nüchtern und ohne Pathos gehalten, enthielt viele nachdenkliche, philosophische Gedanken. Sie klang ansatzweise wie ein intensives Werben um Verständnis dafür, dass der Ministerpräsident sich aus seiner Verantwortung zurückzieht: „Viele, allzu viele gerade der führenden Politiker leben in einer dauernden Stress-Situation. Sie sind überarbeitet! Sie teilen dieses Schicksal mit vielen in unserer Gesellschaft führenden Persönlichkeiten“, sagte Kubel. Weiter führte er aus: „Das andauernde Gefühl,

---

350 Gespräch mit Wolfgang Schultze am 08.10.2020
351 Gespräch mit Horst Milde am 14.01.2021

überbeansprucht zu sein, kann ich nicht als normal in einer auf Menschlich-
keit bedachten Gesellschaft anerkennen. Auch denke ich nicht, dass es optimale
Pflichterfüllung garantiert, wenn man seine privaten, neben den gewählten oder
gestellten Aufgaben liegende Interessen völlig verkümmern lässt." Kurz darauf folgten die Kernsätze: „Das alles gilt auch und sogar ganz besonders, wenn
das als Folge des Alterns geschieht. Der alternde Mensch muss wissen, dass er
sich unausweichlich einer Grenze nähert, hinter der es keine Leistung mehr
für andere gibt. Und ebenso hart lassen Sie mich die Frage hinzufügen: Wann
wird das ‚sich für andere, für das Unternehmen, für die Belegschaft, für unsere
Gesellschaft aufopfern' zu einem manchmal wohl kaum noch bewussten Vorwand der eigenen Eitelkeit? Wann dient dieses Sich-Aufopfern mehr dem eigenen Geltungsbedürfnis als der Sache selber? Tragischer gar ist es, wenn ein
solches Sich-Aufopfern unausweichlich wird, weil es neben dem eingefahrenen
Lebensgleis keine andere befahrbare Strecke zu einem persönliche Befriedigung
verheißenden Ziel mehr gibt."[352] Nach Ende seiner Ansprache erhoben sich die
Abgeordneten von SPD und FDP von ihren Plätzen, die der CDU nicht. Daraufhin sprach Landtagspräsident Müller eine Laudatio auf Kubel, in der er ein
chinesisches Sprichwort zitierte: „Glücklich ist, wer die Politik verlässt, ehe sie
auf ihn verzichtet."[353]

Zwischen 10.50 und 11.43 Uhr war die Landtagssitzung für einen kurzen
Empfang unterbrochen worden. Danach ging es im Landtag zur Sache, die
Ministerpräsidentenwahl stand an. Vorher soll es zwischen den Fraktionen noch
ein kurzes, aber nicht sehr nachhaltiges Gerangel um die Reihenfolge der Kandidaten auf den Stimmzetteln gegeben. Albrecht würde oben stehen, wenn es nach
Alphabet und Stärke der Fraktionen ging, Kasimier wäre nur dann als erster
genannt worden, wenn SPD und FDP vor dieser Wahl als Fraktionsgemeinschaft
agiert hätten – was die FDP aber abgelehnt hatte, da sie als eigenständige Kraft
wahrgenommen werden wollte. Die Abgeordneten wurden sodann namentlich aufgerufen und gingen nach vorn, erhielten den Stimmzettel, gingen in die
Kabine, machten dort ihr Kreuz und warfen den gefalteten Zettel anschließend
in die Urne. Pöls schrieb: „Die Abstimmung war gekennzeichnet durch wachsende Unruhe, insbesondere hervorgerufen durch ein Heer an Fernsehjournalis-
ten mit surrenden Kameras und knipsenden Fotografen."[354] Der Autor hielt fest,

352 Alfred Kubels Abschiedsrede vom 14.01.1976, zitiert aus: Bernd Rebe (Hrsg.): Alfred
     Kubel – In der Pflicht des klaren Wortes, Braunschweig 1989, Seiten 263 und 264
353 Stenographischer Bericht der Landtagssitzung am 14. Januar 1976, Spalte 3231
354 Werner Pöls, a.a.O., Seite 7

dass die Auszählung sehr lange gedauert habe, die Abgeordneten nach einer Unterbrechung um 12.44 Uhr den Saal verlassen und sich auf den Wandelgängen aufhalten durften (was später dann unterbunden wurde). Um 13.13 dann habe Landtagspräsident Müller die Politiker wieder in den Saal gebeten und das Ergebnis verkündet: Von den 155 Stimmen waren drei ungültig, Albrecht erhielt 77 Stimmen (also rechnerisch alle aus seiner Fraktion), Kasimier nur 75 (also drei weniger, als die Koalition an Mandaten aufzubieten hatte). Da keiner die notwendige Mehrheit von 78 Stimmen erreicht hatte, erklärten Albrecht und Kreibohm kurz darauf in knappen Ansprachen, die Fraktionen müssten nun Wege zur Lösung der Situation suchen.

Pöls bemerkte später in seinem Aufsatz, dass sich die Fotografen vor dem Tisch von Kasimier platziert hatten – in der Erwartung, im Moment des Wahlergebnisses den Sieger ablichten zu können. Als dann plötzlich klar wurde, dass nicht Kasimier, sondern Albrecht die Person des Tages sein würde, seien viele blitzartig über die Tische und Bänke gesprungen und zur CDU-Seite geströmt, um hier nach Möglichkeit das beste Bild schießen zu können. Wie der CDU-Abgeordnete Kurt-Dieter Grill sagt, sei ihm das unangenehm in Erinnerung geblieben: „Der Respekt vor der Würde des hohen Hauses ging verloren."[355] Helmut Rieger schilderte in seinem 1995 erschienenen Buch, zwei der drei ungültigen Stimmen hätten darin bestanden, dass der Abgeordnete jeweils zwei Kreuze gemacht habe. Im dritten Fall sei der Stimmzettel insgesamt durchgekreuzt worden.[356] Es habe nach der Bekanntgabe des Ergebnisses durch Müller eine Sekunde lang gedauert, bis die CDU-Fraktion in Jubel ausgebrochen sei. Immerhin: Überall im Landtag war nach diesem ersten Schock noch die Ansicht verbreitet, es habe sich um einen Denkzettel gehandelt, der schon bald vergessen sein würde. In der SPD- und in der FDP-Fraktion wurden der nach um 13.19 Uhr beendeten Landtagssitzung Probeabstimmungen durchgeführt – dazu nutzte man teilweise die Telefonzellen, die vor den Fraktionssälen platziert waren, als Stimmkabinen. Die Ergebnisse dieser Testläufe waren klar: SPD und FDP waren geschlossen für Kasimier.

Hans-Peter Sattler schrieb am folgenden Tag in der Hannoverschen Allgemeinen Zeitung: „‚Alles lässt sich reparieren' war die Devise der Koalition nach der ersten Schlappe."[357] Es habe auch in der SPD zu diesem Zeitpunkt

355 Gespräch mit Kurt Dieter Grill am 30.10.2020
356 Helmut Rieger: Alles hat seine Zeit, Hannover 1995, Seite 79
357 Hannoversche Allgemeine Zeitung vom 16.01.1976: „Großer Jubel bei der CDU, Verbitterung bei der SPD"

keinen Zweifel gegeben, dass die ungültigen Stimmen aus der eigenen Fraktion gekommen seien. Der Zeitzeuge Pöls indes kam damals zu einem anderen Ergebnis: „Es handelte sich um drei ungültige Stimmen. Diese Anzahl schloss von vornherein die Möglichkeit aus, dass es sich sozusagen um einen kleinen, leicht reparierbaren Betriebsunfall handeln könnte. Hier hatten drei Abgeordnete bewusst gehandelt, aus welchen Motiven auch immer."[358] Rieger berichtete, dass sich in SPD und FDP rasch die Ansicht durchgesetzt habe, möglichst bald, nämlich schon am Folgetag, in einem zweiten Wahlgang die Kür Kasimiers endlich zu erreichen. Die SPD habe sich eilig festgelegt, die Koalition mit der FDP fortzusetzen und als Alternative Neuwahlen anzupeilen. Wie Rieger schrieb, sei die Erwähnung des Begriffs „Neuwahlen" bei einigen Abgeordneten so aufgefasst worden, als habe von Oertzen zu disziplinierenden Zwecken mit der Variante der Parlamentsauflösung gedroht. Vorgezogene Neuwahlen aber hätten für viele Mandatsverlust und eine wegbrechende Altersabsicherung bedeutet. Es hätten sich klärende Telefonate mit der FDP angeschlossen – denn die für eine Landtagsauflösung nötige absolute Mehrheit sei ja keineswegs in Sichtweite gewesen.[359]

Der 15. Januar begann somit für die Führungen von SPD und FDP noch in der Hoffnung, die Schlappe vom Vortag mit einem überzeugenden Sieg ausbügeln zu können. Um 10.15 Uhr eröffnete Landtagspräsident Müller die Sitzung und ermahnte zunächst die Fotografen, dass sie während des Wahlgangs den Plenarsaal verlassen müssten. „Szenen wie gestern bei der Bekanntgabe des Walergebnisses werde ich nicht mehr dulden, meine Damen und Herren."[360] Bei der SPD war etwas Galgenhumor spürbar, nachdem Müller nämlich gesagt hatte, er müsse das Wahlverfahren „nach der gestrigen Übung" ja nicht noch einmal ausführlich erläutern. „Vielleicht doch", rief Johann Bruns (SPD) mit sarkastischem Unterton dazwischen. Dann startete der Wahlakt, der um 11.13 Uhr beendet war, schon um 11.32 Uhr, viel schneller als am Tag zuvor, lag das Ergebnis vor. Wieder gab es drei ungültige Stimmen – aber für Albrecht waren jetzt 78 Stimmen, für Kasimier nur noch 74. Also war rechnerisch ein Abgeordneter, der am Mittwoch noch Kasimier gewählt hatte, nun zu Albrecht übergewechselt. Deutlich emotionaler als noch am Tag zuvor, als Ratlosigkeit und Unsicherheit die Szenerie bestimmten, waren jetzt die Reaktionen. Die CDU brach in Jubelstürme aus, Albrecht wurde umarmt und geherzt. Bei der

---

358　Werner Pöls, a.a.O., Seite 9
359　Helmut Rieger, a.a.O., Seite 80
360　Stenographischer Bericht der Landtagssitzung am 15.01.1976, Spalte 3237

SPD herrschte tiefe Betroffenheit. Kasimier wirkte wie versteinert, Greulich schlug die Hände vor dem Gesicht zusammen und „schluchzte"[361], Justizminister Hans Schäfer seien die Tränen gekommen. Das Drama muss auch deshalb so tief gewirkt haben, weil nach dem Ereignis von Vortag nun klar war: Es war kein Ausrutscher oder bloßer Denkzettel, als am Tag zuvor Kasimier drei Stimmen fehlten – es geschah in der ernsthaften Absicht von mindestens drei, jetzt wohl vier Abgeordneten der Koalition, ihn nicht zum neuen Ministerpräsidenten zu wählen. Der SPD-Abgeordnete Klaus-Dieter Kühbacher rief: „Brutus, wo bist du?". Nur wenige Minuten später fragte Müller den zum Ministerpräsidenten gewählten Albrecht, ob er in der Lage sei, dem Landtag sein Kabinett vorzustellen. Albrecht verneinte – und damit begann dann laut Landesverfassung eine Frist von drei Wochen bis zum 4. Februar, in der er sein Kabinett dem Landtag vorstellen und von der Mehrheit des Parlaments – in offener Abstimmung – bestätigen lassen musste. Albrecht spekulierte damals wohl schon auf eine Bestimmung der Landesverfassung über den Verlauf, der dann später auch geschah: Wenn der gewählte Ministerpräsident kein Kabinett zu bilden vermochte, musste der Landtag über seine Selbstauflösung abstimmen (wofür es keinerlei Mehrheit gab), oder sofort erneut eine Ministerpräsidentenwahl ansetzen. Der Unterschied zu vorher war, dass ein nach diesem Prozedere gewählter neuer Regierungschef für seine Regierung dann keine Bestätigung durch offene Abstimmung im Landtag mehr benötigte. Er konnte dann also eine Minderheitsregierung bilden. Aber das konnte nun frühestens Anfang Februar geschehen.

Der gewählte Ministerpräsident, Albrecht, konnte nach seiner Wahl am 15. Januar noch nicht regieren, da er nicht wagen wollte, dem Landtag ein Kabinett vorzuschlagen. Er hätte riskiert, dass die Koalition aus SPD und FDP das Kabinett in offener Abstimmung ablehnt – und damit Sozial- und Freidemokraten an die Kasimier-Niederlage noch einen Abstimmungserfolg hätten anknüpfen können. Das hätte dann psychologisch vermutlich die durch den Wahlakt so angeschlagene Koalition sofort wieder stabilisieren können. Albrecht wollte also lieber abwarten. Der zurückgetretene Ministerpräsident, Kubel, musste also laut Verfassung weiter im Amt bleiben, da er die Amtsgeschäfte nicht an einen Nachfolger übergeben konnte.

Wie haben die Abgeordneten diese spannenden Ereignisse aufgenommen? „Wir als junge Abgeordnete spürten den Hauch der Weltgeschichte", berichtet Klaus-Jürgen Hedrich (CDU)[362]. Reinhard Scheibe, der eigentlich den

---

361 Hannoversche Allgemeine Zeitung vom 16.01.1976
362 Gespräch mit Klaus-Jürgen Hedrich am 09.10.2020

Blumenstrauß an Kasimier überreichen sollte, musste diesen durch die Gänge zurück in die SPD-Fraktion bringen, begleitet von grimmigen Blicken einiger Genossen, die das als merkwürdig empfanden. „Ich kam mir ziemlich blöd vor", berichtet Scheibe.[363] Der Bundestagsabgeordnete Karl-Heinz Hornhues aus Osnabrück lag krank im Bett, verfolgte das Geschehen im Fernsehen und hätte so gern von der Besucherloge aus zugesehen. „Ich hätte aus Ärger darüber, nicht dabei sein zu können, fast den Fernseher an die Wand geworfen."[364] „Das alles gehört zu den bedeutsamsten Erlebnissen in meinem politischen Leben", erklärt Heinrich Niewerth (CDU)[365]. Die Sozialdemokratin Helga Lewandowsky hingegen, die zeitweise auch als Schriftführerin oben neben dem Landtagspräsidenten sitzen musste, meint: „Das war der schlimmste Tag in meinem politischen Leben." Eine längere Zeit habe begonnen, in der in der SPD jeder jeden verdächtigt habe. Für sie gehöre zur Politik dazu, dass man bei abweichenden Vorstellungen seine Meinung intern offen äußere.[366] Aber in diesem Fall, ergänzt ihr damaliger Fraktionskollege Hans Kaiser, „hat es in der Fraktion nie eine Diskussion darüber gegeben, was Kasimier vielleicht in einer neuen Regierung hätte anders machen sollen."[367] Wäre das der Fall gewesen, wie es sich ja eigentlich gehört hätte, dann wäre ja eine Verständigung mit den Abweichlern möglich gewesen.

Karl-Dieter Oestmann (CDU) berichtet über eine „ganz banale Freude" an diesem 15. Januar – zumal man doch tags zuvor noch damit gerechnet habe, Kasimier würde am nächsten Tag die Mehrheit erringen.[368] Sein Fraktionskollege Uwe Schwenke de Wall spricht von einer „bombigen Stimmung" bei den Christdemokraten – der Wunsch der CDU, endlich den Regierungschef stellen zu können, sei in diesen Momenten viel größer gewesen als das Mitgefühl mit den durch Verrat geschwächten Sozialdemokraten.[369] Die Ungeduld in Teilen der CDU-Fraktion war sogar so groß, dass einige von ihnen ein geheimes Zeichen verabredeten mit Otto Jenzok (CDU), der an diesem Tag als Schriftführer neben Müller saß: „Wenn Albrecht es geschafft hatte, sollte Jenzok in dem Augenblick, in dem das Präsidium nach der Pause den Saal betritt, nach drei Schritten seine Brille abnehmen. Er tat es, und damit wussten wir, dass Albrecht es geschafft

363 Gespräch mit Reinhard Scheibe am 18.09.2020
364 Gespräch mit Karl-Heinz Hornhues am 19.11.2020
365 Gespräch mit Heinrich Niewerth am 11.11.2020
366 Gespräch mit Helga Lewandowsky am 10.11.2020
367 Gespräch mit Hans Kaiser am 20.10.2020
368 Gespräch mit Karl-Dieter Oestmann am 20.10.2020
369 Gespräch mit Uwe Schwenke de Wall am 20.10.2020

hatte", erläutert Hermann Sandkämper[370]. Sein Fraktionskollege Josef Dierkes erinnert sich noch, dass für ihn die größte Überraschung im Zuwachs seiner Stimme für Albrecht bestanden hatte. „Drei ungültige Stimmen, ja, das war drin. Aber dass einer aus der Koalition direkt für unseren Kandidaten stimmte, war ein weiterer großer Erfolg."[371] Für Bernd Theilen (SPD) stand von Anfang an fest, wie er sagt, dass der innere Zerfall der Koalition der Grund für diese Entwicklung war. „Die hatten sich auseinandergelebt."[372] Inge Wettig-Danielmeier, damals junge Abgeordnete der SPD-Fraktion, spürte seinerzeit vor allem das sofort nach diesen Ergebnissen einsetzende Misstrauen: „Längere Zeit hat jeder jedem nicht mehr über den Weg getraut, das war schlimm."[373] Ähnlich sieht es Rolf Wernstedt, der ebenso wie Wettig-Danielmeier damals zu den jüngeren Bildungspolitikern der Fraktion zählte: „Für mich war das ein traumatisierendes Ergebnis, das stärkste in meiner 30-jährigen Politikerzeit. Wir waren alle darauf fixiert, zusammenstehen zu müssen. In geheimen Probeabstimmungen der Fraktion gab es immer eine Mehrheit für Kasimier, später dann folgte der Wortbruch. Dann am 6. Februar das erneute Scheitern des Kandidaten. Ich war mit Leib und Seele junger Abgeordneter, und dann brachen auf einmal alte Konflikte wieder auf – Junge gegen Alte, Linke gegen Rechte. Es war der totale Abfall des gegenseitigen Vertrauens."[374] Bemerkenswert ist auch, wie eine der Hauptpersonen jener Wochen, der Wahlsieger Ernst Albrecht, im Landtag wahrgenommen wurde. Der CDU-Abgeordnete Rolf Reinemann berichtet: „In all den Wirren, Aufgeregtheiten und Anspannungen, die überall die Leute in Wallung brachten, wirkte Albrecht wie ein Fels in der Brandung. Er blieb immer seelenruhig, man merkte ihm so gut wie nie eine Gefühlsregung an. Er war jemand, der gleichzeitig ausstrahlte, dass er genau wusste, was er tat."[375] Viele hätten ihn bewundert, einigen sei sein Verhalten ungewöhnlich vorgekommen.

Die Situation am 15. Januar war so, dass für einen Moment alles offen und möglich erschien – vorgezogene Neuwahlen, ein Bündnis aus CDU und FDP, eine Große Koalition oder auch ein späteres Misstrauensvotum der noch nicht aufgekündigten SPD/FDP-Koalition gegen Albrecht. Der gewählte Ministerpräsident plädierte in seinen ersten Stellungnahmen für die Bildung einer Koalition, ohne jedoch genau festzulegen, auf wen sich

---

370 Gespräch mit Hermann Sandkämper am 03.11.2020
371 Gespräch mit Josef Dierkes am 20.10.2020
372 Gespräch mit Bernd Theilen am 26.10.2020
373 Gespräch mit Inge Wettig-Danielmeier am 20.10.2020
374 Gespräch mit Rolf Wernstedt am 26.08.2020
375 Gespräch mit Rolf Reinemann am 20.10.2020

das Angebot denn bezieht.[376] Die FDP weihte umgehend ihre Parteispitze in Bonn in die strategischen Überlegungen ein. Wie schon am Tag zuvor wurde in der Sitzung der FDP-Fraktion jeder einzelne Abgeordnete aufgerufen und erklärte dann jeweils, dass er seine Stimme für Helmut Kasimier abgegeben habe.[377] Wirtschaftsminister Erich Küpker, dessen Differenzen mit Kasimier in Sachfragen damals bekannt waren, erklärte später in einem Interview, er habe nach dem Wahlgang seine Visitenkarte genommen, darauf mit dem Ministerstift (der grün schrieb) hinter dem Namen Kasimier ein Kreuz gemacht und diese Visitenkarte dann an Kreibohm übergeben – um sein Stimmverhalten gegenüber dem Koalitionspartner zu demonstrieren. Später fügte Küpker noch hinzu, dieses Ritual habe er in den ersten beiden Wahlgängen angewandt und im dritten dann noch „auf ganz bestimmte Weise sein Kreuz gemacht".[378] Wie genau das geschehen sein soll, übermittelte er allerdings nicht.

Am Nachmittag dieses denkwürdigen 15. Januar kam der SPD-Landesausschuss zu einer Krisensitzung zusammen – und beschloss mehrere Punkte. Man werde keine Koalitionsverhandlungen mit der CDU aufnehmen und „mit allen zur Verfügung stehenden Kräften versuchen, wieder eine Konstellation herbeizuführen, die dem Wählerwillen entspricht." Dazu würden „die Möglichkeiten, die die Verfassung des Landes vorsieht, klar und deutlich dargestellt werden".[379] Ähnlich lautete die Festlegung der FDP, beide bisherigen Koalitionspartner wollten in dieser Situation auf keinen Fall ein Verhandlungssignal an Albrecht geben. Helmut Rieger berichtete, die SPD habe damals Kubel, von Oertzen und Kreibohm als „Beichtväter" angeboten mit der Zusage, dass das Beichtgeheimnis auf jeden Fall gewahrt werde. Ein SPD-Abgeordneter habe damals jedoch gemutmaßt, dass man in dieser Phase jeden, der sich als Überläufer zu erkennen gegeben hätte, der Gefahr ausgesetzt hätte, sofort gelyncht zu werden.[380]

Im CDU-Vorstand verbreitete sich später dann die Nachricht, dass SPD und FDP offenbar „Änderungen am Gesetzentwurf zur Kreisreform vornehmen" wollten. Das geschehe in der Absicht, „die Voraussetzungen für die Wahl ihres Ministerpräsidenten-Kandidaten Kasimier zu schaffen".[381] Das stimmte damals

---

376 Hannoversche Allgemeine Zeitung vom 16.01.1976: „Nach seiner überraschenden Wahl sucht Albrecht Mehrheit für eine Regierung"
377 Gabriela I. Carmanns, a.a.O., Seite 159
378 Gabriela I. Carmanns, a.a.O., Seite 162
379 Protokoll der Sitzung des SPD-Landesausschusses vom 15.01.1976, in: FES-AsD
380 Helmut Rieger, a.a.O., Seite 81
381 Protokoll der CDU-Landesvorstandssitzung am 26.01.1976, in: ACDP 05-005-013/1

nur teilweise, denn die SPD hatte längst schon die Weichen völlig neu gestellt. Einen Tag nach der CDU-Spitze, am 27. Januar, traf sich auch die SPD-Führung. Von Oertzen stellte vor dem Landesausschuss fest, dass dieses Gremium „vor vollendete Tatsachen gestellt" worden sei. Helmut Kasimier, der körperlich und psychisch tief von den Ereignissen getroffen war, habe auf eine erneute Kandidatur verzichtet, Karl Ravens sei einmütig als neuer Kandidat nominiert worden. Wie Rieger schrieb, habe Ravens hier vermutlich nicht freiwillig gehandelt, Kanzler Helmut Schmidt habe „ihn dazu bestimmt"[382]. Im Landesausschuss erläuterte Fraktionschef Kreibohm, aus Sicht der SPD-Führung sei „das Thema Kreisreform ein Motiv" für die Abstimmungen am 14. und 15. Januar gewesen – und wenn das so sei, müssten andere „politische Voraussetzungen geschaffen" werden. Festgelegt wurde, die Reform bis 1978 auszusetzen für alle besonders umstrittenen Gebiete. Sodann folgte eine Beschreibung der Problemgebiete – die kreisfreien Städte, Ostfriesland, Wesermarsch und Friesland, Osterholz und Verden, Stade und Harburg-Lüneburg – sowie der Raum Braunschweig, Holzminden, Alfeld und Hildesheim. Dann notierte das Protokoll noch einen entscheidenden Satz aus der Kreibohm-Rede: „Der Vorwurf, dass diese Änderungen im Gesetzentwurf nur wegen der ‚Dissidenten' entstehen, scheidet aus, weil viel mehr ausgespart ist."[383] Tatsächlich wurden hier als Schwerpunkte die kreisfreien Städte, der Braunschweiger Raum, Ostfriesland und der Bereich Holzminden/Alfeld erkennbar – also jene Gebiete, aus denen bisher SPD-Abgeordnete besonders laut und nachdrücklich gegen die Kreisreform-Pläne protestiert hatten. Das spricht dafür, dass die SPD-Spitze nach dem zweiten Wahlgang diejenigen Abgeordneten im Verdacht hatte, die als Kommunalpolitiker aus diesen Gebieten kamen.

Auch die FDP beriet in diesen aufgeregten Tagen. In ihrer Landesvorstandssitzung am 17. Januar erschien Parteichef Hans-Dietrich Genscher und impfte seinen Kollegen ein, es gehe um „Glaubwürdigkeit". Außerdem habe Albrecht vor seiner Wahl zum Ministerpräsidenten nicht mit der FDP gesprochen.[384] Dies mussten die Zuhörer wohl als Appell aufnehmen, nicht weich zu werden und jetzt keineswegs vorschnell in eine Koalition mit der CDU einzuwilligen – denn das wäre acht Monate vor der Bundestagswahl wohl eine schlechte bundesweite Startvoraussetzung für die FDP gewesen, die in Bonn mit der SPD regierte. In der FDP-Sitzung wurde auch über die Frage diskutiert,

382 Helmut Rieger, a.a.O., Seite 81
383 Protokoll der SPD-Landesausschuss-Sitzung am 27.01.1976, in: FES-AsD
384 Protokoll der FDP-Landesvorstandssitzung am 17.01.1976, in: ADL 15541

wie man sich nach dem Agieren der Überläufer verhalten solle. Dazu vermerkte das Protokoll: „Die Diskussion befasst sich zunächst mit Fragen der Täter- und Motivsuche. Es wird festgestellt, dass dies unterbleiben sollte im Interesse des Klimas innerhalb der Koalition, mit der man ja die Voraussetzung schaffen muss für eine Neuwahl des Ministerpräsidenten. Ziel muss sein, weiter zu regieren."

Danach liefen die weiteren Dinge ganz im Sinne Albrechts. Die Drei-Wochen-Frist verstrich, ohne dass Albrecht ein Kabinett dem Landtag vorgestellt hatte. In einer Sitzung der CDU-Landtagsfraktion am 23. Februar erklärte er schon mal, mit Walter Leisler Kiep einen Finanzministerkandidaten zu haben. Außerdem plane er, einen sozialdemokratischen und drei freidemokratische Staatssekretäre weiter in ihren Ämtern zu lassen.[385] Ein vollständiges Kabinett indes hatte Albrecht noch nicht auf seiner Liste – aus gutem Grund. Hätte er zu diesem Zeitpunkt eine komplette Mannschaft vorzuweisen gehabt, wäre der Druck wohl groß gewesen, diese gleich auch dem Landtag vorzustellen – mit dem Risiko einer dortigen Ablehnung in offener Abstimmung. Auf diese Weise aber, indem ein paar personalpolitische Botschaften von Albrecht verbreitet wurden, die in den Ohren überzeugter Liberaler positiv klingen mussten, schärfte er sein Profil: Albrecht trat wie einer auf, der gewillt war, auf Frei- und Sozialdemokraten zuzugehen. Das Klima zwischen den Fraktionen blieb gleichwohl gereizt. Wenige Wochen zuvor hatte sich ein Zwist über die Terminfrage abgezeichnet – die CDU wollte möglichst rasch nach Ablauf der Drei-Wochen-Frist die nächsten Schritte im Landtag ablaufen lassen, die SPD möglichst spät, da ihr neuer Kandidat Karl Ravens zunächst „gründlich eingeführt werden sollte"[386] Ein Zeitraum zwischen dem 4. und dem 18. Februar wäre in Betracht gekommen. Die Entscheidung oblag dem Landtagspräsidenten, und Heinz Müller legte den 6. Februar fest. Der bisherige Wirtschaftsminister Küpker von der FDP erklärte später, vor dem dritten Wahlgang sei er von Albrecht angerufen worden mit dem Ziel, ihm ein anderes als das Wirtschaftsressort schmackhaft zu machen. In diesem Gespräch habe Albrecht schon selbstsicher geklungen, auch im dritten Wahlgang siegen zu können.[387]

Am Freitag, 6. Februar, startete dann die Landtagssitzung unter neuen politischen Voraussetzungen: Anstelle von Helmut Kasimier trat Karl Ravens an, der – da nicht Mitglied des Landtags – mit seiner damaligen Frau von der Loge

385 Protokoll der CDU-Landtagsfraktionssitzung am 23.02.1976, in: ACDP 05-005-009/1

386 Werner Pöls, a.a.O., Seite 22

387 Gabriela I. Carmanns, a.a.O., Seiten 163/164

aus die Wahl verfolgen musste. Auf der CDU-Seite saß Albrecht, der zwar kein Kabinett vorweisen wollte, intern aber schon den einen oder anderen Namen erwähnt hatte. In der Sitzung wurde erst die Auflösung des Landtags abgelehnt, dann erneut eine Ministerpräsidentenwahl gestartet, die um 11.52 Uhr mit einem Ergebnis endete. Diesmal gab es nur noch eine ungültige Stimme. Albrecht bekam 79 Stimmen – das hieß, dass nun zwei Abgeordnete aus der Koalition für den CDU-Kandidaten gestimmt haben mussten. Für Ravens sprachen sich 75 Abgeordnete aus, immerhin einer mehr, als Kasimier im zweiten Wahlgang bekommen hatte. Das war ein großartiger Sieg für Albrecht. Der CDU-Abgeordnete und Historiker Pöls, der das Geschehen später zu Papier brachte, lobte die Tatsache, dass die Christdemokraten keine Zeichen des Triumpfes gezeigt hätten. Bei der SPD breitete sich Niedergeschlagenheit aus, aber Form und Respekt wurden gewahrt. Ravens, Kubel, von Oertzen, Kreibohm und Hüper hätten Albrecht als erste gratuliert – und damit ihre Rolle als „faire Verlierer" bewiesen.[388] Albrecht beeilte sich sodann, von einem „Regierungswechsel" zu sprechen und das überhöhte Wort vom „Machtwechsel" abzulehnen – ein kluger Schritt angesichts der Tatsache, dass der neue Ministerpräsident, der für seine Regierung nun keine offene Bestätigung im Landtag mehr brauchte, gleichwohl ein Ministerpräsident ohne Parlamentsmehrheit war. Er führte nun eine Minderheitsregierung, hatte also den Auftrag, für den Haushalt und alle anderen wichtigen Gesetze um Zustimmung bei Sozialdemokraten und Freidemokraten zu werben.

Die Abläufe im Landtag, die im dritten Wahlgang nun mit dem Sieg Albrechts endeten, lösten heftige Debatten aus. Aus der SPD-Fraktion wurde damals berichtet, dass die Stimmung sich wandelte: „Der Schwarze Peter wird damit von vielen SPD-Abgeordneten der FDP zugeschoben. Äußerungen wie ‚Das hat mit Landespolitik nichts zu tun und nichts mit der Kreisreform, das zielt auf die Bundestagswahl' sind zu hören. Jüngere sozialdemokratische Abgeordnete fordern, endlich wieder ohne Rücksicht auf die FDP aus der Opposition heraus ‚sozialdemokratische Politik' zu machen. Und das zur Not auch gegen Bonner Wünsche, zumal in der dortigen Koalition ja auch schon einiges am Wackeln sei."[389] Am Abend dieses Tages, der für die SPD so bitter ausging, tagte noch der SPD-Landesausschuss im Fraktionssaal der SPD im Landtag. Dort erklärte der SPD-Bezirksvorsitzende Peter von Oertzen laut Protokoll: „Bei der Wahl

388 Werner Pöls, a.a.O., Seite 24
389 Karsten Plog: Die SPD sucht neuen Halt, in: Hannoversche Allgemeine Zeitung vom
     07.02.1976

heute Morgen ist zum Ausdruck gekommen – das ist die einhellige Meinung der Fraktion –, dass hier offenbar weder die landespolitischen Sachfragen und schon gar nicht die Personen ausschlaggebend waren und eine Rolle gespielt haben, sondern dass offenbar längerfristige Überlegungen da waren, und zwei Abgeordnete zielbewusst ihre Stimme für Albrecht abgegeben haben. Wir haben dem Koalitionspartner angedeutet, dass mit großer Wahrscheinlichkeit die ‚Dunkelmänner‘ nicht mehr in den Reihen unserer Fraktion zu suchen sind, haben aber gleichzeitig klar gemacht, dass es unser Interesse sein muss, nicht durch Anfeindungen das Koalitionsklima in Bonn zu trüben."[390] Über diese Aussage wurde dann noch diskutiert – und mehrere Teilnehmer drückten offenbar ein Bedürfnis aus. Ohne Hinweis auf den konkreten Wortführer wurde hier zitiert: „Die Genossen draußen wünschen Verstärkung in ihrer Überzeugung, dass die ‚Dunkelmänner‘ nicht bei uns waren. Es ist Aufgabe der Fraktion, hier eine Sprachregelung zu finden."[391]

Das war die Zwickmühle, in der sich vor allem die SPD nun befand, aber auch die FDP: Zumindest bis zur Bundestagswahl durfte das Verhältnis von SPD und FDP nicht zusätzlich destabilisiert werden – denn das hätte sonst Folgen für die Beständigkeit der sozialliberalen Koalition in Bonn haben können. Während sich in der SPD jetzt die Überzeugung verbreitete, es könnten eigentlich nur Abgeordnete der FDP gewesen sein – denn man hatte ja in der Kreisreform alle Konfliktfelder vor dem dritten Wahlgang beiseite geräumt –, kam man gleichzeitig den Bundestagswahlen näher und damit der Pflicht, wahltaktische Überlegungen zu beherzigen. Nichts hätte die SPD auf Bundesebene stärker belasten können als eine niedersächsische Landespartei, die über ihren früheren Partner FDP herfällt und damit Signale der Disharmonie nach Bonn sendet. Aber das waren machtpolitische Gesichtspunkte. Die am 6. Februar zugefügten Verletzungen waren aber gleichzeitig so schwer und tief, dass die Ereignisse wohl das Verhältnis von Sozial- und Freidemokraten auf Dauer belasteten. Für die FDP war die Situation auch nicht sonderlich komfortabel: So sehr beispielsweise Genscher damals schon überlegt haben könnte, früher oder später an der Seite von Helmut Kohl eine effektivere Politik treiben zu können – so sehr musste ihm dieses Signal jetzt, knapp zwei Jahre nach Antritt des Teams Schmidt/Genscher als Kanzler und Vizekanzler, ungelegen kommen. Es war schlicht zu früh für einen Wechsel auf der Bundesebene. Der FDP-Landesparteitag am 24. April 1976 in Braunschweig bot für Groß Gelegenheit, das für die Übergangszeit konzipierte

390 Protokoll der SPD-Landesausschuss-Sitzung vom 06.02.1976, in: FES-AsD
391 Protokoll der SPD-Landesausschuss-Sitzung vom 06.02.1976, in: FES-AsD

Modell näher zu beschreiben: Es gehe darum, die eigenen Ziele zu verfolgen und dabei Vorschläge der CDU-geführten Minderheitsregierung wie der SPD vorurteilslos zu prüfen. Von „Tolerierung" wollte FDP-Fraktionschef Hedergott, der sich auf dem Parteitag dazu näher äußerte, nichts wissen. Dagegen aber war, wie der Zeitzeuge Rolf Zick beschreibt, Widerspruch laut geworden. Insbesondere der bisherige Wirtschaftsminister Erich Küpker habe sich für eine rasche Koalitionsbildung mit der CDU ausgesprochen.[392] Der Bundestagsabgeordnete Detlef Kleinert habe ähnlich argumentiert und gemeint, die FDP müsse „in die Regierung, um wieder Boden unter den Füßen zu bekommen".

5.8. Die Aufarbeitung des Unfassbaren

In den Wochen und Monaten danach waren die bisherigen Koalitionspartner vor allem damit beschäftigt, ihre Wunden zu lecken. Der damals erst seit zwei Jahren im Landtag vertretene Walter Hirche weiß noch, wie die Suche bei der SPD nach den Überläufern startete. „Man schaute und prüfte – und merkte bald, dass zehn mögliche Namen zusammengekommen waren, die überwiegende Mehrheit waren Sozialdemokraten. Irgendwann merkte Peter von Oertzen, dass das alles keinen Sinn hatte und nur geeignet war, noch mehr Unfrieden in die eigenen Reihen zu bringen. Also hat man irgendwann diese Sache eingestellt, nach etwa sechs Monaten. Für viele war es auch allzu einfach, die Schuld der FDP zuzuschieben."[393] Auf der anderen Seite aber verstärkte die SPD in den Wochen und Monaten nach der Wahl Albrechts auch ihre Bemühungen, die Kooperation mit der FDP trotz der widrigen Umstände nicht abbrechen zu lassen. Hirche erinnert sich noch an eine gemeinsame Zugfahrt mit Peter von Oertzen im Sommer 1976, als dieser nachdrücklich auf den FDP-Mann einredete mit dem Ziel, eine gemeinsame harte Oppositionsstrategie mit Ablehnung des Haushalts und allen anderen Schritten nahe zu legen – schließlich, so die Argumentation von Peter von Oertzen, habe Albrecht gegen den Wählerwillen die Macht errungen und bleibe auch immer noch ohne Mehrheit im Landtag. Hirche ließ sich jedoch nicht beeindrucken. „Wir wählten aber einen anderen Weg, den der ‚konstruktiven Opposition' – und wir erreichten vieles in vielen kleinen Einzelfragen. Das war ja auch deshalb nicht so schwer, weil Albrecht uns umwarb und möglichst bald eine Koalition im Landtag mit uns bilden wollte." Die SPD muss in den Monaten nach der Wahl Albrechts intensiv über verschiedene

---

392 Rolf Zick: Walter Hirche, Hildesheim 2014, Seite 108
393 Gespräch mit Walter Hirche am 29.09.2020

Varianten und Wege beraten haben. Das ergibt sich etwa aus dem Protokoll der Sitzung des SPD-Bezirksvorstandes Hannover am 9. Oktober 1976. Dort berichtete der Vorsitzende Peter von Oertzen, dass sich der geschäftsführende Landesausschuss mit dem Parteivorsitzenden Willy Brandt getroffen und intensiv über die Lage in Hannover gesprochen habe. „Von einem konstruktiven Misstrauensvotum hat der Genosse Brandt abgeraten. In der anschließenden Diskussion erklärte Genosse von Oertzen auf Anfrage, das auch Genosse Ravens zur Zeit ein konstruktives Misstrauensvotum nicht als opportun ansieht. Diese Haltung soll allen Ortsvereinen bekannt gemacht werden."[394] Wie wäre auch ein „konstruktives Misstrauensvotum" abgelaufen? Laut Verfassung hätte auch dieses nur in einer geheimen Wahl bestehen können, und die hätte erneut das Risiko gehabt, dass die Überläufer ein weiteres Mal für Albrecht stimmen. Wenn das Motiv der Abweichler darin bestanden haben sollte, die Bundestagswahl am 3. Oktober zu beeinflussen, dann hätten SPD und FDP jetzt, nach der Bestätigung der Bundesregierung bei der Bundestagswahl, die Hoffnung auf eine Rückkehr der Geschlossenheit von SPD und FDP durchaus haben können. Zwei Dinge aber sprachen doch dagegen: Erstens hatte Albrecht im Laufe des Jahres 1976 keine Entscheidung gefällt oder Aussage getroffen, die ihn etwa bei der FDP in Verruf gebracht hätte, er präsentierte sich vielmehr als eher liberaler Christdemokrat. Schwachstellen wie etwa die Affäre um die NS-Belastung des Justizministers Puvogel waren noch nicht bekannt, diese tauchten erst später auf. Zweitens war mit jedem Tag, den Albrecht länger regierte, die alte SPD/FDP-Koalition gefühlt einen Tag weiter entfernt und umso mehr Vergangenheit gewesen. Bei nüchterner Abwägung musste also das „konstruktive Misstrauensvotum" der formellen SPD/FDP-Mehrheit im Landtag gegen die Minderheitsregierung Albrecht als wenig erfolgversprechend gelten.

Unterdessen belebten die Vorgänge im Landtag auch die politische Wissenschaft. Der Staatsrechtslehrer Theodor Eschenburg veröffentlichte noch im Februar 1976 in der „Zeit" einen Aufsatz, in dem er auf das grundsätzliche Problem der freien Wahl hinwies. Seit dem 17. Jahrhundert, führte er aus, gelte das Prinzip der geheimen Papstwahl. In der Weimarer Republik sei der Kanzler vom Reichspräsidenten ernannt worden – habe aber zurücktreten müssen, sobald der Reichstag ihm das Vertrauen entzog (sofern keine Sonderbestimmung angewandt wurde wie seit dem ersten Präsidialkabinett von Heinrich Brüning). Die Länder-Ministerpräsidenten seien aber schon damals geheim gewählt

---

394 Protokoll der Sitzung des SPD-Bezirksvorstandes Hannover am 09.10.1976, in: FES-AsD

worden. Eschenburg führt aus, dass erst das konstruktive Misstrauensvotum gegen Willy Brandt 1972, resultierend aus dem Übertritt von SPD- und FDP-Abgeordneten zur CDU/CSU-Fraktion, das Thema der geheimen Wahl in den Mittelpunkt der politikwissenschaftlichen Aufmerksamkeit gerückt hatte. Die SPD-Abgeordneten hätten sich bei diesem Misstrauensvotum im Bundestag enthalten – und hätten so aus Protest dagegen, dass nicht offen abgestimmt wurde, ein Zeichen setzen wollen: Sie blieben einfach auf ihren Plätzen sitzen und beteiligten sich nicht am Urnengang. Der Autor erwähnte noch andere Varianten, wie Fraktionen sich verhalten könnten – und er schilderte einen Vorgang im Berliner Abgeordnetenhaus im Jahr 1951. Damals sei sich die CDU ihrer Geschlossenheit nicht ganz sicher gewesen und habe per Beschluss jeden Abgeordneten verpflichtet, seinem Sitznachbarn im Plenum vor der Stimmabgabe seinen ausgefüllten Stimmzettel zu zeigen. Ein Verfahren, das aus heutiger Sicht große verfassungsrechtliche Zweifel wecken dürfte. Eschenburg gab in seinem Beitrag für die „Zeit" keine eindeutige Empfehlung ab, ob man die bisherigen Vorschriften ändern sollte und wenn ja wie. Er deutete aber an, dass „moderne Demokratisierungstendenzen" dazu führen könnten, Abgeordnete stärker zur Rechenschaft ihres Verhaltens gegenüber der eigenen Partei zu zwingen – sie sollten abweichendes Verhalten stets begründen müssen. Nur so könne verhindert werden, dass einzelne „aus egoistischen Motiven dem politischen Gegner ihre Stimme geben, etwa um persönlichen Nutzen zu erreichen oder Schaden von sich abzuwenden".[395] Gleichzeitig wies der Staatsrechtler aber darauf hin, dass jede Änderung der Vorgaben langwierig und schwierig sei, da sie tief in das Parlamentsrecht und in die Selbstständigkeit des Abgeordneten eingreifen müsse. Ein solcher Weg aber sei schwierig und alle, die ihn gehen wollten, müssten mit erheblichen Widerständen rechnen.

Der CDU-Landtagsabgeordnete und Historiker Werner Pöls, der die Ereignisse im Landtag ein Jahr später in einem Aufsatz reflektiert hatte, lieferte noch einen anderen Vorschlag für eine Reform: Wenn man von der geheimen Wahl des Ministerpräsidenten im Landtag abweichen wolle, könne man ja ein neues Prinzip einführen: Man könne generell der stärksten Fraktion im Landtag den Auftrag zur Bildung der Koalition übertragen.[396] In diesem Fall wäre eine Konstellation, wie sie 1974 im Landtag und 1976 im Bundestag vorkam, von vornherein undenkbar gewesen – dass nämlich die SPD als zweitstärkste Kraft ein Bündnis mit der drittgrößten Fraktion gegen die stärkste Fraktion bildet.

---

395 Theodor Eschenburg: „Nur noch ein alter Zopf", in: „Zeit" vom 13.02.1976
396 Werner Pöls, a.a.O., Seite 20

Der Spitzenkandidat der Partei, die bei den Wahlen die meisten Stimmen erhält, hätte nach diesem Modell automatisch die Aufgabe, eine Koalition zu bilden und dafür eine Mehrheit zu organisieren. Die Wahl des Regierungschefs wäre dann eigentlich nur noch eine Formsache, wenn sie überhaupt noch nötig wäre – denn es wäre in jedem Fall Aufgabe der stärksten Fraktion, den Regierungschef zu stellen.

Pöls' Aufsatz erschien 1977, ein Jahr später lieferte Walter Seuffert, Rechtsprofessor aus München und zeitweise in Bayern SPD-Abgeordneter, eine Antwort darauf. Er wog zunächst ab, welchen Sinn geheime Abstimmungen haben können – das gelte etwa für die Fragen eines Regierungssitzes, wenn Abgeordnete aus Wahlkreisen frei von der Rechtfertigung dafür sein sollten, warum sie sich für eine Stadt ausgesprochen haben, die fern von ihrem Heimatort liegt.[397] Dann erläuterte Seuffert, dass seit dem ersten Bundestag ein Konsens in der Republik herrsche – offene Abstimmung bei Sachentscheidungen, geheime Abstimmung allenfalls bei Personalfragen. Seuffert versuchte jetzt, diese Position zu entkräften. Bei offener Wahl müsse jeder Abgeordnete, der gegen die Fraktionslinie verstößt, zwar mit massiven Anfeindungen rechnen. Nun sei es sicher geboten, Mandatsträger vor Verleumdungen und Angriffen schützen, aber diese seien in der Praxis häufig ja schon dann gegeben, wenn lediglich ein Verdacht im Raum stehe. Der Rechtsprofessor kam dann zu dem Schluss: „Die geheime Wahl kann bei einer Regierungsbildung nur dann als tragfähige Grundlage gelten, wenn man sicheren Grund zu der Annahme hat, dass die Wahl auch bei offener Abstimmung kein anderes Ergebnis gehabt hätte – als wenn man sie ebenso gut hätte offen vornehmen können. Daraus lässt sich aber sicherlich keine Begründung für Geheimwahlen ableiten und erst recht kein Grund dafür, Spannungen in Kauf zu nehmen, die auch bei unwesentlichen Abweichungen des Ergebnisses der Geheimabstimmung von dem, was als ‚normal' zu erwarten gewesen wäre, unvermeidlich sind."[398] Aus Sicht von Seuffert seien Geheimwahlen in Parlamenten nur gerechtfertigt und unbedenklich, wenn es um echte Personalentscheidungen innerhalb des Parlamentes gehe – also um den Parlamentspräsidenten etwa. „In allen anderen Fällen verstoßen sie gegen den Öffentlichkeitsgrundsatz und beeinträchtigen und entwerten die freie Entscheidung des Wählers."[399]

---

397 Walter Seuffert: Über geheime Wahlen und Abstimmungen in Parlamenten, Hannover 1978, Seite 11
398 Walter Seuffert, a.a.O., Seite 25
399 Walter Seuffert, a.a.O., Seite 26

Unterstützung für die Rufe nach einer Beendigung des Prinzips der geheimen Wahl leistete schon im Januar 1976, nach dem zweiten Wahlgang der Ministerpräsidentenwahl in Niedersachsen, der schleswig-holsteinische SPD-Politiker Norbert Gansel. Im „Stern" erklärte er mit einem Verweis auf die Abstimmung über das konstruktive Misstrauensvotum gegen Kanzler Willy Brandt 1972 im Bundestag: „Was Bonn durchgemacht hat, wird heute in Hannover durchlitten: die Spekulation auf Überläufer, der Triumph der Feigheit im Parlament, die große Stunde der Denunzianten in den Fraktionen, der provozierte Bruch in der Koalition, die drohende Regierungsunfähigkeit."[400] 1979 kam der Politologe Winfried Steffani zu der Erkenntnis, dass es zu den Errungenschaften der parlamentarischen Demokratie gehöre, wenn die Abgeordneten als Vertreter ihrer Wählerschaft den Auftrag zur Wahl des Regierungschefs sichtbar umsetzen – also nachvollziehbar.[401] So engagiert diese Debatte seinerzeit auch geführt wurde – einen Ausfluss auf Entscheidungen im Landtag oder in anderen deutschen Parlamenten hatte sie in den Jahren danach nicht. So schnell, wie das Thema auf der politischen und politikwissenschaftlichen Tagesordnung war, verschwand es dann auch wieder – um später wieder aufzuflammen.

2009, wenige Jahre nach merkwürdigen Stimmergebnissen nach den Ministerpräsidentenwahlen in den Landtagen von Schleswig-Holstein und Thüringen, meldete sich der Politologe Frank Decker zu Wort und forderte in einem Beitrag für die Zeitschrift „Berliner Republik": „Schafft die Geheimwahl ab!" Er führte dabei ein Argument an, das in den siebziger Jahren, einer Zeit von vorherrschenden Zwei- oder Drei-Fraktionen-Parlamente und vor der Gründung der Grünen, noch keine Rolle spielte: die Vielfalt der politischen Gruppierungen in den Volksvertretungen. Decker stellte zunächst fest: „Auch die Bestellung der Regierungschefs in den Parlamenten, die als Nachvollzug der Regierungsbildung eigentlich eine Formsache sein sollte, birgt zunehmend Überraschungen."[402] In den meisten Fällen führe das nicht, wie bei Heide Simonis in Kiel, zum Scheitern der vorher vereinbarten Koalition – die Abweichler begnügten sich meistens damit, „ihrem Kandidaten einen Denkzettel zu verpassen". Während die Geheimwahlen der Regierungschefs von Bund und Ländern inzwischen als selbstverständlich hingenommen würden, handele es sich dabei „in Wirklichkeit um einen schwerwiegenden Verstoß gegen die Prinzipien der Demokratie".

---

400 Norbert Gansel im „Stern" vom 22.01.1976: Schluss mit der Geheimniskrämerei
401 Winfried Steffani: Parlamentarische und präsidentielle Demokratie, Opladen 1979, Seite 89
402 Frank Decker: „Schafft die Geheimwahlen ab!", Berliner Republik 11 (2009)

Danach erläuterte er: „Wenn grundlegende Parlamentsentscheidungen dem Transparenzgebot unterliegen, so ist nicht einzusehen, warum davon ausgerechnet die Entscheidung über die Bildung und den Bestand einer Regierung ausgenommen sein soll. Bei dieser handelt es sich ja um eine politische Richtungsentscheidung schlechthin. Gerade hier haben die Wähler einen Anspruch zu erfahren, wie sich ‚ihr' Abgeordneter bei der Abstimmung verhält." Decker räumt ein, dass es gute Gründe für Abgeordnete geben könne, von ihrer Parteilinie abzuweichen – etwa dann, wenn sich eine Partei nach der Wahl von den Positionen entferne, die sie noch im Wahlkampf vertreten habe. So sei es zum Beispiel 2008 in Hessen gewesen, als die SPD-Spitzenkandidatin nach der Wahl ein Bündnis mit den Linken eingehen wollte[403] – obwohl sie dies vorher noch definitiv ausgeschlossen hatte.

Allerdings betonte Decker, nur persönliche Gründe von Abgeordneten – etwa den, sich bei der Bildung des Kabinetts übergangen zu fühlen – könnten nicht akzeptiert werden. Deshalb sei es ja so wichtig, offen zu wählen. „Demokratie heißt also, dass die Parlamentarier für ihr ‚abweichendes' Verhalten vor dem Wähler einstehen müssen." Decker wurde in seiner Argumentation noch schärfer: „Es zeugt von wenig Mut, wenn Abgeordnete, die einem Koalitionsvertrag auf Parteitagen in offener Abstimmung ihr Platzet geben, unter dem schützenden Deckmantel der Geheimwahl im Parlament genau das Gegenteil tun."

Der Beitrag von Decker beweist, wie sehr die unvorhergesehenen Ereignisse bei geheimen Wahlen in Landtagen immer noch geeignet sind, eine heftige Diskussion über die Grundsätze der parlamentarischen Demokratie auszulösen – und zwar immer dann, wenn es neue Anlässe dazu gibt.

5.9. Die FDP wendet sich Ende 1976 der CDU zu

Der CDU-Landtagsabgeordnete Reinhard von Schorlemer aus Osnabrück weiß noch genau, wie schwierig es in den ersten Monaten nach der Wahl Albrechts gewesen sei, mit der FDP eine normale Gesprächsebene zu schaffen. „Insbesondere bei Fraktionschef Hedergott waren die Vorbehalte groß, wir mussten viel unternehmen, damit er erst einmal grundsätzlich bereit war, uns zu vertrauen." Vielleicht, meint Schorlemer rückblickend, sei die CDU in der Oppositionszeit auch mit dem FDP-Fraktionschef zu hart umgesprungen.[404]

---

403 Vgl. Kapitel 9
404 Gespräch mit Reinhard von Schorlemer am 22.10.2020

Am 3. Oktober endeten die Bundestagswahl und die Kommunalwahlen mit Ergebnissen, die vor allem für die FDP eine Erleichterung bedeuteten. Trotz starker Zugewinne der CDU/CSU unter Kanzlerkandidat Helmut Kohl konnte das sozialliberale Bündnis in Bonn fortgesetzt werden, für die FDP in Niedersachsen bedeuteten die Kommunalwahlen auch keine Abstrafung. Der FDP-Landesvorstand stellte sich am 9. Oktober auf kommende Entscheidungen ein und beschloss, dass der Landesvorsitzende „in Gesprächen mit CDU und SPD weitere Informationen zu den bisher allgemeinen Absichtserklärungen" einholen soll[405]. Anders ausgedrückt: Groß sollte abklopfen, welche Zugeständnisse Albrecht gegenüber der FDP zu machen bereit ist. Am 19. Oktober berichtete CDU-Fraktionschef Bruno Brandes in der CDU-Landtagfraktion über die aktuelle Lage – und er nahm auch Bezug zu einem Artikel im „Stern", der von „Liebesspielen an der Leine" berichtete, den ersten Bemühungen um die Bildung einer Koalition aus CDU und FDP. Brandes witterte, dass dieses zarte Pflänzchen zertreten werden könnte – und gab die Parole aus: „Disziplin ist das Gesetz der Stunde"[406] Bisher habe es zu Sach- und Personalfragen nicht einmal erste Kontakte gegeben, und man wolle auch „zu derartigen gezielten Störversuchen" keine Stellung nehmen. Wie gespalten die Position gerade auf der Seite der FDP war, zeigen einige knappe Beschlüsse. In der Sitzung des CDU-Landesvorstandes am 1. November 1976 wurde mitgeteilt, dass FDP-Landtagsfraktion und Parteivorstand mit 16 zu zwölf Stimmen bei einer Enthaltung beschlossen hatten, eine siebenköpfige Verhandlungskommission zu bilden. Der Landesausschuss, also „kleine Parteitag" der FDP, habe dies dann in geheimer Abstimmung mit 70 zu 55 Stimmen bestätigt.[407] Es kam zu Gesprächen der beiden Partner, und bei dieser Gelegenheit floppte auch wieder das Thema Kreisreform hoch. Als die CDU-Landtagsfraktion am 21. Dezember 1976 einen Bericht vom Vorsitzenden Brandes zum Stand der Dinge hörte, war dieser mit einer Rüge verbunden: Einzelne Landtagsabgeordnete hätten wohl die Debatte über die Kreisreform nicht gerade sensibel geführt, dabei komme es doch darauf an, eine Koalition mit der FDP zu bilden. Dies konnte nur bedeuten, dass Brandes davor warnte, die bisherigen Pläne der Kreisreform, die ja vor allem Pläne des damaligen Innenministers und amtierenden FDP-Landesvorsitzenden Rötger Groß waren, schlecht zu reden. Brandes und die Spitze der CDU wussten genau,

---

405 Protokoll der FDP-Landesvorstandssitzung amn 09.10.1976, in: ADL 15541

406 Protokoll der CDU-Fraktionssitzung vom 19.10.1976, in: ACDP 05-005-009/1

407 Protokoll der CDU-Landesvorstandssitzung vom 01.11.1976, in: ACDP 05-005-013/1

welch hoher Stellenwert für die Freien Demokraten mit dieser Reform verbunden war – und sie wollten eigentlich die Botschaft aussenden, dass die CDU natürlich bereit sei, am Erfolg dieses Vorhabens mitzuwirken. In dieser Sitzung der CDU-Landtagsfraktion kam auch das äußerst knappe Abstimmungsergebnis über die neue Koalition auf dem FDP-Landesparteitag am 11. Dezember zur Sprache: 164 Delegierte plädierten für ein Zusammengehen mit der CDU in einer neuen Regierung, 162 waren dagegen, einer hatte sich enthalten.[408] Zick schrieb dazu später mit Verweis auf Kleinert, dass verschiedene Kreise in der FDP damals „nächtelang in kleinen Zirkeln geredet und gerungen" hätten – allen sei klar gewesen, wie bedeutsam die Entscheidung sein musste, denn davon hänge ja auch ab, wie man den Parteimitgliedern gegenübertrete.[409]

So hing es am Ende dann doch an einer äußerst knappen Entscheidung des FDP-Parteitages, der abweichend von der Koalitionsaussage 1974 eine Festlegung für die Beteiligung an der Regierung Albrecht beschloss. Die beiden FDP-Minister Rötger Groß (Innen) und Erich Küpker (Wirtschaft) kehrten auf ihre Posten zurück, die sie nach Albrechts Wahl am 6. Februar 1976 verlassen mussten. Viel Glück indes war der FDP damit zum Jahresbeginn 1977 nicht beschert, denn schon bei der folgenden Landtagswahl im Juni 1978, anderthalb Jahre später, flog die FDP aus dem Landtag und damit auch aus der Regierung. Einer von denen, die bei der knappen Parteitagsentscheidung für die Beteiligung an der Albrecht-Regierung geworben hatten, weil sie eine stabile Regierung für das Land als ihren demokratischen Auftrag ansahen, war der FDP-Abgeordnete Kurt Rehkopf aus Wunstorf. Wenn er heute auf die damaligen Abläufe zurückschaut, fällt sein Urteil eher negativ aus: „Der Preis, den wir für unsere Regierungsbeteiligung Ende 1976 zu zahlen hatten, war allerdings sehr hoch: Albrecht überließ uns wieder das Innenressort, damit die Zuständigkeit für die vor Ort heftig umkämpfte Kreisreform. Das war aus heutiger Sicht ein vergiftetes Geschenk."[410]

Der damalige persönliche Referent des neuen Kultusministers Werner Remmers, Hermann Bröring, erinnert sich noch an interne Diskussionen in der frischen Landesregierung, beispielsweise um die Frage, ob Niedersachsen im Bundesrat die Polen-Verträge passieren lassen sollte: „Wilfried Hasselmann war skeptisch, er wollte Franz Josef Strauß nicht verärgern. Doch Albrecht, Schnipkoweit, Remmers und Kiep beharrten auf der Zustimmung. Helmut Kohl

408 Protokoll der CDU-Fraktionssitzung vom 21.12.1976, in: ACDP 05-005-009/1
409 Rolf Zick: Walter Hirche, Hildesheim 2014, Seite 111
410 Gespräch mit Kurt Rehkopf am 04.11.2020

wandte sich daraufhin an Albrecht und meinte: ‚Ernst, das musst Du jetzt Strauß beibringen'. Strategisch war diese Entscheidung aber besonders wichtig, sie war aus landespolitischer Sicht eine Eintrittskarte für die FDP in die Koalition."[411] Am 5. Dezember 1976 war der Koalitionsvertrag zwischen Christ- und Freidemokraten geschlossen worden, die knappe Zustimmung der FDP beim Parteitag folgte dann sechs Tage später – und am 19. Januar 1977 wurde die neue Landesregierung dann im Landtag vereidigt. Das geschah ein Jahr und fünf Tage nach der ersten aufsehenerregenden Landtagssitzung im Januar 1976. Zwar war dieses Bündnis dann nur von kurzer Dauer, doch die Wiederannäherung von CDU und FDP auf Bundesebene, die in Niedersachsen durchgesetzt wurde, mag auch ein Signal nach Bonn gewesen sein. Das neue Regierungsbündnis in Hannover beendete hier schon einmal die sozialliberale Ära, die einige Jahre später dann auch woanders Vergangenheit sein sollte.

---

411 Gespräch mit Hermann Bröring am 26.10.2020

Abb. 1: *Helmut Kasimier (links) und Helmut Greulich in der hinteren Sitzreihe der SPD-Fraktion im Landtag, im Augenblick der Verkündung des Wahlergebnisses am 15. Januar 1976. Foto: Weihs/dpa*

Abb. 2: *Ernst Albrecht und Helmut Kohl bei einem Wahlkampfauftritt vor dem hannoverschen Rathaus im Mai 1978*

Abb. 3: *Karl Ravens bei der SPD-Feier zu seinem 90. Geburtstag im August 2017, hier im Gespräch mit Frauke Heiligenstadt.*

Abb. 4: *Peter von Oertzen bei einem Auftritt im Landtagswahlkampf 1978 vor dem Wunstorfer Rathaus.*

Abb. 5: *Rötger Groß (links, neben Klaus Wallbaum) bei einer Diskussionsveranstaltung zur Kreisreform im Februar 1984 in Wunstorf. Foto: Achim Süß*

6. Wer waren die Überläufer?

Seit Jahrzehnten bleibt die Frage ungeklärt: Wer waren die Abgeordneten aus den Fraktionen der SPD oder der FDP (oder beiden), die im Januar und Februar 1976 nicht für den Kandidaten der Koalition gestimmt haben? Die ersten Spekulationen blühten bereits während der aufregenden Ereignisse im niedersächsischen Landtag – und später kochte das Thema immer wieder hoch. Dieses Buch wird das Rätsel nicht lösen, aber der Anspruch besteht, immerhin die möglichen Beweggründe genauer zu beschreiben. Dazu sollen die verschiedenen Motive dargestellt und gegeneinander abgewogen werden.

6.1. Waren es enttäuschte Landräte?

Ein paar Wochen vor seinem Tod war im August 2017 Karl Ravens, der langjährige Oppositionsführer im Landtag, noch einmal in einer Veranstaltung seiner Genossen aufgetreten – Anlass war die Ehrung zu seinem 90. Geburtstag. Der schon von schwerer Krankheit gezeichnete Ravens blickte noch einmal zurück auf das Schicksalsjahr 1976, das auch für ihn persönlich eine entscheidende Wegmarkierung war. „Es hat im ganzen Land gegärt wegen der nicht abgeschlossenen Kreisreform. Aber wir meinten, einen Ministerpräsidenten neu wählen zu müssen", sagte der SPD-Altvordere zu seinen Parteifreunden.[412] Damit war wieder einmal ein Zusammenhang formuliert, der seit den Ereignissen von 1976 immer wieder vorgetragen wurde – der eigentliche Grund dafür, dass die Wahl von Helmut Kasimier und später Karl Ravens zum neuen Ministerpräsidenten schief gegangen war, sei die Kreisreform gewesen. Genauer war der Versuch gemeint, gegen erhebliche lokale Bedenken und Bürgerproteste mehrere Kreise aufzulösen, ihnen den Rang der Kreishauptstadt zu nehmen und damit auch etliche Stellen von Landräten, Fraktionschefs in Kreistagen oder auch nur einfachen Kreistagsabgeordneten abzuschaffen. Von besonderer Bedeutung war dieser Akt damals auch deshalb, weil es noch die nach dem Zweiten Weltkrieg geschaffene „Zweigleisigkeit" in der kommunalen Ämterverteilung gab. Formal erster Mann in jedem Landkreis war der ehrenamtliche Landrat, in den größeren Städten der ehrenamtliche Oberbürgermeister. Ihm stand zur Seite eine hauptamtliche Kraft als Oberkreisdirektor oder Oberstadtdirektor, der die

---

412 Politikjournal Rundblick vom 13.08.2017: „Karl Ravens und die geschundene Seele der SPD"

Führung der Verwaltung zu leisten hatte, aber in der öffentlichen Wahrnehmung hinter dem Landrat oder Oberbürgermeister bleiben sollte. Erst 1996 hat die damalige SPD-Alleinregierung dieses Modell abgeschafft. Auch in anderen Ländern, etwa Nordrhein-Westfalen, ist es inzwischen verschwunden.

Im Landtag gab es also 1976 noch eine starke Gruppe von Landräten, Fraktionschefs in Kreistagen und Stadträten der Großstädte, die neben ihrem Amt als hohe Repräsentanten ihrer Kommunen noch ein Landtagsmandat ausübten. Eine Verringerung der Zahl der Landkreise und der Versuche, mehrere bisher kreisfreie Großstädte „einzukreisen", sie also zu kreisangehörige Städten herabzustufen, war also direkt eine Bedrohung ihrer kommunalen Position. Dort, wo benachbarte Kreise zusammengelegt werden sollten, bedeutete dieser Schritt ein Startzeichen für kommunalen Konflikte – dort musste dann, nicht häufig innerhalb einer Partei, ausgehandelt werden, welcher von zwei Landräten künftig übrigbleiben durfte und wer zurückstecken musste. Nicht wenige hatten sich diese Zumutung seitens der Landespolitik verbeten. Der damalige enge Mitarbeiter von Peter von Oertzen, Klaus Wettig, hat die Geschichte der niedersächsischen SPD intensiv studiert und dazu viele Aufsätze veröffentlicht. Seine Theorie heute lautet, dass die drei ungültigen Stimmen im ersten und im zweiten Wahlgang auf das Konto der SPD gegangen seien – als Zeichen des Protestes vermutlich gegen die Kreisreform. Die Stimmen für Albrecht aus der Koalition, die dann folgten, seien von FDP-Abgeordneten gekommen.[413] In einem Zeitungsgespräch mit dem Redakteur Michael B. Berger wagte Wettig später sogar eine Vermutung, wer zunächst die ungültigen Stimmen abgegeben haben könnte – und er nannte den Holzmindener Landrat Reinhold Schultert, den Alfelder Landrat Wilhelm Hinsche und den Abgeordneten Kurt Klay aus Bad Gandersheim[414]. Schon im Januar 1976, noch vor dem dritten Wahlgang, waren ähnliche Hinweise laut geworden – auf Schultert, der eine Zuordnung von Holzminden zu Alfeld strikt ablehnte, auf den SPD-Abgeordneten und Landrat Helmuth Bosse aus Wolfenbüttel, der seinen Kreis nicht an Helmstedt habe annähern wollen, sowie auf Hermann Hildebrand aus Aurich und Jürgen Thölke aus Delmenhorst.[415] Aber sind derartige Vermutungen, die damals wie heute immer wieder geäußert werden, überzeugend?

---

413 Gespräch mit Klaus Wettig am 30.09.2020
414 Hannoversche Allgemeine Zeitung vom 18.01.2016: „Wer machte Ernst Albrecht zum Ministerpräsidenten?" von Michael B. Berger
415 „Stern" vom 22.01.1976: Als die Stimmen ausgezählt waren: Schock und Tränen auf der Regierungsbank

Einer, der hier Widerspruch anmeldet, ist der damalige junge Landtagsabgeordnete Rolf Wernstedt, der 1974 erstmals ins Parlament gewählt wurde
und zum Kreis der Bildungspolitiker in der SPD gehörte. Er bezweifelt, dass ein
Politiker wie etwa Schultert in diesem Fall gegen die Linie der eigenen Partei
gestimmt hätte: „Schultert kam aus Schlesien. Meine Erfahrung mit sehr vielen, die als Vertriebene in der Landespolitik gewirkt haben, ist die: Sie sind
sehr grundsatztreu und wirken wie ein Fels in der Brandung, wenn es ihnen
um wirkliche Anliegen geht – etwa den Schutz des eigenen Landkreises vor der
Auflösung. Aber am Ende sind sie dann doch loyal."[416] Der damalige Fraktionsgeschäftsführer der SPD, Reinhard Scheibe, neigt zu einer ähnlichen Einschätzung: „Wilhelm Hinsche in Alfeld, Reinhold Schultert in Holzminden oder auch
der Landrat Hermann Hildebrand in Aurich – sie alle waren so tief verwurzelt
in der SPD, dass ich ihnen dieses Verhalten nicht zugetraut hätte."[417] Immerhin berichtet der damalige SPD-Landtagsabgeordnete und inoffizielle Anführer
der Linken in der Fraktion, Wolfgang Pennigsdorf, dass die Kommunalpolitiker
in jener Zeit eine eigene Gruppe gebildet hätten – und voller Groll die jeweils
aktuellen Pläne aus dem FDP-geführten Innenministerium zur Kreisreform verfolgten.[418] Aber wäre daraus der Schluss zu ziehen, dass sie sich für die Ministerpräsidentenwahl einen Racheakt vorgenommen hätten?

Der damalige Zeitzeuge Helmut Rieger beschrieb in seinem 1995 erschienenen Buch die Gruppe der Kommunalpolitiker in der SPD, die im Laufe des
Jahres 1975 ihren Protest gegen die Kreisreform deutlich artikulierte, mit den
schon erwähnten Namen Schultert, Hildebrand und Wilhelm Kammann, dem
Bürgermeister von Varel im heutigen Kreis Friesland.[419] Sie sind alle bereits
verstorben. Das gilt ebenso für Helmuth Bosse aus Wolfenbüttel. Rieger
erwähnte in dieser Reihe noch einen weiteren Namen, den des Delmenhors-
ter SPD-Politikers Jürgen Thölke. Er wehrte sich gegen den Plan, seiner Stadt
die Kreisfreiheit zu nehmen und sie mit dem benachbarten Kreis Wesermarsch
zu fusionieren. Thölke, der heute im Ruhestand in Delmenhorst lebt, spricht
mit Blick auf die damalige Zeit von fünf Abgeordneten, die innerhalb der
SPD-Fraktion vehement gegen die Planungen protestierten – und immerhin
einen Aufschub der Abstimmungen über die Kreisreform erreichten.[420] Thölke

---

416 Gespräch mit Rolf Wernstedt am 14.10.2020
417 Gespräch mit Reinhard Scheibe am 18.09.2020
418 Gespräch mit Wolfgang Pennigsdorf am 13.10.2020
419 Helmut Rieger: Alles hat seine Zeit, Hannover 1995, Seite 70
420 Gespräch mit Jürgen Thölke am 28.10.2020

erinnert sich: „Nach den Ereignissen von 1976 gerieten wir Abweichler sofort in den Verdacht, unseren Protest gegen die Kreisreform bei der Ministerpräsidentenwahl ausgedrückt zu haben. Das ist aber völliger Quatsch. Wieso sollten wir den Ministerpräsidenten stürzen, wenn wir nicht wissen konnten, wie eine neue politische Konstellation mit der Kreisreform umgehen würde. Viel besser aus unserer Sicht wäre es doch gewesen, wir hätten Helmut Kasimier zum neuen Ministerpräsidenten gewählt und später dann, bei der Abstimmung über die Kreisreform, unser Nein manifestiert – und die Regierung damit zur Überarbeitung der Pläne gezwungen. In diesem Fall wären wir die Helden gewesen. Jetzt aber, da der Verdacht auf uns fiel, wurden wir plötzlich an den Pranger gestellt."

Die Darstellung von Thölke weckt den Verdacht, der erhebliche Unmut in der SPD über die geplante Kreisreform habe eine perfekte Kulisse geboten, hinter der sich die wahren Abweichler mit ganz anderen Motiven hätten verstecken können. Da offenkundig war, wie unzufrieden viele SPD-Abgeordnete mit den – noch nicht beschlossenen – Plänen zur Kreisreform waren, musste bei einer Niederlage Kasimiers der Blick zuerst auf die verärgerten Kommunalpolitiker fallen.

Es gibt aber noch eine andere Erklärung, die nun wieder nahelegt, die kommunale Gebietsreform könne tatsächlich ein Grund für einen „Racheakt" einzelner SPD-Abgeordneter gewesen sein. Diese Theorie stellt der frühere CDU-Landtagsabgeordnete Clemens-August Krapp auf. Krapp beschreibt, die in der Wahlperiode von 1970 bis 1974 laufende Gemeindereform sei eine bunte Mischung aus kleineren und größeren Einheiten gewesen, in der viele ehrenamtlich geführte Dörfer ihre Selbstständigkeit einbüßen mussten. In der letzten Phase dieser Reform sei es noch um die Bereiche Cloppenburg (eine CDU-Hochburg) und Ostfriesland (eine SPD-Hochburg) gegangen. In einer entscheidenden Phase, die sich um die Neuordnung im Cloppenburger Raum drehte, habe der Innenausschussvorsitzende Wilhelm Kammann (SPD) den erkrankten Landtagsvizepräsidenten Leo Reinke aus Cappeln (Kreis Cloppenburg) in der Klinik besucht. Am Krankenbett habe der SPD-Mann Kammann dann versprochen, dass Cappeln eigenständig bleibt und nicht – wie es zunächst geplant war – mit dem benachbarten Emstek vereinigt wird.[421] Krapp sieht hier eine Ursache für erheblichen Unmut auf SPD-Seite: „Bei den Sozialdemokraten sprach sich herum, dass bei Cappeln und Emstek eine Ausnahme auf Druck der CDU gemacht wurde – während vorher in Gegenden mit

---

421 Gespräch mit Clemens-August Krapp am 21.10.2020

einer starken SPD-Prägung auf ein Entgegenkommen in Detailfragen verzichtet wurde. Das hat zu einer ganz erheblichen Verärgerung bei mehreren SPD-Abgeordneten im Landtag geführt." In eine ähnliche Richtung gehen auch die Einschätzungen des damals frisch in den Landtag gewählten FDP-Abgeordneten Walter Hirche. Er berichtet über die Verletzungen und Verstimmungen, die in der vorangegangenen Legislaturperiode die Gemeindereform vielerorts hinterlassen habe. Maßgeblich für die Durchsetzung dieser Reform sei damals einer der wichtigen Strippenzieher in der SPD-Landtagsfraktion gewesen, der Abgeordnete Ernst-Georg Hüper. Ausgerechnet dieser Politiker war nun aber als neuer Finanzminister und Nachfolger des zum Ministerpräsidenten nominierten Kasimier vorgesehen. Hier könnte laut Hirche ein Motiv gelegen haben – mindestens eine der ungültigen Stimmen gegen Kasimier hätte dann nicht ihm gegolten, sondern indirekt dem designierten Finanzminister Hüper.[422]

In dieser Sichtweise waren es also nicht die – 1976 noch unausgegorenen – Kreisreformpläne, die zu einem nachhaltigen Protestverhalten in Teilen der SPD-Fraktion führten, sondern die Nachwirkungen der bereits abgeschlossenen Gemeindereform, die mal mit mehr und mal mit weniger Nachdruck umgesetzt worden war. Oder war es eine Zusammenballung von mehreren Problemen und Streitigkeiten, die dann in der Debatte über die Kreisreform kulminierten? Der Schaumburger SPD-Landtagsabgeordnete Herbert Saß, der im Zuge der Reform später seinen Posten als ehrenamtlicher Landrat einbüßte und sich auf die Landtagsarbeit konzentrieren musste, kann als Benachteiligter der Reform gelten – denn für ihn, der vorher eine starke Rolle in seinem alten Kreis hatte, bedeutete der Verlust von Posten auch ein Verlust der Bühne, auf der er sich präsentieren konnte[423]. Ein erhoffter Ausgleich durch neue Aufgaben im Landtag aber bot sich ihm nicht – als langjähriger Vorsitzender des Haushaltsausschusses (seit 1967) hätte er eigentlich 1976 in Betracht kommen müssen bei der Nachfolge von Helmut Kasimier als Finanzminister. Schon vor der Landtagswahl 1970 war über seine Benennung für dieses Amt spekuliert worden[424]. Doch die SPD entschied sich sowohl 1970, als auch 1974 und 1976 vorher intern für einen anderen, 1976 für den Abgeordneten Ernst-Georg Hüper. Der Versuch von Herbert Saß, 1970 Innenminister zu werden, scheiterte fraktionsintern, er erhielt die geringsten Stimmen aller Bewerber[425] Nach dieser Vorgeschichte konnte Saß

---

422 Gespräch mit Walter Hirche am 29.09.2020
423 Vgl. Abschnitt 8.4.
424 „Rundblick intern" vom 21.05.1970
425 Vgl. Abschnitt 4.3. Saß bekam nur drei Stimmen.

als doppelter Verlierer der aktuellen Entwicklung jener Jahre bezeichnet werden. „Er war auch noch in einer Zwickmühle, weil er die Kreisreformpläne lange Zeit verteidigen musste, während die Neubildung des Landkreises Schaumburg intern heftig umkämpft war – und Saß auch wiederholt angefeindet wurde", erinnert sich der damalige SPD-Unterbezirksvorsitzende Ernst Kastning.[426] Als Hüper in der SPD-Fraktion vor der Ministerpräsidentenwahl 1976 als neuer Finanzministerkandidat nominiert wurde, war übrigens eine Stimme ungültig gewesen.[427] Schon bei der Vorbereitung im Landesausschuss hatte es kein geschlossenes Bild für ihn gegeben. Klaus Wettig erinnert sich, dass in der Fraktion Hüper ohne Gegenkandidat geblieben war. „Trotzdem war Saß sehr verbittert über die Art und Weise, wie mit seiner Kompetenz umgegangen wurde."[428]

Ein wichtiger Grund spricht gegen die These, die Kreisreform könne Auslöser der Enthaltungen und Albrecht-Stimmen aus der Koalition gewesen sein: Vor der dritten, entscheidenden Wahl im Landtag am 6. Februar 1976 hatte die SPD nämlich klar signalisiert, alle strittigen Teile der Kreisreform aussetzen zu wollen. Einen entsprechenden Beschluss in den SPD-Gremien gab es zudem. Als dann trotzdem drei Abgeordnete der Koalition am 6. Februar aus der Geschlossenheit ausscherten (zwei Stimmen für Albrecht, eine ungültige Stimme) konnte das so interpretiert werden: An der Kreisreform konnte das nun nicht mehr gelegen haben, zumindest wäre ein sachlicher Grund dafür nicht mehr vorhanden gewesen – denn die Reform war ja vor dem 6. Februar von SPD und FDP bereits abgesagt worden.

6.2. Waren es Lehners und „die Rechten" in der SPD?

Gegenstand von Mutmaßungen, aus seiner Ecke seien die ungültigen Stimmen bei der Ministerpräsidentenwahl gekommen, war immer auch der frühere Innenminister Richard Lehners, der in den sechziger Jahren als möglicher nächster Ministerpräsident gegolten hatte und seitdem in den eigenen Reihen einen erheblichen Autoritätsverlust erleiden musste. Zweimal, 1967 und 1970, hatte er sich gegen die Bewerber der Parteiführung in der SPD-Landtagsfraktion als neuer Innenminister durchgesetzt. Sein Aufstieg, der sich wiederholt gegen das Establishment in der eigenen Partei richtete, wurde dann spätestens seit 1970 von starken Anfeindungen bestimmter linker Kräfte in der eigenen Partei begleitet.[429] So musste er 1974 nach

---

426 Gespräch mit Ernst Kastning am 05.11.2020
427 So Helmut Rieger: Alles hat seine Zeit, Hannover 1995, Seite 71
428 Gespräch mit Klaus Wettig am 10.11.2020
429 Ausführlich beschrieben in den Abschnitten 4.2. und 4.3.

Bildung der SPD/FDP-Koalition das geliebte Innenressort abgeben – und mit der erneuten Nominierung von Alfred Kubel zum Ministerpräsidenten musste Lehners 1974, mit damals 56 Jahren, klar sein, dass eine weitere politische Karriere für ihn unwahrscheinlich geworden war. Er selbst war 1976 schon 58 Jahre alt, hätte zur nächsten Landtagswahl 1978 die 60 erreicht. Die anderen zunächst genannten Bewerber für die Kubel-Nachfolge waren 1974 erheblich jünger: Kasimier war 48, Helmut Greulich 51 und Karl Ravens 47 Jahre alt. Wollte also Lehners ein Zeichen setzen, da er nichts mehr zu verlieren hatte und ihm sein Lebenstraum, selbst einmal Regierungschef zu werden, verwehrt geblieben war?

Eckehard Peil, der einst als persönlicher Referent des Innenministers Lehners die Rote-Punkt-Aktion in Hannover erlebte und auch in Pressekonferenzen reagieren musste, wenn der Minister von linker Seite in der SPD wegen des angeblich überzogenen Polizeieinsatzes angegriffen wurde, sieht Lehners nicht als einen möglichen Überläufer. Peil war 1974 selbst in den Landtag gewählt worden und gehörte zusammen mit seinem früheren Chef zu denen, die man wohl als „die Rechten" in der Partei bezeichnen konnte. Wie sieht Peil heute die Rolle von Lehners? „Er wollte 1974 nicht mehr Minister werden – er war es bis 1974 sieben Jahre lang gewesen und hatte genug. Vielen hatte er vor den Kopf gestoßen und kam jetzt nicht mehr in Frage. Das wusste er auch und akzeptierte es. Klar war, dass er seinen Gewerkschaftskollegen Helmut Greulich gern als neuen Ministerpräsidenten gesehen hätte."[430] Greulich indes war inzwischen aus gesundheitlichen Gründen und wegen Kubels Beharrlichkeit ausgeschieden, und weil Ravens lieber in Bonn bleiben wollte, war nur Kasimier von den möglichen Bewerbern übrig geblieben. Klaus Wettig erinnert sich an Lehners' Situation 1974 ganz anders als Eckehard Peil: „Zu den Verbitterten gehörte auch Richard Lehners, der der Partei- und Fraktionsführung vorwarf, man habe ihn, obwohl er eine exzellente Arbeit bei der Verwaltungs- und Gebietsreform geleistet habe, 1974 fallen gelassen und das Innenministerium wie selbstverständlich an Rötger Groß abgegeben."[431]

Mehrere Gründe sprechen nun dagegen, dass Lehners oder seine Getreuen hier als Überläufer bei der Ministerpräsidentenwahl tätig wurden. Zunächst war Kasimier kein ausgewiesener Vertreter der Linken, sondern in seiner Rolle als Fraktionschef und später als Finanzminister bekannt für seine vermittelnde, um Ausgleich bemühte Art. Dass es eine Feindschaft zwischen ihm und Lehners gegeben hätte, ist nicht bekannt. Sicher war Lehners in manchen Fragen, etwa

---

430 Gespräch mit Eckehart Peil am 01.10.2020
431 Gespräch mit Klaus Wettig am 10.11.2020

den Spielbanken, weit aufgeschlossener als Kubel, der sich hier strikt weigerte, oder auch als Kasimier, der in dieser Frage nicht weit von Kubel entfernt war. Doch seit den entscheidenden Landtagsdebatten musste klar sein, dass der CDU-Ministerpräsidentenkandidat Ernst Albrecht hier ebenfalls eine ausgesprochen kritische Haltung eingenommen hatte. Im Übrigen waren die wesentlichen Entscheidungen zur Konzessionsvergabe 1976 schon geschehen, die Weichen also gestellt. Womöglich hatte es Lehners seinem langjährigen Widersacher Kubel nicht gegönnt, dass dieser an seiner Stelle seit 1970 Ministerpräsident war – aber das Debakel von 1976 bestrafte nun nicht Kubel, sondern Kasimier, Ravens und die gesamte SPD. Und Kasimier war, trotz aller Vorbehalte, die Lehners gegen ihn gehabt haben mag, immerhin derjenige gewesen, dessen Verzicht auf das Innenministerium 1970 ihm selbst noch einmal die Chance zur Rückkehr ins Kabinett ebnete. Wirkliche Anfeindungen hatte Lehners vor allem von linken Kräften in der SPD erfahren, wobei die Unterstellung, dahinter hätte der prominenteste Linke in der SPD gesteckt, Peter von Oertzen, wohl unbegründet war. Als kluger Stratege hätte Lehners aber die Folgen eines Scheiterns der Ministerpräsidentenwahl für die SPD einschätzen müssen – nämlich so, wie sie dann tatsächlich eintraten: Die SPD in Niedersachsen geriet erst jahrelang in die Opposition und verlor Gestaltungsmöglichkeiten. Zehn Jahre später dann, inzwischen symbolisiert durch Gerhard Schröder, positionierte sich die Partei mit einer noch stärkeren linken Prägung und versuchte einen Neustart. Dass dies eine Wunschperspektive von Lehners gewesen sein könnte, darf wohl ausgeschlossen werden.

Im „Stern" wurde schon im Januar 1976 offen spekuliert, Lehners sei vermutlich der einzige politische Akteur im niedersächsischen Landtag gewesen, dem man den nötigen Mut und die Verschlagenheit zugetraut habe, über sein Abweichler-Verhalten die Machtverhältnisse zu ändern und dies auch vorher geschickt einzufädeln. Indem man eine Absicht zum Seitenwechsel intern der CDU mittteilte, könnte dies dort als Wink für später nötige Weichenstellungen[432] aufgenommen werden. Vielleicht, wie der Autor des „Stern"-Artikels damals meinte, weil Lehners zurück zu einer Großen Koalition und damit sein Comeback in der niedersächsischen erreichen wollte? Dies war, wie gesagt, schon im Januar 1976 geschrieben worden, noch vor dem entscheidenden dritten Wahlgang. Der weitere Verlauf der Ereignisse widerspricht der damals im Lichte der aktuellen Eindrücke niedergeschriebenen Mutmaßung. Ernsthafte Bemühungen um eine Große Koalition hatte es nach der

---

432 „Stern" vom 22.01.1976: Als die Stimmen ausgezählt waren: Schock und Tränen auf der Regierungsbank

Wahl Albrechts zum Ministerpräsidenten nicht gegeben, die SPD hätte sich wohl auch nie darauf eingelassen. Nicht unerwähnt bleiben soll hier aber ein Erlebnis des damals noch jungen SPD-Landtagsabgeordneten Wolfgang Schultze, der kurz vor dem ersten Wahlgang am 14. Januar 1976 gemeinsam mit seinem Kollegen Friedel Bertram dem CDU-Landesvorsitzenden Wilfried Hasselmann begegnete: „Unser letztes Angebot an Euch ist die Große Koalition, richtet Euern Genossen das aus", habe ihnen Hasselmann zugerufen, während sich Schultze und Bertram gerade auf dem Weg zu einer internen Fraktionssitzung befanden.[433] War das nun neckisch und unernst gemeint, um den politischen Gegner mal eben zu verunsichern – oder steckte dahinter ein ernster Plan, den manche auch in der CDU hegten? Allein der Zeitpunkt der Aussage, just der Tag der Wahl des Ministerpräsidenten im Landtag, spricht hier gegen eine Ernsthaftigkeit, die hinter dieser eher flapsigen Hasselmann-Aussage gesteckt haben könnte.

Dass „die Rechten" in der SPD-Landtagsfraktion einen Aufstand geprobt haben könnten, um „die Linken" zu entmachten, ist noch aus einem anderen Grund unwahrscheinlich: Die SPD war in der Koalition mit der FDP bereits verpflichtet, viele linke Positionen – etwa in der Bildungspolitik – wieder aufzugeben und zu relativieren. Außerdem war von Oertzen, die Reizfigur all jener, die einen Linksrutsch als Bedrohung auffassten, nicht mehr im Kabinett. In der Hochschulpolitik begehrte die FDP auf, sobald sie befürchtete, der neue Minister Joist Grolle werde linken Kräften zu stark die Türen öffnen. Das Hauptthema der öffentlichen Auseinandersetzungen, die Kreisreform, war keines, das Lehners in ähnlicher Weise wie viele Kommunalpolitiker erzürnt hätte. Sachliche, rationale oder strategische Gründe, die eine Boykott-Aktion von Lehners und Getreuen gegenüber der SPD-Spitze gerechtfertigt hätte, sind nicht zu erkennen.

6.3. Waren es Politiker der FDP?

Die Koalition zwischen SPD und FDP war von vornherein keine Entscheidung, die konfliktlos und in großer Einmütigkeit zustande gekommen wäre. Die Koalitionsaussage für die Zeit nach der Landtagswahl 1974, also die Entscheidung zugunsten der SPD, war auf dem Landesparteitag mit 202 gegen 66 Stimmen getroffen worden. Bei einer Probeabstimmung in der neuen elfköpfigen FDP-Fraktion soll es dann sieben Ja- und vier Nein-Stimmen für das neue Bündnis mit der SPD gegeben haben – wobei in damaligen Presseveröffentlichungen

---

433 Gespräch mit Wolfgang Schultze am 08.10.2020, vgl. auch Abschnitt 5.7.

hervorgehoben wird, dass die FDP eine solche Abstimmung vehement bestritten habe.[434] Gabriela I. Carmanns zitierte die „Deutsche Tagespost" aus Würzburg vom 18. Juni 1974, in der es hieß, es seien sechs Abgeordnete für, vier gegen die Koalition gewesen – und einer habe sich enthalten. In der gleichen Ausgabe wurde der damalige wirtschaftspolitische Sprecher der FDP-Bundestagsfraktion, Otto Graf Lambsdorff, mit den Worten zitiert, die FDP müsse sich „wohl überlegen, mit wem sie koaliere".[435] Der „Spiegel" nannte 1976 sogar drei Namen von FDP-Abgeordneten, die Gegner einer Zusammenarbeit mit der SPD gewesen seien – Heinrich Jürgens (Diepholz), Gustav Ernst (Braunschweig) und Kurt Rehkopf (Wunstorf).

Ernst und Jürgens sind gestorben, und Rehkopf liefert eine Erklärung dafür, warum er, der engagierte Handwerks- und Mittelstandspolitiker, seinerzeit als möglicher Skeptiker gegenüber einer Kooperation mit der SPD genannt wurde: Er sei in der Frage der Koalitionsaussage auf dem Landesparteitag vor der Landtagswahl nicht bei denen gewesen, die sich für eine Positionierung zugunsten der SPD ausgesprochen hatten. Auch den Plan der SPD, im neuen Bildungsurlaubsgesetz auch Lehrlingen Anspruch auf Bildungsurlaub zu geben, habe er zu dem Zeitpunkt, in einer wirtschaftlich prekären Lage für viele kleine Betriebe, nicht befürworten können.[436] Später, als das Gesetz dann im Landtag zur Abstimmung stand, sei er dem Plenum fern geblieben. Er habe es also nicht verhindert, aber immerhin sein Missfallen damit zum Ausdruck gebracht.

Für die Hypothese, dass die Überläufer aus den Reihen der FDP gekommen sein könnten, sprechen einige Hinweise: Die FDP war immer noch gespalten in einen eher bürgerlich-konservativen Flügel, der über viele Jahre in der Partei bestimmend war, und in den sozialliberalen Teil, der vor allem durch den Landesvorsitzenden Rötger Groß repräsentiert wurde. 1976 bestand die sozialliberale Koalition in Bonn sieben Jahre, und die überlieferte Aussage von Graf Lambsdorff nach der niedersächsischen Landtagswahl 1974 deutete schon darauf hin, dass einige Kritiker einer weiteren Annäherung an die SPD vorhanden waren – auch auf Bundesebene. Aus Sicht der FDP-Führung in Bonn aber musste die Terminierung in Hannover denkbar ungünstig sein: Für Mitte Januar 1976 stand die Ministerpräsidentenwahl im niedersächsischen Landtag

434 „Spiegel" vom 16.02.1976: Einfach liberal, wär' das schön
435 Gabriele I. Carmanns: Geschichte und Politik des niedersächsischen Landesverbandes der FDP in seiner Umbruch- und Konsolidierungsphase 1967 bis 1978, Aachen 2000, Seite 153
436 Gespräch mit Kurt Rehkopf am 08.06.2018

an, Anfang Oktober folgte dann die Bundestagswahl. Erst im Frühjahr 1974 hatte sich nach dem Rücktritt von Willy Brandt und dem Umzug von Walter Scheel in die Villa Hammerschmidt eine neue politische Konstellation in Bonn ergeben – mit Helmut Schmidt, dem in Wirtschaftsfragen profilierten, in vielen Inhalten sehr FDP-affinen neuen Kanzler, und Hans-Dietrich Genscher als neuem starken Mann in der FDP. Sollte nun nach zwei Jahren dieses Bündnis in Frage gestellt werden, weil starke Kräfte in der FDP eine Hinwendung zur CDU wollten? Ein solches Signal aus Niedersachsen konnte der Bonner FDP nicht recht sein. Noch stärker gilt das angesichts der dann eingetretenen prekären Abläufe im Landtag – die FDP hatte sich vor der Landtagswahl für die SPD als Partner ausgesprochen, verdeckt bleibende Überläufer hatten die Koalition beendet. Aber ein solches Agieren aus dem Hinterhalt war auch geeignet, das Vertrauen in die Geschlossenheit der Partei an sich zu erschüttern.

Nach Albrechts Wahl im Landtag legten Genscher und die FDP-Führung großen Wert darauf, dass die niedersächsische FDP sich nicht zu schnell, auf jeden Fall nicht vor der Bundestagswahl, zu Koalitionsgesprächen mit der CDU bereit erklärt. Schon Ende Januar 1976, noch vor dem entscheidenden dritten Wahlgang im Landtag, wurde über demonstrative Vertrauensbeweise zwischen Schmidt und Genscher auf Bundesebene berichtet – Schritte offenbar, die vor der Bundestagswahl auf jeden Fall den Eindruck einer Entfremdung zwischen den Partnern zerstreuen sollten.[437] Offenbar plagte die FDP damals die Sorge, ihre Unzuverlässigkeit als Koalitionspartner könnte abträglich für die Bundestagswahl werden. Die Bestätigung von SPD und FDP bei der Bundestagswahl 1976, trotz eines überragend starken Ergebnisses der CDU/CSU unter Kanzlerkandidat Helmut Kohl, wirkten dann stabilisierend auf die sozialliberale Koalition in Bonn. Die FDP hatte bundesweit lediglich 0,5 Prozentpunkte eingebüßt. Die Ereignisse in Niedersachsen waren offenbar nicht prägend für die Positionierung der Freien Demokraten auf Bundesebene gewesen.

Was die Landespolitik angeht, wäre eine gezielte Sabotage-Aktion aus der FDP gegen die sozialliberale Koalition in Hannover aus mehreren Gründen unsinnig gewesen: Es drohte in der Person von Helmut Kasimier kein neuer Ministerpräsident, der autoritär gewesen oder die politischen Inhalte nach links gedrängt hätte. Die relativ komfortable Lage der FDP, in wesentlichen Politikfeldern der SPD Zugeständnisse abzutrotzen, vor allem in der Kreisreform, hätte sich mit der Wahl von Ernst Albrecht zum neuen Ministerpräsidenten kaum noch verbessern lassen. Sicher stand Albrecht, der

---

437 „Spiegel" vom 26.01.1976: FDP: „Das hält man nicht unbegrenzt durch"

Wirtschaftspolitiker, dem wirtschaftsliberalen Flügel der FDP näher als viele führende Sozialdemokraten – aber schon die Politik Kubels zeigte doch keine ausgesprochene Wirtschaftsfeindlichkeit oder mangelnde Aufgeschlossenheit gegenüber den Belangen der Unternehmen. Kasimier stand nun in fast allen Punkten für eine Fortsetzung der Kubel-Zeit, die wirtschaftspolitisch nicht als Linksrutsch bezeichnet werden kann. Dass der Aufstieg Albrechts zum niedersächsischen Ministerpräsidenten mittel- und langfristig dazu führen würde, die der FDP nahestehenden Kräfte in der CDU zu stärken und damit allmählich die Basis für eine Bündnis von Union und Freien Demokraten auf Bundesebene zu ebnen, war damals noch nicht absehbar – auch wenn schon ziemlich bald in der Frage der Polen-Verträge eine Bewegung in dieser Richtung deutlich wurde. Aber dass ein solches strategisches Ziel bei Abgeordneten der FDP bestanden haben könnte, ist gleichwohl recht unwahrscheinlich. Die in Hannover erlebte Wirklichkeit im Verhältnis von CDU und FDP war näm-lich im Vorfeld der 1976er Ereignisse eine andere: Im FDP-Landesvorstand am 15. Februar 1975, ein knappes Jahr vor der Ministerpräsidentenwahl im Landtag, wurde massiv über eine „Verunsicherungskampagne gegen FDP und SPD" geklagt, die CDU versuche sogar, „einige Personen innerhalb der FDP-Fraktion zu isolieren".[438] Wäre es das Ziel der Christdemokraten gewesen, Abgeordnete aus der FDP zu einem Wechsel in Richtung der CDU zu bewe-gen, so wäre an dieser Stelle wohl ein Umwerben angemessener gewesen als eine Konfrontationsstrategie.

Über einzelne Abgeordnete der FDP, die der CDU näher stünden als den Sozialdemokraten, ist immer wieder spekuliert worden. Rehkopf hat darauf hingewiesen, dass dies mit sachlichen Differenzen in einer Einzelfrage, der beruflichen Bildung, zu tun gehabt haben dürfte. Jürgens, der einst in der DP war und später zur FDP wechselte, geriet wegen seiner ländlich-konservativen Prägung in den Verdacht. Bei Erich Küpker, dem Wirtschaftsminister, war es ähnlich. So hielten sich nachhaltig Hinweise, das Verhältnis zwischen ihm und dem Finanzminister Kasimier, der ja nun zum Ministerpräsidenten aufsteigen sollte, sei belastet gewesen. Noch kurz vor der Ministerpräsidentenwahl im Mitte Januar 1976 soll der FDP-Minister dem SPD-Ministerpräsidentenkandidaten einen „Beschwerdebrief" geschickt und damit seine kritische Haltung zu den Sozialdemokraten verdeutlicht haben.[439] Der Brief wurde öffentlich – vielleicht mit dem Ziel, den vielleicht schwankenden FDP-Abgeordneten im Landtag

---

438 Protokoll der FDP-Landesvorstandssitzung vom 15.02.1975, vgl. auch Abschnitt 5.5.
439 „Stern" vom 22.01.1976: Als die Stimmen ausgezählt waren: Schock und Tränen auf der Regierungsbank

damit rechtzeitig vor dem Wahltag ein Trennungssignal zu senden? Oder – im Gegenteil – ein Schritt, der Spuren zu den wahren Überläufern verwischen sollte? „Küpker war ein Oldenburger – bodenständig, beharrlich, auf Erfolg ausgerichtet. Immer wieder rieb er sich mit Kasimier, der ebenso unnachgiebig war wie er", berichtet Walter Hirche, der beide damals als junger FDP-Abgeordneter kennenlernte[440]. Später, nach der Ministerpräsidentenwahl, habe Küpker Kasimier in einem längeren Brief dann aber versichert, dass er ihn bestimmt gewählt habe. Auch öffentlich ging Küpker in den Wochen nach den Ereignissen im Landtag gegen Spekulationen über seine Person an. Er wies darauf hin, dass er doch schon Minister gewesen sei und mit der Wahl Albrechts sein Ministeramt verlor, also objektiv alles andere als ein Interesse am Bruch der SPD/FDP-Koalition gehabt haben konnte.[441] Nach seinem Abschied aus dem Landtag war Küpker als Unternehmensberater aktiv, er hatte dabei auch mit Kunden zu tun, die ihrerseits mit dem Land im Kontakt standen.

Bei Gustav Ernst wird angeführt, dass er inhaltlich gegen die Kooperation mit der SPD eingestellt gewesen sei und daher aus Überzeugung deren Ende gewollt habe. Gegen Mutmaßungen, er sei ein Überläufer gewesen, setzte er sich jedoch gerichtlich zur Wehr und war dabei auch erfolgreich. So meinte der Göttinger Hochschulprofessor Ernst-August Roloff, Ernst als denjenigen öffentlich beschuldigen zu müssen, der Kasimier nicht gewählt hätte. Ernst ging dagegen gerichtlich an – und erhielt auch Schützenhilfe vom Landtagspräsidenten Heinz Müller (CDU), der Roloffs Verhalten missbilligte und ihn als „Professor für politische Machenschaften" (statt „Wissenschaften") bezeichnete. Auch das zog wieder eine juristische Auseinandersetzung nach sich.[442] In der „Zeit" wurde damals berichtet, das Verhältnis zwischen Ernst und dem Professor Roloff, der sich offen gegen den Abgeordneten stellte und ihn bezichtigte, sei schon besonders gewesen – schließlich sei es Ernst gewesen, der einst gegen Roloffs Aufnahme in die FDP Bedenken vorgetragen habe.[443] Der damalige Journalist Rolf Zick, der mit Roloff verwandtschaftlich verbunden war, führt die Konflikte noch auf die NS-Zeit zurück, Roloff und Ernst seien sich in der Hitler-Jugend begegnet und hätten bereits damals Konflikte gehabt.[444]

440 Gespräch mit Walter Hirche am 29.09.2020
441 „Spiegel" vom 20.06.1988: „Korruption, Erpressung und viel Geld"
442 Nachlass Heinz Müller, ACDP 01-910-008/2
443 Joachim Holtz: Die Sache mit Ernst, in: „Zeit" vom 19.03.1976
444 Gespräch mit Rolf Zick am 17.12.2020

Nie widersprochen wurde jedoch Hinweisen, dass es zu einer merkwürdigen Begebenheit kurze Zeit vor der Ministerpräsidentenwahl im Januar und Februar 1976 kam. Albrecht soll sich auf dem Hof des damaligen Braunschweiger CDU-Landtagsabgeordneten Carl Lauenstein mit Abgeordneten getroffen haben – und mit von der Partie sei Gustav Ernst gewesen, der FDP-Abgeordnete, der mit Lauenstein eng befreundet gewesen sein soll.[445] Hat es hier eine Besprechung gegeben, womöglich neben Ernst noch mit anderen FDP-Politikern, die der Vorbereitung der Ministerpräsidentenwahl diente? Der spätere Ministerpräsident Gerhard Glogowski, der mit Lauenstein bis zu dessen Tod 2009 gut befreundet war, berichtet: „Albrecht hat die Abweichler vorher gesehen auf dem Hof von Carl Lauenstein. Die haben sich dort verabredet. Das hat mir später Lauenstein auch bestätigt. Er hat mir aber nicht gesagt, wer alles dabei war."[446] Ernst selbst schickte dem „Stern", der über ein dubioses Treffen auf Lauensteins Hof Ende Januar 1976 berichtet hatte, eine Gegendarstellung, die dann Ende September 1976 erschien. Es stimme nicht, betonte Ernst darin, dass Albrecht ihn bei dem Treffen auf Lauensteins Hof habe überzeugen wollen, die CDU beim Weg zur Regierungspartei zu unterstützen. Das Treffen an sich bestritt der FDP-Politiker indes nicht[447]. Ob das Ernst nun wirklich entlastete? Der damalige CDU-Abgeordnete Karl-Dieter Oestmann hingegen, dem die Gerüchte seinerzeit auch zu Ohren gekommen waren, hält rückblickend von derlei Spekulationen wenig: „Bei den Überläufern hatten alle Gustav Ernst im Visier. Seine Freundschaft zu Carl Lauenstein war bekannt, und mit Ernst hatte jeder eine gut mögliche Antwort parat, auch wenn Ernst selbst das immer bestritten hat. Mit dem Hinweis auf Ernst konnte man stets andere Mutmaßungen von sich weisen."[448]

6.4. Waren es die Linken in der SPD?

Bei der Suche nach den Überläufern lohnt auch ein Blick auf den linken Flügel in der SPD, der in jener Zeit vor allem durch die Abgeordneten Wolfgang Pennigsdorf und Bruno Orzykowski geprägt war, die schon seit 1970 dem Landtag angehörten. Die beiden hannoverschen Politiker waren zeitweise eng verbunden mit dem Machtzentrum der Linken im Ortsverein Linden-Limmer, von wo

---

445 Erwähnt wird das in einem Brief, den der „Stern" zitiert, „Stern" vom 16.09.1976: Neues aus Niedersachsen
446 Gespräch mit Gerhard Glogowski am 13.10.2020
447 Gegendarstellung von Gustav Ernst, in: „Stern" am 30.09.1976
448 Gespräch mit Karl-Dieter Oestmann am 20.10.2020

aus eine politische Steuerung wichtiger personalpolitischer Entscheidungen unternommen wurde.[449] Zu Peter von Oertzen, dem Kopf und Vordenker der Linken in der SPD in Niedersachsen, hatten sie durchaus ein distanziertes Verhältnis[450], konnten also kaum als „verlängerter Arm" der Politik von Oertzens verstanden werden.

Die Vermutung, die Überläufer könnten aus den Reihen des linken SPD-Flügels gekommen sein, klingt im ersten Moment wenig plausibel. Das Ergebnis war schließlich nicht nur eine Ablösung der linken Volkspartei SPD von der Regierung zugunsten der rechten Volkspartei CDU, mittelfristig wurde über den Wechsel von Kubel zu Albrecht auch ein Übergang der – damals bundesweit einzigen – dritten Kraft FDP von der SPD zur CDU geebnet. Konnte das im Interesse der SPD-Linken sein? Sicher war die FDP nicht ihr Wunschpartner, obwohl auf der anderen Seite die politischen Haltungen und Absichten, wie sie damals etwa noch von den Deutschen Jungdemokraten vertreten wurden, Hoffnungen auf einen weiteren Gang der FDP in Richtung links wecken konnten. Von den Grünen, die als weitere kleine Kraft am Horizont erscheinen würden, war damals noch nichts zu sehen und zu hören. Dass die DKP, mit der etwa die SPD in Linden-Limmer Kontakt hielt, zur Alternative als neuer Bündnispartner der SPD werden könnte, schien extrem unrealistisch. Bei der Bundestagswahl 1972 hatte die DKP gerade mal 0,4 Prozentpunkte erreicht, bei der Landtagswahl 1974 waren es nur 0,39 Prozent gewesen.

Das einzige Motiv, das für die Linken denkbar gewesen sein könnte, gegen die Wahl von Kasimier zu stimmen und die SPD/FDP-Koalition zu beenden, könnte ein parteistrategisches sein: Die Vorstellung, dass die Sozialdemokraten in die Opposition gehen müssten und sich dann dort inhaltlich wie personell erneuern könnten. Das würde in dieser Sichtweise so viel heißen wie: Die SPD würde sich dann nach links entwickeln. Sind die Linken in der SPD durch verschiedene Maßnahmen also womöglich derart in die Ecke gedrängt worden und frustriert gewesen, dass sie eine Zukunftsperspektive nur noch in einer generellen Selbstreinigung über den Machtverlust gesehen haben könnten? Immerhin gab es wenigstens einen ausdrücklichen „Linken" im Kabinett – den Wissenschaftsminister Joist Grolle. Kasimier hatte außerdem den Ruf, als Vermittler und auf Verständigung ausgerichteter Politiker die verschiedenen Strömungen in der Partei und Fraktion miteinander versöhnen zu wollen. Es hätte aus Sicht der Linken auch schlimmer kommen können, denn einige Jahre zuvor

---

449 Vgl. Kapitel 4, besonders Abschnitt 4.2.
450 Vgl. Abschnitt 2.2.

war ja noch Richard Lehners, das Feindbild der Linken zumindest in Hannover, als möglicher Ministerpräsidentenkandidat genannt worden. Und dass jetzt das Verhalten von linken SPD-Politikern bewirken sollte, den konservativen Ernst Albrecht ins Amt des Regierungschefs zu hieven? Das widersprach logischen Erwägungen.

Allerdings ist zumindest ein Konflikt, bei dem auch Kasimier eine Rolle spielte, damals bekannt geworden: Mitte 1971 beriet der Landtag über den Plan, die Mitbestimmung der Beschäftigten des öffentlichen Dienstes auszuweiten. Es ging dabei um die Frage, wie groß der Anteil der Personalratsvertreter in den Aufsichtsräten kommunaler und landeseigener Unternehmen sein sollte – in Sparkassen, Stadtwerke-Aufsichtsräten und Aufsichtsgremien von Verkehrsunternehmen. Der Plan des niedersächsischen Innenministers Lehners sah nun vor, den Anteil der Personalratsvertreter im neuen Gesetz auf ein Drittel der Gesamtzahl festzuschreiben – während die Gewerkschaften und der linke Flügel der SPD die Hälfte der Plätze mit Vertretern der Beschäftigten besetzen wollten. Die volle Parität war in Hessen und Schleswig-Holstein schon beschlossen, aber die damalige SPD-Alleinregierung wollte so weit nicht gehen. Streit gab es daraufhin in einer Fraktionssitzung, in der Kasimier am Ende einer längeren Debatte „Einmütigkeit" zu Lehners' Vorschlag festgestellt und damit sogar eine Beschlussfassung angenommen haben soll – obwohl der linke Flügel um Pennigsdorf meinte, es habe sich zu jenem Zeitpunkt lediglich um einen unverbindlichen Diskussionsstand gehandelt. Pennigsdorf und Orzykowski beklagten daraufhin, von der Fraktionsspitze in der Sache „überfahren" worden zu sein. In dieser Frage positionierte sich dann auch von Oertzen, die Leitfigur der Linken, gegen Pennigsdorf und Orzykowski.[451] Ob dieser Vorgang eine noch offene Rechnung begründete, die die „Linken" in der SPD-Fraktion dann knapp fünf Jahre später begleichen wollten, als Kasimier auf ihre Stimmen angewiesen war?

Pennigsdorf sagt heute: „Was hätten wir davon gehabt, wenn wir das getan hätten?" Sicher hätten die Linken in jener Zeit gehofft, dass der Wechsel von Kubel zu Kasimier mit einem inhaltlichen Aufbruch verbunden worden wäre – hin zu stärkerer linker Politik, die sie sich gewünscht hätten. Aber die Alternative, die CDU, hätte all das ja noch viel weniger versprochen. Pennigsdorf erinnert sich, dass in der Zeit nach Ministerpräsidentenwahl in der SPD „jeder jeden verdächtigt" habe, dass sich an diesem Zustand eigentlich bis heute wenig geändert habe. „Irgendwann Mitte 1976 traf ich Kasimier zufällig vor dem

---

451 Ausführlich: „Spiegel" vom 02.07.1971: Mitbestimmung – dummes Zeug

SPD-Fraktionssaal und fragte, wie es ihm denn gehe. Er war mitgenommen von den Ereignissen, trat als gebrochener Mann auf – ging gebeugt und war nicht mehr so fröhlich und zu Scherzen aufgelegt wie früher. Die Vorgänge hatten ihn seelisch und körperlich total mitgenommen. Ich hatte keine Skrupel, den grassierenden Verdacht offen auszusprechen, und sagte zu ihm: ‚Du denkst doch wohl auch, dass einer von denen, die Dich damals nicht gewählt haben, ich gewesen bin – oder?' Ich wollte die Situation damit auflockern, ihn zu einem Gespräch animieren. Aber es klappte nicht, er reagierte abweisend."[452]

Jens-Rainer Ahrens aus dem Kreis Harburg, der damals zum Kreis der Linken in der SPD-Fraktion zählte, weist den Verdacht der Täterschaft für seinen damaligen Flügel in der Fraktion strikt zurück: „Es könnte jemand von den Linken gewesen sein? Nein, das hätte ich gewusst – und wenn es Bestrebungen in diese Richtung gegeben hätte, wäre ich der erste gewesen, der diese Leute zur Schnecke gemacht hätte!" Anderer Ansicht ist hingegen der damalige FDP-Abgeordnete Peter-Jürgen Rau aus Hannover. Er sieht tatsächlich eine Triebfeder für die Abweichler bei linken Kräften in der SPD, die nicht etwa die Landespolitik im Blick gehabt hätten, sondern der FDP bundespolitisch hätten schaden wollen – sie hätten damit protestiert dagegen, dass die FDP bei der Gesetzgebung über die Mitbestimmung in großen Unternehmen eine Sonderregel für die leitenden Angestellten durchgesetzt hatte.[453] Für viele Linke in der SPD, so meint Rau, sei das sozialliberale Bündnis in Bonn ein Graus gewesen, ein Hindernis dafür, dass sich die SPD in die von ihnen gewünschte linke Richtung hätte fortentwickeln können. Die Ministerpräsidentenwahl in Hannover hätte aus dieser Sichtweise den Anlass bieten können, die ungeliebte Zusammenarbeit zwischen SPD und FDP zu beenden – erst in Hannover, mittelbar dann aber auch in Bonn.

6.5. Waren es enttäuschte Bildungspolitiker?

Die Frage nach den Motiven derer, die erst Helmut Kasimier und dann Karl Ravens 1976 als neuen Ministerpräsidenten verhindert haben, kann auch mit inhaltlichen Diskussionen zusammenhängen. Die Gebietsreform, die in den meisten Wahlkreisen große Auswirkungen hatte, war ein beherrschendes Thema. Ein anderes war die Bildungspolitik. Anders als heute wurden rund um die Frage, wie die Schule organisiert werden soll, ideologische Kämpfe ausgefochten. „Das war eine hochemotional aufgeladene Debatte, die ganz viele Politiker stark

---

452 Gespräch mit Wolfgang Pennigsdorf am 13.10.2020
453 Gespräch mit Peter-Jürgen Rau am 01.10.2020

bewegt hat", erinnert sich der SPD-Politiker Jens-Rainer Ahrens, der damals als Schulpolitiker seiner Fraktion im Landtag wirkte[454]. Die SPD sei vorgeprescht und habe die Gesamtschule als gesetzliche Schule einrichten wollen – nicht als Regelschule, das dreigliedrige System aus Gymnasium, Real- und Hauptschule sollte weiter bestehen. Aber dort, wo die Kommunen es wollten, sollten sie nach den Vorstellungen der Sozialdemokraten auch Gesamtschulen aufbauen können. Ahrens erinnert sich, dass die FDP offen für Veränderungen gewesen sei, aber trotzdem wie die CDU von der Skepsis geprägt war. Würde die Gesamtschule mittel- oder langfristig das Gymnasium verdrängen? Ein anderes Thema war der Neuaufbau von größeren Schulzentren, der auch schon deshalb nötig wurde, weil die geburtenstarken Jahrgänge in die Schulen drängten und die bisherigen Unterrichtsräume zu knapp wurden. Für viele Beobachter aber war die Verknüpfung von neuen, großen Schulzentren und die Zusammenführung verschiedener Schulformen zu einer Gesamtschule wie eine Kampfansage an die bisherige, von Tradition geprägte und recht überschaubare Schullandschaft.

Die wesentlichen Weichen wurden bereits gestellt zu der Zeit, als die SPD noch allein im Landtag regierte, die FDP nur außerhalb des Parlamentes blieb und der Kultusminister Peter von Oertzen hieß – also jener SPD-Politiker, der damals bundesweit als Kopf des linken Flügels in der Sozialdemokratie gegolten hatte. Im Mai 1974, kurz vor der Verabschiedung des Schulgesetzes im Landtag und mitten im Wahlkampf für die Landtagswahl einen Monat später, warf der CDU-Schulpolitiker Werner Remmers in einer emotionalen Parlamentsdebatte der SPD vor, sie verberge ihren geplanten „Marsch zur integrierten Gesamtschule" hinter einem „harmlosen Mäntelchen"[455], er sprach von einer „Rutschpartie in ein unerprobtes integriertes Gesamtschulsystem"[456]. Noch heftiger war eine Diskussion, die ein gutes Jahr vorher im Landtag stattgefunden hatte, in der es um die inhaltlichen Leitlinien für die reformierte Oberstufe ging, genauer um die Frage, mit welchen Themenkomplexen sich der Politikunterricht kurz vor dem Abitur zu beschäftigen hat. Es ging um Leitlinien, an deren Erstellung der ein Jahr später in den Landtag gewählte und viele Jahre später zum Kultusminister aufgestiegene Sozialdemokrat Rolf Wernstedt maßgeblich beteiligt gewesen war. Wernstedt erinnert sich, dass die Autorenschaft des Papiers anfangs nicht klar erkennbar gewesen sei und manche diese irrtümlicherweise von Oertzen selbst zugesprochen hatten. Das sei dann für die CDU ein gefundenes Fressen

454 Gespräch mit Jens-Rainer Ahrens am 19.10.2020
455 Stenographischer Bericht der Landtagssitzung vom 08.05.1974, Spalte 9998
456 Stenographischer Bericht der Landtagssitzung vom 08.05.1974, Spalte 10004

gewesen.[457] Ziel der Leitlinien sei es gewesen, ein wissenschaftlich fundiertes Verständnis des Marxismus zu vermitteln – in Abgrenzung zu vielen, die in jener Zeit mit dem Begriff agierten und keine Vorstellung von seinen Inhalten hatten.

Die Diskussion über diese Handreichungen, die im Auftrag des Kultusministeriums erarbeitet worden waren, lief im Landtag Ende Januar 1973 auch deshalb außergewöhnlich heftig ab, weil nach dem eher sachlich argumentierenden CDU-Bildungsexperten Remmers der wirtschaftspolitische Sprecher der CDU-Landtagsfraktion, Ernst Albrecht, ans Rednerpult getreten war. Albrecht erhob mehr oder weniger deutlich den Vorwurf, die Regierung plane eine von Indoktrination geprägte Bildungspolitik. Mit Zitaten begründete er seine Haltung, die Schüler sollten nach den Regierungsplänen im Politikunterricht nicht die Vor- und Nachteile der marxistischen Theorie gegeneinander abwägen, sondern den marxistischen Grundvorstellungen vorbehaltlos folgen. Es gehe nicht mehr darum, die Funktionsweisen des aktuellen Wirtschaftssystems zu begreifen. „Nein, der Schüler muss erkennen, das ist alles nur gemacht, um die wahren Verhältnisse zu verschleiern. Das hat keinerlei Ernsthaftigkeit."[458] Die Kritik von Albrecht gipfelte dann noch in einem weitreichenden Satz: „Wenn Sie meinen – ich sage das in allem Ernst, meine Herren Kollegen –, dass in den niedersächsischen Schulen in Zukunft den Kindern Wertvorstellungen suggeriert werden, die den Wertvorstellungen der Eltern fundamental entgegengesetzt sind, dann muss der Ruf nach Aufhebung des staatlichen Schulzwangs und des staatlichen Schulmonopols ertönen."[459]

Diese Zuspitzung in der Albrecht-Rede führte im Landtag zu fast tumultartigen Szenen. Kultusminister von Oertzen, offenbar betroffen von der Schärfe der Albrecht-Angriffe, sprach von „Unverschämtheit und Unverfrorenheit" des CDU-Politikers und hielt ihm vor, sich „entblödet" zu haben. In der Folge verließen dann viele CDU-Abgeordnete empört den Saal.[460] Der Minister begründete dann, im Marxschen Sinn sei die Diktatur des Proletariats immer die Herrschaft der Mehrheit gewesen, nicht in der Leninschen Interpretation die Herrschaft einer Partei oder Clique – und er grenzte sich deutlich von Verhältnissen ab, wie sie in der DDR oder in der Sowjetunion herrschten. Dann meldete sich der damalige SPD-Fraktionschef Helmut Kasimier zu Wort und unterstellte der CDU, sie habe die Debatte absichtlich eskalieren lassen, um ihre

457 Gespräch mit Rolf Wernstedt am 14.10.2020
458 Stenographischer Bericht der Landtagssitzung vom 26.01.1973, Spalte 6027
459 Stenographischer Bericht der Landtagssitzung vom 26.01.1973, Spalte 6030
460 Stenographischer Bericht der Landtagssitzung vom 26.01.1973, Spalte 6031

Haltung zu demonstrieren. Daraufhin ging wieder Albrecht ans Mikrophon und meinte: „Herr Kultusminister, ich bin ihr entschiedener Gegner, wenn ich den Eindruck habe, dass sie der marxistischen Unterwanderung in den Schulen nicht den entsprechenden Widerstand entgegensetzen."[461]

Das Außergewöhnliche an dieser Landtagsdebatte, die sich wegen ihrer Schärfe im Gedächtnis vieler Politiker einprägte, war nicht der Streit über den Marxismus-Begriff oder über die Leitlinien für die Oberstufe, die selbst nach Ansicht von Oertzens damals wohl nicht besonders glücklich formuliert gewesen waren. Das Bemerkenswerte war vor allem die Konstellation der Akteure: Angegriffen wurde von der CDU Peter von Oertzen, der als Kopf der SPD-Linken das „rote Tuch" für viele Christdemokraten war. Angreifer war aber nicht der Bildungsexperte Remmers, der eher ruhig und sachlich auftrat, auch nicht der Oppositionsführer und Spitzenkandidat für die ein Jahr später stattfindende Landtagswahl, Wilfried Hasselmann. Vielmehr wurde der Streit leidenschaftlich angeführt vom späteren Ministerpräsidenten Ernst Albrecht, der zu jener Zeit noch mehr als zweieinhalb Jahre von seiner offiziellen Kür zur neuen Leitfigur der CDU entfernt gewesen war. Das heißt, dass Albrecht die Instinkte vieler Beobachter bediente, die gerade in der sozialdemokratischen Bildungspolitik eine verhängnisvolle Entwicklung sahen. Dass Albrecht am Ende sogar das staatliche Bildungssystem als solches in Zweifel zog und ausgerechnet Kasimier ihm darin wenig später dann in der Debatte deutlich widersprach, macht den Vorgang noch bedeutsamer. Hier könnte eine inhaltliche Vorprägung der Entscheidung geschehen sein, die dann drei Jahre später – im Januar 1976 – in der Wahl Kasimier gegen Albrecht im Landtag fällig werden sollte.

Nahrung bekommt die These, die Ministerpräsidentenwahl von 1976 könne auch von bildungspolitischen Streitigkeiten beeinflusst worden sein, noch durch das merkwürdige Agieren eines anderen Zeitgenossen. Der damalige FDP-Kommunalpolitiker Helmut Schmidt-Harries aus der Nähe von Celle machte später von sich reden. Er war Realschullehrer und Vertreter eines entsprechenden Lehrerverbandes – und galt als vehementer Befürworter einer „Dorfschule", in der die Kinder möglichst lange für ihr Leben gemeinsam ausgebildet und geprägt werden sollten – nicht in den von ihm strikt abgelehnten zentralen Schulzentren. Im Mai 1978, gut zwei Jahre nach Albrechts Wahl zum Ministerpräsidenten, offenbarte Schmidt-Harries, dass er in der Zeit der SPD/FDP-Koalition zunächst gegenüber Kultusminister Ernst-Gottfried Mahrenholz versucht habe, auf eine Änderung in der Schulpolitik hinzuwirken. Als dieser

---

461 Stenographischer Bericht der Landtagssitzung vom 26.01.1973, Spalten 6040 bis 6042

ihm geantwortet habe, die Vorstellungen von Schmidt-Harries seien nur bei geänderten Landtagsmehrheiten umsetzbar, habe Schmidt-Harries dies dann wohl als einen Auftrag verstanden und eine neue politische Mehrheitsbildung „versucht"[462]. Dem „Spiegel" war das Agieren von Schmidt-Harries Ende Mai 1978, zwei Wochen vor der niedersächsischen Landtagswahl, eine längere Berichterstattung wert. Zweifel an der Glaubwürdigkeit des Protagonisten wurden dabei nicht übermittelt, obwohl sie später geäußert wurden[463]. Schmidt-Harries erklärte seinerzeit, er habe seine eigenen Eindrücke von den Abläufen und Hintergründen der Ministerpräsidentenwahl von 1976 niedergeschrieben und ein 90 Seiten starkes Manuskript erstellt. Der frühere Lehrer gab dann in den achtziger Jahren noch an, er habe alles genau notiert und beschrieben, nur die Namen der handelnden Personen habe er verfälscht, um niemandem zu nahe zu treten. Im Spielbank-Untersuchungsausschuss wurde Schmidt-Harries 1988 als Zeuge befragt und er gab dabei an, sich am 2. Januar 1976, also zwölf Tage vor der ersten Ministerpräsidentenwahl im Landtag, mit Albrecht getroffen zu haben. Das Buchmanuskript habe er Albrecht dann ebenfalls zugeleitet. Noch ein wichtiges Ereignis habe dann vor der endgültigen Wahl von Albrecht zum Ministerpräsidenten am 6. Februar 1976 gelegen – nämlich ein Telefongespräch, das er, Schmidt-Harries am 26. Januar 1976, also zwölf Tage vor dem entscheidenden Wahltermin im Landtag, mit dem CDU-Landesvorsitzenden Wilfried Hasselmann geführt habe. Darin sei es um „die pädagogischen Notwendigkeiten aus Sicht meines Verbandes" gegangen und darum, wie Schmidt-Harries die Positionen am besten den Landtagsabgeordneten bekannt machen könne. Hasselmann habe zu Schmidt-Harries auch gesagt: „Wir denken da schon an die Leute, die sich um Vermittlung bemühen."[464]

Die Aussage von Schmidt-Harries im Untersuchungsausschuss klang so, als ob er kurz vor der entscheidenden Ministerpräsidentenwahl im Landtag vertrauliche Gespräche mit Albrecht und Hasselmann geführt habe – und dabei auch die Zusage erhalten habe, für seine Unterstützung belohnt zu werden. Wenn das stimmen sollte, beruhen diese Zusagen dann vielleicht nur darauf, dass sich die CDU-Politiker allgemein für jene Kräfte aus der FDP bedankten, die ihnen Glück wünschten und ihre Zustimmung versicherten? Oder hat Schmidt-Harries tatsächlich Vermittlerdienste geleistet, die sich dann ja nur

---

462 „Spiegel" vom 22.05.1978: Der Heimatraum
463 So Hans-Peter Sattler im Rundblick vom 01.02.2016: Am Rande: Unter Verrätern
464 Aussage von Helmut Schmidt-Harries im Spielbank-Untersuchungsausschuss am 02.09.1988, Seiten 13 und 24

auf Landtagsabgeordnete der SPD/FDP-Koalition beziehen konnten? Der Spielbank-Untersuchungsausschuss konnte die Frage nicht näher erforschen, dazu fehlte ihm ein entsprechender Auftrag des Landtags. Das Manuskript von Schmidt-Harries, der 2015 gestorben ist, wird von seinen Kindern verwahrt. Sie betonen aber, es auf Wunsch ihres Vaters nicht der Öffentlichkeit zugänglich machen zu wollen.[465]

6.6. Hat es am Kandidaten Helmut Kasimier gelegen?

Naheliegend ist nun auch die These, die fehlende Unterstützung für den SPD-Kandidaten Helmut Kasimier in den ersten beiden Wahlgängen am 14. und 15. Januar 1976 könne mit ihm selbst zu tun gehabt haben. War er vielleicht der falsche Kandidat? Oder anders ausgedrückt: War sein Gegenkandidat von der CDU, der jung und managerhaft wirkende Ernst Albrecht, vielleicht der bessere Kandidat? Dass in einem hochpolitisierten Umfeld auch dieser Aspekt eine ausschlaggebende Rolle gespielt haben könnte, folgt zum einen aus einem ganz schlichten Argument: Zur Wahl bei den Landtagsabgeordneten standen am Ende nur diese beiden Personen, nicht die dahinterstehenden Parteien, nicht die personellen Konstellationen, die mit ihrer Wahl verbunden waren. Beim Rück-blick darf man heute nicht den Fehler machen, Albrecht als den Sieger-Typen mit Kasimier als dem typischen Verlierer zu vergleichen. Diese Einschätzung nämlich war nämlich geprägt von den Ereignissen, die mit der Wahl eingetreten waren. Es hätte ja ebenso gut sein können, dass Kasimier am 14. Januar souverän die Unterstützung der Koalition erhalten hätte, während Albrecht Stimmen aus dem CDU-Lager gefehlt hätten. Dann wäre Albrecht wohl nie als „strahlend" beschrieben worden, während Kasimier eine reale Chance bekommen hätte, als neuer Ministerpräsident auch neue Akzente zu setzen. Es kam nun anders, und es war auch nicht einkalkuliert, denn sonst wäre es nicht zu Peinlichkeiten gekommen wir der, dass das „Hannoversche Wochenblatt" am 15. Januar 1976 mit der Schlagzeile erschien: „Unser neuer Landesvater krempelt gern die Ärmel hoch. Helmut Kasimier löste Alfred Kubel als Ministerpräsident ab."[466] Dieser Bericht war dem Umstand geschuldet, dass die Wahl am 14. Januar erst nach dem Andruck des Wochenblatts ausgezählt wurde – und die Journalisten das Ergebnis vorausahnen mussten, was gemeinhin häufig schief geht. Das ging nun nicht auf das Konto Kasimiers, doch die allgemein verbreitete sichere

465 Gespräch mit dem Sohn von Helmut Schmidt-Harries im September 2020
466 Das beschreibt Werner Pöls: Regierungswechsel in Hannover, Hannover 1977, Seite 5

Erwartungshaltung eines geplanten Verlaufs, die auch die SPD-Spitze damals nach außen ausstrahlte, wurde später dann als Zeichen für Überheblichkeit und Realitätsverlust interpretiert. Als Symbol dafür bot sich nur der Unterlegene an – eben Kasimier.

Aber es wäre eben ungerecht, vom Resultat der Wahl her die Frage zu beurteilen, ob es nicht doch an Kasimier gelegen haben könnte. Will man eine Antwort finden, so müsste zunächst beleuchtet werden, wie denn Kasimier als neuer Ministerpräsident aufgetreten wäre. Pöls meinte 1977, die Stärke des SPD-Politikers habe „eher in der Solidität als im Glanz eines Landesvaters" gelegen[467]. Der Blick auf die Vorentscheidungen in den SPD-Gremien verrät überdies, dass Kasimier nicht von Anfang an derjenige war, den sich viele als Ministerpräsidenten vorstellten. Vielmehr war er als einer von drei Bewerbern übrig geblieben – weil Helmut Greulich zu der Zeit, als Kubel die Entscheidung in der SPD erzwang, krankheitsbedingt ausgefallen war. Außerdem war zu jenem Zeitpunkt Richard Lehners schon angezählt, und der dritte ausgeguckte Kandidat neben Kasimier und Greulich, Karl Ravens, hatte sich für die Bundespolitik entschieden. Kasimier war zwar keine Notlösung gewesen, denn immerhin diente er als Finanzminister, hatte also das vermutlich wichtigste Ressort inne. In der vorangegangenen Legislaturperiode war er zudem SPD-Fraktionschef und hatte die beachtliche Leistung vollbracht, eine Einstimmenmehrheit der SPD stabil zu halten – trotz der nicht unumstrittenen Gemeindereform, die damals beschlossen und durchgesetzt werden musste. Kasimier galt als bescheiden, anständig, stets um Vermittlung und Ausgleich bemüht. Er war einer, der „keine Feinde hatte"[468] – und bei dem man sich nie vorstellen konnte, dass er einen Grund für seine Genossen gegeben haben könnte, ihn nicht in das hohe Amt zu wählen.

Anfang Januar 1976, wenige Tage vor dem ersten Wahlgang im Landtag, erschien im „Stern" ein Porträt über Kasimier mit dem Titel: „Der unaufhaltsame Aufstieg des Genossen K."[469] Darin wurde sehr ausführlich beschrieben, dass der gebürtige Breslauer aus kleinen Verhältnissen stammte, nach dem Krieg als Bauhilfsarbeiter startete, bei den Jusos aktiv wurde und ganz allmählich, durch treue und fleißige Arbeit, Stufe für Stufe aufstieg. Er wurde Abgeordneter, Fraktionschef und Minister, führte die Geschäfte einer Siedlungsgesellschaft der Stadt Hannover und pflegte – ganz wie Kubel – politische und moralische

467 Werner Pöls, a.a.O., Seite 4
468 Hannoversche Allgemeine Zeitung vom 16.01.1976
469 „Stern" vom 09.01.1976: Der unaufhaltsame Aufstieg des Genossen K.

Tugenden. Eine hinterhältige Intrige war Kasimier nicht zuzutrauen. Das war
nun aber auch ein gewisser Widerspruch zur politischen Arbeit an sich, denn
ohne teilweise auch harte Personal- und Sachentscheidungen lässt sich kaum
eine Regierung führen. Vielleicht konnte ihm seine Gradlinigkeit und Offenheit
auch zum Verhängnis werden. In dem „Stern"-Porträt wurde beschrieben, dass
Kasimiers Frau Lia mit Egon Franke über Kreuz gelegen habe, da der sich zwar
als Atheist bezeichnet habe, aber im Bundestag die Formel „So wahr mir Gott
helfe" benutzt habe. Später tauchte im Text eine Passage auf, in der drei aktive
Minister als „glücklos" beschrieben wurden – Ernst Gottfried Mahrenholz
(Kultus), Hans Schäfer (Justiz) und Herbert Hellmann (Bundesrat). Wer diesen
Begriff „glücklos" benutzt hatte, wurde nicht zitiert – aber dass es so war, dürften die Betroffenen damals, wenige Tage vor der Wahl des Ministerpräsidenten
im Landtag, nicht als schmeichelhaft empfunden haben. Hinzu kam, dass Kasimier in den Augen der Linken vielleicht an manchen Stellen nicht entschieden
genug agierte. So hatte er mit seinem Verzicht, Innenminister zu werden, 1970
die erneute Nominierung von Richard Lehners für den Posten möglich gemacht.

Nun war Helmut Kasimier sicher kein Typ, an dem man sich für irgendeine
seiner vielen Entscheidungen, die er in den unterschiedlichen Ämtern getroffen
hatte, hätte rächen wollen. Aber galt er vielleicht als zu brav, zu wenig durch-
setzungsstark, zu wenig tonangebend für das hohe Amt des Regierungschefs?
War er vielleicht auch zu blass und als Redner im Parlament nicht beeindruckend genug? Für diese These spricht, dass im Nachhinein das von sehr vielen
gesagt worden ist, dass viele meinten, der Kandidat sei eben nicht überzeugend
genug gewesen. Dagegen spricht aber auch einiges. Das wohl wichtigste Argument lautet: Wenn es an Kasimier gelegen hatte, dann hätte ja der Kandidat des
dritten Wahlgangs, Karl Ravens, mit Leichtigkeit gewinnen müssen. Tatsächlich zog Ravens eine Stimme mehr auf sich als Kasimier im zweiten Wahlgang
erhalten hatte. Es blieb aber bei drei Abgeordneten der SPD/FDP-Koalition, die
nicht für ihren Kandidaten waren und Albrecht damit zum Sieg verhalfen. Sicher
war Kasimier in den Augen mancher Politiker damals nicht nur ein Mann ohne
Feinde, sondern vielleicht auch jemand, dem sie kein großes Gewicht zuspra-
chen und meinten, sie müssten auf ihn keine besondere Rücksicht mehr nehmen. Vielleicht war es auch so, dass sie meinten, von einem Opfer Kasimier,
dem immer Verständnisvollen und Kompromissbereiten, auch keine Strafe oder
Rache befürchten zu müssen – weil er eine Niederlage in seiner Bescheidenheit
würde tapfer hinnehmen wollen. Vielleicht trauten sich einige das Abweichen
von der Parteilinie bei einem wie Kasimier, dem Gutmenschen, eher zu als bei
anderen.

6.7. Hat es unmoralische Angebote gegeben?

Der Wahlkampf vor der Bundestagswahl Anfang Oktober 1976 war heftig und aufwühlend gewesen. Wenige Wochen vor dem Wahltag wartete der „Spiegel" mit einer relativ kurzen Nachricht auf: Das Landesparteigericht der CDU in Hannover habe den Antrag des früheren Landwirtschaftsrats Heinrich Stulle zurückgewiesen, den neuen Ministerpräsidenten Ernst Albrecht aus der CDU auszuschließen. Der Grund soll gewesen sein, dass Stulle Albrecht des Wortbruchs bezichtigte – denn er habe Albrecht doch noch im Frühjahr 1976 versprochen, „drei Abgeordnete der SPD/FDP-Koalition dazu zu bewegen, für Albrecht zu stimmen".[470] Als Gegenleistung habe er, Stulle, Minister werden wollen – und diese Zusage habe der Regierungschef dann nach seiner erfolgreichen Wahl im Landtag nicht eingehalten. Wenige Tage nach dieser „Spiegel"-Meldung, in der heißen Phase des Bundestagswahlkampfes, zog der „Stern" nach und lieferte in einer längeren Geschichte viele Details: Stulle sei gemeinsam mit dem Kaufmann Heinz Barnstorf im Januar 1976 bei CDU-Fraktionsgeschäftsführer Herbert Stender (ehemals FDP) gewesen, es sei über die bevorstehende Ministerpräsidentenwahl gesprochen worden und auch darüber, dass die Überläufer, die Albrecht zum Sieg verhelfen sollen, sich später öffentlich zu erkennen geben würden – und dann von der CDU mit sicheren Plätzen auf der CDU-Landesliste für die Landtagswahl 1978 belohnt würden. Auch über einen Architekten Karl Bittner, der zum Stulle-Kreis zählte, berichtete der „Stern", und außerdem über die ursprüngliche – und dann erfolglose – Absicht dieser drei Männer, eine der damals so begehrten Spielbank-Lizenzen zu erhalten.[471]

Vor allem eine Passage in diesem „Stern"-Artikel sollte dann ein mediales Nachspiel haben: Genannt wurden mit Hinweis auf Bittner drei FDP-Abgeordnete, um die er sich „intensiv bemüht" habe – Gustav Ernst aus Braunschweig, Kurt Rehkopf aus Wunstorf und vermutlich als dritten den Hannoveraner Peter-Jürgen Rau. Der ganze Fall hatte eine Vorgeschichte, denn Stulle stammte aus der früheren DP und soll für seine CDU-nahe „Niedersächsische Wählergemeinschaft" (NWG) vor der Landtagswahl 1970 einen Vertrag mit den Christdemokraten geschlossen haben: Wenn die NWG nicht antritt und damit der CDU keine Stimmen wegnimmt, erhalte sie als Gegenleistung sichere Listenplätze für führende NWG-Leute – und einen Betrag von 1,50 D-Mark für jede Stimme, die die NWG hätte erwarten können.

---

470 „Spiegel" vom 13.09.1976: Klage gegen Albrecht
471 „Stern" vom 16.09.1976: Neues aus Niedersachsen

Die CDU, hieß es dann in Presseveröffentlichungen 1976, habe diesen Vertrag nicht eingehalten.[472] War es nun also eine späte Rache für eine sechs Jahre alte Abmachung, die nicht erfüllt worden war? Oder hatte Stulle wirklich eine Zusage, von Albrecht zum Minister ernannt werden zu können? Oder waren alle Darstellungen von Stulle nur konstruiert? Um die Glaubwürdigkeit dieses politischen Akteurs war es offenbar nicht zum Besten bestellt. Denn in einem Briefwechsel zwischen Stulle und Hasselmann unmittelbar vor der Landtagswahl 1974, der in den Archiven der Konrad-Adenauer-Stiftung aufbewahrt ist, wurde das Drängen Stulles erkennbar, möglichst einen sicheren Listenplatz auf der CDU-Landesliste zu erhalten – wenn er im Gegenzug zusichert, dass die NWG nicht zur Landtagswahl antritt. Dieses Ansinnen wies Hasselmann relativ kühl zurück, Stulle aber ließ nicht locker. Von nicht eingelösten Versprechen auf finanzielle Vergütungen, die noch aus dem Wahlkampf 1970 herrühren, wurde in diesem Briefwechsel nichts erwähnt.[473] Wenn das Argument damals schon aktuell gewesen wäre, hätte Stulle das doch aber sicher an dieser Stelle erwähnen können oder sogar müssen. Daher liegt der Verdacht nah, dass 1976 eine ganz andere, neue Geschichte über die NWG erzählt worden ist als noch zwei Jahre zuvor in internen Briefen.

Tatsache ist nun aber, dass Stulle wohl in jener Zeit mehrfach mit Albrecht gesprochen hat, einmal wohl am 3. Februar 1976, drei Tage vor der entscheidenden Ministerpräsidentenwahl im Landtag. Dies hatte der damalige Regierungssprecher Hilmar von Poser bestätigt – allerdings verbunden mit der Erklärung, der Ministerpräsident habe nur erfahren wollen, „wes Geistes Kind Stulle sei"[474]. Albrecht selbst ließ gegenüber dem „Stern" seinerzeit mitteilen, dass Stulle versucht habe, ein „politisches Geschäft" mit der CDU zu machen, das sei von der CDU aber von Anfang an strikt zurückgewiesen worden. Tatsächlich habe er, Albrecht, Stulle angerufen – aber nicht, um ihm mitzuteilen, dass er nicht Minister hätte werden können. „Richtig ist, dass ich ihn angerufen habe in der erfolglosen Absicht, seinen vielfachen Versuchen, doch noch zu einem Geschäft zu kommen, ein Ende zu bereiten. Die Frage eines Ministerpostens ist immer nur von Herrn Stulle aufgeworfen worden und von mir bei dem Gespräch am 3. Februar höflich, bei dem späteren Telefongespräch noch viel deutlicher zurückgewiesen worden."[475]

472 Stuttgarter Zeitung vom 17.09.1976: Heinrich Stulles angebliche Enthüllungen
473 Briefwechsel zwischen Heinrich Stulle und Wilfried Hasselmann zwischen Januar und April 1974, in: ACDP 03-007-274/3, vgl. auch Kapitel 5.1.
474 Frankfurter Rundschau vom 16.09.1976: Massive Abwerbeversuche für CDU?
475 „Stern" vom 30.09.1976: Antwort aus Hannover

Was nun steckte hinter diesen Aktivitäten von Stulle und seinen Mitstreitern, die – öffentlich ausführlich geschildert in vielen Medien in der Hochphase des Bundestagswahlkampfes im Jahr 1976 – das Gerücht der Käuflichkeit von FDP-Abgeordneten im Vorfeld der Ministerpräsidentenwahl in die Welt setzten? Rehkopf, Rau und Ernst schalteten einen Anwalt ein, die niedersächsische FDP-Spitze stellte sich auf ihre Seite – und der „Stern" wurde aufgefordert, Belege für seine Darstellung vorzulegen. Dazu sollten auch die Tonbandaufzeichnungen der Gespräche zwischen dem Journalisten, Stulle und Bittner vorgelegt werden. Doch eine geplante Gegenüberstellung klappte zweimal nicht. Rehkopf selbst bestritt in einer Gegendarstellung, die er dem „Stern" schickte, die Beschreibung. Er teilte mit: „Herr Bittner hat mich am 6. März 1975, also zu einem Zeitpunkt, als von der Wahl Dr. Albrechts noch keine Rede war, im niedersächsischen Landtag aufgesucht. Das Gespräch mit ihm hat der damalige Geschäftsführer der FDP-Fraktion, Herr Tamm, mit angehört. Nachdem Herr Bittner mir ein Ministeramt für den Fall angeboten hatte, dass ich bei der nächsten sich bietenden Gelegenheit mit meiner Stimme für einen Regierungswechsel in Niedersachsen sorge, habe ich das Gespräch abgebrochen und ihm erklärt, dass ich weder Zeit noch Lust hätte, das Gespräch fortzusetzen."[476] Wie Rehkopf sich erinnert, ist Bittner seinerzeit auch in Wunstorf gewesen und habe mit ihm in seinem „Café Wächterstübchen" (Rehkopf ist Bäckermeister) reden wollen. „Ich sagte ihm: Wenn überhaupt, dann rede ich mit Ihnen nur unter Zeugen – und zwar im Landtag."[477] Der Vertraute von Stulle müsse ganz viele Abgeordnete damals aufgesucht haben, er vermutet eine Kontaktaufnahme zu „bis zu 30 Abgeordneten" von SPD und FDP. Bei Rehkopf hatte er keinen Erfolg, auch Rau verweist auf „schlimme, unzutreffende Gerüchte" in jener Zeit[478], also vor allem die Zeit nach den „Stern"-Spekulationen über seine angebliche Überläufer-Rolle: „Ich bekam Anrufe von Bekannten aus Bochum, was ich denn getan hätte. Meine Reifen wurden zerstochen, meine Söhne in der Schule schief angeschaut. Wir schalteten einen Anwalt ein, aber das bewirkte dann auch nicht viel." In einer Gegendarstellung im „Stern" erklärte Rau, in allen drei Wahlgängen für den jeweils von der SPD vorgeschlagenen Ministerpräsidentenkandidaten gestimmt zu haben.[479] Der dritte im „Stern" genannte angebliche Überläufer

476 Leine-Zeitung von Herbst 1976, von Klaus Oppermann: FDP wartete vergeblich auf
       die Stern-Tonbänder
477 Gespräch mit Kurt Rehkopf am 04.11.2020
478 Gespräch mit Peter-Jürgen Rau am 01.10.2020
479 Gegendarstellung im „Stern" am 30.09.1976

Ernst ist mittlerweile gestorben, kann sich dazu nicht mehr äußern – aber auch er schickte dem Magazin damals eine Gegendarstellung.

Die Frage ist allerdings, ob eine solche Werbetour der Gruppe um Stulle, bei der es – damaligen Presseberichten zufolge – auch um finanzielle Angebote gegangen sein soll[480], womöglich bei anderen Abgeordneten gefruchtet hatten. Auf die Frage, ob Bittner ihm gegenüber irgendeinen Auftraggeber für seine Angebote genannt habe, erklärt Rehkopf, dies sei nicht der Fall gewesen. Die Darstellung im „Stern" erwies sich dann auch in einigen Details als brüchig. So kündigte Bittner damals an, gegen das Magazin rechtliche Schritte einleiten zu wollen, da einige Aussagen falsch seien. Dann gab es Hinweise, dass Stulle vor der Veröffentlichung des Artikels auch Kontakt zu den Fraktionsspitzen von SPD und FDP aufgenommen haben soll[481]. Auch Stulle selbst nahm zu den Berichten Stellung – und erklärte zwei Tage nach dem „Stern"-Bericht in der „Süddeutschen Zeitung", die drei FDP-Abgeordneten Rehkopf, Rau und Ernst, seien es „nicht gewesen". Die wahren Namen der Überläufer wolle er aber nicht nennen.[482] Dass Albrecht tatsächlich in ein Treffen mit Stulle einwilligte, kann ein Zeichen der Ernsthaftigkeit dieser Vorgänge gewesen sein. Waren hier also doch keine Phantasten zu Werke, die aus freien Stücken die landespolitische Geschichte bewegen wollten? Rehkopf widerspricht und meint, Albrecht sei in dieser Frage „naiv" gewesen und habe die politischen Folgewirkungen seines Verhaltens vorher nicht abgewogen.[483] Der Zeitpunkt der Veröffentlichung dieser Mutmaßungen in vielen Medien kurz vor der Bundestagswahl – ausgelöst durch die zeitgleiche Entscheidung des CDU-Parteigerichtes über Stulles Antrag gegen Albrecht – kann aber auch für einen Racheakt einer Gruppe deuten, die sich um eine erhoffte Spielbanklizenz betrogen sah. Stulle hatte sich 1976 auch mit dem SPD-Bezirksvorsitzenden Peter von Oertzen und SPD-Fraktionschef Bernhard Kreibohm getroffen. Das Signal, das von Oertzen anschließend an seine Parteigremien weitergab, war jedoch eine Entwarnung: „Genosse von Oertzen berichtet über ein Gespräch zwischen Herrn Stulle, Bernhard Kreibohm und ihm, wobei sowohl er wie auch Bernhard Kreibohm zu der Auffassung gelangt seien, der Mann sei politisch nicht ernst zu nehmen. Aus diesem Grunde habe

---

480 Frankfurter Rundschau vom 16.09.1976: Massive Abwerbeversuche für CDU?
481 Hannoversche Allgemeine Zeitung vom 16.09.1976: Regierungswechsel in Niedersachsen im Wahlkampfstrudel, eine Bestätigung dafür findet sich im Protokoll der SPD-Landesausschuss-Sitzung vom 07.10.1976
482 Süddeutsche Zeitung vom 18.09.1976: Josef Schmidt: „Da nimmt man doch nicht den Notar mit"
483 Gespräch mit Kurt Rehkopf am 04.11.2020

es auch keine weiteren Kontakte, weder schriftlich, mündlich noch telefonisch, gegeben. Dies sei auch der Grund gewesen, dem Parteivorstand abzuraten, im Wahlkampf eventuell auf dieses Thema einzugehen."[484]

Davon unabhängig bleibt die Frage, ob es in der Wirtschaft, bei vermögenden Einzelpersonen oder in bestimmten Organisationen Versuche gegeben hat, die geheime Ministerpräsidentenwahl im Landtag bei der wackligen Einstimmenmehrheit zu beeinflussen – über finanzielle oder karrierebezogene Versprechen. Von Bedeutung ist in diesem Zusammenhang eine Beschreibung des langjährigen Korrespondenten der „Frankfurter Rundschau", Eckart Spoo, in einem Buch, das kurz vor der Bundestagswahl 1980 erschien. Darin schrieb Spoo über ein Vorstandsmitglied der Continental-Reifenwerke, Gerhard Lohauß, der auch im Vorstand des CDU-nahen Wirtschaftsrat aktiv war. In einem Schreiben an andere Wirtschaftsführer vor der Bundestagswahl 1976 habe Lohauß erklärt, dass er im Zusammenhang mit der Nachfolge für Alfred Kubel „eigene Initiativen entwickelt" habe, um einen Sozialdemokraten zu verhindern – und er habe dafür auch Kontakt zu FDP-Abgeordneten aufgenommen.[485] Der „Spiegel" berichtete, Lohauß habe seinen Brief an 300 Wirtschaftsleute verschickt und darin noch den Satz untergebracht: „Die Roten müssen weg."[486] Neun Jahre nach diesem Vorfall hatten die Hinweise ein Nachspiel im Landtag im Zusammenhang mit aktuellen Wirtschaftshilfen, bei denen Continental eine Rolle spielte. Der Grünen-Abgeordnete Georg Fruck fragte die Regierung, ob denn die damaligen Aktivitäten von Lohauß Rückwirkungen auf die spätere Wirtschaftspolitik der Regierung Albrecht gehabt hätten.[487] In einer sehr knappen Antwort wies Innenminister Wilfried Hasselmann darauf hin, diese Fragen seien entweder schon beantwortet, nicht von der Regierung zu beantworten oder schon vor Jahren ausführlich in den Medien behandelt worden. Weitere Ausführungen dazu vermied er.

Drei Möglichkeiten bestehen, wenn man die Frage abwägt, ob hier tatsächlich Wirtschaftsleute mit politischen Absichten aktiv geworden waren: Entweder es haben einige Industrielle tatsächlich versucht, Abgeordnete zu bestechen und mit unmoralischen Angeboten vor der Wahl zu beeinflussen. Wenn das so war, bleibt bis heute unklar, wer der Empfänger gewesen sein könnte und wer gezahlt

---

484　Protokoll der SPD-Landesausschuss-Sitzung vom 07.10.1976, in: FES-AsD
485　Eckart Spoo: Täter unbekannt, in: Bittner/Düvel/Holtfort/Spoo: Sturmfest und erdverwachsen, Göttingen 1980, Seiten 45 bis 50
486　„Spiegel" vom 18.10.1976: Selten zufrieden
487　Niedersächsischer Landtag 1985, Drucksache 10/4693 vom 31.07.1985

hat. Die zweite Variante wäre, dass Gespräche über Angebote, Karrierewege oder Aufstiegsmöglichkeiten zwischen Wirtschaftsleuten und Abgeordneten tatsächlich geführt wurden – diese dann aber später von interessierter Seite so dargestellt wurden, als habe es sich um eine tatsächliche Verschwörung gehandelt. Solche Meinungsaustausche, die im Vorfeld von Wahlen zwischen Politikern und gesellschaftlichen Organisationen durchaus möglich sind, meistens aber unverbindlich bleiben, hätten nachträglich als „Absprache" oder „Pakt" aufgebauscht worden sein können. Die dritte Variante wäre, dass sich Leute von der Wirtschaft durch öffentliche Auftritte und Bekenntnisse entweder rächen und politischen Schaden anrichten wollten – oder dass sie sich durch derlei Selbstbeschreibungen erhofften, in Gesprächen mit politischen Entscheidungsträgern ernster genommen zu werden und Aufmerksamkeit auf sich zu ziehen. Belege dafür, dass es einen „Stimmenkauf" vor der Ministerpräsidentenwahl 1976 im Landtag gegeben hat, sind bisher nicht aufgetaucht. Es bleibt ein Gerücht. Mitarbeiter aus dem Umfeld von Albrecht fügen auf Nachfragen heute hinzu, dass der Regierungschef – obwohl als Wirtschaftspolitiker gestartet – eine starke Distanz zu den Akteuren der Wirtschaft gepflegt habe. „Wenn Unternehmer zu ihm kamen, hat er sie stets zum Wirtschaftsminister geschickt", erinnert sich der damalige CDU-Generalsekretär Dieter Haaßengier[488]. Der spätere Regierungssprecher Fritz Brickwedde berichtet, Albrecht habe es beispielsweise stets abgelehnt, in den VW-Aufsichtsrat zu gehen. Er erinnert sich an eine kritische Kabinettssitzung, in der Wirtschaftsminister Hirche und Finanzministerin Birgit Breuel über Probleme bei Volkswagen vorgetragen hatten. Es sei um den Katalysator gegangen. Albrecht habe beide unterbrochen und sie daran erinnert, dass sie nicht die Interessen von VW im Kabinett vertreten sollten, sondern die Interessen Niedersachsens im Vorstand des Unternehmens.[489]

Die Spekulationen über den „Kauf" einzelner Abgeordneter der FDP oder der SPD sind in den Jahren nach 1976 immer mal wieder aufgeflammt. Kurz vor der Drucklegung dieses Buches meldete sich ein ehemaliger enger Mitarbeiter der SPD-Politiker Peter von Oertzen, Ernst-Gottfried Mahrenholz und Alfred Kubel, der spätere Rundfunkjournalist Werner W. Blinda. Er hat, wie er berichtet, auf eigene Faust recherchiert und sich dabei auf die Pfade seines journalistischen Mentors begeben, des einstigen hannoverschen „Spiegel"-Korrespondenten Wolfgang Becker. Blinda berichtet, er habe Hinweise bekommen, wonach mit der Berufung von Walther Leisler Kiep zum neuen Finanzminister im Kabinett Albrecht 1976 auch drei seiner

---

488 Gespräch mit Dieter Haaßengier am 11.09.2020
489 Gespräch mit Fritz Brickwedde am 27.10.2020

damals schon engen Mitarbeiter häufig in Niedersachsen aktiv, teilweise auch im Ministerium beschäftigt worden seien – Ralf Lützenkirchen, Uwe Lüthje und Horst Weyrauch. Lüthje und Weyrauch waren Jahre später, als die Parteispendenaffäre der CDU mit dem Schwerpunkt Hessen bekannt wurde, die zentralen Figuren einer Affäre, die bundesweit Schlagzeilen machte. Es ging um die Transaktion von Schwarzgeld in die Schweiz. Nach Blindas Auffassung könnten in der Tätigkeit des Kiep-Umfelds Mitte der siebziger Jahre in Hannover „Verbindungen auch zu den Überläufern von 1976 bestehen". Jedenfalls seien Kiep und seine Referenten für Albrechts Aufstieg zur Macht in Hannover sehr bedeutsam gewesen.[490]

6.8. Die unselige Rolle der Journalisten

Die Ereignisse von 1976 in Niedersachsen sind vermutlich schwer zu verstehen, wenn man dabei nicht die Besonderheiten der Medienlandschaft in den Blick nimmt. Parallel zu dem stark entwickelten Lagerdenken und der hohen Politisierung, die schon den Bundestagswahlkampf 1972 geprägt hatten, war auch die Welt der Journalisten polarisiert – vor allem auch mit Blick auf die Einschätzung der Person und der Politik des neugewählten Ministerpräsidenten Ernst Albrecht. Das sollte zwar dann Ende der achtziger Jahre, in der Schlussphase der Regierungszeit Albrechts, noch ausgeprägter werden. Aber schon von 1976 an war eine Fraktionierung zu beobachten, die sich in den Folgejahren immer mehr verstärken sollte.

Ein Zeitzeuge, der langjährige Nordreport-Chef Rolf Zick, schilderte die Ereignisse rund um die Ministerpräsidentenwahl noch als eine allgemeine Aufgeregtheit: „Im Landtag hat es selten vor Spannung so geknistert wie an diesem 15. Januar 1976. Auch auf der völlig überfüllten Pressetribüne herrschte unter den Journalisten der Landespressekonferenz, zu denen sich viele, viele Zaungäste aus der Presse der gesamten Bundesrepublik gesellt hatten, Hochspannung. In den vergangenen 24 Stunden hatte jeder versucht, seine guten Kontakte auszunutzen und bei den Fraktionen etwas herauszubekommen. Aber meistens wussten die Abgeordneten noch weniger als die Journalisten. Die hörten zwar oft das Gras wachsen, aber niemand wollte sich offen festlegen. Die Gerüchteküche kochte. Spekulationen schwirrten nur so umher. Aber Klarheit gab es nicht. Dafür umso mehr Vermutungen. Für die Landespressekonferenz war wieder eine journalistische Hoch-Zeit angebrochen."[491] In vielen Medien,

---

490 Gespräch mit Werner W. Blinda am 27.03.2021
491 Rolf Zick: Die Landespressekonferenz am Puls des Geschehens, Hannover 1997, Seiten 49/50

so vor allem dem „Rundblick" und der „Hannoverschen Allgemeinen Zeitung", waren schon Monate vor der Ministerpräsidentenwahl reichlich Berichte über den internen Streit in der SPD/FDP-Koalition erschienen – nicht nur über Spannungen zwischen beiden Koalitionspartnern, sondern vor allem auch über solche in den Regionen mit Bezug auf die umkämpften Pläne für eine Gebietsreform.

In den Wochen nach der Wahl Albrechts im Januar und Februar 1976 tauchten erste Mutmaßungen in überregionalen Magazinen auf, vor allem im „Stern", der Hinweis auf „gekaufte Stimmen" oder gar „Bestechungsgelder"[492] wurde präsentiert. Die Aussagen der genannten Akteure indes erwiesen sich als brüchig, eindeutige Belege wurden nicht geliefert.[493] In dieser damals beginnenden heißen Phase des Wahlkampfes vor der Bundestagswahl 1976 begann bereits eine gereiztere Form der Berichterstattung über die landespolitischen Vorgänge allgemein – und speziell über die Rückschau auf das, was sich im Frühjahr 1976 im Landtag abgespielt hatte. Erst viele Jahre später, 1988, sollte diese mediale Aufteilung zwischen den „bürgerlichen" und den „linken" zu einer regelrechten Spaltung werden. Rund um die Pleite der Spielbank Hannover, die noch einmal zur Aufarbeitung der Lizenzvergabe für die Spielbanken in den siebziger Jahren und zu einem Untersuchungsausschuss führte, hatte die Politik einen Seitenblick auch auf die Vorgänge von 1976 geworfen. Angefeuert wurde das von Berichten im „Spiegel", im neuen privaten Hörfunksender ffn und in anderen Medien. Wie Zick erläuterte, sei die Situation 1988 von „Richtungs- und Führungskämpfen in der LPK" begleitet gewesen[494]. Zick zitierte dann noch einen Kommentar aus dem „Rundblick" aus jener Zeit, der sich auf „Spiegel" und „Stern" bezieht: „Hier sind zwei Blätter, die Einfluss und Gewicht haben, mit dem Versuch beschäftigt, buchstäblich eine Landesregierung hinzurichten."[495]

Einige Debatten in Journalistenkreisen löste ein 1990 herausgegebenes Buch der beiden Journalisten Jürgen Hogrefe („Spiegel") und Eckart Spoo („Frankfurter Rundschau") aus, das mit dem Titel „Niedersächsische Skandalchronik" versehen war. Zick stellte das Buch so vor, dass „mit Hilfe von mehr als 20 Autoren, überwiegend Journalisten, auf 222 Seiten alles aufgelistet wurde, was in der Ära Albrecht nach Skandal roch, nach eigenen Angaben ‚um hier vorbildlich ihrem

---

492 So der damalige Landwirtschaftsminister Klaus-Peter Bruns in einer Darstellung von Zick, a.a.O., Seite 52
493 Vgl. Abschnitt 6.6.
494 Rolf Zick, a.a.O., Seite 33
495 Rolf Zick, a.a.O., Seite 57

Auftrag gerecht zu werden, Politik und Justiz auf die Finger zu schauen.'"[496] Die Autoren hätten sich selbst die Bezeichnung „Kampfpresse" erteilt. Was wohl von Hogrefe und Spoo ironisch gemeint war, wurde nun für Zick ein Zeichen für den – auf keiner Seite bestrittenen – Anspruch der Journalisten, im politischen Wettstreit sehr deutlich Position zu beziehen und Haltung zu zeigen. Waren es in dieser 1990 erschienen Schrift überwiegend Journalisten, die Beiträge schrieben über angebliche schwarze Seilschaften, Grobiane im politischen Geschäft, fragwürdige Investitionen und unzulässige Tätigkeiten des Verfassungsschutzes[497], so war es zehn Jahre früher anders. Damals erschien ebenfalls – wieder in Wahlkampfzeiten – ein Buch mit einer ähnlich kritischen Zuspitzung. Einer der Herausgeber von 1990, Eckart Spoo, zählte auch 1980 zu den Herausgebern[498]. Aber die Mehrzahl der Autoren 1980 gehörte zu Verbänden, zur SPD und zu Bildungsexperten und Hochschullehrern, nur wenige Journalisten waren dabei. Die Zielrichtung allerdings war ähnlich: Es ging darum, anhand von Episoden, Begebenheiten und Hypothesen zu beschreiben, wie fragwürdig das Image des „modernen Politikers" bei dem jugendlich, frisch und zupackend wirkenden Albrecht tatsächlich sei, dass hinter der Fassade ein erzkonservativer Politiker stecke. Wie einer der damaligen Mitautoren, der SPD-Landtagsabgeordnete Rolf Wernstedt, es später ausdrückte: Albrecht sei „ein Kunstprodukt" – jemand, der nach außen viel für ein perfektes Image getan habe, das nicht unbedingt mit dem Dahinterliegenden deckungsgleich gewesen sei[499].

Diese schroffe Abgrenzung zur CDU und zu Ernst Albrecht, die schon wie eine grundsätzliche und kulturell begründete Distanzierung wirkte, hatte auf der anderen Seite des politischen Spektrums auch eine Entsprechung – nämlich Medien, die überwiegend oder zumindest sehr häufig in ihrer Berichterstattung eine Nähe zur Politik des Ministerpräsidenten zeigten. Die „Bild"-Zeitung wurde erwähnt, auch der NDR der damaligen Zeit, zuweilen war der Vorwurf der zu großen Nähe zur Landesregierung auch den größeren Zeitungen im Lande gemacht worden. Rolf Zick, der lange den „Nord-Report" leitete, klagte über „sonst so besonnene Journalisten", die sich im Umfeld des Spielbank-Untersuchungsausschusses „in den Strudel dieser Kampagne hineinziehen

496 Rolf Zick, a.a.O., Seite 57
497 Jürgen Hogrefe/Eckart Spoo (Hrsg.): Niedersächsische Skandalchronik, Göttingen 1990
498 Bittner/Düvel/Holtfort/Spoo: Sturmfest und erdverwachsen – Schwarze Geschichten über Ernst Albrecht und die CDU, Göttingen 1980
499 Gespräch mit Rolf Wernstedt 14.10.2020

ließen".[500] Damit machte er allerdings auch selbst deutlich, auf welcher Seite er stand.[501] Die Vorgänge zeigen eine wachsende Polarisierung im Feld der Journalisten, die schon direkt nach den Ereignissen von 1976 festzustellen waren, dann aber Ende der achtziger Jahre noch einmal an Schärfe zunahmen. Zu den Motiven der „linken" Berichterstatter mutmaßte Zick: „In Kiel hatte gerade die ‚Barschel-Affäre' hohe Wellen geschlagen und die CDU-Regierung weggefegt. Jetzt war Niedersachsen dran, die letzte konservative Bastion in Norddeutschland und der Garant für die Bundesratsmehrheit der Union."[502]

Als Beleg dafür, wie stark der Journalismus in jener Zeit nicht nur politisiert war, sondern auch förmlich in die politische Auseinandersetzung hineingezogen wurde, mag ein Mitgliederbrief gelten, den Wilfried Hasselmann als CDU-Landesvorsitzender am 20. Januar 1976, also fünf Tage nach dem zweiten Wahlgang der Ministerpräsidentenwahl im Landtag, an die niedersächsischen CDU-Mitglieder verschickte. Darin heißt es: „Wir müssen uns darauf einrichten, dass linke Presse- und Rundfunkkreise in den nächsten Tagen eine Manipulationskampagne entfesseln werden, um die Öffentlichkeit zu verunsichern und Unruhe in unsere Reihen zu tragen. Erste handfeste Anzeichen gibt es schon. Wir prüfen gerade noch, ob es stimmte, dass der Zeitfunk-Chef im NDR-Funkhaus Hannover ohne Wissen des Nachrichtenredakteurs eigenmächtig Meldungen korrigiert hat." Es folgten dann Angriffe auf mehrere Zeitungen über „einseitige SPD-Berichterstattung" und noch ein Satz: „Es ist ein Trost, dass es die Bild-Zeitung gibt, die als Konkurrenzblatt eine umfassend und schnell informierende und alle demokratischen Kräfte fair behandelnde Berichterstattung betreibt."[503]

Eine Hervorhebung bestimmter Medien, die fast wie Feinde beschrieben werden, und auf der anderen Seite ein deutliches Lob für eine bestimmte Zeitung – das waren Besonderheiten der siebziger und achtziger Jahre, die heutzutage in der offiziellen Äußerung eines Politikers gegenüber einem größeren Publikum

---

500 Rolf Zick, a.a.O., Seite 57
501 Rückblickend sagt Zick, dass die Zeit damals „sehr viel aufgewühlter und emotionaler" als heute gewesen sei. Im Abstand von vielen Jahren sehe er das Geschehen heute mit anderen Augen. Der Journalismus habe sich auch stark verändert, sei im Jahr 2020 weniger geprägt durch gravierende auch ideologische Auseinandersetzungen und müsse vielmehr reagieren auf eine rasche, immer weniger überprüfte und recherchierte Verbreitung von fragwürdigen Neuigkeiten in den sozialen Medien. Gespräch mit Rolf Zick am 17.12.2020
502 Rolf Zick, a.a.O., Seite 55
503 Hasselmann-Brief an die CDU-Mitglieder in Niedersachsen vom 20.01.1976, in: Nachlass Heinz Müller, ACDP 01-910-008/2

fremd und unangebracht wirken. Das gilt sogar dann, wenn die Kommunikation in einem relativ begrenzten Kreis blieb wie bei diesem Brief an Parteimitglieder. Die Deutlichkeit von Hasselmann mochte allerdings auch darin begründet sein, dass derartige Schreiben nicht so regelmäßig wie heute mit großer Sicherheit auch an die Medien dringen und dort dann sofort aufgegriffen werden.

Einen Eindruck von der extremen Politisierung der landespolitischen Journalisten gerade in Niedersachsen bekam auch Fritz Brickwedde, der Albrechts Aufstieg zum Ministerpräsidenten als Funktionsträger der Jungen Union mitbekam, später JU-Landesvorsitzender wurde und einige Jahre darauf das Amt des Regierungssprechers von Albrecht übernahm. „Als ich Regierungssprecher wurde, war ich überrascht, wie ausgeprägt das Sendungsbewusstsein der Redakteure war, die sich mit dem Landtagsgeschehen beschäftigten: Sie wollten alle auf irgendeine Weise Politik machen."[504] Was aber heißt „Politik machen"? In den erwähnten Büchern von Spoo, Hogrefe und anderen wurden verschiedene Berichte und Episoden berichtet, die geeignet waren, das öffentliche Bild von Albrecht und der CDU in Frage zu stellen – und Zweifel an ihren offen vertretenen Motiven zu wecken. Eine Konfrontation war die Folge. So teilten mehrere Autoren des Buches „Niedersächsische Skandalchronik" mit, die Staatskanzlei habe die Zusammenarbeit mit Politikredakteuren aufgekündigt und Interviewtermine mit dem Ministerpräsidenten abgesagt. Wie Spoo erklärte, hätten zwei norddeutsche Zeitungen sich geweigert, über das Buch zu berichten. Zitiert wurde er im März 1990 mit den Worten: „Das ist gespenstisch: Albrecht hat sich in zwölf Jahren eine machtsolidarische Presse geschaffen."[505]

Was ist aber mit der anderen Seite, den Medien, die als CDU-nah beschrieben wurden oder offen bekannten, sich von der sogenannten „linken Kampfpresse" abzugrenzen? Bemerkenswert war die Rolle des „Rundblick"-Chefredakteurs Helmut Rieger, der nach seinem Ruhestand in seinem Buch an verschiedenen Stellen berichtete, auf Bitten von Politikern selbst Gespräche auf höchster Ebene geführt und so bestimmte Abläufe beschleunigt oder gebremst zu haben[506]. In einem „Stern"-Bericht vom 22. Januar 1976 – eine Woche nach dem zweiten Wahlgang der Ministerpräsidentenwahl -wurden erhebliche Vorwürfe an Riegers Adresse gerichtet. So habe Rieger zu der Wahl Albrechts zum Ministerpräsidenten

504 Gespräch mit Fritz Brickwedde am 27.10.2020
505 „Stern" vom 22.03.1990: „Skandal-Buch"
506 Helmut Rieger: Alles hat seine Zeit, Hannover 1995, Seite 103 – Dort beschreibt Rieger, wie er 1975 in Absprache mit Hasselmann ein Gespräch mit Albrecht führte, um eine Bewerbung von Werner Remmers gegen Hasselmann bei der Wahl des Fraktionsvorsitzenden zu verhindern.

gesagt: „Das ist mein Beschluss."[507] Nun kann es sein, dass Rieger hier falsch
oder verkürzt wiedergegeben wurde und er sich niemals wirklich angemaßt
hatte, beim Wechsel der Mehrheiten im Parlament selbst mitgewirkt oder Regie
geführt zu haben. Dass Rieger die Darstellung nie zurückgewiesen und keine
Gegendarstellung verlangt hatte, könnte auch damit zu tun haben, dass ihm eine
solche Machtzuschreibung sogar nützte – denn solch ein Ruf konnte ja seinen
Wert immer dann heben, wenn er als Gesprächspartner mit Politikern zu tun
hatte. Sollte die Beschreibung aber zutreffend gewesen sein, hätte Rieger eindeutig die den Journalisten gesetzten Grenzen überschritten.

Die außergewöhnliche Polarisierung der Medien in der Albrecht-Zeit – zu
Beginn wie zum Ende der Ära – hat auch Rückwirkungen auf die Aufgabe der
Presse, undurchsichtige Vorgänge in der Politik aufzuhellen, Hintergründe und
Zusammenhängen aufzuzeigen. Die Aufteilung der Journalistenschar in solche
auf der einen Seite, die immer gern auch Politikberater sein wollten und waren,
und solche auf der anderen, die ihre Haltung in den Vordergrund und über die
Faktenvermittlung stellten, führte wohl nicht zu dem, was an manchen Stellen
nötig gewesen wäre: eine vertiefte gründliche Recherche mit dem Ergebnis, mehr
Licht in das Dunkel der Ereignisse zu bringen. Auch in späteren Betrachtungen
über diese Zeit ist oft von Vorwürfen und Gegen-Vorwürfen die Rede, Albrecht-
Anhänger standen Albrecht-Gegnern gegenüber. Noch dazu waren über die
Jahre die Debatten zu der Frage, wer denn nun die Überläufer vom Januar und
Februar 1976 waren, immer vom Wahlkampf überlagert oder begleitet gewesen.
Erst war es die Bundestagswahl 1976, später dann die Bundestagswahl 1980, in
der Albrecht zeitweise auch als CDU-Kanzlerkandidat im Gespräch gewesen
war, und dann die nahenden Landtagswahlen in Niedersachsen 1990 sowie die
folgenden Bundestagswahlen im gleichen Jahr. So wurde die journalistische
Darstellung über die damaligen Abläufe und Mutmaßungen zu einer Garnitur
für die sonstige parteipolitische Wahlkampfauseinandersetzung. Das führte
regelmäßig auch dazu, dass das Thema genauso rasch wieder an Aufmerksamkeit verlor, sobald die Wahlen gelaufen waren. Die Politisierung der Debatte verhinderte eine journalistische Vertiefung, es blieb allzu oft bei Andeutungen und
Aufregungen über diese Andeutungen. Chancen zur Aufklärung wurden vertan.

---

507 „Stern" vom 22.01.1976: Als die Stimmen ausgezählt waren: Schock und Tränen auf
     der Regierungsbank

7. Das Thema kocht wieder hoch – die Spielbankaffäre von 1988

7.1. Die Dämmerung der Ära Albrecht

Schon nach der Landtagswahl 1986, die geprägt war von der bundesweiten Debatte über die Katastrophe im Atomkraftwerk Tschernobyl, deutete sich an: Die Ära von Ernst Albrecht neigte sich nach damals zehn Jahren dem Ende entgegen. Die CDU hatte gegenüber der Wahl vier Jahre zuvor 7,4 Prozentpunkte verloren, die SPD verbesserte sich um mehr als fünf Prozentpunkte – und die Grünen, die neue Gruppierung, behaupteten ihre Rolle als dritte Kraft gegenüber einer leicht schwächeren FDP. Auch wenn der neue SPD-Spitzenkandidat Gerhard Schröder den Sprung auf den Ministerpräsidentenstuhl nicht geschafft hatte, bedeutete die Wahl doch seine Stärkung als Leitfigur der niedersächsischen Sozialdemokraten. Der langjährige SPD-Fraktionsgeschäftsführer Reinhard Scheibe erinnert sich, dass Schröder als Parlamentsneuling im Landtag ganz irritiert gewesen sei, welcher vertrauter Umgangston zwischen Sozial- und Christdemokraten dort herrschte: „Er war dagegen, dass wir uns wie selbstverständlich duzten. Es dauerte ein paar Wochen, dann war aber auch er mit vielen CDU-Leuten schon per Du."[508] Der Journalist Helmut Rieger berichtete: „Gerhard Schröder, nun an der Spitze der SPD-Fraktion, bekämpfte die CDU/FDP-Koalition mit Albrecht so, als wolle er ihr noch vor der nächsten Landtagswahl ein Ende setzen. Zum Kampfmittel wurden dafür auch Untersuchungsausschüsse."[509] Diese Ausschüsse hätten Zeit und Nerven gekostet, und – wie Rieger urteilte – die CDU habe „zu Konflikten dieser Art nur bedingt fähig zu sein" geschienen, während Schröder der SPD-Opposition „längst den Machtappetit vermittelt" habe.

Ein Untersuchungsausschuss drehte sich um das „Celler Loch", die Umstände eines Sprengstoffanschlags auf die Justizvollzugsanstalt in Celle, 1978 inszeniert offenbar von einem Mitarbeiter des Verfassungsschutzes. Ein anderer solcher Ausschuss ging formell auf das Konto der CDU, denn sie witterte 1988 bisher noch verborgene dunkle Kapitel in der 1976 beendeten SPD-geführten Regierungszeit bei der Vergabe von Lizenzen für Spielbanken. Auslöser war zunächst ein wirtschaftlicher Vorgang, der sich gegen die aktuelle Aufsichtstätigkeit von Innenminister Wilfried Hasselmann (CDU)

---

508 Gespräch mit Reinhard Scheibe am 18.09.2020
509 Helmut Rieger: Alles hat seine Zeit, Hannover 1995, Seite 131

richtete: Im November 1987 war die Spielbank Hannover/Bad Pyrmont mit ihrem Geschäftsführer Marian Felsenstein zusammengebrochen – und die Politiker sollten nun prüfen, ob es in der Aufsichtsbehörde schwerwiegende Versäumnisse gegeben hatte. Diese Mängel waren damals schon offensichtlich, sie bestätigten sich im Laufe der Vernehmungen zahlreicher Zeugen auch. Aber die CDU meinte, Hasselmann womöglich aus der Schusslinie nehmen zu können, wenn der Untersuchungsausschuss die Überprüfung auch auf die Zeit des früheren Innenministers Richard Lehners (SPD) ausweiten würde, auf die frühen siebziger Jahre nämlich, in denen das Land Niedersachsen die ersten Konzessionen vergeben hatte. Ein Zeitzeuge, der Journalist Rolf Zick, sah diesen strategischen Plan der CDU als verfehlt an. Er schrieb später: „Die CDU-Fraktion bestand dann auf der Erweiterung des Untersuchungsauftrags. Sie wollte noch prüfen lassen, ob bei der Erteilung von Spielbankenkonzessionen unter der SPD-Regierung 1974 alles mit rechten Dingen zugegangen sei. Doch dieser Schuss ging unter unglaublichem Getöse nach hinten los. Denn die CDU hatte offenbar nicht mit der Macht ‚der' Presse gerechnet, zumindest nicht mit einer bestimmten Sorte der Journaille. Die Hannoversche Allgemeine Zeitung brachte es auf den Punkt: ‚Es war nicht zu verkennen, dass von außerhalb Niedersachsens, hauptsächlich von den beiden Nachrichtenmagazinen Stern und Spiegel, eine Kampagne gestartet worden war, um nach Schleswig-Holstein auch die niedersächsische Landesregierung sturmreif zu schießen."[510] Der Hinweis auf das Nachbarland Schleswig-Holstein betraf die sogenannte „Barschel-Affäre", die ein Jahr vorher zuerst vom „Spiegel" aufgedeckt wurde und die Bundesrepublik politisch in Wallung versetzt hatte. Die Beschreibung der Medienwelt, die hier von Zick vorgenommen wurde, soll an dieser Stelle nicht vertieft werden[511]. Näher zu beleuchten sind jedoch die Verknüpfungen, die vom Thema Spielbank-Lizenzvergabe zu der Frage gezogen wurden, wie die Wahl von Ernst Albrecht zum Ministerpräsidenten im Frühjahr 1976 im Landtag in die Wege geleitet worden war. Diese Bezüge wurden im 1988er Untersuchungsausschuss und vor allem in seiner medialen Begleitmusik ausführlich hergestellt – und führten dazu, dass die Vorgänge von 1976 jetzt, zum Ende der Ära Albrecht, erneut zum großen Thema der öffentlichen politischen Erörterung wurden.

---

510 Rolf Zick: Die Landespressekonferenz am Puls des Geschehens, Hannover 1997, Seite 55

511 Ausführlich im Abschnitt 6.8.

7.2. Das Gerangel um das Spielbankgesetz

Zu den Detailfragen, die den Untersuchungsausschuss zur Spielbankaffäre beschäftigten, hat der damalige Vorsitzende des Gremiums, der SPD-Landtagsabgeordnete und spätere Minister Wolf Weber, eine längere Darstellung verfasst: Er schilderte, wie ein früherer SPD-Kommunalpolitiker dem Ausschuss Material unter anderem über ein Gerichtsverfahren gegeben habe, in dem der hannoversche Kaufmann Rudolf Kalweit sich beklagte, dass er eine ihm einst von Innenminister Richard Lehners (SPD) versprochene Spielbank-Lizenz nicht erhalten hatte. Kalweit ging gegen seine Nichtberücksichtigung gerichtlich an, und im Schriftsatz, der auf Umwegen über einen SPD-Kommunalpolitiker beim Untersuchungsausschuss des Landtags gelandet war, war auch ein Brief des damaligen CDU-Landesvorsitzenden Wilfried Hasselmann an Kalweit enthalten. Der Brief datierte vom 30. April 1969, Kalweit galt seinerzeit offenbar als jemand, der als Lizenznehmer für eine Spielbank in Betracht kommen sollte. In Hasselmanns Schreiben hieß es, die CDU sei gegenwärtig mit einem „etwas diffizilen Problem" beschäftigt, Kalweit könne dafür eine Lösung liefern und der Unternehmer Laszlo Maria von Rath, seinerzeit ein Berater der CDU, werde deswegen auf Kalweit zukommen.[512] Was hier verklausuliert mit „diffizilem Problem" bezeichnet wurde, war nach Darstellung von Weber die Überlegung, der CDU mit einer verdeckten Beteiligung an einer Spielbank die Chance zu einer dauerhaften Aufbesserung ihrer Parteifinanzen zu geben. Wenn das wirklich ernsthaft geplant gewesen sein sollte und Erfolg gehabt hätte, wäre es eine Umgehung der Vorschriften für die Parteienfinanzierung gewesen. War die SPD 1988 also problematischen Überlegungen in der CDU auf die Spur gekommen, in den siebziger Jahren ein System von illegaler Finanzierung ihrer eigenen Kasse aufzubauen – also lange im Vorfeld der erstmaligen Wahl Albrechts zum Ministerpräsidenten?

Zur Schlüsselfigur wurde nun der in dem Schreiben benannte Laszlo Maria von Rath, der in Florida lebte und – wie sich zeigte – nach vielen Jahren der engen Zusammenarbeit mit der niedersächsischen CDU in verschiedenen Wahlkämpfen inzwischen mit den Christdemokraten gebrochen hatte. Warum genau, blieb im Dunkeln. Bekannt war, dass der Beschluss über die Einführung der Spielbanken im Landtag im Sommer 1973 nicht etwa so verlaufen war, dass die SPD mit ihrer absoluten Mehrheit das durchgesetzt und die CDU als einzige

---

512 Brief von Hasselmann zitiert nach Wolf Weber: Der Zeuge aus Florida, in: Jürgen Hogrefe/Eckart Spoo (Hrsg.): Niedersächsische Skandalchronik, Göttingen 1990, Seiten 83 bis 99, hier besonders Seite 85

Oppositionspartei dagegen gestimmt hätte. Vielmehr gab es in beiden großen Parteien Befürworter wie Gegner des Vorhabens, und die Entstehungsgeschichte des Gesetzes war von unterschiedlichen Interessen geprägt gewesen. Aus verschiedenen Zeugenvernehmungen im Untersuchungsausschuss wurde das deutlich.

So erläuterte Ministerpräsident Ernst Albrecht am 19. August 1988 im Zeugenstand, dass das Spielbankgesetz eigentlich schon in der 1970 dann vorzeitig beendeten Wahlperiode hätte beschlossen werden sollen, zu einer Zeit also, als SPD und CDU in einer Großen Koalition zusammen regierten. Wie Albrecht berichtete, wäre damals aus seiner Sicht eine breite Zustimmung zu erreichen gewesen. Albrecht selbst war zu jener Zeit noch nicht im Landesparlament, erst 1970 wurde er in den Landtag gewählt und rückte dann zum wirtschaftspolitischen Experten seiner Partei auf. In dieser Funktion hat er sich dann von 1970 an mit dem Thema näher auseinandergesetzt – und wie er 1988 dann als Zeuge im Untersuchungsausschuss erklärte, seien bis 1970 die Bemühungen der beiden Abgeordneten Ernst-Georg Hüper (SPD) und Hans Puvogel (CDU) sehr weit gediehen: „Es hätte eine überwältigende Mehrheit für das Gesetz gegeben, wenn es in der vorigen Legislaturperiode, also vor der Auflösung des Landtags, noch zur Verabschiedung gekommen wäre. Ich weiß, dass auch dann, als der Genossenantrag von Herrn Hüper und Herrn Puvogel eingebracht wurde, schon eine satte Mehrheit die Unterschriften geleistet hatte, wobei man noch nicht einmal sicher war, dass alle diejenigen, die nicht unterschrieben hatten, entschieden dagegen gewesen wären."[513] Mit „Genossenantrag" war hier eine Initiative einzelner Abgeordneter aus beiden großen Fraktionen gemeint gewesen.

Hüper, der gewiefte Finanzpolitiker der SPD-Fraktion, und Puvogel, Notar, Landrat in Verden und Vize-Vorsitzender der CDU-Fraktion, zählten in beiden großen Landtagsparteien damals und auch in den Folgejahren zu den eifrigsten Befürwortern der Spielbanken in Niedersachsen – wohl auch deshalb, weil sie eine Chance witterten, den Staat an den enormen Umsätzen, die diese Einrichtungen versprachen, teilhaben zu lassen. Der SPD-Politiker Richard Lehners, bis 1974 Innenminister, war ebenfalls für diese Position. In der SPD gab es aber auch viele Skeptiker und einige starke Gegner, in der CDU war es nicht anders. Wie Albrecht selbst gegenüber den Spielbanken eingestellt war, blieb unklar – auch wenn er sich zeitweise überaus kritisch dazu eingelassen

---

513 Vernehmung von Ernst Albrecht im Spielbank-Untersuchungsausschuss am 19.08.1988, Seite 35

hat, wie noch zu zeigen sein wird[514]. Nun kam es wegen der Überläufer, den unklaren Mehrheitsverhältnissen und dem nicht umgesetzten Plan von CDU-Fraktionschef Bruno Brandes, Ministerpräsident Georg Diederichs über ein Misstrauensvotum zu stürzen, 1970 zur vorzeitigen Auflösung des Landtags. Das Spielbankgesetz gehörte zu den Vorhaben, die von der Großen Koalition im Landtag nicht mehr umgesetzt werden konnten und der Diskontinuität zum Opfer fielen. Es musste in der nächsten Wahlperiode noch einmal in den parlamentarischen Prozess eingespeist werden.

Ein neues Gesetz kam in der Folgezeit auf den Tisch, und SPD-Fraktionsgeschäftsführer Reinhard Scheibe erinnert sich noch gut an eine besondere Situation im Landtag. Das war im Sommer 1973, und für die CDU trat damals Albrecht ans Rednerpult und hielt eine – wie sich Scheibe erinnert – bemerkenswerte Rede: „Hinterher dachte ich, dass die ganze Sache jetzt noch einmal platzen könnte", sagt Scheibe.[515] 1988 nahm der damalige SPD-Fraktionsgeschäftsführer auch im Untersuchungsausschuss dazu Stellung: „Wir haben … mit großer Spannung die Abstimmung erwartet. Das ist, glaube ich, deshalb nicht so uninteressant, weil es die Beobachter, also die nicht unmittelbar Beteiligten, sondern die, die sich auf den Tribünen oder in der Loge und in der Umgebung des Plenarsaals aufhielten, seinerzeit durchaus für denkbar gehalten haben, dass das Gesetz scheitern könnte. Dieser Eindruck ist insbesondere entstanden, nachdem der Abgeordnete Dr. Albrecht gesprochen hatte, zumal er Sachverhalte dargelegt hat, die – so war damals meine Meinung – wohl nicht allen Abgeordneten geläufig gewesen sind. Ich kann vielleicht einen ganz persönlichen Eindruck sagen: Ich war eigentlich doch sehr enttäuscht darüber, dass solche zusätzlichen Informationen, die vielleicht zwangsläufig nicht allen bekannt gewesen sein konnten, nicht dazu geführt haben – oder dass es vielleicht noch einmal eine Beratung, also eine Sitzungsunterbrechung gegeben hätte."[516]

Trotz der kritischen Hinweise von Albrecht wurde das Gesetz beschlossen, die Vergabe von Lizenzen an private Betreiber war damit ermöglicht. 49 SPD- und 38 CDU-Abgeordnete votierten dafür. Das heißt allerdings auch, dass 26 SPD- und 36 CDU-Abgeordnete ihr Ja zu diesem Gesetz verweigerten.[517] Aber was

514 Vgl. Abschnitt 8.3.
515 Gespräch mit Reinhard Scheibe am 18.09.2020
516 Vernehmung von Reinhard Scheibe im Spielbank-Untersuchungsausschuss am 22.09.1988, Seite 49
517 Vernehmung von Hans Puvogel im Spielbank-Untersuchungsausschuss am 24.06.1988, Seite 73

waren die Einwände von Albrecht, die damals nicht nur den Sozialdemokraten Scheibe stark beeindruckt haben mussten?[518]

Als Zeuge im Untersuchungsausschuss berichtete Albrecht zunächst, dass eine Reihe von Abgeordneten „moralische Bedenken gegen Spielbanken als solche" gehabt und gesagt hätten, „der Staat könne auf keine Fall so etwas noch gesetzlich sanktionieren"[519]. Albrecht führte weiter aus: „Ganz gleich, ob der Innenminister, die Landesregierung insgesamt, der Finanzminister oder wer auch immer die Konzession vergibt, hat mich folgendes interessiert: Es gibt keine objektiven Maßstäbe, nach denen man unter zig Bewerbern einige wenige aussondert, und die werden dann zu Millionären erklärt. Dafür gibt es keine Maßstäbe." Auf die Frage des Grünen-Abgeordneten Horst Schörshusen, ob er konkrete Hinweise auf mögliche Einflussnahmen auf die Politik gehabt habe, antwortete der Ministerpräsident: „Nein, ich hatte keinen konkreten Verdacht. Ich hatte aus der Art des Systems nur begriffen, dass die Gefahr riesengroß ist, wenn man, wie gesagt, durch bloße Konzessionserteilung über Nacht zum Millionär erklärt werden kann, dass man alle Mittel in Bewegung setzt, um diese Konzession auch zu kriegen."

Was dann im Ausschuss nicht näher erörtert wurde, war die Frage, wie ernsthaft Albrechts Einwände, die er erst kurz vor der endgültigen Beschlussfassung im Parlament vorgetragen hatte, tatsächlich gemeint waren. Wenn es seine Absicht gewesen wäre, die Abgeordneten aufzurütteln und das Gesetz zu verändern, war der Zeitpunkt der Intervention denkbar ungünstig gewesen. Diente es also eher dazu, auf die Einwände noch einmal deutlich hinzuweisen, damit es später nicht hätte heißen können, die politisch Verantwortlichen seien sehenden Auges in die prekäre Lage geraten? Davon unabhängig sind die Berichte über angebliche Geheimabsprachen und -pläne zu betrachten, in die Albrecht involviert gewesen sein soll und über die dann der ehemalige CDU-Berater Laszlo Maria von Rath dann 1988 im Ausschuss berichtete. Darauf wird im nächsten Abschnitt näher eingegangen werden.

Aufschlussreiche Hinweise zur Entstehungsgeschichte und zu den Vorbesprechungen, die später dann zum Spielbankgesetz führten, offenbarte auch der damalige SPD-Finanzexperte Ernst-Georg Hüper, ein Vorantreiber der Gesetzgebung zum Glücksspiel. Als Zeuge im Ausschuss erklärte er, gemeinsam mit seinem CDU-Kollegen Hans Puvogel 1969, im Jahr vor dem vorzeitigen

---

518 Zur Gemeinsamkeit von Albrecht und Kubel in dieser Frage siehe Abschnitt 8.3.

519 Vernehmung von Ernst Albrecht im Spielbank-Untersuchungsausschuss am 19.08.1988, Seiten 63 bis 66

Bruch der Großen Koalition, schon massiv für dieses Anliegen mobilisiert zu haben. Später dann, in der Zeit der SPD-Alleinregierung nach 1970, habe man 87 der insgesamt 149 Landtagsabgeordneten als anfängliche Befürworter gewonnen. Der Widerstand sei enorm gewesen: „Das war gar nicht so einfach, weil es sowohl auf Seiten der CDU – insbesondere der Kirche, der Bischof von Hildesheim und andere haben mir geschrieben, verteufelt worden sind wir auch – als auch auf Seiten der Sozialdemokraten in den Führungspositionen Leute gab, die überhaupt nicht wollten, dass es Spielbanken gab."[520] An anderer Stelle wird er noch deutlicher: „Was meinen Sie, was ich für anonyme Anrufe bekommen habe, was ich für Briefe bekommen habe, welch ein Teufel ich war. Das können Sie sich überhaupt nicht vorstellen. So ist das aber gewesen. Ich war ein schlimmer Mensch, weil ich Spielbanken in Niedersachsen wollte."[521] Hüper erläuterte noch, dass zu jener Zeit, als er gemeinsam mit Puvogel seine Aktivitäten entfaltete und damit quer durch die beiden Fraktionen erfolgreich war, die Reaktionen der SPD-Spitze sehr eindeutig gewesen seien: „Ich kann mich gut daran erinnern, dass Herr Kubel und auch mein Fraktionsvorsitzender, Herr Kasimier, wochenlang nicht mehr mit mir gesprochen haben. Ich habe dazu gesagt: Wenn man zur Quelle will, muss man immer gegen den Strom schwimmen. Das habe ich auch getan. Herr Puvogel, der großen Einfluss in der CDU hatte, hat dort geholfen. Aber eigentlich hat mein Freund Drape[522] bei der CDU die Unterschriften gesammelt, um das auch zu sagen. Oben drüber steht zwar ,Puvogel, Hüper'. Das waren aber die Eigentlichen aus dem Haushaltsausschuss." Im Untersuchungsausschuss offenbarte der SPD-Politiker dann noch, dass es seine Aufgabe und die des CDU-Fraktionschefs Bruno Brandes gewesen sei, die ausreichende Mehrheit für ein Spielbank-Gesetz zu organisieren und zu sichern: „Es ist so gewesen, dass das Gesetz eigentlich federführend an den Finanzausschuss gegangen ist. Der Finanzausschuss ist aber nur zum Schluss – wenn Sie das nachvollziehen – Herr Brandes. Ich sage bewusst: Herr Brandes, das war also der Rechtsausschuss, hat sich maßgebend mit dem Gesetz beschäftigt unter Hinzuziehung des Gesetzgebungs- und Beratungsdienstes und allem, was damit zusammenhängt. Ich bin immer wieder – weil Sie ,Initiator' sagten – gefragt worden, was da nun zu machen ist. Und Bruno hat gesagt: das ist nicht durchsetzbar, da kriegen wir keine Mehrheit; hör mal rum, was die einzelnen

---

520 Vernehmung von Ernst-Georg Hüper am 07.04.1988, Seiten 6 bis 12
521 Vernehmung von Ernst-Georg Hüper am 07.04.1988, Seite 20
522 Heinz-Detlef Drape, CDU-Landtagsabgeordneter aus Hannover von 1967 mit Unterbrechungen bis 1986

denn dazu sagen! Da bin ich dann wieder losgegangen und habe gefragt: Das ist jetzt so, und das ist so, und das ist so. Wir haben jeden Tag versucht, 75 Stimmen für ein Gesetz zusammenzuhalten. So ist das gewesen. Das ist nicht irgendwo konzipiert, und das ist auch nicht von der Regierung gekommen, sondern das ist aus dem Parlament."[523]

Was die Ausgestaltung der Lizenzbedingungen anging, teilte Hüper zwar die dann mehrheitlich beschlossene Linie, den Staat nicht direkt als Betreiber zuzulassen. Doch er trat dafür ein, eine indirekte Beteiligung zu gestatten, etwa über Lizenzen an staatliche Institutionen, etwa solche in privatrechtlicher Organisationsform. Hüper selbst hatte neben seinem Mandat als Landtagsabgeordneter auch die Aufgabe als Hauptgeschäftsführer der Niedersächsischen Bädergesellschaft – und eben für diese Bädergesellschaft versuchte er später dann auch, allerdings ohne Erfolg, eine Spielbank-Lizenz zu erlangen. Selbstbewusst sprach Hüper seinerzeit von „meinem Gesetz", das in der Folge dem Land Niedersachsen Einnahme von mehr als einer Milliarde Mark beschert habe[524]. Seine Bädergesellschaft sei eine Organisation privaten Rechts gewesen und damit geeignet in dem Sinn, den das Gesetz vorgegeben habe. Man habe ihm aber geantwortet, die Vorauswahl sei bereits abgeschlossen und Zusagen seien erteilt worden. Hüper erklärte, seine Intervention für die Bädergesellschaft später im Gespräch mit dem inzwischen zum Ministerpräsidenten gewählten Ernst Albrecht noch einmal wiederholt zu haben – wieder ohne den gewünschten Erfolg.[525]

Die enormen Spannungen in den Fraktionen von SPD und CDU, die Hüper ansprach, schilderte auch noch ein anderer Zeuge, der bei der Spielbank-Gesetzgebung mittelbar auch beteiligt war – nicht als Abgeordneter, denn er war 1970 aus dem Landtag ausgeschieden, aber als zuständiger Innenminister. Richard Lehners, bis 1974 Chef im Innenressort, berichtete 1988 im Spielbank-Untersuchungsausschuss von großen Widerständen des Ministerpräsidenten: „Herr Kubel war aus moralischen Gründen gegen Spielbanken, unabhängig davon, ob sie privat oder öffentlich-rechtlich betrieben wurden. Darüber wurde mit Herrn Kubel gar nicht diskutiert; darüber ließ er auch gar nicht mit sich diskutieren. Er war einfach dagegen."[526] Dies hatte aber nicht bedeutet, wie Lehners hinzufügte, dass Kubel die Pläne hintertrieben oder

---

523 Vernehmung von Ernst-Georg Hüper, a.a.O., Seite 37
524 Vernehmung von Ernst-Georg Hüper, a.a.O., Seite 9
525 Vernehmung von Ernst-Georg Hüper, a.a.O., Seite 12
526 Vernehmung von Richard Lehners am 24.06.1988, Seite 62

durch ein Machtwort verhindert hätte. Der Ministerpräsident habe die Hoheit der Ministerien in ihren Fachbereichen respektiert. Auf der anderen Seite habe jeder Minister, wenn er eine abweichende Ansicht zu der des Regierungschefs hatte, dies nicht öffentlich kundgetan – sondern Geschlossenheit gewahrt. Lehners bezeichnete das Kabinett in diesem Sinne als eine „Solidargemeinschaft"[527].

Ausführlich befragt wurde der Zeuge Lehners damals auch nach den schon Anfang der siebziger Jahre einsetzenden Debatten über die Frage, in welchen Gemeinden denn nun die neuen Spielbanken entstehen können – und wer dann im nächsten Schritt eine der begehrten Lizenzen bekommen könne. Von Zeit zu Zeit, berichtete der frühere Innenminister, sei ihm von seinen Fachleuten im Ministerium ein Sachvortrag gehalten worden: „Da haben mich diese kleinen Eifersüchteleien und schmutzigen Dinge, die ich da später gehört habe, zwischen den einzelnen Spielbankgemeinden und zwischen den einzelnen Konzessionären überhaupt, nicht interessiert. Angekotzt haben sie mich, nachdem ich das jetzt alles gehört und gelesen habe. Nur angekotzt muss ich das alles lesen. Es ist eine schaurige Geschichte."[528] Auf die Frage im Ausschuss, ob er als bis 1974 tätiger Innenminister schon Gespräche über mögliche Zuteilungen geführt habe, zeigte sich Lehners einsichtig – er habe nur Voraberklärungen abgegeben, keine festen Zusagen: „Wenn ich dieser große Stratege gewesen wäre, für den mich einige halten, insbesondere der ‚Spiegel'-Redakteur, dann hätte ich niemals sechs Wochen vor Ende meiner Amtszeit diese Vorabzusagen unterschrieben, sondern hätte gesagt: Bitte, das ist die Akte für meinen Amtsnachfolger. Ich wäre beruhigt nach Hause gegangen, hätte ein Glas Bier getrunken und damit wäre die Sache erledigt. Da ich aber letztendlich, ohne mich je um Einzelheiten gekümmert zu haben, die politische Verantwortung für dieses gesamte Prüfverfahren hinsichtlich der beiden Vorabzusagen zu tragen hatte, habe ich diese politische Verantwortung auch dadurch übernommen, dass ich sechs Wochen vor der Landtagswahl meine Unterschrift daruntergesetzt habe – was ich weiß Gott nicht nötig gehabt hätte. Dann säße ich hier nämlich nicht."[529] Lehners betonte auch, dass ihm Puvogel schon 1973 beim Landtagsbeschluss über das Spielbankgesetz die klare Zusage gegeben habe, allein die Exekutive, also das Innenministerium, habe über Spielbankorte und -konzessionen zu entscheiden.[530]

---

527 Vernehmung von Richard Lehners, a.a.O., Seite 64
528 Vernehmung von Richard Lehners, a.a.O., Seite 40
529 Vernehmung von Richard Lehners, a.a.O., Seite 42
530 Vernehmung von Richard Lehners, a.a.O., Seite 48

Tatsächlich hatte es im Landtag, wie an anderer Stelle der Arbeit des Untersuchungsausschusses deutlich wurde, an dieser Stelle auch andere Auffassungen gegeben. Einige Abgeordneten hatten sehr wohl das Ziel, auf die brisanten Entscheidungen über die Standorte und Betreiber Einfluss zu nehmen. Der CDU-Unterhändler in dieser Frage, Hans Puvogel, betonte in seiner Aussage ausdrücklich: „Ich habe allerdings... die Meinung vertreten, dass ich keine staatliche Spielbank wünsche, weil ich der Meinung war, es könne nur Ärger geben, wenn wir noch einen Spielbankausschuss zur Kontrolle dieser Sachen einsetzen müssten, die dann unter Umständen kommen würden. Ich habe darauf bestanden, dass die Exekutive die Konzessionen zu erteilen hätte. Ich war voll und ganz mit dem jetzigen Gesetz... einverstanden und habe das immer vertreten."[531] Auch Ernst-Georg Hüper, Puvogels Partner in dieser Sache, beteuerte mit Blick auf einen anderen Spielbank-Skandal, der einst die bayerische Staatsregierung erschütterte: „Wir alle haben immer gesagt: Wir wollen keine bayerischen Verhältnisse haben. Das sollen Beamte machen. Die sollen das nach objektiven Kriterien machen. Mischt Euch da nicht ein. Auch Kollegen anderer Couleur – das sage ich ganz deutlich – die etwas wollten und gesagt haben, ich kann das alles machen, habe ich immer gesagt: Lassen wir die Finger davon. Das ist nicht unser Problem."[532] Auf die Nachfrage des Untersuchungsausschuss-Vorsitzenden Wolf Weber, ob es nicht auch Bestrebungen gegeben habe, Landtagsabgeordnete über einen Parlamentsausschuss in diese Fragen einzubeziehen, antwortete Hüper dann: „Bruno Brandes hat gesagt: Wenn die Beamten dabei sind, das zu vergeben, dann wollen wir – mit seinen Worten, so hat er gesprochen – da ein wenig mitmischen. Zwischen den Fraktionsführungen war im Gespräch, dass diese Arbeitsgruppe von Abgeordneten begleitet werden sollte. Dieses Ansinnen haben sowohl Herr Puvogel als auch ich abgelehnt..., weil wir uns nicht einmischen wollten, um nicht in den Verdacht zu kommen, in Niedersachsen in irgendeiner Art und Weise bayerische Verhältnisse zu haben." Im Untersuchungsausschuss vertrat der FDP-Abgeordnete Kurt Rehkopf allerdings noch eine Position, mit der die Nachteile der von Hüper beschriebenen politischen Abstinenz dargestellt wurden. Rehkopf kleidete das in eine Frage an Hüper: „Sind Ihnen denn seinerzeit keine Bedenken gekommen, dass dann, wenn sich die Politiker... überhaupt nicht beteiligen und hinterher auch nicht sozusagen ein wenig als Kontrolleure auftreten, das eintritt, was wir heute kennen: Dass ein einziger in einem Ministerium im Grunde genommen

---

531 Vernehmung von Hans Puvogel am 24.06.1988, Seite 72
532 Vernehmung von Ernst-Georg Hüper am 07.04.1988, Seiten 16 und 17

die Entscheidungen treffen konnte und dadurch auch bayerische Verhältnisse, wenn man so will, eintreten konnten?"[533]

Der Ausschuss warf noch einen Blick auf die weiteren damaligen Abläufe. Im Januar 1974, wenige Monate vor der Landtagswahl, hatte die damalige SPD-Alleinregierung per Kabinettsentscheidung festgelegt, wohin die Spielbanken und ihre Nebenstellen kommen sollten.[534] Wie der SPD-Obmann im Untersuchungs-ausschuss von 1988, Heiner Bartling, sich zurückerinnert, sind die Festlegungen von 1974 eindeutig gewesen, der Ausschuss habe die anfängliche Vermutung auch bei den Nachprüfungen bestätigt bekommen: Mit den Standorten seien Konzessi-onäre, die der SPD, der CDU und der FDP nahestanden, gleichgewichtig berück-sichtigt worden. Dies sei im Übergang von der SPD-Alleinregierung zur neuen SPD/FDP-Koalition geschehen – die Festlegung der wichtigen Fragen, die aus dem Spielbankgesetz folgten, sei zum größten Teil noch in die Zeit der alten Regierung gefallen, teilweise in die der neuen. Die wesentliche Erkenntnis des Ausschusses sei es dann gewesen, dass die Konstruktion von Anfang an Mängel hatte – „die Aufsicht im Innenministerium hat einfach nicht als Aufsicht funktioniert".[535] Die Defizite in der Aufsichtsführung hätten sich dann aber vor allem in den achtziger Jahren gezeigt.

7.3. Der merkwürdige Zeuge Laszlo Maria von Rath und der Fall Brennecke

Eine hohe mediale Aufmerksamkeit hatte die Arbeit des Spielbank-Untersuchungsausschusses vor allem wegen einer Person, die man mit Fug und Recht als „schillernd" bezeichnen kann. Der langjährige Berater und Werbe-fachmann Laszlo Maria von Rath, ein gebildeter und wortgewandter Mann mit höflichen Umgangsformen, trat 1988 auf die landespolitische Bühne und war ein begehrtes Objekt der Journalisten, die seine Aussagen begierig aufnahmen und verbreiteten. Das spätere Urteil über ihn war gespalten. So schrieb Rolf Zick: „Selbst ein zwielichtiger ehemaliger CDU-Werbefachmann, der beim Kon-zessionspoker nicht zum Zuge gekommen war, wurde aus den USA eingeflo-gen. Doch ihn zum Kronzeugen hochzustilisieren, ist kläglich gescheitert. Seine

---

533 Befragung von Egon Hüper im Spielbank-Untersuchungsausschuss am 07.04.1988, Seite 26
534 Aussage von Richard Lehners im Spielbank-Untersuchungsausschuss am 07.04.1988, Seite 51
535 Gespräch mit Heiner Bartling am 09.10.2020

Anschuldigungen gegen seine früheren Parteifreunde waren zwar dubios und wurden nie bewiesen, aber sie brachten das Fass zum Überlaufen."[536] Zu einem anderen Urteil kam hingegen Wolf Weber, der damalige Vorsitzende des Untersuchungsausschusses, in einer späteren Darstellung. Er sah keine generellen Zweifel an der Glaubwürdigkeit von Raths, räumte aber immerhin Irritationen ein: „Ich weiß nicht, was Rath veranlasste, seine früheren Freunde derart schwer zu belasten. Noch über die letzte Landtagswahl hinaus hatte er, wie wir heute wissen, mit Albrecht, Haßengier und vor allem Hasselmann korrespondiert. Dieser Briefwechsel war gespickt mit Höflichkeiten und Formeln, aber auch mit Andeutungen über die Umstände des Regierungswechsels von 1976 und politisch-strategischen Überlegungen darüber, wie ein abermaliger Wechsel zur SPD vermieden werden könnte."[537] Die enge Beziehung, die von Rath über viele Jahre zu wichtigen Politikern der CDU pflegte, war also unbestritten. Umso gewichtiger wurde die Frage, ob so jemand allen Ernstes Vorwürfe in die Welt setzen konnte, die falsch waren. Hat er womöglich doch im Kern die Wahrheit gesagt, auch wenn es in der Vernehmung an vielen Details Unklarheiten, falsche Zeit- und Ortsangaben oder falsche Zuordnungen der handelnden Personen gab?

Der Kernvorwurf aus dem Munde von Raths lautete: Der CDU-Landesvorsitzende Wilfried Hasselmann habe am 30. April 1969 den hannoverschen Kaufmann Rudolf Kalweit angeschrieben und gebeten, er könne der CDU dabei helfen, ein „etwas diffiziles Problem" zu lösen. Dazu habe von Rath Vermittlerdienste leisten sollen. Dies stellte von Rath 1988 so dar, dass die CDU 1969 den Plan gehabt hätte, über einen Strohmann die Unterbeteiligung an einer von Kalweit erworbenen Spielbanklizenz zu organisieren – ein illegales Geschäft mit dem möglichen Effekt einer dauerhaften finanziellen Stärkung der CDU-Parteifinanzen. Das Geschäft kam nie zustande, schon weil die Gruppe um Kalweit weder von Innenminister Richard Lehners noch von seinem Nachfolger Rötger Groß eine Spielbanklizenz erhalten hatte. Der Streit über die Frage aber, wer denn diese von Rath behauptete Idee einer Unterbeteiligung hatte und wer daraufhin entsprechende Schritte auf wessen Anweisung unternahm, prägte lange Zeit den Untersuchungsausschuss. Die CDU sah sich plötzlich mit Vorwürfen konfrontiert, mit finanziellen Mauscheleien in Verbindung zu stehen.

In seiner ersten Vernehmung vor dem Ausschuss sagte Rath, dass er Ende der sechziger Jahre selbst vorgeschlagen habe, eine Spielbank-Unterbeteiligung für

---

536 Rolf Zick: Die Landespressekonferenz am Puls des Geschehens, Hannover 1997, Seite 56

537 Wolf Weber, a.a.O., Seite 89

die CDU zu organisieren. Im Gegenzug müsse die CDU dann die Stimmen im Landtag für eine ausreichende Mehrheit zum Spielbankgesetz bringen.[538] Zweifel an dieser Darstellung sind erlaubt, weil die Situation in der Zeit bis Juni 1970 offenbar so war, dass sich im Landtag tatsächlich eine Mehrheit von SPD- und CDU-Abgeordneten für das neue Spielbankgesetz zeigte. Schwieriger wurde es erst später, nach der Neuwahl 1970, weil die damals alleinregierende SPD in dieser Frage nicht geschlossen war. Von Rath sprach in seiner Aussage mehrfach davon, die CDU habe nach den Vorgesprächen die Aufgabe gehabt, „die nötigen Stimmen zu besorgen" für das neue Spielbankgesetz[539]. Weder die näheren Zeitumstände aber, noch andere Zeugenaussagen stützten diesen Verdacht, es sei – zum Zwecke einer späteren Unterbeteiligung der CDU an einer Spielbank-Konzession – um das Organisieren von Mehrheiten im Landtag gegangen. Immerhin verwies der Zeuge darauf, dass zwischen dem Hasselmann-Brief von 1969 und dem später geschlossenen Vertrag über eine Unterbeteiligung (deren Nutznießer von Rath selbst war) noch einige Zeit vergangen war, es habe sich um 1971 gehandelt – also einen Zeitpunkt, zu dem die Mehrheiten im Landtag für das Spielbankgesetz nicht mehr klar gewesen waren. Möglicherweise aber kam es Rath gar nicht so sehr auf diese Details an, sondern allein auf die Wirkung: Das Wortspiel mit dem Bau von Mehrheiten, das Assoziationen an Stimmenkauf weckte, beflügelte die Phantasie der landespolitischen Akteure – etwa mit Reminiszenzen an 1970, als Bruno Brandes Politiker anderer Fraktionen zur CDU herüberzog und so die Grundlage für sein auch CDU-intern umstrittenes Misstrauensvotum schaffen wollte.

Von Rath ging aber noch ein paar Schritte weiter. Im Zeugenstand erklärte er, „die Ereignisse des Jahres 1976" hätten ihn dazu animiert, Niedersachsen zu verlassen.[540] Erst in seiner zweiten Vernehmung, am 12. September 1988, wurde von Rath an dieser Stelle konkreter. Er sagte: „Das war 1976, zweite Hälfte, also nach der Landtagswahl, in dem Zeitraum, zu dem ich entschlossen war, von Niedersachsen wegzuziehen, weil die Zusage an Herrn Brennecke nicht eingehalten wurde."[541] Mit „Herrn Brennecke" meinte von Rath den Landesbeamten Reinhard Brennecke, der in der FDP in Burgdorf (Kreis Hannover) aktiv war und 1976 als Ministerialdirigent, also Abteilungsleiter, im niedersächsischen Wirtschaftsministerium beschäftigt war. Brenneckes Chef

---

538 Vernehmung von Laszlo Maria von Rath am 17.08.1988, Seiten 43 bis 48

539 Vernehmung von Laszlo Maria von Rath, a.a.O., Seite 60

540 Vernehmung von Laszlo Maria von Rath, a.a.O., Seite 56

541 Vernehmung von Laszlo Maria von Rath am 12.09.1988, Seite 10

war von 1974 an der Oldenburger FDP-Politiker und Wirtschaftsminister Erich Küpker.

Von Rath behauptete 1988, seine guten Kontakte zu Brennecke, die er in den siebziger Jahren gepflegt habe, hätten Auswirkungen auf die Vorbereitungen der CDU auf die Wahl des Ministerpräsidenten Anfang 1976 gehabt. Er verbreitete die Erzählung, Brennecke habe auf Bitten von Raths bei FDP-Landtagsabgeordneten dafür geworben, im Landtag für Albrecht zu stimmen – wenn dafür im Gegenzug eine Beförderung für Brennecke möglich gemacht werden könnte. Etwas verklausuliert sagte von Rath auf eine entsprechende Frage im Untersuchungsausschuss, er nehme an, „dass Herr Hasselmann bei seinem damaligen guten Verhältnis zu Dr. Albrecht gesagt hat: Ernst, ich habe auch eine Stimme für dich. Können wir zusagen, dass der Betreffende Regierungspräsident wird?"[542]

Ausführlich schilderte von Rath, wie er im Frühjahr 1976 bei einem Abendessen – im Haus des damaligen FDP-Ortsvorsitzenden von Burgdorf – über die Möglichkeit gesprochen habe, welche Landtagsabgeordneten der SPD oder FDP in der geheimen Wahl des Ministerpräsidenten doch für den CDU-Kandidaten Albrecht stimmen könnten. Von Rath berichtete: „Damals war die FDP sehr extrem: Ein Teil waren absolute SPD-Sympathisanten, ein anderer Teil waren eher CDU-Sympathisanten. Die Herren, die für die CDU waren, wussten, dass sie möglicherweise nicht mehr aufgestellt werden. Das alles spielte mit."[543] Brennecke habe dann bei einem der vielen Gespräche, die er mit ihm geführt habe, von einem Menschen berichtet, der jeden Tag mit ihm im Auto nach Hannover fahre. War das womöglich eine Anspielung darauf, dass Brennecke eine Fahrgemeinschaft mit einem FDP-Landtagsabgeordneten gebildet habe – also jeden Tag die Chance hatte, auf dem Weg zur Arbeit Einfluss auf diesen zu nehmen? Rath führte dazu als Zeuge nichts aus, er schilderte vielmehr den weiteren Verlauf des angeblichen Gesprächs mit Brennecke. Dann habe, sagte er, Brenneckes Ehefrau – „es war halb spaßig" – gesagt: „Wenn dann Herr Dr. Albrecht Ministerpräsident wird, dann möchte ich die Ehefrau des Regierungspräsidenten von Hannover sein."[544]

Die Schilderungen des Zeugen von Rath gingen noch weiter. Anfang Juli 1976 dann, fünf Monate nach der Wahl Albrechts zum Ministerpräsidenten, habe ihn Frau Brennecke darüber informiert, dass ein Wechsel im Amt des

542 Vernehmung von Laszlo Maria von Rath am 12.09.1988, Seite 33
543 Vernehmung von Laszlo Maria von Rath am 12.09.1988, Seite 41
544 Vernehmung von Laszlo Maria von Rath am 12.09.1988, Seite 42

Regierungspräsidenten offenbar nicht geplant sei. Daraufhin habe er, Rath, sich an Hasselmann gewandt und nachgefragt. Die schriftliche Antwort sei gewesen, dass vor 1977 keine Belohnung für die treuen Dienste von Brennecke möglich sei.[545] Worin diese angeblich von Hasselmann beschriebenen „Dienste" bestanden haben sollten – und ob es tatsächlich um einen Auftrag zur Überzeugung eines Abgeordneten bei der Wahl im Landtag gegangen war, wurde aus der damaligen Vernehmung im Untersuchungsausschuss nicht deutlich. Vertreter von CDU und FDP versuchten im Ausschuss, die Darstellung von Raths in Frage zu stellen: War es wirklich seine Enttäuschung darüber, dass Brennecke „der Lohn für seine Arbeit" verwehrt worden war? Das Vertrösten möglicher Beförderungen bestimmter Beamter mit FDP-Nähe auf 1977 war immerhin logisch, da die FDP ja erst nach der Bundestagswahl im Oktober 1976 bereit war, überhaupt mit der CDU über eine Koalition in Hannover zu verhandeln[546]. Gemutmaßt wurde 1988 bei Christ- und Freidemokraten im Untersuchungsausschuss, der Weggang von Raths aus Niedersachsen könne mehr auch damit zu tun gehabt haben, dass er bei der Vergabe von Spielbank-Konzessionen, die er ja angeblich zum Zweck der Parteienfinanzierung für die CDU hätte einfädeln sollen, leer ausgegangen war. Nach der Wahl Albrechts zum Regierungschef hätte ihm dann endgültig klar geworden sein können, wie wenig die neue Regierung gewillt war, an den Spielbank-Konzessionen noch zu rühren.

Die Ungereimtheiten in den Aussagen des prominenten Zeugen im Untersuchungsausschuss nahmen zu, weil er sich dort dann noch zu einer anderen Darstellung hinreißen ließ: Auf die Frage, warum denn die CDU auf eine finanzielle Unterbeteiligung an einer Spielbank-Konzession verzichtet habe, obwohl sie das doch – nach von Raths Darstellung – schon Ende der sechziger Jahre geplant habe, präsentierte der frühere Parteiberater eine Mutmaßung: „Da kam ich zu der Überlegung – das ist eine Hypothese -, dass Dr. Albrecht ein hochintelligenter Mensch ist und er zu dem Schluss gekommen ist, dass er bei der Landtagswahl nicht mit Überläuferstimmen rechnen kann. Er muss also eine ganze Fraktion zusätzlich hinter sich haben. Was konnte er bieten? Ministerposten hat die SPD auch schon gegeben; das war nicht so reizvoll. Es mussten andere Wege gefunden werden. Hypothese: Da kam mir die Überlegung: Vielleicht war das so, dass die FDP und die CDU Spielbankgenehmigungen bekommen haben. Ich schließe aber auch nicht aus – entschuldigen Sie bitte –, dass auch die SPD

---

545 Vernehmung von Laszlo Maria von Rath am 12.09.1988, Seite 42
546 Vgl. Abschnitt 5.9.

irgendwie abgefunden wurde. Jedenfalls fußt meine Hypothese primär auf der Überlegung, dass die FDP es bekommen und die CDU es behalten hat."[547]

Auf einmal erschien jetzt das Spielbank-Thema bei von Rath in einem wiederum anderen Licht: Es ging nicht mehr um Strohmänner, die auf FDP-Abgeordnete einwirken und Stimmen im Landtag werben sollten – es ging jetzt darum, dass eine ganze Landtagsfraktion „eingekauft" werden sollte für den Zweck, die Regierungsbeteiligung an der Seite der CDU einzugehen. Der angebliche Lohn bestand laut von Rath hier in einer lukrativen Spielbankbeteiligung. Ob das alles irgendeinen Bezug zu den realen Abläufen hatte? Zweifel an der Glaubwürdigkeit von Rath äußerte seinerzeit der frühere Innenminister Richard Lehners: „Für mich ist, offen gesagt, erstaunlich, das glaube ich dem Herrn von Rath nicht, dass er erst durch die Barschel-Affäre zu der Auffassung gelangt ist, dass seine Sympathien für die CDU mit einem Mal am Ende sind und er jetzt glaubt, er müsse das und das und das alles sagen. Wäre er ein Ehrenmann – das ist meine persönliche Meinung -, dann hätte er das, was er weiß, an dem Tag öffentlich kundgetan, an dem er das alles gewusst hat und nicht viele, viele Jahre später, nach der Barschel-Affäre. Das nehme ich ihm einfach nicht ab."[548] Was gegen von Raths damalige Darstellung spricht, sind zwei Fakten: Zum einen hatte es gleichberechtigte Nutznießer bei den Spielbank-Konzessionen gegeben, es waren Vertraute von Politikern aller drei der damaligen Landtagsfraktionen dabei. Zum anderen war es mitnichten so, dass es bei der Wahl von Albrecht zum Ministerpräsidenten eine „geschlossene Unterstützung" der FDP gegeben hatte. Vielmehr waren es zweimal drei und einmal vier Abgeordnete aus den Koalitionsfraktionen, die ihrem Kandidaten – erst Kasimier, dann Ravens – die Zustimmung verweigert hatten.

Der Untersuchungsausschuss hatte auch den von Rath so ausführlich beschriebenen früheren Ministerialdirigenten Brennecke vernommen. Der frühere Beamte zeigte sich zwar nicht erfreut darüber, dass von Rath in verschiedenen Interviews auf Brennecke verwiesen und ihn so in die Öffentlichkeit gezogen hatte. Große Energie, derartige Berichte zu unterbinden, brachte er jedoch nicht an den Tag. Brennecke bestätigte enge Kontakte im Jahr 1976 zu dem damaligen CDU-Berater, auch über die nahende Ministerpräsidentenwahl sei gesprochen worden. Mutmaßungen, sein damaliger Minister Erich Küpker könne der Überläufer gewesen sein, wies der sonst sehr ruhig auftretende und sachlich argumentierende Zeuge Brennecke voller Empörung zurück: „Ich halte

---

547 Vernehmung von Laszlo Maria von Rath am 17.08.1988, Seiten 81/82
548 Vernehmung von Richard Lehners am 24.06.1988, Seite 57

es für eine Infamie, so etwas zu behaupten. Wenn ich jetzt mal an den Nutzen denke: Welcher Minister wäre wohl so verrückt, eine Änderung zu wollen, wenn er Minister ist und die Aussicht hat, nach vier Jahren eine Ministerpension zu bekommen? Der müsste schwachsinnig sein."[549] Küpker sei im Übrigen ein „kühler Chef" gewesen: „Vertraulichkeiten hätte er überhaupt nicht geduldet."

Brennecke räumte im Ausschuss zwar ein, dass er in jüngster Zeit von Hasselmann angerufen worden sei. Die Erklärung von Rath aber, Brennecke hätte die Stimme eines Abgeordneten für die Wahl von Albrecht im Landtag besorgen sollen, wollte der frühere Ministerialbeamte nicht gelten lassen: „Nein, das bestreite ich entschieden. Eine Stimme zu beschaffen – wie soll man das machen?"[550] Einen Hinweis darauf, was womöglich bei Brennecke an unerfüllten Erwartungen eine Rolle gespielt haben mag in jenen siebziger Jahren, gibt die Vernehmung im Untersuchungsausschuss auch: Als Erich Küpker 1974 neuer Wirtschaftsminister mit FDP-Parteibuch wurde, ein Parteifreund, den er gar nicht kannte, bat Küpker ihn und einen anderen Ministerialbeamten um ein Gespräch in einem Hotel. Brennecke rechnete mit einem Angebot als neuer Staatssekretär – das Küpker dann aber gar nicht aussprach. Stattdessen wurde er im gleichen Jahr zum Abteilungsleiter befördert, also eine Position in einer Hierarchiestufe niedriger.[551]

7.4. Das Klima im Landtag wirkt vergiftet

Für die Sozialdemokraten stellte sich der Spielbank-Untersuchungsausschuss politisch als Erfolg dar – der Innenminister[552] und CDU-Chef Wilfried Hasselmann, seit vielen Jahren die engste Stütze für Ministerpräsident Ernst Albrecht und wohl auch derjenige, auf dem Albrechts Machtposition wesentlich beruhte, musste seinen Abschied nehmen. Nicht der Nachweis schwerwiegender Versäumnisse bei der von ihm verantworteten Spielbank-Aufsicht führten dazu, sondern ein Detail – Hasselmann hatte auf eine Frage, die im Zusammenhang mit Spenden des Spielbankbetreibers Felsenstein an die CDU ging, im Ausschuss eine falsche Angabe gemacht. Rückblickend kann Hasselmanns Abgang Ende Oktober 1988, anderthalb Jahre vor der Niederlage der CDU bei der Landtagswahl 1990, als Vorbote des Abschieds der CDU von der Macht gewertet werden. Das Klima im Landtag war in diesem Jahr 1988 ausgesprochen

---

549 Vernehmung von Reinhard Brennecke am 24.06.1988, Seite 20
550 Vernehmung von Reinhard Brennecke, a.a.O., Seite 36
551 Vernehmung Reinhard Brennecke, a.a.O., Seiten 52/53
552 Hasselmann war nach der Landtagswahl 1986 zum niedersächsischen Innenminister berufen worden

gereizt, und weil der Sturz des Innenministers, des wichtigsten Getreuen des Ministerpräsidenten, alles andere überlagerte, geriet die parlamentarische Auseinandersetzung um die Sache eher in den Hintergrund. Das galt für die wesentliche Frage des Ausschusses, welche Umstände bei der Konzessionsvergabe maßgeblich waren, ebenso für die hochinteressante Nebenfrage (die freilich nicht durch den Untersuchungsauftrag des Landtags gedeckt war): Hatte diese Konzessionsvergabe etwas mit den Umständen der Wahl von Albrecht zum Ministerpräsidenten 1976 zu tun?

Der damalige Vorsitzende des Spielbank-Untersuchungsausschusses und SPD-Abgeordnete Wolf Weber erinnert sich noch, wie stark die CDU auf ihn eingewirkt habe, bei der Vorlage des Abschlussberichts des Untersuchungsausschusses die abweichende Stellungnahme der Sozialdemokraten nicht vorzutragen. „Warum die eine solche Angst davor hatten, kann ich mir bis heute nicht erklären", sagt Weber heute[553]. Eine Merkwürdigkeit, wie er berichtet, ist ihm aus jener Zeit im Gedächtnis haften geblieben: Als Ernst Albrecht als Zeuge von ihm vernommen wurde, habe er seinen Terminkalender dabei gehabt und anhand der Einträge nachweisen wollen, wie fragwürdige die Zeitangaben in den Aussagen des Zeugen Laszlo Maria von Rath gewesen seien. „Ich bat um den Kalender, er zeigte ihn mir – und ich sah, dass dieser Kalender nur ganz wenige Einträge aufwies." Welche Mutmaßung nun daraus für ihn folgte, sagte Weber nicht. Möglich aber wäre der Verdacht gewesen, dass ganz viele Gespräche, die Albrecht in seinen Jahren vor Amtsantritt als Ministerpräsident führte, nicht im Kalender vermerkt worden waren – oder aber, auch das wäre theoretisch denkbar, dass er im Ausschuss einen Kalender präsentierte, der nicht das Original aus jener Zeit gewesen war. Eine solche Theorie ließe die Mutmaßung zu, dass allein schon wegen fehlender Dokumentation der Termine Albrechts viele Gespräche, die er führte, gar nicht mehr rekonstruiert werden könnten. Beträfe das dann womöglich auch andere Gespräche zu anderen Themen?

Der damalige Hasselmann-Vertraute Dieter Haaßengier, der mehrfach im Untersuchungsausschuss vernommen wurde und nach Angaben des Zeugen Laszlo Maria von Rath in allen Details Bescheid gewusst haben soll, sieht in der „Spielbank-Affäre" nichts als ein Wahlkampfprojekt für die SPD. Er erinnert sich: „Obwohl er anfangs aus Angst nicht wollte, kam auch Rath nach Hannover und sagte im Untersuchungsausschuss aus. Dort brach sein Lügen-Kartenhaus zusammen. Von seiner Vereidigung nahm der Ausschuss Abstand. Rat sollte noch ein weiteres Mal gehört werden. Dazu kam es aber nicht mehr. Nach seiner

---

553 Gespräch mit Wolf Weber am 09.10.2020

Vernehmung bekam Rath einen Schwächeanfall und wurde in Hildesheim ins Krankenhaus eingeliefert. Danach kehrte er in die USA zurück."[554] Volle Zustimmung signalisiert Haaßengier heute zu einem Kommentar, der zum Abschluss der Arbeit des Spielbank-Untersuchungsausschusses am 13. Dezember 1989 in der Hannoverschen Allgemeinen Zeitung erschien. Darin hieß es bewertend unter der Überschrift „Ende einer Affäre": „Eingestürzt wie ein Kartenhaus ist das Lügengebäude jenes ehemaligen CDU-Beraters, den der ‚Spiegel' unbegreiflicherweise zu einer Art Kronzeugen dafür hat machen wollen, dass sich die Union in Niedersachsen eine verdeckte Casino-Beteiligung zur Sanierung ihrer Parteikasse habe verschaffen wollen. Als wahr herausgestellt hat sich nichts von den Anschuldigungen jener verbitterten alten Männer, sie seien als seriöse Bewerber um eine Casino-Konzession nur deshalb nicht zum Zuge gekommen, weil es nicht mit rechten Dingen zugegangen sei. Es ist beklemmend, im Rückblick festzustellen, wie leicht sich ein Publikum verwirren lässt, wenn selbst noch so unlogische Behauptungen nur oft genug wiederholt werden in jener moralisierenden Überheblichkeit, die Widerspruch als Vertuschung diffamiert – und wie leicht ausgebuffte Politiker bereit sind, sich vor fremde Karren spannen zu lassen."[555]

7.5. Die Spielbankaffäre besiegelt das Ende der Ära Albrecht

Es war nicht die Spielbankaffäre allein, die 1988, knapp zwei Jahre vor der Landtagswahl, eine Endzeitstimmung in der niedersächsischen CDU einläutete. An den entscheidenden Stellen saßen der Ministerpräsident, den viele als „sehr klug, aber kalt und nicht besonders volkstümlich"[556] bezeichneten, und Hasselmann als Innenminister und CDU-Chef, der 1988 schon 20 Jahre in der führenden Parteifunktion auf dem Buckel hatte. Rufe nach Erneuerung der Mannschaft waren über Jahre ungehört geblieben. Auch der Schock bei der Landtagswahl 1986, als die CDU die absolute Mehrheit verlor und die SPD ihren neuen Spitzenmann Gerhard Schröder etablierte, veranlasste die entscheidenden Gremien nicht zu einem nötigen Ruck. Im Zuge der Spielbankaffäre stürzte Hasselmann als Innenminister – denn er musste zugeben, in einer Aussage zur Annahme einer Spende des Spielbank-Konzessionärs Marian Felsenstein in den Landtagsgremien nicht die Wahrheit gesagt zu haben. Der „Spiegel" zitierte im August 1988, wenige Wochen vor Hasselmanns Rücktritt, genüsslich

---

554 Gespräch mit Dieter Haaßengier am 11.09.2020
555 Hannoversche Allgemeine Zeitung vom 13.12.1989: „Ende einer Affäre"
556 Gespräch mit Dieter Haaßengier am 25.08.2020

aus dem „Celler Sonntags-Kurier", einem sonst stets Hasselmann zugeneigten kostenlosen Wochenblatt, das nun den Rückzug des Ministers verlangte und schrieb, dessen Zeit habe sich „erfüllet".[557] Die Zeit der negativen Botschaften ging auch nach dem kurze Zeit später folgenden Rücktritt dann noch weiter. Als Albrecht verkündete, nach der Wahl 1990 nur die erste Halbzeit weiter regieren zu wollen und das Amt dann an die Göttinger CDU-Politikerin Rita Süssmuth abzutreten, wirkte er schon wie ein Getriebener: Der „Spiegel" hatte diesen strategischen Schachzug schon vorher enthüllt und in einem Zusammenhang mit den angeblich belastenden Aussagen von Laszlo Maria von Rath im Untersuchungsausschuss gestellt.[558]

Die von Rath verbreitete Behauptung, die CDU habe Ende der sechziger Jahre eine – rechtswidrige – Unterbeteiligung an einer Spielbank angestrebt, konnte nicht belegt werden. Seine Darstellung, die CDU habe als Gegenleistung für eine spätere verdeckte Teilhabe an einer Konzession die nötige Mehrheit im Landtag beschaffen sollen, blieb auch deshalb eine Hypothese, weil die in Rede stehende Beteiligung nie verwirklicht wurde. Allein die Verbindung aber von angeblichen geheimen Plänen der CDU, finanziellen Absichten, dem Besorgen nötiger Stimmen von Abgeordneten und dem Lohn für treue Vermittlerdienste war geeignet, die CDU in die Defensive zu bringen. Das Trauma von 1976 wirkte mehrfach: Andeutungen, Hinweise und Mutmaßungen über die immer noch nicht geklärten, damals zwölf Jahre zurückliegenden Umstände genügten, die CDU kräftig zu verwirren und in eine Verteidigerrolle zu drängen. Von Rath gelang es damals, eine Verknüpfung herzustellen zwischen den undurchsichtigen Ereignissen bei der Ministerpräsidentenwahl von 1976 und den undurchsichtigen Planungen vor der Entscheidung über das neue Spielbankgesetz von 1973 – und den daraus dann folgenden Konzessionen an private Betreiber. Der SPD-Politiker Ernst-Georg Hüper wurde im Ausschuss gefragt, ob die Verweigerung von Stimmen für Helmut Kasimier im Landtag ein „Racheakt" dafür gewesen sein könnte, dass bestimmte Bewerber um eine Konzession nicht zum Zuge kamen. Seine Antwort lautete nicht etwa nein, sondern: „Es ist so viel über diese Sache gerätselt worden. Ich kann mich dazu nicht äußern. Ich habe meine eigene Meinung dazu, aber die betrifft das hier nicht."[559]

Interessant ist in diesem Zusammenhang, dass der „Stern" schon im September 1976, sieben Monate nach der Wahl Albrechts zum Ministerpräsidenten

---

557 „Spiegel" vom 08.08.1988: Zeit erfüllet
558 „Spiegel" vom 15.08.1988: „Ich bringe noch 50 neue Papiere"
559 Vernehmung von Ernst-Georg Hüper am 07.04.1988, Seite 25

und zwölf Jahre vor dem Start des Spielbanken-Untersuchungsausschusses im Landtag, eine Verknüpfung zwischen beiden Ereignissen herstellte: Der Landwirtschaftsrat und Vorsitzende einer CDU-nahen Wirtschaftsvereinigung, Heinrich Stulle, soll 1976 zusammen mit zwei Getreuen Interesse an der Lizenz der Spielbank in Bad Harzburg gezeigt haben. Als er leer ausging, soll einer seiner Mitstreiter gegenüber dem „Stern" gesagt haben: „Stulle wollte retten, was noch zu retten ist, und deshalb die Lizenzvergabe mit CDU-Ministern zu seinen Gunsten entscheiden." Dazu habe er sich seinerzeit auch mit Albrecht getroffen – und versucht, einige Abgeordnete zu Albrechts Gunsten zu erwärmen.[560] Die Vorwürfe des „Stern" blieben damals im Raum stehen – und sind bis heute ungeklärt. Die Glaubwürdigkeit von Stulle allerdings ist durch widersprüchliche Aussagen in den Akten erschüttert.[561]

---

560 „Stern" vom 16.09.1976: „Neues aus Niedersachsen"
561 Vgl. Abschnitt 6.7.

8. Die ungeklärten Konflikte in den Parteien

8.1. Die SPD zwischen Alfred Kubel und Peter von Oertzen

Die Ereignisse von 1976 sind nicht zu verstehen, wenn man die starke Bedeutung der Führungspersönlichkeiten in den handelnden Parteien außer Acht lässt. Wie schon beschrieben, war die Zeit der beginnenden siebziger Jahre durch starke politischen Auseinandersetzungen geprägt, verbunden war dies mit einem Generationswechsel, der in vielen Fällen schon ein Generationskampf wurde. Die Konflikte waren gerade bei SPD, CDU und FDP in Niedersachsen in jener Zeit, die vor, während und auch nach der Ministerpräsidentenwahl vom Frühjahr 1976 spielt, nicht entschieden. Was im Landtag, in den Fraktionen und auf den Parteitagen geschah, hatte sehr stark mit einem Kräftemessen der verschiedenen Gruppen in den Parteien zu tun.

Am bedeutendsten sind sicher die Konstellationen in der niedersächsischen SPD. Als Alfred Kubel am 8. Juli 1970 zum neuen Ministerpräsidenten gewählt wurde, war er 61 Jahre alt. Als er im Februar 1976 aus dem Amt schied, war er 65. Schon bei Dienstantritt 1970 galt er als der erfahrenste niedersächsische Politiker, der fast alle Kabinettsposten seit 1946 schon einmal innegehabt hatte. Sein Biograph Wolfgang Renzsch schrieb 1985: „Abgesehen von einer zweijährigen Unterbrechung von 1955 bis 1957 gehörte er allen Regierungen Niedersachsens bis 1976 an, die letzten sechs Jahre als Ministerpräsident. Nahezu 28 Jahre lang war er Minister und Ministerpräsident; unter demokratischen Verhältnissen gab es so etwas, zumindest in Deutschland, nicht noch einmal. 28 Jahre Regierungszeit erreichte allein Bismarck in Preußen."[562] Und sein einstiger Berater Bernd Rebe, damals Hochschulpräsident in Braunschweig, betrachtete es 1989 so: Nach Kubels Amtszeit habe die SPD „niemanden aufbieten können, der ähnlich überzeugend wie Kubel geistige Unabhängigkeit, in weiter Erfahrung geschärften Wirklichkeitssinn, Sachkompetenz und charakterliche Integrität in vertrauensstiftender Weise in seiner Person vereinigte".[563]

Der Weg von Alfred Kubel in die politische Verantwortung war besonders, außergewöhnlich. Der Sohn eines Klempners und einer Arbeiterin kam 1909

---

562 Wolfgang Renzsch: Alfred Kubel, 30 Jahre Politik für Niedersachsen, Bonn 1985, Seite 9

563 Bernd Rebe (Hrsg.): Afred Kubel – in der Pflicht des klaren Wortes, Braunschweig 1989, Seite 13

zur Welt, erlebte die ersten Jahre im Raum Braunschweig, ging dann für einige Zeit nach Westpreußen zur Heimat der Mutter – und kehrte in den zwanziger Jahren nach Braunschweig zurück. Klaus Wettig, der ihn 2020 noch einmal porträtiert hat, verwendete für Kubel den von Michael Wildt geprägten Begriff der „Generation des Unbedingten"[564]: Es seien Menschen gewesen, die einen starken Willen gehabt und einen starken persönlichen Einsatz gezeigt hätten. Bei vielen von ihnen, die dann nach links oder rechts abgedriftet seien, habe die Kompromissfindung einen schlechten Ruf gehabt. Kubels Weg führte in die Nähe des Göttinger Philosophen Leonard Nelson, er schloss sich dem „Internationalen Sozialistischen Kampfbund" (ISK) an. „Der ISK ist kein Gelegenheitsverein, wer ihm angehören will, muss sich strengen Prüfungen unterwerfen: Er muss sich vegetarisch ernähren, weil das Töten von Tieren gegen ethische Grundsätze verstößt; er muss auf Alkohol verzichten, weil Alkohol die Sinne betäubt und damit einer verstandesorientierten Politik entgegenwirkt, und er muss sich zur Ehelosigkeit entschließen, weil ein revolutionär wirkender Politiker nicht durch persönliche Bindungen beeinflusst werden darf. Dass viele ISK-Mitglieder später geheiratet haben, ist eine Folge des Nationalsozialismus, denn auf Verfolgung und Emigration kann ein Ehepaar flexibler reagieren, also heirateten die Paare. Auch der Kirchenaustritt ist zwingend."[565]

Kubel arbeitete während der NS-Zeit im Untergrund, er zog von Braunschweig ins größere Berlin, vermutlich um der Verfolgung zu entgehen. Er wurde Prokurist einer gummiverarbeitenden Firma, wurde 1937 von der Gestapo verhaftet und zu einer relativ milden Strafe verurteilt. Eine Erklärung dafür, dass Kubel als radikaler Regimegegner nicht härter von den Nazis bestraft wurde, bietet der frühere Landtagspräsident Rolf Wernstedt an: „Jahre nach seinem Rücktritt habe ich mit ihm mal in seinem Haus in Braunlage über die ISK-Zeit gesprochen. Er berichtete mir, dass er seinen Vernehmern damals eine Geschichte erzählt hatte, die ihn als einen harmlosen Streiter erscheinen ließ. Damit konnte er den Richter für sich einnehmen und ein zu hartes Urteil abwenden."[566] Die ISK erschien als eine verschworene Gemeinschaft, die ethische Prinzipien pflegte und den unbedingten Einsatz des Verstandes, über kluges Argumentieren, in den Mittelpunkt ihrer Arbeit stellte. Dazu gehörte auch ein etwas elitäres Verhalten, wie Wettig herausarbeitete, wenn er als ein ISK-Prinzip „die Ablehnung des demokratischen Prinzips der Mehrheitsentscheidung"

---

564 Michael Wildt: Die Generation des Unbedingten, Hamburg 2002
565 Klaus Wettig: Soziale Demokratie und Geschichte, Göttingen 2020, Seiten 210 bis 232
566 Gespräch mit Rolf Wernstedt am 14.10.2020

nennt.[567] Verbunden war dies mit einer starken Skepsis der ISK gegenüber der SPD. Nach dem Zweiten Weltkrieg gelang die Wiederannäherung der beiden Gruppen bei der Neugründung auch deshalb, wie Wettig beschrieb, weil die SPD selbst durch die vielen Exilanten oder im Krieg gefallenen personell überaus geschwächt war und jede helfende Hand gebrauchen konnte.[568]

So trat Alfred Kubel zu Beginn der siebziger Jahre als besondere, vielleicht auch etwas sonderliche Figur auf: fleißig, kenntnisreich, betont sachorientiert und damit wie kein zweiter geeignet, eine effektive politische Arbeit leisten zu können. Eigentlich, schrieb Wettig, sei Alfred Kubel 1961 der legitime Nachfolger des gestorbenen Hinrich-Wilhelm Kopf gewesen. Doch zu jener Zeit habe die SPD gerade ihr Verhältnis zu den Kirchen entspannen wollen – und da sei Kubel, der als harter Verhandler und als Konfessionsloser bekannt war, nicht der gewünschte Kandidat gewesen, man habe damals den landesväterlichen Georg Diederichs vorgezogen.[569] Hannah Vogt meinte, das ISK-Image, das Kubel anhaftete, erschien „zwei Jahre nach der Verabschiedung des Godesberger Programms der SPD nicht werbend für eine Partei, die sich zur Volkspartei entwickeln und sich zur Mitte öffnen" wollte.[570]

Der frühe Lebensweg zeigte Alfred Kubel als Vertreter dieser verschworenen Gemeinschaft, die für sich und ihr Umfeld hohe ethische Maßstäbe erklärte und ihr Handeln daran ausrichten wollte. Wie jede Elite war auch diese Gruppe mit Skepsis gegenüber demokratischen Mehrheitsentscheidungen ausgestattet, aber auch mit einem ausgeprägten Misstrauen gegenüber populistischen Strömungen und Stimmungen – und mit einer Ablehnung von Statussymbolen. Bernd Rebe schrieb dazu unter Anlehnung an eine Unterscheidung von Rede und Aktion, die Walter Jens formuliert hatte: „So mancher bekam das kurz angebundene ‚Kubel ist mein Name!' zu hören, der ihn mit ‚Herr Ministerpräsident' anredete. Er wollte auch im hohen Staatsamt kein Herausgehobener sein, der kraft Position das Sagen hat. Er wollte vielmehr durch eine gedankliche Unbestechlichkeit des Argumentes wirken, er stellte sich der Widerrede und war bereit zu lernen, der besseren Begründung zu folgen. Er vertraute darauf, seinerseits im persönlichen Gespräch wie in der öffentlichen Rede andere zu überzeugen. Notwendigerweise achtete er das Wort hoch, eine ‚Unterschätzung der sozial sittigenden Wirkung der Rede und eine Überbewertung der Aktion, die ihren Wert in sich selbst hat',

---

567 Klaus Wettig, a.a.O., Seiten 212/213
568 Klaus Wettig, a.a.O., Seite 215
569 Klaus Wettig, a.a.O., Seite 226
570 Hannah Vogt: Georg Diederichs, Hannover 1978, Seite 91

234 Die ungeklärten Konflikte in den Parteien

kann man Kubel gewiss nicht vorwerfen. Bei ihm kommt in dieser Haltung die kategorische Ablehnung jeder obrigkeitsstaatlichen Gesinnung und das Vertrauen auf die mögliche Wirksamkeit der Vernunft zum Ausdruck, wenngleich er wusste, dass die politische Vermittlungskraft der vernünftigen Rede jederzeit bedroht ist und immer neu errungen und bewahrt werden muss."[571]

Nun erschien Kubel in dieser Darstellung wie jemand, der durch große, bewegende Reden seine Zuhörer in den Bann gezogen und überzeugt hätte. Das ist jedoch nicht überliefert, obwohl er sicher zu den besten und klügsten Abgeordneten des Landtags gehörte und oft auch spontan die Angriffe seiner Gegner partiert hat. Kubel, der Mann der Exekutive, beeindruckte dennoch eher durch die Professionalität seiner Arbeit und durch seine große Lebenserfahrung. Wernstedt, der ihn von 1974 an im Landtag als Abgeordneter kennenlernte und vorher schon in der SPD erlebt hatte, berichtet: „Kubel hatte für jede Entscheidung, für jede seiner Positionen eine Begründung, die über das rein Machttechnische hinausging. Vielleicht war es diese Sehnsucht nach den tieferliegenden Antworten, die die Sozialdemokraten zu Kubel geführt hat."[572] Vielleicht war Kubel nie sichtbar fordernd, nach vorn drängend und seine Macht hervorhebend, vielleicht zog er es in den entscheidenden Situationen vor, zurückhaltend im Hintergrund zu bleiben. Aber die Taktik zahlte sich dann am Ende doch für ihn aus. 1961 kam er für die SPD als Kopf-Nachfolger nicht in Betracht, weil er wegen seiner ISK-Vergangenheit als zu links und zu anti-klerikal galt. Ob Kubel aber noch in den sechziger Jahren der Studentenbewegung, als er sich selbst kurz vor dem 60. Geburtstag befand, noch dem „linken" Flügel angehörte, kann schon bezweifelt werden. Als die SPD-Fraktion nach dem eher enttäuschenden Ergebnis der Landtagswahlen von 1967 vor der Frage stand, ob die Große Koalition mit der CDU fortgesetzt oder ein Bündnis mit der FDP angestrebt werden sollte, zählte Kubel neben Egon Franke und Ministerpräsident Diederichs zu den Etablierten, die an den Verhältnissen erst einmal nichts ändern wollten. Ihm gegenüber positionierten sich Helmut Greulich, Richard Lehners und Peter von Oertzen als jene, die auf Veränderungen drängten[573]. Bei den Nominierungen für das Kabinett setzte sich Richard Lehners überraschend gegen Egon Franke durch, auch im Vertriebenenministerium unterlag die Kandidatin der Fraktionsspitze – und was den Fraktionsvorsitz anging, konnte der von Kubel vorgeschlagene Helmut Kasimier sich nur in einer Kampfabstimmung

571 Bernd Rebe, a.a.O., Seite 7
572 Gespräch mit Rolf Wernstedt am 14.10.2020
573 So Wolfgang Renzsch, a.a.O., Seite 125

gegen Klaus-Peter Bruns behaupten, wobei Bruns als Kandidat der Kritiker der Führung galt.

Der Kubel-Biograph Renzsch schrieb, dass der damalige Finanzminister Kubel 1967 nach diesem Signal des Aufstandes der Fraktionsbasis gegen die etablierten SPD-Politiker in der Landesregierung seinen Verzicht auf eine neue Kandidatur bei den nächsten Landtagswahlen, turnusmäßig wären sie 1971 gewesen, erklärte: „Man geht wohl nicht fehl, wenn man Kubels Ankündigung als Resignation interpretiert."[574] Die größten Chancen auf die Diederichs-Nachfolge seien in jener Zeit nicht Kubel, sondern Lehners eingeräumt worden. Renzsch berichtete: „Kubel wollte verständlicherweise nicht unter einem vergleichsweise unerfahrenen Ministerpräsidenten ein Landesministerium leiten." Wenig später soll Kubel dann in einer Fraktionsvorstandssitzung angeregt haben, der neue Fraktionschef Helmut Kasimier solle in den Finanzausschuss delegiert werden – um Kubel dann nach der nächsten Landtagswahl als Finanzminister folgen zu können.[575] Die Debatte über die Diederichs-Nachfolge in der SPD sollte dann aber, parallel zur Regierungskrise der Großen Koalition im Landtag, an Fahrt gewinnen. Im Sommer 1968 sollen Lehners und Sozialminister Kurt Partzsch als neue Ministerpräsidentenkandidaten gehandelt worden sein, Kubel wiederholte seine Rückzugsabsicht. Dann aber, berichtete Kubel-Biograph Renzsch, gab es ein Treffen führender Sozialdemokraten in Kubels Privathaus in Braunlage, bei dem offenbar versucht wurde, Kubel zum Meinungsumschwung und zu seiner Bereitschaft für das Spitzenamt zu bewegen. Im Oktober 1968, hieß es, hätte es daraufhin nach Bekanntwerden dieser Zusammenkunft fast eine Vorentscheidung über die Ministerpräsidentenkandidatur zwischen Lehners und Kubel gegeben. Eine Sitzung des Landesausschusses, des Führungsgremiums der SPD Niedersachsen, wurde anberaumt. Doch Egon Franke, damals noch als SPD-Bezirkschef von Hannover eine übermächtige Figur, wandte sich gegen das Agieren angeblicher „Gesprächskreise" und meinte damit offenbar das Treffen bei Kubel in Braunlage. Franke erreichte mit diesem Protest das Vertagen der Nachfolgefrage um ein Jahr – auf die Zeit nach der Bundestagswahl im September 1969.[576] Ob er dies tat, weil er selbst noch mit dem Gedanken spielte, bei einem für die SPD ungünstigen Ausgang der Bundestagswahl in die Landespolitik zu wechseln und selbst Regierungschef zu werden?

---

574 Wolfgang Renzsch, a.a.O., Seite 127
575 Wolfgang Renzsch, a.a.O., Seite 128
576 Vgl. Wolfgang Renzsch, a.a.O., Seite 137

Ein Jahr später, nach der Bundestagswahl, hatte sich das Bild gewandelt. Lehners war durch umstrittene Entscheidungen als Innenminister angeschlagen, außerdem formierte sich von der linken Seite der SPD Protest gegen ihn[577]. Franke hatte eine neue Aufgabe als Bundesminister in Bonn gefunden – und so blieb am Ende nur noch Kubel übrig, der dann am 10. November 1969 für die Diederichs-Nachfolge (beginnend mit der Zeit nach der nächsten Landtagswahl) nominiert wurde. Vorschläge der CDU im Januar 1970, den Ministerpräsidentenwechsel schon in der laufenden Wahlperiode zu vollziehen und mit einer Kabinettsumbildung die Regierungskrise zu lösen, stießen bei der SPD dann auf Ablehnung – das Risiko einer geheimen Ministerpräsidentenwahl im Landtag erschien den Sozialdemokraten wohl aus verschiedenen Gründen zu groß gewesen zu sein.[578] Kubel, der sich in diesen aufgewühlten politischen Zeiten nicht nach vorn gedrängt oder eigene Ansprüche offensiv formuliert hatte, sondern im Gegenteil mehrfach öffentlich mit dem Gedanken an einen altersbedingten Rückzug spielte, war am Ende der Gewinner der Operation – es lief auf ihn heraus, weil die Mitbewerber entweder angefeindet wurden (Lehners), andere Ziele erreicht hatten (Franke) oder plötzlich gar nicht mehr erwähnt wurden (Partzsch). Entweder hatte Kubel höchst geschickt taktiert, oder aber er hatte sich zum Ende seiner politischen Karriere noch einmal in die Pflicht nehmen lassen. Im zweiten Fall wäre sein Start in die Ministerpräsidentschaft 1970 mit dem Schatten des Übergangs behaftet gewesen – ein Garant für Stabilität und Professionalität, aber eben kein Zeichen für Fortschritt und Erneuerung. Im ersten Fall wäre das ein Beleg dafür, dass Kubel eben auch ein Politfuchs war.

Als die Entscheidung in der SPD für Kubel als nächsten Ministerpräsidenten im Herbst 1969 gefallen war, stand der Aufstieg der zweiten starken Figur der SPD in den siebziger Jahren noch bevor. 1970 wurde Peter von Oertzen neuer Bezirkschef der SPD in Hannover und Nachfolger des einst übermächtigen Egon Franke. In der SPD-Alleinregierung, die nach den vorgezogenen Neuwahlen 1970 gebildet wurde, übernahm er das wichtige Amt des Kultusministers, war also für Schulen und Hochschulen zuständig – und das in einer Zeit, in der Bildungsreformen ein großes, die öffentlichen Debatten beherrschendes Thema waren. Klaus Wettig, der als Weggefährte von Oertzens wirkte, beschrieb das so: „Der Wahlsieg und sein Einzug ins Kabinett (von Oertzens, d. Verf.) stärkten seine Position noch weiter... Trotz aller Spannungen zwischen dem Ministerpräsidenten Alfred Kubel und ihm und mancher Probleme, die

---

577 Ausführlich in Kapitel 4, insbesondere Abschnitt 4.3.
578 Wolfgang Renzsch, a.a.O., Seiten 138/139

sie nicht lösen wollten, bestimmte ihre Absprache die zentralen Fragen der Landespolitik, auch als Peter von Oertzen aus dem Kabinett 1974 ausschied."[579] Kubel, obwohl nach dem Zweiten Weltkrieg als Vertreter der Linken in der SPD gestartet, zählte zu Beginn der siebziger Jahre schon aufgrund seiner langen Tätigkeit in den verschiedenen Landesregierungen als der Repräsentant der Etablierten, der starken politischen Exekutive. In verschiedenen strategischen Ausrichtungen, etwa 1967 bei der Frage einer möglichen Abwendung von der CDU und Hinwendung zur FDP, hatte er das gezeigt. Wie sein damaliger Berater Bernd Rebe berichtete, galt das im Grunde auch für die Kernkompetenz von Kubel, die Wirtschaftspolitik: „Distanz zu seiner Partei hatte Kubel insbesondere auf dem Gebiet, auf dem er selbst in Unternehmerkreisen als Fachmann mit hoher Sachkompetenz anerkannt war: nämlich der Wirtschaftspolitik. Kubels eigenständige Position auf diesem Gebiet wurde freilich dadurch weitgehend verdeckt, dass er in seiner Terminologie Begriffe wie ‚Planwirtschaft' beziehungsweise ‚gelenkte Wirtschaft' verwendete und sich zum ‚Sozialismus' bekannte. Bei näherem Hinsehen wird indes deutlich, dass Kubel in Sachen Wirtschaftsförderung geradezu Elemente ordoliberalen Denkens vertritt und ein entschiedener Verfechter einer durch Gerechtigkeitsorientierung moderierten Marktwirtschaft ist."[580] An dieser Stelle wurde wieder eine Eigenschaft Kubels deutlich, die sich wie ein roter Faden aus seiner ISK-Zeit bis in die Zeit seiner Arbeit als Ministerpräsident zog. Er verstand es, seine Positionen und seine Pläne so darzustellen, dass sie im beherrschenden Umfeld (hier also einer zunehmend auf links gerichtete SPD) nicht unangenehm auffielen, sondern sich scheinbar einfügten. Dem gegenüber stand allerdings Kubel als ein Politiker, der intern schon einmal schroff gegenüber jenen auftreten konnte, die in einer Sache anderer Ansicht waren. So berichtete 1988 der frühere Innenminister Richard Lehners über die Konflikte, die er mit Kubel, dem radikalen Gegner von Spielbanken, mit dem Minister in dieser Frage hatte: „Herr Kubel war aus moralischen Gründen gegen Spielbanken, unabhängig davon, ob sie privat oder öffentlich-rechtlich betrieben wurden. Darüber wurde mit Herrn Kubel gar nicht diskutiert; darüber ließ er auch gar nicht mit sich diskutieren. Er war einfach dagegen."[581] Rolf Wernstedt, damals Landtagspräsident, würdigte Kubel nach dessen Tod 1999 in einem Nachruf: „Alfred Kubel ist vielen Zeitgenossen

---

579 Klaus Wettig, a.a.O., Seite 257
580 Bernd Rebe, a.a.O., Seite 14
581 Aussage von Richard Lehners im Spielbank-Untersuchungsausschuss am 24.06.1988, Seite 62

als ein strenger, manchmal zynischer Weggefährte oder Gegner in Erinnerung. Man würde ihn aber wohl missverstehen, wenn man dies als Nichtachtung des anderen interpretierte."[582]

Auf der einen Seite also Kubel, der zwar von Sozialismus sprach, dessen Politik aber auf ein effektives Funktionieren der freien Marktwirtschaft zielte, und auf der anderen Seite Peter von Oertzen, der Hochschulprofessor, der sich unter dem Stichwort der „Produzentendemokratie" seit den späten fünfziger Jahren mit der Frage befasste, wie denn die Wirtschaftsgesellschaft neu und demokratisch ausgestaltet werden könnte.[583] Spätestens seit seiner Gegenstimme beim Bundesparteitag, als das Godesberger Programm beschlossen wurde, war von Oertzen eine Leitfigur der Linken in der SPD. Mit der Wahl zum SPD-Bezirkschef in Hannover hatte er nun auch einen mächtigen Apparat hinter sich. Aber war von Oertzen auch der Machtpolitiker, der diese Weichenstellung geschickt genutzt hätte, die Basis in der SPD zu verbreitern oder mit personellen Seilschaften zu unterfüttern? Wernstedt sagt, zwischen theoretischen Positionen und ihrer Umsetzung habe von Oertzen immer einen Widerspruch gesehen – und das habe sich oft so ausgewirkt, dass er den tagesaktuellen Erfordernissen nachgegeben habe: „Er hatte ein starkes Bewusstsein für die praktischen Notwendigkeiten und sah seine Grenzen."[584] Claus Henning Schapper, damals hoher Ministerialbeamter in Hannover, erinnert sich noch an Gespräch mit Peter von Oertzen zu der Zeit, als die SPD nach 1976 in der Opposition war und in der Innenpolitik ein Zeichen für eine bürgerfreundliche Polizei setzen wollte. Zusammen mit einem Kollegen schrieb er den Entwurf eines Gesetzes, das die Bürgerrechte stark betonte und die Polizeirechte erheblich beschnitt. „Die Reaktion von ihm war Empörung. Niemals wäre er einverstanden gewesen, die Organe des Staates so stark zu beschneiden."[585] Der Kopf der SPD-Linken in der SPD-Landtagsfraktion war damals der hannoversche Abgeordnete Wolfgang Pennigsdorf. Er hat im Laufe der Jahre eine „Entfremdung" zwischen der Gruppe der Linken in der SPD-Fraktion und ihrem Anführer oder wenigstens Aushängeschild Peter von Oertzen festgestellt: „Er trat wortgewaltig auf Kongressen und Parteitagen auf, entwickelte linke Reformkonzepte und befürwortete rätedemokratische Positionen. Aber wenn es dann im Landtag

---

582 Rede von Wernstedt beim Staatsakt am 1. Juni 1999, in: Alfred Kubel zum Gedenken, Niedersächsische Staatskanzlei, Seite 7
583 Philipp Kufferath: Peter von Oertzen, Göttingen 2017, Seite 244
584 Gespräch mit Rolf Wernstedt am 14.10.2020
585 Gespräch mit Claus Henning Schapper am 12.10.2020

konkret um den Verfassungsschutz oder die Polizeirechte ging, war er immer der Befürworter eines starken Staates."[586] Als Pennigsdorf in der Anfangszeit seiner Landtagsarbeit ständig Rückkopplung suchte mit der SPD-Basis in Linden-Limmer, kassierte er sogar eine Ermahnung von Peter von Oertzen. Der habe zu ihm gesagt: „Wenn Du so weitermachst, nimmt die Fraktion irgendwann kein Stück Brot mehr von Dir!" Auch von Oertzens späterer Nachfolger als Kultusminister, Ernst-Gottfried Mahrenholz, der selbst kein ausgewiesener Vertreter der Linken war, sondern eher als „Rechter" galt, berichtet über ein eher gespanntes Verhältnis: „Peter von Oertzen galt eher als abweisend, er war in seinem Auftreten ‚viel zu adelig', wie wir Abgeordneten damals meinten. Über seine Motive sprach kaum jemand mit ihm, er hatte auch keine wirklichen Freunde in der Fraktion. Im persönlichen Gespräch war er sympathisch, aber wenn er sich auf irgendeine inhaltliche Seite geschlagen hatte, war er davon nicht mehr abzukriegen. Alle haben ihn respektiert, wirklich gemocht haben ihn aber wohl nur ganz wenige."[587]

So waren Kubel und von Oertzen in einigen Punkten sogar ähnliche Charaktere – stark im Auftreten, wenig entgegenkommend in den Argumenten, dafür aber bestimmend in der Art, wie sie sich präsentierten. Wie sind die Konflikte zwischen den beiden starken Figuren der SPD, von denen auch Wettig schrieb, geregelt worden? Wernstedt spricht von einer Art Aufgabenteilung: „Aus der Bildungspolitik hielt sich Kubel weitgehend heraus. Das war nicht sein Feld, sondern das von Peter von Oertzen. Hochschul- und Schulreform wurden von ihm aus gesteuert."[588] Vier Jahre war von Oertzen Kultusminister, dann zog er sich, mit Beginn der SPD/FDP-Koalition, aus der Landesregierung zurück. Der 1974 zum Chef des neugeschaffenen Wissenschaftsressorts berufene Joist Grolle erinnert sich: „Es sah in der Öffentlichkeit so aus, als wollte Kubel von Oertzen loswerden. Doch so war es nicht gewesen. Tatsächlich war es seine eigene Entscheidung, er wollte mehr Zeit für die Partei- und Programmarbeit haben, die ihm wichtiger erschien. Dies hatte bei ihm alles andere absorbiert."[589] Sein Vertrauter Klaus Wettig schrieb: „Peter von Oertzen hat stets über die Doppelbelastung Ministeramt/Parteiamt geklagt und sich schließlich 1974 für die Parteiarbeit entschieden. Seine Mitarbeiter stimmten bei dieser Entscheidung nicht mit ihm überein. Doch lässt sich in der 30-jährigen Distanz

---

586 Gespräch mit Wolfgang Pennigsdorf am 13.10.2020
587 Gespräch mit Ernst-Gottfried Mahrenholz am 22.09.2020
588 Gespräch mit Rolf Wernstedt am 14.10.2020
589 Gespräch mit Joist Grolle am 23.09.2020

nicht übersehen, dass bei fortbestehender Doppelbelastung sein Einfluss auf die gesamte SPD deutlich schwächer ausgefallen wäre."[590]

Ob der Rückzug damit zusammenhing, dass die Koalition mit der FDP nicht zustande gekommen wäre, wenn die Reizfigur von Oertzen weiter Kultusminister geblieben wäre? In einem Rückblick auf die Koalitionsgespräche 1974 analysierte Klaus Wettig ein Jahr darauf, dass die FDP der SPD zugestanden habe, das Kultusministerium in zwei Ressort zu trennen und zwei Minister zu benennen. Allerdings erhielt die FDP einen Staatssekretärsposten im Schulministerium. Der neue Kultusminister Mahrenholz wurde erst im zweiten Wahlgang in der SPD-Landtagsfraktion nominiert, der neue Wissenschaftsminister Grolle schaffte es schon im ersten Anlauf.[591] Das heißt, schon bei der Bildung des sozialliberalen Bündnisses 1974 war dies von massiven Diskussionen und personellen Streitigkeiten verbunden gewesen. Das betraf das Verhältnis der beiden Koalitionspartner, aber auch die jeweiligen Koalitionsfraktionen intern. Wer nun alles auf die „Reizfigur von Oertzen" zuschneiden würde, verlöre wohl diese Vielschichtigkeit aus dem Blickfeld.

Wie sehr schon in der Zeit des ersten Kabinetts Kubel, zwischen 1970 und 1974, die Konflikte in der Hochschulpolitik eine Belastung auch für die beiden wichtigen Personen an der SPD-Spitze bedeuteten, zeigen einige Beispiele: Als von Oertzen den Habermas-Assistenten Oskar Negt von Frankfurt nach Hannover an die hiesige Universität berufen wollte, war Kubel zunächst dagegen und lud Negt zum Gespräch ein – stellte danach seine Bedenken zurück.[592] Aufregung verursachte ein Auftritt des hannoverschen Politologie-Professors Jürgen Seifert im Lichthof der Uni, als er auf eine Hausdurchsuchung und ein folgendes Disziplinarverfahren beim Psychologie-Professor Peter Brückner reagierte. Brückner wurde kurz zuvor angegriffen, weil man ihm Sympathisantentum mit den RAF-Terroristen unterstellte. Seifert sagte 1972: „Nur wenn wir sagen, dass es keine politische Solidarität mit der Praxis der Rote Armee Fraktion geben kann, dann hat die Aussage Gewicht, dass die politischen Motive einer Ulrike Meinhof der Praxis derjenigen hundertmal mehr vorzuziehen sind, die durch die Art der gegenwärtigen Verfolgung dazu beitragen, dass in diesem Lande erneut Gestapo-Methoden für legitim gehalten werden können. Nicht die Rote Armee Fraktion hat an den Fundamenten des Staatswesens der Bundesrepublik

---

590 Klaus Wettig, a.a.O., Seite 257 (mit Verweis auf einen Beitrag von 2009)
591 Klaus Wettig: Die niedersächsische Landtagswahl vom 9. Juni 1974, in: Zeitschrift für Parlamentsfragen 6/1975, Seiten 404 bis 419
592 Auskunft von Rolf Wernstedt am 14.10.2020

gerüttelt, sondern eine Praxis der Strafverfolgung, die im Kampf gegen die Gruppe Baader-Meinhof die rechtsstaatliche Ordnung Stück für Stück ausgehöhlt hat."[593] Von Oertzens Berater Wettig erinnert sich, dass Kubel nach der Rede geschäumt und die Entlassung von Seifert verlangt haben soll. Dann habe sich ein Hochschulexperte gefunden, der herausgefunden habe, dass diese umstrittene Rede von der Hochschulfreiheit gedeckt sei.[594] Der Protest von Kubel konnte auch so gemeint gewesen sein, dass damit von Oertzen getroffen werden sollte. Schließlich waren der Minister und der Professor miteinander befreundet gewesen.

Auch der belgische Ökonom und Marxist Ernest Mandel, zu dem von Oertzen wie zu Seifert und zu Negt über eine lange Zeit guten Kontakt hielt, war Quelle von Streit. Geplant war, Mandel 1973 zur Sitzung des Gründungsausschusses der Uni Osnabrück einzuladen und ihm einen Lehrstuhl anzubieten. Doch der Ministerpräsident war dagegen: „Für Kubel war Mandel für eine Hochschullehrertätigkeit in Niedersachsen disqualifiziert, weil er einer trotzkistischen Organisation angehörte."[595] Zwei Jahre später versuchte der neue Wissenschaftsminister Joist Grolle vergeblich, den Berliner Politologen Wolf-Dieter Narr auf den Jura-Lehrstuhl der Uni-Hannover zu berufen. Einmütig stimmte das Kabinett, gegen das Votum von Grolle, gegen Narr.[596]

Wie sind diese Konflikte in der Hochschulpolitik, die gleichwohl im begrenzten Raum der interessierten Kreise blieben, mit Blick auf das Verhältnis von Kubel zu seinem damaligen Kultusminister zu verstehen? Wernstedt berichtet über eine grundsätzliche unterschiedliche Auffassung zwischen den beiden zur Rolle von Hochschulprofessoren und Wissenschaftlern, die in der Debatte über die Rolle des hannoverschen Professors Peter Brückner deutlich wurde: „Während von Oertzen davon ausging, dass Wissenschaftler unabhängige Urteile fällen und in ihrem Wirken nicht begrenzt werden dürfen, befürwortete Kubel eine ethische Bindung der Wissenschaft."[597] Zum Beleg für die Grundsatzposition von Kubel kann eine Rede gelten, die er 1946 zur Wiedereröffnung der Braunschweigischen Wissenschaftlichen Gesellschaft hielt. Zwar wandte er sich hier gegen Professoren, die das NS-Unheil nicht verhindert hatten, aber die Haltung ist so prinzipiell, dass daraus auch Kubels grundsätzliche Skepsis gegenüber einer zu

---

593 Rede von Prof. Jürgen Seifert am 25.01.1972, abgedruckt in: Jürgen Seifert: Kampf um Verfassungspositionen, Frankfurt 1974, Seite 220
594 Gespräch mit Klaus Wettig am 30.09.2020
595 Wolfgang Renzsch, a.a.O., Seite 155
596 „Spiegel" vom 10.03.1975: Ruck nach rechts, auch: Wolfgang Renzsch, a.a.O., Seite 155
597 Gespräch mit Rolf Wernstedt am 14.10.2020

ausgedehnten Freiheit der Wissenschaftler erkennbar wurde: „Dass Vertreter der Wissenschaft zu einseitig ihrem Drang nach der Erkenntnis gefolgt sind und nicht die Sorge dafür mit übernommen haben, dass diese Erkenntnis zum Segen statt zum Unsegen der Menschheit verwandt wurden. Diese unharmonische Einseitigkeit, die die Vertreter der Wissenschaft in sich entwickelt haben, indem sie ihre große moralische Pflicht verkannten, macht sie in der Tat mitschuldig an dem Zustand, in dem sich die Welt heute befindet. Dass die Wissenschaft, die Ende des 18. Jahrhunderts ihre religiösen Bindungen im Streben nach undogmatischer Erkenntnis auflöste, nicht die seelische Kraft hatte, sich von den Grundsätzen der wissenschaftlichen Ethik leiten zu lassen, das ist ihr ungeheures Versagen."[598] In der Praxis wirkte sich die Uneinigkeit in der Hochschulpolitik, die sich nicht nur auf die SPD beschränkte, schon belastend für das politische Klima aus, wie sich der damalige CDU-Landtagsabgeordnete Josef Dierkes aus Oldenburger erinnert: „Studenten hatten damals illegal den Schriftzug ‚Carl-von-Ossietzky-Universität' in Oldenburg angebracht. Das führte zu heftigen Konflikten, in jeder Landtagssitzung waren die Zustände in Oldenburg ein Thema – was schließlich auch zur Belastungsprobe für die Koalition wurde."[599] Der damalige Zeitzeuge Helmut Rieger schrieb später: „Grolle musste unter dem Druck der FDP-Fraktion, aber auch von Teilen seiner eigenen Fraktion, im Landtag zugestehen, dass an der Oldenburger Universität der dort angebrachte Schriftzug zu entfernen sei. Die Quittung aus Oldenburg: Der Senat beantragte offiziell die Benennung der Universität nach Ossietzky, dem außerdem ein Denkmal zu errichten sei."[600] Immer wieder, berichten Zeitzeugen, seien die Zustände an den Hochschulen ein Ärgernis gewesen – immer wieder auch Quelle von Streit zwischen dem Ministerpräsidenten und Peter von Oertzen, auch noch nach dessen Ausscheiden aus dem Kabinett.

Dass das Verhältnis zwischen Kubel und von Oertzen auch mit Blick auf die entscheidende Frage dieses Buches belastet war, nämlich hinsichtlich der Ministerpräsidentenwahl von 1976, geht aus einem späteren Briefwechsel hervor, der sich im Nachlass von Peter von Oertzen befindet. Der SPD-Politiker Ernst-Gottfried Mahrenholz bat im Februar 1987 mehrere Genossen, darunter von Oertzen, den früheren Ministerpräsidenten Kubel zu besuchen, da dieser sich gern öfter mit alten Weggefährten unterhalten möchte. Postwendend

---

598 Rede von Alfred Kubel am 21.06.1946 zur Wiedereröffnung der Braunschweigischen Wissenschaftlichen Gesellschaft, abgedruckt in Bernd Rebe, a.a.O., Seiten 40 und 41
599 Gespräch mit Josef Dierkes am 20.10.2020
600 Helmut Rieger: Alles hat seine Zeit, Hannover 1995, Seite 69

antwortete von Oertzen – und zwar ablehnend. „Ich bin gegen jede Heuchelei in persönlichen Beziehungen", schrieb von Oertzen an Mahrenholz. Mit Kubel habe er stets „korrekt und loyal zusammengearbeitet", aber Kubel habe ihn „immer für eine Art ‚zersetzendes Element' gehalten". Ihn persönlich habe Kubel zwar respektiert, „aber das hat ihn nicht davon abgehalten, nach 1976 durch sein zweideutiges Schweigen zu diesem Punkt zu der von Schmidt-Mafia und dem ‚Kanal' verbreiteten Legende von unserer Schuld an seinem unheilvollen Rücktritt 75/76 Nahrung zu geben".[601] Dieser aufschlussreiche, weil sehr persönlich gehaltene Satz bedarf einer Interpretation. Von Oertzen warf Kubel in diesem Brief an Mahrenholz 1987 zum einen vor, zu den Umständen der gescheiterten Wahl Kasimiers 1976 geschwiegen zu haben. Mit „Schmidt-Mafia" ist nun das Umfeld des damaligen Kanzlers Helmut Schmidt gemeint, mit „Kanal" der Kreis um Egon Franke. Beide hätten eine Legende gestrickt, wonach es Führungsversagen Peter von Oertzens gewesen sei, dass Albrecht und nicht Kasimier gewählt worden war. Der Hinweis auf Kubels „unheilvollen Rücktritt" deutete an, dass von Oertzen den Zeitpunkt für verfehlt hielt. Das passt sowohl zu den Berichten über erfolglose Versuche, Kubel Anfang 1976 zu einem Verzicht auf seinen vorzeitigen Abgang zu bewegen, als auch zu den Anzeichen, dass viele Sozialdemokraten in Greulich eigentlich den geeigneteren Bewerber gesehen hatten.

8.2. Die CDU zwischen Wilfried Hasselmann, Bruno Brandes und Ernst Albrecht

Bei der CDU waren die Konflikte, die in den siebziger Jahren bestanden und sich durchaus zuspitzten, weniger auf verschiedene Generationen zurückzuführen. Auch ein Drängen der Linken, die sich gegen die etablierten Kräfte in der eigenen Partei wandten wie in der SPD, war hier weniger zu beobachten. Viel stärker noch als in der SPD oder der FDP spielten regionale Zuordnungen eine Rolle, verbunden mit konfessionellen Prägungen. Das hat auch viel mit der Entstehungsgeschichte der niedersächsischen CDU zu tun, die bis zur Landtagswahl 1963 in Niedersachsen eine „Schwester" neben sich hatte – die welfisch geprägte Deutsche Partei (DP). In den Gebieten des alten Königreichs Hannover, mit Ausnahme des Raumes Osnabrück/Emsland, war die DP über viele Jahre in der Anfangszeit Niedersachsens die stärkere konservative

---

601 Aus dem Nachlass von Peter von Oertzen, in: Archiv der TIB/Universitätsarchiv Hannover, Az. 2009/09, Ordner 48/4

Partei. Zur DP zu gehören bedeutete damals, in der welfischen (also betont nicht preußischen) Tradition zu stehen, ländlich geprägt und vor allem auch protestantisch zu sein. Wo die CDU agierte, war sie anfangs besonders stark von der katholischen Kirche dominiert. Ein guter Kontakt zwischen CDU und DP in Niedersachsen war lange Zeit auch im übergeordneten Interesse der CDU gewesen, da Konrad Adenauer die DP als Koalitionspartner in Bonn brauchte. Der erste niedersächsische Ministerpräsident ohne SPD-Parteibuch war Heinrich Hellwege, ein DP-Mann. Und die führende Figur der Landes-CDU bei der Landtagswahl 1967 war Richard Langeheine aus Peine, der lange in der DP aktiv war, 1962 dann aber zur CDU überwechselte – und den allmählichen Auflösungsprozess der DP damit beschleunigte.[602]

Bei der Neuwahl der CDU-Spitze 1968 hatten sich die Kandidaten, Justizminister Gustav Bosselmann aus Schneverdingen und Kultusminister Langeheine, gegenseitig paralysiert. Kurzzeitig sah es so aus, als hätte Brandes eine Chance gehabt, neuer Vorsitzender zu werden – aber das Agieren vor allem von Haaßengier sorgte dann dafür, dass am Ende Hasselmann, der anfangs gar nicht angetreten war, der strahlende Sieger wurde. Hasselmann gehörte vorher nicht der DP an, er war vielmehr Vorsitzender des Bundes der Deutschen Landjugend gewesen. Er war aber all das, was einen typischen DP-Politiker ausgemacht hätte – bodenständig, tatendurstig, kommunikativ und der Landwirtschaft verbunden. Dass ihm die Vorbelastung einer DP-Vergangenheit fehlte, musste für die Integration der verschiedenen Teile der CDU von einem großen Vorteil gewesen sein. War Hasselmann nun die neue starke Figur der CDU? Zwischen 1968 und 1970 versuchte Brandes in der Landtagsfraktion ein Kunststück, in das auch Langeheine einbezogen war: Er schaffte es, verschiedene Abgeordnete der FDP, der SPD und dann auch der NPD zur CDU herüberzuziehen. Die Große Koalition, die 1967 mit einen Mandatsvorsprung der SPD von drei Mandaten begonnen hatte, endete 1970 mit einem Verhältnis von 67 zu 65 Mandaten zugunsten der CDU. Das Ziel von Brandes war es offenkundig 1970, den sozialdemokratischen Ministerpräsidenten Georg Diederichs über ein Misstrauensvotum zu stürzen. Der plötzliche Tod der Überläuferin Maria Meyer-Sevenich von der SPD, der ein SPD-Mitglied in den Landtag nachrücken ließ, veränderte die Ausgangslage[603]. Nun brauchte Brandes die Unterstützung der NPD, um seinen Plan zum Erfolg werden zu lassen. Diese Absicht stieß nicht nur auf Misstrauen der FDP, sie wurde auch von Hasselmann und Haaßengier

---

602 Vgl. Abschnitt 3.2. Die Umbrüche in der FDP und in der CDU
603 Vgl. Abschnitt 3.4. Die Regierungskrise von 1970

torpediert – und führte dann dazu, dass die CDU auf die Linie von SPD und FDP einschwenkte und für vorgezogene Neuwahlen plädierte.[604]

Das Machtzentrum Hasselmann/Haaßengier hatte sich mit diesem Schritt gegen das Machtzentrum von Bruno Brandes in der CDU-Landtagsfraktion durchgesetzt. Wieder einmal, mag man hinzufügen. Viel spricht dafür, dass diese Ereignisse, die eine von langer Hand vorbereitete machtpolitische Aktion von Brandes verhinderten, zu einer nachhaltigen Störung des Verhältnisses von Hasselmann zu Brandes führten.[605] Hasselmann wurde anschließend Spitzenkandidat der CDU für die Landtagswahl 1970, doch bei der Ministerpräsidentenwahl im Landtag erhielt er dann nur 70 von 74 möglichen Stimmen der CDU-Fraktion – womöglich, wie gemutmaßt wurde, war das ein Denkzettel aus dem Lager der Brandes-Anhänger, die eine Revanche für den gescheiterten Plan des konstruktiven Misstrauensvotums witterten. Rolf Zick behauptete in seiner Chronik der Niedersachsen-CDU, vielen in der Fraktion sei die Machtfülle von Landes- und Fraktionsvorsitz in einer Hand (Hasselmann hatte zuvor Brandes als Fraktionschef abgelöst) zu viel gewesen.[606] Wie groß das Misstrauen zwischen Hasselmann und Brandes gewesen sein musste, zeigte eine Aussage von Hasselmann viel später, nämlich 1988 im Spielbank-Untersuchungsausschuss. Dort spielte ein Brief eine Rolle, den Hasselmann im April 1969 an einen möglichen Spielbank-Interessenten gerichtet hatte, bei dem es um die Klärung eines „diffizilen Problems" ging. Die SPD mutmaßte seinerzeit, angefacht durch Aussagen des früheren CDU-Beraters Laszlo Maria von Rath, Hasselmann habe hier eine verdeckte CDU-Beteiligung an einer Spielbank einfädeln wollen.[607] Als Zeuge im Ausschuss verneinte Hasselmann nun diese Annahme – und erklärte zur Überraschung der anwesenden Abgeordneten, sein Misstrauen als neugewählter CDU-Landesvorsitzender gegenüber dem damaligen Fraktionschef Bruno Brandes sei der Anlass für den Brief gewesen – er, Hasselmann, habe mehr über Brandes' Wirken in Sachen Spielbank erfahren wollen: „Eine ganz wesentliche Rolle spielte auch – ich darf das offen bekennen – mein Verhältnis zum damaligen Fraktionsvorsitzenden, Herrn Brandes. Er war eine ausgeprägte Persönlichkeit, und er neigte zu sehr eigenständigen und auch eigenartigen Handlungen. Brandes pflegte einen sehr vertrauten Umgang

604 Vgl. Abschnitt 3.4. Die Regierungskrise von 1970
605 Der spätere Landtagspräsident Jürgen Gansäuer meint, der Kreis um Hasselmann habe mit Brandes und seinen Methoden nichts zu tun haben wollen, das habe auch für viele jüngere Abgeordnete gegolten. Gespräch mit Jürgen Gansäuer am 21.10.2020
606 Rolf Zick: Die CDU in Niedersachsen, Sankt Augustin 2008, Seite 153
607 Vgl. Kapitel 7

mit Mitgliedern aller Fraktionen im Landtag. Ich konnte damals – so meine Erinnerung – nicht sicher sein, ob Brandes nicht auch bei diesem Thema (den Spielbankkonzessionen, d. Verf.) Vorabsprachen getroffen hatte."[608]

Nach der vorgezogenen Landtagswahl 1970 war die CDU in der Opposition gelandet, und die Frage einer personellen Neuaufstellung drängte sich auf. Schon vor der Landtagswahl waren entsprechende Vorbereitungen gestartet worden. In der Chronik der Landes-CDU hieß es, Hasselmanns Blick sei damals auf einen jungen Mann gefallen, „den er in Brüssel kennengelernt hatte", nämlich Ernst Albrecht. Hasselmanns Referent habe den Auftrag seines Chefs erfüllt und Albrecht zu einem gemeinsamen Mittagessen am 23. Februar 1970 im Georgenhof in Hannover eingeladen.[609] Albrecht erklärte später, bei dem Abendtermin in Brüssel 1968 habe er, Albrecht, Hasselmann schon signalisiert, dass er irgendwann einmal Brüssel verlassen und „in der Bundesrepublik Deutschland wieder politisch tätig" werden wolle. Daran habe sich Hasselmann später dann erinnert.[610] Im Archiv der Konrad-Adenauer-Stiftung findet sich aber ein Hinweis auf einen etwas anderen Verlauf der Vorgeschichte zu diesem Wiedersehen der beiden in Hannover 1970 hindeutet: Der damalige hannoversche CDU-Bundestagsabgeordnete Rudolf A. Werner hatte Hasselmann schon einen Monat vor diesem Treffen, am 23. Januar 1970, in einem Brief dezent auf Albrecht hingewiesen, dessen Namen er, Werner, Hasselmann vorher schon einmal genannt habe: „Herr Albrecht sollte einmal von Ihnen angeschrieben und ihm etwa gesagt werden, dass man an ihn dächte, und man sollte ihm eigentlich einen Sprechtermin vorschlagen. Er wäre jederzeit bereit, nach Hannover zu kommen." Weiter meinte Werner in dem Brief: „Nur meine ich, man sollte sich einen so guten Mann warmhalten. Er rechnet mit einem Wort von Ihnen."[611] Das klang nun so, dass es doch nicht Hasselmanns Idee war, Albrecht um einen Wechsel nach Hannover zu bitten – sondern dass Albrecht, über den Kontakt zu dem Abgeordneten Werner, selbst sein Interesse angemeldet und Hasselmann damit indirekt einen Anstoß in dieser Sache gegeben hatte.

Wie war nun das Verhältnis von Albrecht und Hasselmann? Die Ereignisse 1970, noch vor der Landtagswahl, bezeichneten zunächst nur den Start der landespolitischen Karriere von Albrecht. Wie Haaßengier sich erinnert, fand

608 Aussage von Wilfried Hasselmann vor dem Spielbank-Untersuchungsausschuss am 15.06.1988, Seite 49
609 Rolf Zick, a.a.O., Seite 151/152
610 Aussage von Ernst Albrecht vor dem Spielbank-Untersuchungsausschuss am 19.08.1988, Seite 16
611 Archiv der Konrad-Adenauer-Stiftung, ACDP, 01-473-079/2

Albrecht eine berufliche Position bei Bahlsen, die ihm die politische Arbeit im Landtag auch ohne finanzielle Einbußen gegenüber der bisherigen Arbeit in Brüssel erlaubte. Später, nach der Wahlniederlage von 1974, habe sich Albrecht eigentlich aus der Politik zurückziehen wollen, sei dann aber von Hasselmann und Haaßengier zur Fortsetzung überzeugt worden. Mit Bezug auf 1975 heißt es in der CDU-Chronik mit Bezug auf den damaligen persönlichen Referenten von Hasselmann, Martin Biermann: „Nächtelang saßen wir im privaten Kreis zusammen. Wilfried Hasselmann suchte einen Freund, mit dem er gemeinsam die kommenden Jahre in Arbeitsteilung würde gestalten können. Er fand ihn in der Person von Dr. Ernst Albrecht."[612]

Die Darstellung, die Ernst Albrecht in seinen eigenen Erinnerungen aufgeschrieben hat, klang etwas anders. Im Oktober 1969 habe Hasselmann als Landwirtschaftsminister die EU-Kommission besucht, Albrecht habe sich bereitgefunden, den Minister zum Abendessen auszuführen. „Ich erzählte Hasselmann von meiner Bereitschaft, mich aktiv in der deutschen Politik zu engagieren, und er kehrte am folgenden Tag nach Hannover zurück in der Überzeugung, dass ich nach Lebenslauf und Persönlichkeitsstruktur gut in ein niedersächsisches Kabinett passen würde. Als dann die Große Koalition in Hannover zerbrach, rief Hasselmann in Brüssel an und fragte mich, ob ich bereit sei, als Wirtschaftsminister in ein Kabinett Hasselmann einzutreten. Ich sagte ja, doch es kam nicht dazu."[613] Diese Beschreibung weckte den Eindruck, Hasselmann sei sofort nachdrücklich von Albrechts Qualitäten beeindruckt gewesen und habe ihn sofort auf der Liste einer möglichen Gefährten gehabt. Wenn das so gewesen wäre, hätte es den Briefs von Rudolf A. Werner wohl nicht bedurft.

In Albrechts Erinnerungen wurde das Bild der „zwei Männer an einer Deichsel" wiederholt – also von zwei gleichberechtigten führenden Repräsentanten, die jeweils unterschiedliche Aufgaben wahrnehmen, aber den Karren in die gleiche Richtung ziehen. „Viele sahen es als Zweckbündnis. Aber das trifft nicht den Kern der Sache", fügte er hinzu und erläuterte, dass er froh über die Entlastung gewesen sei, die ihm Hasselmann als Landesvorsitzender der CDU ermöglicht habe. „Ich brauchte nicht zu befürchten, dass er meinen Platz einnehmen wollte, und er wusste, dass ich ihm den Parteivorsitz nicht streitig machen würde."[614]

612 Rolf Zick, a.a.O., Seite 166
613 Ernst Albrecht: Erinnerungen – Erkenntnisse – Entscheidungen, Göttingen 1999, Seite 42
614 Ernst Albrecht, a.a.O., Seiten 64/65

Aber war es tatsächlich eine echte Freundschaft, wie Rolf Zick in der CDU-Chronik es beschrieben hatte? Haaßengier, der als Generalsekretär und dann auch als Staatssekretär im engeren Umfeld von Hasselmann und Albrecht arbeitete, erinnert sich an eine betont sachliche, manchmal auch scharfe Art von Albrecht im Umgang mit den engeren Mitarbeitern, Kabinettssitzungen seien „wie Abiturprüfungen" verlaufen, der belesene Ministerpräsident, der alle Vorlagen kannte, habe die anderen seine Überlegenheit oft spüren lassen[615]. Der Albrecht-Vertraute und spätere Regierungssprecher Fritz Brickwedde meint, das Vertrauensverhältnis sei keines auf Augenhöhe gewesen: „Beide waren miteinander wirklich befreundet, ja, aber klar war immer auch: Albrecht ist die Nummer eins. Wenn Albrecht etwas sagte, hat der stark auf Hierarchien ausgerichtete Hasselmann das akzeptiert und umgesetzt."[616] Hermann Kues, der in der Staatskanzlei tätig war und später als Büroleiter von Werner Remmers agierte, spricht von Albrecht als einem immer etwas distanziert, auch schwer erreichbar wirkenden Politiker. Hasselmann hingegen sei jemand gewesen, der viel kommuniziert habe, mit ganz vielen Leuten sprach und ziemlich frei auch seine Meinung gesagt habe. „Viele wandten sich an Hasselmann in der Hoffnung, sie könnten ihre Botschaften über ihn an Albrecht heranführen. Hasselmann versprach das, aber wenn er wieder zurückkam, berichtete er oft nur, was Albrecht dazu gesagt hatte. Dann meinten viele: Aber wir wollten doch, dass Du ihm unsere Position vorträgst!"[617]

Mit Albrechts Auftreten auf der politischen Bühne des Landtags, zunächst 1970 und dann in der Folgeperiode nach der Landtagswahl 1974, änderten sich die Gewichte innerhalb der niedersächsischen CDU. Bis dahin stand auf der einen Seite der bodenständige, eigentlich in die Tradition der DP passende Landesvorsitzende Wilfried Hasselmann aus Nienhof bei Celle. Sein Intimfeind sollte der bisherige Fraktionschef Bruno Brandes werden, der auch nach den Eskapaden vor dem Bruch der Großen Koalition 1970 nicht aufgab, seinen politischen Einfluss geltend zu machen. Das Lager der katholischen Christdemokraten war geprägt durch die Oldenburger, vertreten durch den Landwirtschaftspolitiker Gerhard Glup, und durch die Emsländer, deren herausragender Vertreter ein Mann war, der in vielen Eigenschaften Ähnlichkeiten zu Albrecht aufwies: Werner Remmers, auch promovierter Volkswirt, auch geboren im Jahr 1930, also 1970 gerade mal 40 Jahre alt. Remmers

615 Gespräch mit Dieter Haaßengier am 25.08.2020
616 Gespräch mit Fritz Brickwedde am 27.10.2020
617 Gespräch mit Hermann Kues am 26.10.2020

hatte im Emsland in der Erwachsenenbildung gearbeitet – und er schuf sich einen Ruf als begnadeter Redner und kenntnisreicher Bildungspolitiker. Sein früherer Büroleiter Hermann Kues meint, dass Remmers tatsächlich mit dem Gedanken gespielt hatte, bei der Landtagswahl 1974 oder in der Folgezeit dann als Spitzenkandidat der CDU anzutreten. Er habe sich, dem Intellektuellen, das dafür nötige Format zugetraut, während er Hasselmann nicht in einer solchen Rolle gesehen habe. Als Albrecht dann als Hasselmanns Kandidat auf der Bühne erschien, hatte er einen ernstzunehmenden Konkurrenten – und Albrecht hatte offenbar in dieser Machtkonstellation die besseren Karten gehabt.

Der spätere CDU-Fraktionschef Jürgen Gansäuer spricht von einer CDU-internen Bündnispolitik, die sich auch später immer wieder bewährt habe: Die Hannoveraner um Albrecht und die Lüneburger/Celler um Hasselmann aus dem alten DP-Lager hielten zusammen, im protestantisch-konservativen Braunschweiger Raum hatten sie sowieso Unterstützung. Viele Bündnisse hätten die Hannoveraner dann auch mit den Oldenburger um Glup gebildet – in Abgrenzung zu den von der katholischen Soziallehre beseelten Emsländern, die den Oldenburgern sowieso nie ganz geheuer gewesen seien.[618] Auf der anderen Seite betont aber der Remmers-Vertraute Kues, dass das persönliche Verhältnis zwischen Glup und Remmers sehr gut gewesen sei. Das hebt auch Hermann Bröring hervor, der erste Büroleiter des Kultusministers Remmers in der Zeit nach 1976.[619] Bemerkbar sei aber gewesen, dass es in dem Konflikt zwischen den katholischen geprägten Christdemokraten in Emsland und im Oldenburger Land auf der einen Seite, und den ländlich-konservativen Christdemokraten in den früheren DP-Hochburgern auf der anderen auch Verschiebungen gegeben habe. So berichtet Bröring, dass vor allem Walter Remmers, der Bruder von Werner Remmers, guten Kontakt zu Brandes gesucht habe. Brandes, von Herkunft und Prägung eigentlich zur DP-Seite neigend, sei im Dauerclinch mit Hasselmann und vor allem mit Hasselmanns Intimus Haaßengier bereit gewesen, mit den Emsländern Bündnisse einzugehen. So erschien die personelle Konstellation in der Niedersachsen-CDU der Jahre 1970 bis 1976 so, dass der Kreis um Hasselmann mit der Stärkung von Albrecht, der 1970 im Landtag neuer wirtschaftspolitischer Sprecher wurde, im leichten Vorteil war. Die Oldenburger um Glup spielten keine entscheidende Rolle für führende Positionen. Gleiches galt für die Südniedersachsen, angeführt vom Hildesheimer CDU-Bezirkschef Heinz Müller, und für die Braunschweiger.

---

618 Gespräch mit Jürgen Gansäuer am 21.10.2020
619 Gespräch mit Hermann Bröring am 26.10.2020

Die Emsländer indes suchten noch eine Chance, sie versuchten das im Zusammenhang mit der geplanten Neuwahl des CDU-Fraktionsvorstandes 1975[620]. Albrecht schrieb in seinen Erinnerungen: „1975 regte sich ernstzunehmender Widerstand gegen Wilfried Hasselmann. Im Sommer jenes Jahres musste der Fraktionsvorsitzende neu gewählt werden. Werner Remmers lud mich zum Mittagessen ein und teilte mir seine Absicht mit, für den Fraktionsvorsitz oder auch bei der alle zwei Jahre stattfindenden Wahl des Parteivorsitzenden gegen Wilfried Hasselmann zu kandidieren. Ich sagte ihm, dass ich ihn darin nicht unterstützen könne und dass ich, wenn er bei seiner Absicht bleibe, eventuell selber kandidieren würde."[621] Daraufhin habe Hasselmann, der von Albrecht über dieses Gespräch unterrichtet worden sei, intern seinen Verzicht auf eine neue Spitzenkandidatur festgelegt.[622] Remmers habe nicht für den Fraktionsvorsitz kandidiert – und später dann sei Albrecht als neuer Spitzenkandidat vom Landesvorstand der CDU bestätigt worden.[623] Gansäuer erinnert sich, dass eine Schwäche von Remmers gewesen sei, „andere seine intellektuelle Überlegenheit spüren zu lassen". Dies habe vor allem Glup zuweilen nachhaltig verstimmt.[624]

Später dann, nach Albrechts Wahl zum Ministerpräsidenten, hat nach Einschätzung des Remmers-Vertrauten Hermann Bröring die besondere Kunst der CDU-Führung darin bestanden, die Machtgewichte sorgfältig auszutarieren. Brandes wurde recht bald wieder Chef der CDU-Landtagsfraktion und bekam das Spielfeld zurück, das er in vielen Jahren so intensiv beackert hatte. Hasselmann und Remmers wurden Minister. Bröring sieht als einen besonders weisen Schritt von Albrecht an, dass er Walther Leisler Kiep, den als wirtschaftsliberal und weltoffen bekannten Hanseaten, als neuen Wirtschaftsminister gewann. Das habe das Gewicht der liberalen Kräfte im Kabinett – neben Remmers, dem Sozialpolitiker Hermann Schnipkoweit und dem Oldenburger Katholiken Gerd Glup – erheblich erhöht. Auf der anderen Seite hätten Hasselmann, der Justizminister Hans Puvogel und der Innenminister Gustav Bosselmann als Vertreter der national-konservativen Seite gestanden. Mit weiteren Personalentscheidungen später, etwa Wirtschaftsministerin Birgit Breuel und der Zentralbankpräsidentin Julia Dingwort-Nusseck, unterstrich Albrecht dann

---

620 Vgl. Abschnitt 5.5.
621 Ernst Albrecht, a.a.O., Seite 45
622 Ernst Albrecht, a.a.O., Seite 46
623 Vgl. Abschnitt 5.5.
624 Gespräch mit Jürgen Gansäuer am 21.10.2020

sein Streben, über personelle Importe das Image der CDU aufzufrischen –
und, wie Bröring meint, national-konservative Kräfte in der Partei zurückzu-
drängen. Immer wieder, berichtet der frühere Remmers-Büroleiter Hermann
Kues, habe Albrecht bei Ministerbenennungen auch auf Vertreter aus dem
Osnabrück-Emsländer Raum zurückgegriffen – Burkhard Ritz etwa, Walter
Remmers oder auch Egbert Möcklinghoff, der ein guter Bekannter von Werner
Remmers gewesen sei.[625] Nur einmal, erinnert sich Bröring, habe in den Jahren der Albrecht-Regierungszeit eine drastische Niederlage für Werner Remmers gedroht. Beim CDU-Landesparteitag 1978 habe eine starke Strömung in
der CDU die Orientierungsstufe abschaffen wollen. Das habe er, Bröring, nur
abwenden können, indem er einen besonderen Vorschlag in den Beschluss
schreiben ließ: Die Freiheit der Eltern, von der Empfehlung der Orientierungsstufe über die weitere Schullaufbahn des Kindes abweichen zu können, sollte
gesichert bleiben.[626]

So erwies sich im Rückblick gerade die Personalpolitik von Albrecht nach
seiner Regierungsübernahme als geschickt, die verschiedenen Kräfte und Strömungen in der CDU des Landes einzubinden und zusammenzuführen. Der
Schachzug von Hasselmann, Albrecht als neuen Kandidaten zu präsentieren und
damit eine neue Perspektive zu bieten, hatte vor allem einen Verlierer zurückgelassen – Werner Remmers. Er glänzte später als Kultusminister, wechselte in den
Fraktionsvorsitz und wurde dann noch einmal Umweltminister. Der gewünschte
Sprung an die Spitze der Regierung blieb ihm, dem Emsländer, allerdings verwehrt. Und Bruno Brandes, der seine Macht noch bis 1970 entfalten konnte,
spielte in den Jahren danach keine entscheidende Rolle mehr. Die Beschreibung
des Verhältnisses von Albrecht zu Hasselmann, die dieser in seinen Erinnerungen vornahm, traf aber noch in anderer Hinsicht zu. Hermann Kues berichtet,
dass Albrecht sich in abendlichen Veranstaltungen, in denen Politik besprochen
wurde, oft rar gemacht habe und häufig nicht präsent gewesen sei. So habe er
es in der Debatte um die Kanzlerkandidatur für die Bundestagswahl 1980 auch
abgelehnt, selbst vor den Bundestagsabgeordneten aufzutreten und sich dort
vorzustellen. Für viele dieser Fragen, die für eine politische Strategie entscheidend sein können, habe er auf die gute Zuarbeit seiner Mitarbeiter vertraut.[627]

Eines allerdings gilt für die CDU wie für die SPD in den früheren siebziger Jahren: Die Leitfiguren waren jeweils nicht unumstritten. Sie wurden

---

625 Gespräch mit Hermann Kues am 26.10.2020
626 Gespräch mit Hermann Bröring am 26.10.2020
627 Gespräch mit Hermann Kues am 26.10.2020

respektiert – wie erst Kubel, dann auch von Oertzen in der SPD – und sie wurden in ihren Rollen als Vorsitzende akzeptiert, wie auch Hasselmann. Unumstritten allerdings waren sie jeweils nicht. Sicher hätte niemand in der SPD nach 1970 den Ministerpräsidenten stürzen wollen, schon deshalb nicht, weil die Nachfolgefrage unklar gewesen wäre. Die Tatsache, dass 1974 zunächst drei Namen für das Kubel-Erbe genannt wurden, die nicht identisch gewesen sind mit den Namen, die noch ein paar Jahre zuvor gehandelt worden waren, deutete schon auf eine gewisse personalpolitische Ratlosigkeit hin. Deshalb war es auch so, dass Kubel trotz seiner unbestrittenen Autorität nicht derjenige war, der klar und unverrückbar die politische Richtlinie vorgegeben und dann auch durchgesetzt hätte. Es gab Themen, die Spielbankgesetzgebung ist eines, in denen seine Parteifreunde gegen seinen ausdrücklichen Rat gehandelt hatten. Bei der CDU war die Situation so, dass mit dem Aufstieg von Wilfried Hasselmann zum Landesvorsitzenden die Machtfrage keineswegs geklärt war. Der bis 1970 amtierende Fraktionschef Bruno Brandes dachte nicht daran, den Führungsanspruch von Hasselmann anzuerkennen – und innerhalb der Fraktion, wohl vorwiegend beim katholischen Flügel und bei vielen jüngeren Abgeordneten, war Hasselmann keineswegs unumstritten als derjenige, der die natürliche Autorität für die CDU verkörpern sollte. Zwischen Wilfried Hasselmann und Werner Remmers bestand eine Intimfeindschaft, diese Tatsache wusste der wegen seiner taktischen Winkelzüge gefürchtete Brandes für seine Zwecke zu nutzen. Der Aufstieg von Ernst Albrecht, der 1970 in den Landtag gekommen war, entwickelte sich nur allmählich und war erst 1975, ein knappes Jahr vor seiner überraschenden Wahl zum Ministerpräsidenten, für viele in der Partei erkennbar geworden.

8.3. Die Ähnlichkeiten von Kubel und Albrecht

So stark die Konflikte in der SPD und in der CDU zu jener Zeit waren, so wichtig ist auf der anderen Seite aber auch der Hinweis auf eine gewisse Kontinuität, die mit den Ereignissen des Jahres 1976 einhergegangen war. Der Übergang der Ministerpräsidentschaft von Alfred Kubel zu Ernst Albrecht war auf den ersten Blick von starken Unterschieden geprägt. Hier der etwas spröde Kubel, der als unnahbar und misstrauisch galt und bestimmt nicht zu den charismatischen Politikern mit Hang zu großen öffentlichen Auftritten gehörte. Dort der immer lächelnde, jugendlich wirkende Albrecht, der Frische und Aufbruch verkörperte – und der nach fast 30 Jahren Bundesrepublik nun der erste CDU-Politiker war, der an der Spitze des großen Bundeslandes Niedersachsen stehen sollte. Hier der Mann aus kleinen Verhältnissen, der in einer verschworenen Gemeinschaft des geschickten Widerstandes gegen die Nazis geprägt wurde, dort ein Mann aus gutbürgerlichen Verhältnissen in Süddeutschland, der die „Gnade der späten Geburt" für sich beanspruchen konnte und in der NS-Zeit ohne Belastungen oder Heldentaten im Widerstand blieb.

Doch zumindest auf dem zweiten Blick fallen wesentliche Gemeinsamkeiten auf, trotz der Altersunterschiede. Helmut Rieger schrieb: „Eine wirkliche Annäherung an Albrecht ist schon deshalb immer schwierig gewesen, weil er sie nicht gern mochte und selten schaffen wollte. Die fast selbstverständliche Autorität, die von ihm ausging, hatte sicher auch manches zu tun mit dem scharfen Intellekt, mit schneller Auffassung und mit dem Talent, die Dinge auf den Kern zu bringen. Mehr aber wurde sie wohl noch aus einer Distanz gespeist, die sich im Umgang mit ihm fast automatisch einstellte. Sie wiederum hatte nicht wenig zu tun mit seiner Art von Kommunikationsverknappung, die weite Entfernungen schaffen konnte."[628] Auch Kubel war immer wieder charakterisiert worden als jemand, der unnahbar war und der nicht zu ausführlichen Gesprächen oder „kumpelhaften" Auftritten neigte. Albrecht genoss Alkohol nur in Maßen, achtete auf ausreichend Schlaf, rauchte nicht und beherrschte autogenes Training zur Vorbereitung beispielsweise auf wichtige Reden.[629] Sein späterer Regierungssprecher Fritz Brickwedde erinnert sich an eine Szene in den siebziger Jahren bei einer Veranstaltung der Jungen Union in Osnabrück, bei der er Albrecht tief in sich versunken sitzen sah. „Ich sprach ihn an – und er sagte, er habe sich ‚in transzendentaler Meditation' befunden. Später schickte er mir eine kleine Broschüre zu dem Thema – weil es ihm offenbar gefiel, dass ich mich dafür interessierte."[630] Die extreme Selbstdisziplin, der Verzicht auf Genussmittel und die Hinwendung zum Intellekt sind ähnlich auch bei Kubel beschrieben worden.[631] Was bei Kubel einer anti-klerikalen Haltung entsprang, war bei Albrecht, der regelmäßig das „Geistliche Rüstzentrum Krelingen" bei Walsrode besuchte[632], in einem tiefen christlichen Glauben begründet. Beide ließ das zu fast asketischen Figuren an der Spitze der Landesregierung werden, die sich absetzten von Gegenbeispielen – nämlich Politikern, die ihre Arbeit vor allem in vielen Kungelrunden mit viel Alkoholgenuss und reichlich Absprachen verstanden und für die die geistigen Ursprünge und theoretischen

---

628 Helmut Rieger, a.a.O., Seite 83
629 Helmut Rieger, a.a.O., Seite 84
630 Gespräch mit Fritz Brickwedde am 27.10.2020
631 Vgl. Klaus Wettig: Soziale Demokratie und Geschichte, Göttingen 2020, Seite 211
632 Vgl. Jürgen Hogrefe/Eckart Spoo (Hrsg.): Niedersächsische Skandalchronik, Göttingen 1990, Seite 145

Grundlagen weit weniger wichtig waren. An ihrem elitären Stil, mit dem der Ministerpräsident und die Staatskanzlei dem Rest des politischen Betriebs in Landesregierung, Landtag und Landesverwaltung gegenüberstanden, änderte sich damit also nichts grundsätzlich.

Bei Alfred Kubel waren es die Grundsatzreden und -konzepte beispielsweise zu seinem Leib- und Magenthema, den innerdeutschen Finanzbeziehungen. In der Welt der Zahlen, Konzepte und Analysen zur politischen und wirtschaftlichen Situation hatte er stets den Durchblick – und er nutzte diese Grundlagen für seine politischen Weichenstellungen. Kubel verknüpfte es mit hohen ethischen Grundsätzen, was sich beispielsweise in seinem Ziel ausdrückte, eine gute Bildung für jedermann garantieren zu wollen.[633] Albrecht, der seinen politischen Aufstieg sorgfältig vorbereitet hatte, überraschte noch im Jahr seiner plötzlichen Wahl mit einem Buch, das ungewöhnlich wirkte – denn es war keine Biographie, keine Lebensgeschichte und auch nicht die Zusammenfassung seiner bisher gehaltenen Reden oder Aufsätze. Vielmehr präsentierte Albrecht in „Der Staat – Idee und Wirklichkeit" ein philosophisches Werk, das nicht etwa die aktuelle Politik beleuchtete, sondern den Anspruch vermittelte, Grundlagen für die politische Arbeit zu vermitteln. Im Vorwort hieß es: „Der Verfasser ist zutiefst davon überzeugt, dass Unheil droht, wo das philosophische Gespräch über die Lebensfragen der Menschheit verstummt. Er möchte seine Arbeit als bescheidenen Beitrag zur Wiederbelebung des Gesprächs verstanden wissen. Dabei wird der Leser unschwer erkennen, wieviel der Verfasser seinen Lehrern Gerhard Krüger, Nicolai Hartmann und Karl Jaspers verdankt."[634] Dass Albrecht in seinem Buch darstellte, in bestimmten Situationen – etwa der Bedrohung eines Angriffs mit atomaren Waffen – dürfe sogar die Anwendung von Folter in einem Rechtsstaat gerechtfertigt, ja geboten sein, spielte in einer stark vereinfachten, verkürzten und überspitzten Darstellung später in den Landtagswahlkämpfen noch eine Rolle.[635] Albrecht wog Argumente gegeneinander ab, wandte sich gegen die Selbstsucht demokratischer Verantwortungsträger, gegen die Verführungen, die mit der Machtausübung einhergehen und lobte die Gewaltenteilung und die verbrieften Grundrechte, die einen Schutz vor Machtmissbrauch darstellten. Ganz am Ende dann deutete er an, wie man das demokratische System weiterentwickeln könne – indem man „gewisse aristokratische Elemente" in

---

633 Kubels wichtigste Reden sind bei Bernd Rebe, a.a.O., abgedruckt
634 Ernst Albrecht: Der Staat – Idee und Wirklichkeit, Stuttgart 1976, Seite 10
635 Vgl. Bittner/Düvel/Holtfort/Spoo (Hrsg.): Sturmfest und erdverwachsen, Göttingen 1980, Seiten 21 bis 25

die Volksherrschaft integriere. Er nannte eine Verbesserung des Ansehens der Volksvertreter – auch durch eine bessere Vergütung (die Diäten etwa im Landtag Niedersachsen waren damals, 1976, so gering, dass viele Abgeordnete Nebentätigkeiten brauchten, um ihren Lebensstandard zu halten). Außerdem schrieb Albrecht, man könne „Ansprüche an die Qualität der Minister" stellen, oder – wie in Großbritannien – ein „Oberhaus" einführen. Eine „sorgfältige Ausbildung der Beamten" wurde von Albrecht erwähnt, zudem die „Förderung unabhängiger Informationszentren".[636]

Vieles von dem, was Albrecht hier aufgeschrieben hatte, dürfte auch dem Ziel von Kubel entsprechen, nämlich durch ethische Maßstäbe die Anforderungen an gute Politiker möglichst hoch zu halten – wenn auch Vorstellungen eines „Oberhauses" oder „aristokratischer Elemente" bei dem gegenüber Obrigkeitsstaatlichkeit überaus skeptischen Sozialdemokraten Kubel Stirnrunzeln ausgelöst haben dürften.

An der Debatte über ein Sachthema, das spätestens seit Ende der sechziger Jahre eine wichtige Rolle in der Landespolitik spielte, viel später dann aber erst durch einen Untersuchungsausschuss große öffentliche Aufmerksamkeit ernten sollte, wird eine weitere Gemeinsamkeit von Kubel und Albrecht deutlich – es ging um die Frage, ob Niedersachsen Spielbanken zulassen und diese privaten Betreibern übertragen sollte. Sie standen in dieser Sache, zumindest in der theoretischen Position und der öffentlichen Darstellung ihrer Haltung, auf der Seite der scharfen Kritiker. Deutlich wurde das vor allem in der Landtagssitzung am 5. Juli 1973, in der über das Spielbank-Gesetz abgestimmt wurde – und damit die Grundlage dafür geschaffen wurde, die Konzession an private Betreiber zu erteilen, wozu es dann noch in der Amtszeit von Innenminister Richard Lehners (SPD) bis Mitte 1974 entsprechende Vorentscheidungen gegeben hatte. In dieser Sitzung wurde vom CDU-Abgeordneten Dietrich Osmers bedauert, dass Ministerpräsident Alfred Kubel erklärt hatte, das Spielbank-Gesetz nicht unterschreiben zu wollen, weil er die Spielbanken an sich vehement ablehnte. Osmers bescheinigte Kubel daher ein „falsches Demokratieverständnis".[637] Während Kubel weite Teile der damaligen Landtagsdebatte nicht verfolgte und damit der Volksvertretung gegenüber seine demonstrative Distanz zu diesem Vorhaben ausdrückte, verdeutlichte der frühere Innenminister und Kubel-Weggefährte Otto Bennemann noch einmal seine moralischen Bedenken: „Ich halte also dieses Gesetz ... für ein Gesetz zur Förderung der Spielleidenschaft,

---

636 Ernst Albrecht, a.a.O., Seiten 258 und 259
637 Stenographischer Bericht der Landtagssitzung am 05.07.1973, Spalte 7712

ich halte es für Gesetz zur Verführung labiler und auch krankhaft labiler Menschen. Es ist ein Gesetz zur finanziellen Ausbeutung dieser menschlichen Schwächen, einmal durch die Träger der Spielbankenkonzession – man könnte auch sagen: durch die Kapitaleigner der Spielbankengesellschaften – und zum anderen – was in meinen Augen wesentlich schlimmer ist – auch durch den Staat." Er fügte dann noch hinzu: „Die Einrichtung der Spielbanken ist in meinen Augen ein Schritt zur weiteren Korrumpierung unserer Gesellschaft, die auf diesem Weg schon eine ganze Menge vollbracht hat."[638]

Wenig später trat dann Albrecht ans Rednerpult und hielt noch einmal eine vernichtende Rede gegen das Gesetz. Zunächst widersprach er Bennemann und hob die Freiheit des einzelnen hervor, der auch die Chance haben müsse, zur Spielbank zu gehen oder nicht. Dennoch vertrat auch Albrecht ethische Bedenken gegen das geplante Vorhaben: Die Kapitalrendite von bis zu 130 Prozent jährlich, die hier in Aussicht stehe, sei enorm – das hinterlasse bei ihm „ein unangenehmes Gefühl".[639] Der Innenminister komme nun in die Gelegenheit, drei Privatleuten als Konzessionären „kraft diskretionärer Entscheidung über Nacht zu Multimillionären" zu machen. Nun sei die Frage wichtig, nach welchen Kriterien der Innenminister die Auswahl treffe – wenn man nach Zuverlässigkeit, Bonität und Leistung gehe, reiche das nicht aus, die Bewerber stark genug einzuschränken. Also kämen wohl noch andere Fragen hinzu, und in der Debatte nannte Albrecht mögliche Kriterien – verwandtschaftliche Beziehungen, Parteibuch, Spendenbereitschaft für die Parteikasse oder schlicht das Alphabet? Albrecht, damals noch wirtschaftspolitischer Sprecher der CDU-Fraktion, erwähnte noch: „Ich kann nur sagen: Wenn man ein solches System verabschiedet, steht der nächste Untersuchungsausschuss vor der Tür dieses Hauses." Tatsächlich war es so, dass bei er anschließenden Konzessionsvergabe alle drei nach 1974 im Landtag vertretenen Parteien, SPD, CDU und FDP, mit Betreibern bedacht wurden – zumindest mit Leute, die ihnen nahe standen. Mit seiner Vorhersage des Untersuchungsausschusses sollte Albrecht auch Recht behalten – der jedoch folgte dann erst 1988 und besiegelte die Endzeit der Regierung von Albrecht.[640] Der Vorgang wird hier auch nur erwähnt, um zu verdeutlichen, wie nah in der Argumentation Kubel und Albrecht in dieser Sachfrage waren. Später wurde eingewandt, Albrecht habe seine Bedenken womöglich nur als Alibi vorgetragen, weil die Einwände zu spät kamen, um die

---

638 Stenographischer Bericht der Landtagssitzung am 05.07.1973, Spalte 7716
639 Stenographischer Bericht der Landtagssitzung am 05.07.1973, Spalten 7717 bis 7719
640 Vgl. ausführlich Kapitel 7

wenige Minuten später anschließende endgültige Beschlussfassung über das Spielbankgesetz noch aufzuhalten. Damit wird allerdings unterstellt, dass eine solches Aufhalten zu diesem Zeitpunkt überhaupt noch möglich gewesen wäre – denn die Mehrheiten aus SPD und CDU waren damals gesichert.

8.4. Die Planungseuphorie der Zentrale in Hannover und ihre Auswirkungen im weiten Land

Ein Grund dafür, dass die politischen Debatten der siebziger Jahre im Landtag so spannend und emotional aufwühlend waren, lag sicher in der ungeklärten personellen Aufstellung der beiden großen Parteien. Bis zur Wahl von Ernst Albrecht zum Ministerpräsidenten war die Führungsfrage in der CDU nicht wirklich entschieden, der Gegensatz von Bruno Brandes und Wilfried Hasselmann war ständig spürbar. In der SPD tobte der Generationskonflikt, der seinen Ausdruck in der jahrelang schwelenden Frage fand, wer denn einst die Nachfolge von Alfred Kubel als Ministerpräsident antreten würde. In beiden Parteien gab es mehrere Persönlichkeiten, die je für sich ein Machtzentrum bildeten und eigene Ziele und Pläne verfolgten. Daraus folgten Konflikte.

Ein anderer Grund dürfte auch die Planungseuphorie jener Zeit gewesen sein, der Glaube an die Möglichkeit, durch eine bessere – und zentral vorgegebene – Organisation und Steuerung der Verwaltung für die Zukunft effektivere Ergebnisse zu erzielen. Das ging mit dem Ziel von Modernisierung und Professionalisierung einher, schon die bis 1970 abgeschlossene Gemeindereform, bei der viele ehrenamtliche Dörfer zu leistungsfähigen, hauptamtlich geleiteten Gemeinden zusammengeführt wurden, war Ausdruck einer damals verbreiteten Planungsgläubigkeit der Politik. Die Grundlage für die Arbeit bildete das Ergebnis der sogenannten Weber-Kommission, die vom Göttinger Rechtsgelehrten Werner Weber geleitet wurde. Schon 1965 war der Auftrag für ein Gutachten gegeben worden, und die 1969 vorgelegten Ergebnisse sahen weitreichende Änderungen vor. Die Soll-Größe einer Gemeinde solle bei 8000 Einwohnern liegen, die Soll-Größe für leistungsfähige Landkreise bei 150.000 Einwohnern. Die 60 Landkreise, die Niedersachsen bis dahin noch hatte, sollten drastisch zurückgefahren werden zu weniger, dafür aber weitaus leistungsfähigeren Einheiten.

Zur ehrgeizigen Aufgabe, die vor den Politikern stand, kam die schwierige politische Konstellation hinzu: Die 1974 gebildete neue Landesregierung wollte das Thema beherzt angehen. In seiner Regierungserklärung ging Ministerpräsident Alfred Kubel das Thema relativ leidenschaftslos an – es tauchte erst im hinteren Teil auf, und er kündigte nur knapp an, dass die neuen

Kreise größer sein werden als die bisherigen, dass alles zügig beschlossen werden soll und zur Kommunalwahl – im Spätsommer 1976 – die neuen Kreistage schon gewählt werden sollten. Für Städte, die ihren Kreissitz verlieren, solle es Ausgleichshilfen geben, und als Folge der Kreisreform werde später dann auch ein Neuzuschnitt der Landtagswahlkreise nötig werden.[641] Immerhin wurde Kubel hier klarer und konsequenter als noch vier Jahre zuvor bei seiner ersten Regierungserklärung im Landtag. Damals hatte er mit Blick auf die Kreisreform noch gesagt: „Die Landesregierung wird diese Neuregelung der Kreisebene zur Schaffung leistungsstarker Kreise Zug um Zug mit Unterstützung des Hohen Hauses durchzuführen versuchen. Auch hierbei braucht nicht schematisch regional vorgegangen zu werden."[642] Das heißt, dass der Ministerpräsident durch seine Positionen im Landtag in dieser Frage deutlich machte, nicht der Antreiber der Debatte zu sein. Ob er damit auch jenen eine Ermutigung gab, die das ganze eher behutsam und nicht so konsequent angehen wollten? Der Hinweis auf die nach einer Kreisreform nötig werdende Wahlkreisreform kann auf jeden Fall als Alarmzeichen für manche Abgeordnete gewirkt haben, haben es Wahlkreisreformen doch an sich, dass mit jedem Neuzuschnitt auch die Erfolgsaussichten der Direktkandidaten geschmälert werden können.

Anstelle des gewieften langjährigen Innenministers Richard Lehners, der die Gemeindereform seit 1967 relativ geräuschlos über die Bühne gebracht hatte, kam im Sommer 1974 nun der neue Landesvorsitzende der FDP als Innenminister, Rötger Groß aus Hameln. Ihm wurde später in der Frage der Gebietsreform eine „Sturheit und Dickköpfigkeit" vorgehalten[643]. Der damalige SPD-Bildungspolitiker Jans-Rainer Ahrens aus dem Kreis Harburg meint, der Vorwärts- und Gestaltungsdrang gerade der FDP in der Frage der Gebietsreform sei stark spürbar gewesen. Die FDP, die vier Jahre lang nicht im Landtag gewesen war, habe nun gerade hier ihre Energie einsetzen wollen – mit Groß als verantwortlichem Minister an der Spitze, der in dieser Frage auch noch der zuständige Fachminister war und zur Stärkung seiner innerparteilichen Autorität wohl auch Erfolge brauchte. Dabei hätten die Freien Demokraten aus einem zentralen Grund weniger Hemmungen gehabt, kleine Einheiten zugunsten von

---

641 Regierungserklärung von Alfred Kubel am 10.07.1974, in: Bernd Rebe (Hrsg.), a.a.O., Seite 241
642 Regierungserklärung von Alfred Kubel am 08.07.1970, in: Bernd Rebe (Hrsg.), a.a.O. Seiten 160/161
643 So Gabriela I. Carmanns: Geschichte und Politik des niedersächsischen Landesverbandes der FDP in seiner Umbruch- und Konsolidierungsphase 1967 bis 1978, Aachen 2000, Seite 181

größeren aufzulösen und die Zahl der kommunalen Mandate damit zwangsläufig zu verringern – „sie hatten einfach weniger Leute als Kandidaten zur Verfügung, damit kam ihnen eine solche Reform sogar entgegen", berichtet Ahrens[644]. Bezeichnend war nun auch, dass es um die 1967 in der FDP beschlossenen „Zehn Thesen zur Verwaltungs- und Gebietsreform" in der Parteispitze einen Konflikt gab – während Fraktionschef Wilfried Hedergott, einer der Mitautoren der Thesen, diese verteidigte, zog sie Groß in Zweifel.[645] Eine der Thesen lautete, es dürfe „keine Reform unter Zeitdruck" geben. Damit war also klar, dass zumindest die FDP-Spitze um den Landesvorsitzenden Groß in den siebziger Jahren von jener Planungseuphorie angesteckt gewesen sein musste. Der damalige Innenminister glaubte, mit seiner Konsequenz und Härte auf dem richtigen Weg zu sein. Plastisch beschrieben wurden die damaligen Abläufe in der noch jungen Koalition von Helmut Rieger, der als Rundblick-Redakteur die Reformpläne und ihren jeweiligen Stand stets genau abgebildet hatte. Rieger bescheinigte Groß eine „introvertierte Arbeitsweise", und berichtete, dass der Minister Ende 1975 einen Plan von insgesamt 32 anstelle der damals noch 48 Landkreise bilden wollte. Die Reform solle bis zum 1. April 1976 umgesetzt werden. Sie hätte also unmittelbar vor der Ministerpräsidentenwahl im Januar 1976 beschlossen werden sollen.[646] Es gab allerdings auch kleine Erfolge von jenen, die als lokal Betroffene gegen die hochtreibenden Pläne ein Zeichen setzen wollten – und abweichende Beschlüsse durchpaukten. Einer war der damalige SPD-Abgeordnete Jürgen Thölke aus Delmenhorst. Er berichtet, er habe in jener Zeit der Fraktionsführung immer sehr offen gesagt, dass er den Vorschlag, Delmenhorst mit der Wesermarsch zusammenzuführen und den Kreissitz Brake zu übertragen, nie mittragen werde – „weil meine Basis zu 100 Prozent dagegen war". Einmal sei es ihm sogar gelungen, in einer SPD-Fraktionssitzung einen Beschluss gegen diese Idee aus dem von Rötger Groß geführten Innenministerium durchzusetzen („das war sehr spät in einer Sitzung, als viele schon gegangen waren"). Am nächsten Morgen habe ihm Fraktionschef Bernhard Kreibohm dann aber gesagt, so könne man das nicht machen – „weil die FDP sich hier weigert". „Das hat mich nicht beeindruckt, denn mein Entschluss war klar und bekannt: Ich hätte diese Vorschläge nie im Landtag mitbeschlossen."[647]

---

644 Gespräch mit Jens-Rainer Ahrens am 19.10.2020
645 Gabriela I. Carmanns, a.a.O., Seite 180
646 Helmut Rieger: Alles hat seine Zeit, Hannover 1995, Seiten 65 bis 71
647 Gespräch mit Jürgen Thölke am 28.10.2020

Wie tief die Wunden waren, die damals die Diskussionen über die Kreisreform-Pläne hinterließen[648], zeigen einige Beispiele aus den verschiedenen Regionen des Landes. Wilhelm Hinsche etwa, SPD-Landtagsabgeordneter und seit 1955 Landrat des Kreises Alfeld, verfolgte die Pläne der SPD/FDP-Koalition mit Groll und Widerspruch. Er wollte seinen Kreis nicht opfern. Als dann mit der Wahl von Ernst Albrecht 1976 die Reformpläne zunächst einmal zerplatzt zu sein schienen, berichtete die Alfelder Zeitung im März 1976 über „gedämpften Optimismus". Im Jahresverlauf aber gab es Hinweise, auch die neue Regierung werde am eigenständigen Kreis Alfeld nicht festhalten (was dann ja auch nicht geschah). So hieß es dann im Dezember 1976 in der Alfelder Zeitung: „Wir schrecken vor einer Ministeranklage nicht zurück", und Hinsche wurde mit den Worten zitiert, er werde sich „mit allen Mitteln für die Erhaltung des Landkreises Alfeld einsetzen"[649]. In der Samtgemeinde Harpstedt, die 1977 Teil des Kreises Oldenburg wurde, berichtete der CDU-Politiker Heinz Nienaber in der Lokalzeitung 40 Jahre später, dass „die FDP in der Kreisreformfrage mehr mitgemischt" habe, als ihr eigentlich aus seiner Sicht zugestanden hätte. Auch die Kreisreform im Raum Diepholz, die in den siebziger Jahren geschah, habe das gezeigt – dort seien Hoya und Diepholz vereinigt worden, Diepholz sei Kreisstadt geworden. Das habe, mutmaßten Harpstedter frühere Kommunalpolitiker in dem Gespräch mit ihrer Lokalzeitung, wohl auch damit zu tun gehabt, dass der einflussreiche FDP-Landtagsabgeordnete und spätere Minister Heinrich Jürgens selbst aus Diepholz kam.[650] Wie der CDU-Landtagsabgeordnete Clemens-August Krapp berichtete, hatte es mit Diepholz und Hoya damals eine ganz besondere Bewandtnis: Der CDU-Landtagsabgeordnete Karl Kunst habe in der CDU erklärt, dass er Probleme bekomme, wenn die von 1977 an aktive CDU/FDP-Koalition den Kreis Hoya an Diepholz angliedere und Diepholz den Kreissitz erhalte. „Das musste er damals hinnehmen – aber immerhin ist Kunst danach auf der Landesliste der CDU abgesichert worden."[651]

Im Emsland hatte die Kreisreform in der späten Phase ab Ende 1976, also in der CDU/FDP-Regierungszeit, ebenfalls erheblichen politischen Sprengstoff. Der Kreis Aschendorf-Hümmling sollte geopfert werden, und als die Verständigung von Christ- und Freidemokraten auf diesen Weg sich abzeichnete,

---

648 Ausführlich wird die Endphase der Debatte um die Kreisreform vor der Ministerpräsidentenwahl 1976 in Abschnitt 5.4. beschrieben

649 Alfelder Zeitung vom 31.12.1976: „Am Anfang Sturm – am Schluss eine bedrückende Frage"

650 Aus: Kreiszeitung Harpstedt vom 27.04.2017

651 Gespräch mit Clemens-August Krapp am 21.10.2020

gab es erheblichen Unmut an der CDU-Basis – verbunden mit Austrittswellen, Amtsniederlegungen und Protestkundgebungen. Zeitgleich wurden nämlich Pläne bekannt, in der Gemeinde Wippingen eine Atommülldeponie zu errichten. „Den Kreis opfern zu müssen und im Gegenzug ,Atomklo' der Nation zu werden – diese Perspektive sorgte für solchen Aufruhr, dass es die Union in einer ihrer Hochburgen zu zerreißen drohte", schrieb Hans Brinkmann, der Jahre später auf die Ereignisse zurückblickte.[652]

Welche personellen Verwicklungen die Kreisreform nach sich ziehen konnte, zeigte besonders deutlich auch die Situation im Schaumburger Land, wo es bis 1977 zwei Kreise gab – den Kreis Grafschaft Schaumburg mit Sitz in Rinteln und den Kreis Schaumburg-Lippe mit Sitz in Stadthagen. Wichtig für die Abläufe war auch das Volksbegehren zur Eigenständigkeit von Oldenburg und Schaumburg-Lippe, also zur Abkehr beider früher selbstständigen Länder aus Niedersachsen. 1956 wurde das in Gang gesetzt – und mit der Umsetzung über eine Volksabstimmung ließ man sich fast 20 Jahre Zeit. Als sich dann am 19. Januar 1975 mehr als 39 Prozent der 62.000 befragten Schaumburger für die Rückkehr zur Eigenständigkeit entschieden, war das Signal klar – sie wollten sich auf ihre Tradition besinnen. Auf Bundesebene wurde das Anliegen nicht umgesetzt, es versickerte in einer damals aufflackernden Debatte über eine generelle Neugliederung des Bundesgebiets. Für die Kreisreform indes, die dann endgültig erst in der CDU/FDP-Regierungszeit 1977 verwirklicht wurde, war das Signal von 1975 schon bedeutsam. Die ersten Überlegungen der Weber-Kommission sahen eine Auflösung der beiden schaumburgischen Kreise und ihre Zuordnung zu neuen Mittelzentren (Hameln und Nienburg) vor. Das habe in der Region „wie ein Schock" gewirkt, wird in einer Rückschau berichtet.[653] Es ging in der Folgezeit lange hin und her, und immer deutlicher wurde, dass jedenfalls die Fortexistenz der beiden Schaumburger Kreise wohl kaum durchsetzbar sein dürfte. Beschrieben wird nun, dass es in der Grafschaft Schaumburg einen sehr „übermächtigen Landrat" Ernst-August Kranz (SPD) gegeben habe, in Schaumburg-Lippe ebenfalls einen Landrat mit SPD-Parteibuch, nämlich Herbert Saß. 1977 kam die Fusion zum neuen Landkreis Schaumburg. Das hieß aber für einen der beiden Landräte, dass er zurückstecken musste: „Mit der Fusion prallten die unterschiedlichen Führungsstile aufeinander, was Veränderungen erzwang. Herbert Saß musste

---

652 Hans Brinkmann: Wie aus Wippingen Gorleben wurde, in: Bersenbrücker Kreisblatt, 25.05.2010

653 Schaumburger Nachrichten vom 16.10.2017: Eine Kreisreform braucht niemand

auf Druck der Partei dem ehemaligen Grafschafter Ernst-August Kranz das Amt des Landrates überlassen... Saß, gleichzeitig Landtagsabgeordneter, verlagerte sein Engagement nach Hannover. Was ihn nicht hinderte, seinem Nachfolger im Kreistag das Leben so schwer wie möglich zu machen.[654] Das zeigt: Obwohl der Kreissitz in Stadthagen blieb, also dem Sitz des alten Kreises Schaumburg-Lippe, musste der dortige Landrat seinen geliebten Posten an einen Parteifreund aus dem anderen Kreis abtreten – mit emotionalen Folgen für alle Beteiligten, wie in der Darstellung deutlich wird. Der damals noch junge SPD-Unterbezirksvorsitzende für Schaumburg, Ernst Kastning, erinnert sich an die großen Schwierigkeiten, die dieser Streit damals mit sich brachte: „Wir mussten die Akteure vor die Wahl stellen – nur einer von zwei Landräten konnte neuer Landrat werden, nur einer von zwei Oberkreisdirektoren konnte neuer Oberkreisdirektor sein. Das ist auch Herbert Saß bestimmt nicht leicht gefallen."[655]

Die Vorgänge in den verschiedenen Orten Niedersachsens, die in jedem Einzelfall unterschiedlich gelagert waren und mal schwierige personalpolitische Konstellationen berührten, mal historische Unverträglichkeiten, mal überlieferte Intimfeindschaften und mal Ängste, vom seit Ewigkeiten beneideten Nachbarort übervorteilt zu werden, zeigten einen wichtigen psychologischen Effekt: In allen Fällen richtete sich der Unmut gegen die Landesregierung in Hannover, die aus Sicht der Kritiker an Plänen tüftelte, die Fern der Realität und fern der Stimmung vor in der Provinz gewesen waren. Die Deutlichkeit, mit der die FDP vor allem 1975 auf den Planungen beharrte, und in der die SPD-Spitze Bereitschaft zeigte, das zu akzeptieren, belegte eine gewisse Unempfindlichkeit gegenüber den Strömungen in vielen Kommunen, der sich vor allem die Landtagsabgeordneten der Koalitionsfraktionen vor Ort ausgesetzt sahen. Man würde heute sagen, die Politik sei in diesem Fall „bürgerfern" gewesen, weil sich die Akteure in Hannover unfähig zeigten, den Betroffenen in den Regionen das Gefühl zu vermitteln, man nehme sie ausreichend ernst. Die Gespräche, die vielerorts geführt wurden, brachten wohl auch deshalb kaum Fortschritte, weil die Planer in Hannover von der Richtigkeit und Notwendigkeit ihrer Konzepte überzeugt waren. Für sie kam ein Abweichen davon auch deshalb kaum in Betracht, weil die Begründungen für die Neuzuschnitte doch rational durchdacht waren – und dem damals vorherrschenden Ziel dienten, die

---

654 Schaumburger Zeitung und Landeszeitung vom 08.10.2010: Machtkämpfe um die Schaumburg-Identität
655 Gespräch mit Ernst Kastning am 05.11.2020, die Rolle von Saß wird ausführlich noch in Abschnitt 6.1. gewürdigt

Verwaltung moderner und effektiver zu machen. Dass dagegen historische Fakten standen, landsmannschaftliche Empfindungen oder schlicht auch nur lokale Animositäten, war aus Sicht der Planer seinerzeit nicht weiter wichtig. Sie meinten, das vernachlässigen zu können. Die „Planungseuphorie" kam mit einer „Planungsgläubigkeit" zusammen. Zunächst meinte man, es müsse das Bestehende verändert und mit neuen Strukturen der modernen Zeit angepasst werden. Dann wurde diese Haltung ergänzt mit der Gewissheit, der Neuzuschnitt werde schon zu einer besseren Wirklichkeit führen. Dass im Gegenteil damit Konflikte verschärft werden könnten, neue Probleme heraufbeschworen werden oder lokale Politiker über das normale Maß hinaus zu Opfern der Ereignisse gestempelt werden, kam vielen Planern in den siebziger Jahren gar nicht in den Sinn. Die Grenzen staatlichen Handelns, die heute immer wieder genannt werden, sobald ein Zustand reformiert werden soll, sind in dieser Phase offenbar kein Thema gewesen.

8.5. Die erste Ernüchterung der Reformer in der Hochschulpolitik

Wenn von der Planungseuphorie der siebziger Jahre die Rede ist, wird als erstes Beispiel stets die Gebiets- und Verwaltungsreform genannt – auch deshalb, weil sie so eindrücklich vor Augen führte, welch teilweise harschen Proteste damit in verschiedenen Regionen ausgelöst wurden. Wenn man manche Karte der Kreisneuzuschnitte sich anschaut, die damals in den verschiedenen Kommissionen gezeichnet worden waren, drängt sich auch die Frage nach der fehlenden Sensibilität auf: Wie konnten die Akteure ernsthaft meinen, derartige Fusionsvorschläge ohne Widerstand vor Ort durchpauken zu können? Oder dachten sie wirklich, man müsse nur konsequent bleiben und dürfe nur nicht nachgeben?

Es gab neben der Gemeinde- und Kreisneugliederung noch eine große Reform, die nach Ansicht ihrer Erzeuger damals unbedingt notwendig war und konsequent durchgesetzt werden musste – auch gegen Widerstände derer, die an den bestehenden Strukturen festhalten wollten. Das war die Hochschulpolitik, also genauer die „Demokratisierung" der Hochschulen. Vor allem linke Politiker versprachen sich von diesem Vorhaben eine durchschlagende Wirkung, für sie war es ein wichtiges Herzensanliegen. Die Planungen waren anfangs vor allem mit dem Namen des Politikprofessors und 1970 ins Amt gekommenen Kultusministers Peter von Oertzen verknüpft, obwohl es sicher verfehlt wäre, ihn als eine treibende Kraft und einen fanatischen Überzeugungstäter in diesen Fragen zu bezeichnen. Gerade sein Beispiel stand für eine doch recht bald eintretende

Ernüchterung: Die Politiker mussten erkennen, wie schwer es dann in der Praxis war, auch nur schrittweise voranzukommen. Anders ausgedrückt: Gerade in der Hochschulpolitik der siebziger Jahre, auch in Niedersachsen, bewies sich der alte Satz des Soziologen Max Weber: Politik ist das Bohren sehr dicker Bretter – sie braucht vor allem Ausdauer und Beharrlichkeit.

Einer der bekennenden linken Professoren, die Peter von Oertzen in seiner Zeit als Kultusminister berufen hatte, war der hannoversche Politologe Jürgen Seifert. Als er sich 1974 grundsätzlich zur niedersächsischen Hochschulpolitik äußerte, damals noch voller Zufriedenheit, klang das so: „Insbesondere sozialdemokratische Politiker haben erkannt, dass Hochschulpolitik nicht nur darin besteht, den steigenden Studentenzahlen durch den Bau neuer Universitäten Rechnung zu tragen, sondern dass primär eine Reform der Hochschule insgesamt erforderlich ist. Das heißt eine Umstrukturierung der Hochschulen entsprechend dem amerikanischen Department-System, ein Mitwirkungsrecht der verschiedenen Statusgruppen und die Anpassung der Personalstruktur an die gestiegenen Lehr- und Prüfungsaufgaben. Da in allen drei Fragen die hergebrachten Vorrechte des deutschen Ordinarius angetastet werden, war es vorauszusehen, dass jedes Hochschulgesetz, das diese Punkte berücksichtigt, auf den massiven Widerstand einer Professoren-Lobby stoßen würde."[656] Seifert ergänzte dann aber, dass dies viele sozialdemokratische Regierungen nicht abschrecken würde – sie hätten den möglichen Rücktritt von Uni-Rektoren und -Dekanen einkalkuliert. Auch der Widerstand von Studenten, die den eingeschlagenen Weg als nicht konsequent genug angesehen hätten, werde von den Landesregierungen, die Seifert hier als vorbildlich bezeichnete, hingenommen.

Seiferts Aussage zielte auf drei Themen ab: Der akademische Mittelbau und die Studentenschaft sollten erstens mehr Einfluss in der Hochschule bekommen, der Widerstand dagegen von den Professoren, die um ihre bisherigen Rechte bangten, müsse zweitens ausgehalten werden und von Stimmen der Studentenschaft, denen das alles nicht weit genug gehe, dürfe man sich drittens nicht beirren lassen. Wenn man berücksichtigt, dass Seifert ein Vertrauter des Kultusministers und hannoverschen SPD-Bezirksvorsitzenden Peter von Oertzen war, dann bekommt sein Appell eine besondere Bedeutung. Vielleicht ging es Seifert darum, dem SPD-Politiker Mut zuzusprechen. Oder aber er agierte in enger Absprache mit von Oertzen – da er freier das auszudrücken

---

Jürgen Seifert: Kampf um Verfassungspositionen, Köln 1974, Seite 131

vermochte, was der Minister wegen der Rücksichtnahme auf die Parteidisziplin so nicht konnte.

Eine Ermutigung der Reformbefürworter war wohl schon aus objektiven Gründen nötig. Der Biograph von Peter von Oertzen, Philipp Kufferath, beschrieb später die Situation im Jahr 1972, dem zweiten Amtsjahr von Oertzens als Kultusminister, so: „…um alle aus seiner Sicht notwendigen Reformvorhaben umzusetzen, hätte er die dreifache Summe seines tatsächlichen Etats benötigt."[657] Und weiter: „Obwohl die Bildungsausgaben im Jahr 1972 auf knapp 2,9 Milliarden D-Mark anstiegen, konstatierte er wiederum ‚viele schmerzliche Streichungen von Haushaltsansätzen'. So wurde die Gründung der Universitäten in Oldenburg und Osnabrück um ein Jahr verschoben, obwohl etwa zehntausend Studierende aus Niedersachsen keinen Studienplatz im eigenen Land fanden. Trotz weiterhin steigender Zahlen wurden an den Hochschulen so gut wie keine neuen Stellen mehr geschaffen. Der Ausbau der Kindertagesstätten wurde fast vollständig gestoppt." Das war, wie beschrieben, im Jahr 1972 – die Ölkrise und die erste große deutsche Wirtschaftskrise, die sich von 1973 an bemerkbar machte, standen erst noch bevor. In jener Zeit also war bereits die fiskalische Begrenztheit einer ehrgeizigen Hochschulpolitik spürbar, die in den Jahren danach noch deutlicher hervortreten sollte. Anders ausgedrückt: Eine womöglich notwendig gewordene Ausweitung des Etats für den Bildungsbereich, der Einschnitte in anderen Bereichen zwangsläufig gemacht hätte, lag für den Kultusminister von Oertzen außerhalb des Erreichbaren.

Die knapper werdenden Mittel, die kurz vor der Landtagswahl 1974 dann den politischen Gestaltungsspielraum fast vollständig einengten, bremsten indes den Reformgeist der Linken in der Hochschulpolitik nicht. Viele forderten mehr Macht für den Unterbau an den Hochschulen – und umstritten war dabei vor allem die Frage, ob Studenten auch bei Fragen nach Forschungsaufträgen der Hochschule oder bei Berufungen von Hochschullehrern mitbestimmen dürfen – neben den beiden anderen Gruppen, den akademischen Mitarbeitern und den Professoren. Oder aber sollten Professoren wegen ihrer fachlichen Eignung in solchen Fragen gar nicht überstimmt werden dürfen? Kufferath erläuterte: „Von Oertzens Position in dieser Frage war keineswegs eindeutig. Zum einen war er, analog zu seiner Haltung bei der Mitbestimmung im Betrieb, davon überzeugt, dass auch die Universitäten eine demokratischere Ordnung dringend nötig hatten. Viele seiner Bündnispartner waren Befürworter der Drittelparität. Gleichzeitig war er von seinem in zwei Jahrzehnten erworbenen überlegenen

---

657 Philipp Kufferath: Peter von Oertzen, 1924 bis 2008, Göttingen 2017, Seite 396

Erfahrungswissen überzeugt und vertrat daher auch spezifische Interessen als Wissenschaftler. Er trat deswegen für eine stärkere Binnendifferenzierung innerhalb des Lehrkörpers ein, um das Gefälle zwischen den Ordinarien und den übrigen Hochschullehrern und Wissenschaftlern zu verringern, war aber gegen dien Nivellierung aller Unterschiede."[658] Das sogenannte „Vorschaltgesetz" aus dem Hause des Kultusministers von Oertzen diente dann 1971 dem Ziel, den politischen Sprengstoff, den diese Debatte gerade an den Hochschulen bedeutete, frühzeitig zu entschärfen. Zwar sah dieses Konzept vor, dass die Hochschullehrer in allen Selbstverwaltungsgremien der Hochschulen eine Mehrheit gesichert bekommen sollten. Doch zählte das Ministerium zu dieser Gruppe der Hochschullehrer auch „Nichtordinarien, akademische Räte, Studienräte im Hochschuldienst und promovierte wissenschaftliche Mitarbeiter mit Lehrerfahrung"[659] hinzu. Der Kreis derer, die sich zum Lehrpersonal zugehörig fühlen sollten und konnten, wurde also per Definition erheblich erweitert – mit der möglichen Konsequenz, dass die Ordinarien hätten dann also doch überstimmt werden können.

Eigentlich war dieser Gesetzentwurf ein Mittelweg zwischen den Rufen der demonstrierenden Studenten einerseits, den Ansprüchen der Ordinarien auf der anderen – und schließlich war es auch ein Entgegenkommen an jene, die als akademische Mitarbeiter lange auf eine Stärkung ihrer Stellung gehofft hatten. Doch gegen das Modell des Kultusministers wurden wieder Proteste laut, es folgten Besetzungen und Streiks an einigen Universitäten, etwa in Hannover, die CDU im Landtag schimpfte auf die chaotischen Zustände an den Hochschulen und auch die SPD-Fraktion vergrößerte sich die Skepsis. Irgendwie saß Peter von Oertzen plötzlich zwischen allen Stühlen. In den Landtagsberatungen wurde schließlich die Gruppe der Hochschullehrer etwas enger gefasst als im ersten Entwurf des Ministeriums.[660] War der Vorstoß von Oertzens dem Ziel geschuldet, die Verhältnisse zu beruhigen und den Studenten, deren Auftreten noch wie ein Überbleibsel der Studentenproteste von 1968 wirkte, auf eine möglichst kluge Weise entgegenzukommen, so geschah im Endeffekt das Gegenteil: „Mit seinem ersten größeren Gesetzesvorhaben wirbelte von Oertzen viel Staub auf, der sich nicht so bald legen sollte. Die CDU-Fraktion erblickte nun hinter jeder Ablehnung eines Rufs, in jedem Rücktritt eines Professors aus den Gründungsausschüssen in Oldenburg und Osnabrück einen Hinweis

---

658 Philipp Kufferath, a.a.O., Seite 401
659 So Kufferath, a.a.O., Seite 403
660 Kufferath, a.a.O, Seite 404

dafür, dass die Dominanz radikaler Kräfte eine sachliche Arbeit unmöglich mache. Tatsächlich herrschte unter niedersächsischen Professoren in diesen Jahren ein beachtliches Frustpotenzial."[661] Die Argumentation der CDU und ihr nahestehender Organisationen wie dem „Bund Freiheit der Wissenschaft" lautete, unter dem Deckmantel einer angeblichen Demokratisierung solle linksextremistischen Organisationen maßgeblicher Einfluss auf den Wissenschaftsbetrieb in Niedersachsen ermöglicht werden.

Die Kritiker bemühten die Gerichte, und für von Oertzen ging der Streit nicht gut aus. Der Staatsgerichtshof in Bückeburg kippte die Vorschrift, nach der dem Kultusminister das Recht eingeräumt wurde, bestehende Hochschulverfassungen und Wahlordnungen einfach aufzuheben – um dann möglichst rasch neue Vorschriften verbindlich regeln zu können. Vor dem Bundesverfassungsgericht wurde über den Kern des Gesetzes verhandelt, nämlich die Verteilung der Macht auf die verschiedenen Gruppen an der Universität. Das Urteil fiel am 29. Mai 1973. Kufferath schrieb: „Zwar befürwortete das Gericht grundsätzlich das Organisationsprinzip Gruppenuniversität, rügte aber gleichzeitig, dass das Vorschaltgesetz den Hochschullehrern in Berufungs- und Forschungsfragen den ‚ausschlaggebenden Einfluss' versage. Auch bei Entscheidungen über die Lehre seien die ‚ihrer besonderen Stellung entsprechenden' Rechte nicht ausreichend berücksichtigt worden. Außerdem mahnte es die Zusammenfassung unterschiedlicher Statusgruppen als ‚Hochschullehrer' in der niedersächsischen Variante als verfassungswidrig an."[662] War es für den Kultusminister nun die Erfahrung, selbst ein moderates Gesetz könne „im institutionellen System der Bundesrepublik Deutschland durch die Vormachtstellung gesellschaftlicher Statusgruppen auf dem Rechtsweg ausgebremst" werden, wie von Oertzens Biograph Kufferath es formulierte? Vielleicht hatte der Kultusminister auch einfach nur unterschätzt, welche Bedeutung Reformen in der Landespolitik haben konnten, wenn diese von rebellierenden Studentengruppen, von denen viele Akteure dem politischen System in offener Feindschaft gegenübertraten, begleitet wurden – und welche Ängste und Sorgen damit bei denen ausgelöst wurden, die den Bedarf an Strukturveränderungen nicht sofort einsehen konnten oder wollten.

In gewisser Weise war hier eine Ähnlichkeit zur Debatte um die Gebietsreform festzustellen: Wieder einmal wurde ein Konzept entwickelt, das für sich genommen rational war und sogar geeignet sein konnte, die Konflikte zwischen

---

661 Kufferath, a.a.O., Seiten 405/406
662 Kufferath, a.a.O., Seite 408

den Akteuren zu glätten. Wieder war aber die damit verbundene Reform, die gründliche Änderung der Strukturen, von allerlei Ängsten, Sorgen und Befürchtungen begleitet. Bei der Verwaltungs- und Gebietsreform lag der rationale Kern in einer effektiveren, für höhere Anforderungen gerüsteten Administration in den Kommunen – größere Einheiten mit professionelleren Spitzen in der Verwaltung, für jeden Landkreis so zugeschnitten, dass die verschiedenen Interessen möglichst gut austariert waren. Bei der Hochschulreform war es der Versuch, die selbstbewusster auftretenden akademischen Mitarbeiter und die nach Mitbestimmung schreienden Studentengruppen stärker an den Entscheidungen zu beteiligen – ohne die Machtstellung der Professorenschaft wesentlich zu beeinträchtigen. Aber in beiden Fällen kamen nun die irrationalen Aspekte hinzu, die auf Befürchtungen beruhten, die in Einzelfällen keineswegs abwegig oder unbegründet sein mussten. Was die Gebietsreform betraf: Würden kommunale Fusionen zu einer dominanten Stellung bestimmter Städte in einem Landkreis führen und die schwächeren Regionen in einem Kreis künftig automatisch benachteiligen, also an den Rand drängen? Würden Regionen, die bisher verfeindet waren, nun zur Zusammenarbeit gezwungen – was in einer gegenseitigen Blockade enden könnte? Und was die Hochschulreform anbelangte: Würde das umständliche neue Modell der Mitbestimmung dazu führen, dass die wissenschaftliche Qualität verloren geht – weil extrem radikalisierte Studentengruppen in Verein mit wissenschaftlichen Mitarbeitern neue Schwerpunkte durchsetzen, die Forschung und Lehre lähmen und die Universitäten zu Vorboten in ihrem politischen Kampf gegen das System ausbauen wollen? Würden Professoren mit ihrer unbestreitbaren Erfahrung und Sachkenntnis entmachtet?

Aus heutiger Sicht, mehr als 45 Jahre nach diesen Debatten, Streitigkeiten und Konflikten, kann rückblickend wohl von einer mangelnden Sensibilität der politischen Akteure gesprochen werden. Eine Folgenabschätzung ihres Tuns zu Beginn eines Planungsprozesses war damals offensichtlich nicht üblich. Das gilt für Prognosen, welche Pläne erforderlich, angemessen und angesichts der allgemeinen Konflikte als vertretbar erscheinen konnten. Womöglich steckte dahinter auch – bei aller Kritik am System, die gerade von der linken Seite geäußert worden war – eine gewisse Überschätzung der politischen Steuerungskraft der Regierungsarbeit. Bei der Verwaltungs- und Gebietsreform betraf das das Innenministerium, bei der Hochschulreform das Kultusministerium. In beiden Fällen vertrauten die Minister Groß (oder zuvor Lehners) und von Oertzen darauf, die sorgfältig entwickelten und gut durchdachten Vorlagen sicher und schnell durch den Landtag zu bringen, Gesetzeskraft werden zu lassen und dann bald auch die davon erhofften Erfolge betrachten zu können. Die Praxis war eine andere: Die parlamentarischen Debatten waren in beiden Fällen heftiger, aufgewühlter und von stärkeren Widerständen begleitet als erwartet. Vor allem in der Diskussion über die Kreisreform hielten einzelne Abgeordnete, die lautstark ihren Protest kundtaten, den Prozess auf – der Zeitplan geriet ins Rutschen, kam mit der Terminplanung für die Ministerpräsidentenwahl ins Gehege und veranlasste die nach Kasimiers Niederlage tief verunsicherte SPD dazu, ihre Vorhaben abzublasen. In der Diskussion über die Hochschulreform muss von Oertzen das explosive Potenzial einer Verknüpfung der Studentenproteste mit der Ankündigung einer Stärkung der Macht der Studenten unterschätzt haben. Dass die Gerichte seinen Plänen einen Strich durch die Rechnung machten, kam erschwerend hinzu – wäre aber vermutlich zu vermeiden gewesen, wenn seine Überlegungen juristisch besser formuliert gewesen, mit den wichtigen Gruppen im Detail abgestimmt worden wären und damit jegliche Klage vor dem Staatsgerichtshof oder dem Bundesverfassungsgericht von vornherein unterbunden worden wäre. Das hätte man wohl nur schaffen können mit einem Gesetzesvorschlag, der noch stärker auf einen Konsens der Betroffenen abgezielt hätte. Ob das tatsächlich damals möglich gewesen wäre oder ob das ein neunmalkluger Ratschlag ist, der in den polarisierten siebziger Jahren absolut ohne jegliche Erfolgsaussicht geblieben wäre, sei dahingestellt.

9. Die „Täter-Profile" – was zur Abweichung bei Ministerpräsidentenwahlen führen kann

9.1. Die Ursachen der Illoyalität

Die Vorgänge im niedersächsischen Landtag 1976 sind in den vorangegangenen Kapiteln ausführlich beschrieben worden – samt der Vorgeschichte, der Begleitumstände und der Besonderheiten der landespolitischen Konstellation. Das zugrunde liegende Problem, der Loyalitätsverlust bei den geheimen Wahlen des Ministerpräsidenten im Landtag, ist allerdings nicht nur 1976 im niedersächsischen Landesparlament deutlich geworden oder davor 1972 im Bundestag. Es hat auch vorher und besonders auch in späteren Jahren noch brisante landespolitische Krisen in anderen Bundesländern gegeben, die jeweils großes Aufsehen erregten. Auch diese drückten sich aus in fehlenden Stimmen bei Ministerpräsidentenwahlen im jeweiligen Parlament. In diesem Kapitel wollen wir den Blick auf einige ausgewählte Ereignisse richten – und dabei die Frage beleuchten, ob es bei den Ursachen für die jeweiligen Krisen Ähnlichkeiten oder Unterschiede gab.

Zu Beginn sollen einige Hypothesen aufgestellt werden, die sozusagen als ein Bewertungsmaßstab für die Einordnung der Vorgänge dienen können.

Erstens: Geschieht die Wahl des Ministerpräsidenten in einer Situation, in der die regierende Partei bereits ausgelaugt ist, also programmatisch und personell keine besonderen Innovationen mehr zu bieten hat?

Zweitens: Hat der Kandidat, der als Ministerpräsident gewählt werden will, in der eigenen Fraktion oder der eigenen Koalition Verletzungen hinterlassen – entweder durch vergangene Entscheidungen, etwa bei der geplanten Kabinettsbildung, oder durch ein irritierendes Auftreten im Wahlkampf?

Drittens: Zeichnet sich die Regierungsfraktion oder zeichnen sich die Koalitionsfraktionen dadurch aus, dass es viele ungelöste personelle und sachliche Konflikte in ihren Reihen gibt?

Viertens: Ist das Klima im Landtag gereizt, weil beispielsweise in einer Fraktion, die dort vertreten ist, Abgeordnete lieber mit einer in der Opposition befindlichen Fraktion zusammenarbeiten würden – anstelle des von der Partei ausgewählten Koalitionspartners?

Fünftens: Beschränkt sich die Zahl der Abweichler auf eine oder zwei Personen, oder sind mehrere daran beteiligt, sodass der Verdacht einer Absprache zwischen ihnen besteht – in der Absicht, ein über den „Denkzettel" hinausgehendes Ziel damit zu verfolgen?

Sechstens: Steht die Tätigkeit des Abweichlers in einem größeren Zusammenhang, der über das eigentliche Geschehen im Landtag weit hinausreicht?

Sicher gibt es noch weitere spezifischen Gesichtspunkte, die den Ausgang einer geheimen Ministerpräsidentenwahl als besonders spannend erscheinen lassen – oder bei denen Vorsicht geboten ist, weil die Gefahr des Auftretens von Abweichlern besonders groß ist. Diese sechs Aspekte sollen hier aber erst einmal ausreichen für eine Einordnung. Wir richten den Blick nun auf Vorfälle in den Bundesländern und klammern ein auffälliges Ereignis, die erstmalige Wahl von Angela Merkel zur Bundeskanzlerin am 22. November 2005, dabei aus. Die allgemein erwartete Mehrheit für ein CDU/FDP-Bündnis nach sieben Jahren Rot-Grün war am Abend der Bundestagswahl 2005 ausgeblieben – die SPD von Kanzler Gerhard Schröder hatte zwar größere Verluste, aber dennoch besser abgeschnitten als erwartet. Auch die CDU/CSU musste Verluste einstecken, wenn auch weniger als die SPD. Die Union lag nur einen Prozentpunkt vor der SPD, hatte damit also Anspruch auf die Führung einer Koalition, den Anspruch auf den Kanzlerposten. Für Schwarz-Gelb reichte es nicht, auf eine Große Koalition unter der Unionskandidatin Merkel waren weder Union noch SPD eingestellt. Merkel wurde im Bundestag dann zur neuen Kanzlerin gewählt, doch von den 448 Abgeordneten der Großen Koalition sprachen sich rechnerisch nur 397 für die CDU-Chefin als neue Kanzlerin aus – 51 Koalitionsabgeordnete verweigerten ihr die Zustimmung. Die Breite der Mehrheit der neuen Koalition stellte sicher, dass trotz dieses Fehlens an Stimmen eine nötige Mehrheit für Merkel nicht gefährdet war. Aber es kann ein Warnzeichen an sie gewesen sein, ein kleiner Denkzettel zum Start – spekuliert wurde über fehlende Unterstützung aus der SPD, die bei dem knappen Unterschied von Union und Sozialdemokraten der CDU-Kanzlerkandidatin bei der Wahl keinen Triumph habe gönnen wollen.

9.2. Der Fall Simonis 2005

Das Jahr 2005 ging nicht nur mit einer Klatsche für Angela Merkel zu Ende, als sie sich im November der Wahl als Kanzlerin im Bundestag stellte. Zu Beginn des Jahres musste eine andere führende Politikerin eine herbe Niederlage einstecken. Heide Simonis, die Ministerpräsidentin von Schleswig-Holstein, war

zum Zeitpunkt der Landtagswahl am 20. Februar 2005 schon zwölf Jahre im
Amt. Ihre SPD, die nach der Barschel-Affäre die Mehrheit im Land übernommen und seitdem die Landesregierung geführt hatte, stellte damals schon 17
Jahre lang den Regierungschef. Die SPD regierte entweder allein oder in einem
Bündnis mit den Grünen. Bei der Landtagswahl 2005 wurde die CDU, angetreten mit ihrem Spitzenkandidaten Peter Harry Carstensen, zur stärksten Kraft
geworden. Sie hatte 5 Prozentpunkte zugelegt und war auf 40,2 Prozent gekommen. Die SPD von Simonis büßte 4,4 Punkte ein und blieb bei 38,9 Prozent.
Wäre das nun der richtige Zeitpunkt für die Bildung einer Großen Koalition
gewesen? Simonis, die in ihrer langen Regierungszeit stets ein offenes und direk-
tes Wort gepflegt hatte, ließ seinerzeit in einer Talkshow gegenüber Reinhold
Beckmann einen Einblick in ihre strategischen Überlegungen zu. Auf die Frage,
warum sie nicht selbst für ein Bündnis mit der CDU eintrete, antwortete Simonis unverblümt: „Und was wird dann aus mir?"

Dieser Hinweis hatte den tieferen Hintergrund, dass bei der Mandatsverteilung in einer Großen Koalition das Amt des Ministerpräsidenten zwangsläufig
beim Vertreter der größeren Partei hätte angesiedelt werden müssen, also bei
Carstensen. Simonis selbst hätte also auf ihr Spitzenamt verzichten müssen. Weil
sie das nicht wollte, wagte die Ministerpräsidentin nach der Landtagswahl eine
machtpolitisch riskante Aktion. CDU und FDP im Landtag zählten zusammen 34
Mandate, SPD und Grüne zusammen 33. Der Südschleswigsche Wählerverband
(SSW), die Vertretung der dänischen Minderheit im Norden Schleswig-Holsteins,
hatte zwei Sitze im Landtag. Das Außergewöhnliche an dieser Konstellation war,
dass der SSW seine Mandate nur deshalb hatte, weil er als Partei einer Volksmin-
derheit von der Fünfprozentklausel befreit gewesen war – er war mit 3,6 Prozent
auch unterhalb der für die anderen Parteien geltenden Schwelle geblieben. In den
parlamentarischen Rechten allerdings waren die beiden SSW-Abgeordneten in
keiner Weise eingeschränkt, sie konnten also auch – wie es dann von Simonis
geplant war – zur Tolerierung einer rot-grünen Minderheitsregierung aktiv werden. Eine solche Vereinbarung wurde zwischen der SPD, den Grünen und dem
SSW getroffen, als Gegenleistung erhielt der SSW das Recht auf ein Grundman-
dat in den Landtagsausschüssen, das Rot-Grün dem SSW zubilligte.

Aber war eine SSW-tolerierte rot-grüne Minderheitsregierung die Lösung,
die im Sinne der Grünen oder der SPD im Landtag sein konnte? Eine Debatte
darüber mag es in den Koalitionsfraktionen gegeben haben, öffentlich wurde sie
nicht. So ging Simonis voller Zuversicht in die Landtagssitzung am 17. März 2005.
Gewählt worden wäre in den ersten beiden Wahlgängen derjenige, der die
Mehrheit der Stimmen der Mitglieder des Landtags bekommt – also mindestens

35. Der erste Wahlgang endet dann damit, dass Simonis 34 Stimmen bekam, Carstensen 33. Rechnerisch hatte in beiden Lagern, bei SPD/Grünen und bei CDU/FDP, eine Person die Zustimmung zum jeweils eigenen Kandidaten verweigert. Die beiden Abgeordneten votierten auf Enthaltung. Im zweiten Wahlgang änderte sich das Bild, Carstensen erhielt jetzt 34 Stimmen, also mutmaßlich alle aus dem schwarz-gelben Lager. Für Simonis blieb es aber bei 34 Stimmen, ein Abgeordneter enthielt sich der Stimme. Sofort wurde ein dritter Wahlgang angeschlossen, wieder blieb es bei 34 zu 34. Keiner der beiden Kandidaten hatte damit die erforderliche Mehrheit erhalten – und weil beide gleichauf lagen, hatte auch keiner eine relative Mehrheit bekommen. Es kam zu Sitzungsunterbrechungen, SPD und Grüne zogen sich zu Fraktionssitzungen zurück und führten Probeabstimmungen durch, in denen alle Abgeordneten für Simonis votierten. Das Verfahren glich insoweit den Vorgängen, wie sie nach dem 14. und 15. Januar im niedersächsischen Landtag verlaufen waren.

Nach zweistündiger Unterbrechung an diesem 17. März 2005 ließ der Ältestenrat einen vierten Wahlgang zu. Der endete dann wieder 34 zu 34 bei einer Enthaltung. Da kein neuer Ministerpräsident gewählt war, musste Simonis geschäftsführend im Amt bleiben. Der Ältestenrat legte die nächste Landtagssitzung für den 27. April fest – also fünf Wochen nach diesem Debakel. Am 18. März dann, einen Tag nach dem Debakel im Landtag, erklärte Simonis ihren Verzicht. Sie stehe für einen weiteren Wahlgang nicht mehr zur Verfügung. Ein paar Tage danach beendete der SSW Spekulationen, die SPD könne nun anstelle von Simonis einen anderen Bewerber aufstellen, etwa den Finanzminister Ralf Stegner, aber an dem umstrittenen Regierungsmodell festhalten. Dafür, teilte der SSW mit, stehe er nun nicht mehr zur Verfügung; die Tolerierung einer rot-grünen Minderheitsregierung komme nicht mehr in Betracht. Eine Zweidrittelmehrheit für die Auflösung des gerade erst gewählten Landtags war auch nicht absehbar, so näherten sich SPD und CDU an. Beide großen Parteien wurden sich einig. Am 27. April dann, beim fünften Wahlgang, kandidierte Carstensen als Kandidat von CDU und SPD, er bekam 54 von 69 Stimmen – ihm fehlten aus der neuen Koalition von Christ- und Sozialdemokraten fünf Stimmen.

Simonis gab zwölf Jahre nach diesem Ereignis in einem Interview an, dass sie damals das Gefühl gehabt habe, ihr habe „jemand mit dem Hammer vor den Kopf gestoßen".[663] Sie wiederholte hier eine Einschätzung, die sie schon direkt im Jahr 2005 geäußert hatte – sie wisse, betonte Simonis, wer der Abweichler sei. Sie

---

663 „Cicero" vom 17.03.2017. „Ich kann wieder einparken"

habe ihn aber nicht angesprochen: „Ich für mich sage immer: Ich weiß es. Aber da ich es nicht beweisen kann, werde ich mich hüten, den Namen zu nennen." Sie fügte dann noch ein paar Einschätzungen hinzu: Der Abweichler könne mit seiner Aktion „nichts anfangen", denn er könne es ja niemandem erzählen. In einem Doppelinterview für die „Welt" aus Anlass der zehnjährigen Wiederkehr des Tages der Wahl im Landtag äußerten sich im März 2015 Simonis und Carstensen gemeinsam. Die Angaben, die beide dabei machten, waren durchaus aufschlussreich. Simonis sprach hier von einem „Schuss aus dem Dunklen" – und berichtete noch einmal, wie phantastisch der Wahlkampf zuvor gelaufen sei, der ganz auf ihre Person zugeschnitten war. Zur Person des Überläufers meinte sie: „Es muss jemand gewesen sein, der mir mit diesem Verhalten etwas sagen wollte. Er wollte es nur mir allein sagen. Deswegen hat diese Person ja in den Probeabstimmungen bis zuletzt für mich gestimmt." Und dann fügte sie noch hinzu: „Der Mensch, der das getan hat, muss in seiner Seele etwas weggedrückt haben. Dieser Mensch muss Allmachtsgefühle entwickelt haben. Dieser Mensch glaubt, er kann alles. Weil er das nicht ausleben durfte, hat er es auf die harte Tour gezeigt."[664]

Auffällig ist an dieser Beschreibung, die Simonis zehn Jahre nach dem Ereignis abgab, wie sehr ihre Wahrnehmung immer noch um ihre eigene Person kreiste. Dass der Überläufer einen politischen Zweck mit seiner Aktion verfolgt haben könnte, sieht sie nicht als mögliche Variante. Sie behauptete fest, den Betreffenden zu kennen – um ihm dann schon psychopathische Eigenschaften zuzuschreiben. Wenn sie sagte, der Abweichler habe seine Botschaft „nur mir allein sagen" wollen, dann sah sie in dem Agieren der Person allein einen Racheakt begründet. Sie unterstellte ihm das Gefühl einer Genugtuung, mit dem dann folgenden Scheitern der Wahl Geschichte geschrieben zu haben. Etwas anders ordnete Carstensen die Situation in diesem Doppel-Interview von 2015 ein. Auch er fand moralische Zuschreibungen, nannte das Verhalten des Abweichlers „unanständig und unmenschlich". Doch Carstensen bescheinigte dem Täter „ungestillte Ambitionen", die er so lange nicht habe umsetzen können, wie Simonis Ministerpräsidentin war. Aber auch von Carstensen habe diese Person sich nicht die Erfüllung ihrer Pläne versprochen, meinte Carstensen – also habe sie sich enthalten und so die Chance für eine spätere Entwicklung bewahrt.

Was Carstensen hier ansprach, wirkt durchaus nachvollziehbar. Der Abweichler hatte nach allen taktischen Erwägungen durchaus damit rechnen können,

---

664 „Welt" vom 08.03.2015: „Wer das getan hat, hatte Allmachtsgefühle"

dass die Nicht-Wahl einer Ministerpräsidentin Simonis an diesem 17. März auf absehbare Zeit in Gespräche über die Bildung einer Großen Koalition in Kiel münden würde – wie es dann ja auch geschah. Simonis hatte in mehreren Interviews nach ihrer Niederlage wiederholt erklärt, der zuweilen als möglicher „Heide-Mörder" genannte Finanzminister Ralf Stegner sei es nicht gewesen. Zu der Darstellung von Simonis und Carstensen von 2015 würde dieser Name auch nicht passen, da Stegner in jedem Fall einer neuen von Simonis geführten Regierung angehört hätte, die Regierungschefin hatte nach eigenen Worten sogar geplant, nach zwei Jahren ihr Ministerpräsidentenamt an Stegner zu übertragen. Interessant war noch der Hinweis von Carstensen auf die Bundestagswahl: „In Kiel fiel der erste Dominostein, der zum vorzeitigen Ende von Rot-Grün in Bund führen sollte." Auch hier gab es also wieder eine Analogie zu Niedersachsen im Jahr 1976 – auch damals wirkten sich die Vorgänge im Landtag im Frühjahr auf die Bundestagswahl im Herbst aus. Einen Unterschied jedoch gab es schon: Im März 2005 war noch nicht klar, dass es dann im September des Jahres bereits vorgezogene Bundestagswahlen geben würde – denn der Auslöser dafür war erst die Niederlage von Rot-Grün bei der Landtagswahl in Nordrhein-Westfalen Ende Mai des Jahres. Die rot-grüne Regierung von Gerhard Schröder leitete danach eine Vertrauensfrage mit dem Ziel vorzeitiger Neuwahlen auf Bundesebene ein.

Wenn man nun die Abläufe in Schleswig-Holstein des Jahres 2005 an dem Kriterienkatalog für die geheimen Wahlen der Ministerpräsidenten misst, dann fallen folgende Besonderheiten auf: Erstens konnte die SPD-geführte Landesregierung im Allgemeinen, die Führung durch die seit zwölf Jahren amtierende Ministerpräsidentin Simonis im Besonderen als Zeichen für eine politische Ermattung gewertet werden. Zweitens kann es durchaus sein, dass die unterlegene Kandidatin Simonis tatsächlich im Vorfeld der Entscheidung einzelne Abgeordnete der Koalition derart verletzt hatte, dass diese nun einen Racheakt für angebracht hielten. Klare Hinweise darauf gab es allerdings nicht. Drittens sind erhebliche personelle oder sachliche Konflikte innerhalb der rot-grünen Regierungskoalition in Kiel damals nicht bekannt geworden, die Bedeutung dieser Frage kann wohl vernachlässigt werden. Viertens darf schon gemutmaßt werden, dass maßgebliche Kräfte in der rot-grünen Koalition der Meinung waren, das brüchige Modell einer vom SSW tolerierten rot-grünen Minderheitsregierung könne zu instabil sein – und angesichts der hauchdünnen Mehrheitsverhältnisse wäre demnach eine Große Koalition viel angemessener. Fünftens ist hier tatsächlich von einem „Einzeltäter" auszugehen, da im Laufe der Abstimmungen im Lager der rot-grünen Koalition stets nur eine Stimme fehlte. Es dürfte sich in allen vier Wahlgängen von Anfang an um dieselbe Person gehandelt haben. Trotzdem ist nicht unwahrscheinlich, dass es diesem Abweichler um mehr ging als nur um einen Denkzettel, hatte sein Verhalten am Ende doch den Sturz der Ministerpräsidentin und eine neue politische Mehrheit im Landtag zur Folge. Sechstens kann aber wohl als wenig wahrscheinlich angesehen werden, dass der Abweichler mit seinem Verhalten vor allem die Bundespolitik bewegen und Rot-Grün in Berlin ins Wanken bringen wollte. Dass dieses Jahr 2005 mit vorgezogenen Neuwahlen enden würde, die dann das Ende von Rot-Grün im Bund bewirkten, konnte er im März des Jahres noch nicht voraussehen.

9.3. Der Fall Milbradt 2004

In seinem politischen Leben im Westen Deutschlands musste der Christdemokrat Kurt Biedenkopf, Hochschullehrer und seit 1973 CDU-Generalsekretär an der Seite von Helmut Kohl, viele Hochs und Tiefs erleben. Meinungsverschiedenheiten führten 1977 zu seinem Abschied als Generalsekretär. Zuvor hatte Biedenkopf auch eine Zeitlang erwogen, in der niedersächsischen CDU eine Heimat anzustreben und dort für die Bundestagswahl 1976 Spitzenkandidat zu werden[665]. Der Plan wurde allerdings nicht realisiert. In Nordrhein-Westfalen gelang es Biedenkopf als Spitzenkandidaten und als Landesvorsitzendem nicht, bei Landtagswahlen einen großen Sieg davonzutragen oder die verschiedenen Flügel der Landespartei zu einen. 1988 zog er sich aus der Tagespolitik zurück – um dann zwei Jahre später, mit der plötzlich nahenden Wiedervereinigung, eine neue Chance zu entdecken. Die sächsische CDU kürte ihn zum Spitzenkandidaten für die Landtagswahl 1990, er errang mit den Christdemokraten einen überzeugenden Sieg und konnte diese Position in den folgenden Landtagswahlen souverän ausbauen und verteidigen. An der Seite von Biedenkopf war seit 1990 sein ebenfalls aus dem Westen stammender Finanzminister Georg Milbradt, der – wie Biedenkopf – vor der Politik eine wissenschaftliche Karriere gemacht und Hochschullehrer für Volkswirtschaft gewesen war. Die beiden waren damit ähnlich, auch wenn Milbradt an Biedenkopfs rhetorisches Talent kaum heranreichen konnte. Dafür aber hatte der Finanzminister es binnen kurzer Zeit geschafft, sich in Sachsen ein eigenes Netzwerk aufzubauen.

Zwischen Biedenkopf und Milbradt, die als Vertraute ihre Arbeit in Dresden starteten und sich anfangs sogar in einer Wohngemeinschaft die Unterkunft teilten, kam es über die Jahre zu einer Entfremdung. Das verschärfte sich, nachdem Biedenkopf im Jahr 2000 ankündigte, drei Jahre später altersbedingt aus dem Amt scheiden zu wollen. Dieser Hinweis löste innerhalb der sächsischen CDU einen Wettbewerb der möglichen

---

665 So berichtete Wilfried Hasselmann in der CDU-Landesvorstandssitzung am 25.01.1975, dass Biedenkopf „Interesse daran habe, zur Bundestagswahl in Hannover zu kandidieren". In: ACDP 03-007/195/1

Kandidaten aus – und Milbradt, der immer als einer der stärksten Minister am Kabinettstisch gegolten hatte, ließ seine Ambitionen nicht im Unklaren. Das musste Biedenkopf allerdings missfallen haben. Im Januar 2001 scheiterte der Versuch eines Milbradt-Vertrauten, den Biedenkopf-Getreuen Fritz Hähle als Chef der CDU-Landtagsfraktion abzulösen. Danach dann sollen zwischen dem Ministerpräsidenten und seinem Finanzminister erhebliche Meinungsverschiedenheiten deutlich geworden sein – die ihren Hintergrund womöglich auch in der ungeklärten Frage hatten, wer Biedenkopf einst würde beerben können. Völlig überraschend entließ Biedenkopf seinen Finanzminister Ende Januar 2001 wegen „unüberbrückbarer Meinungsverschiedenheiten". Das geschah, nachdem beide in einer Klausurtagung der Landtagsfraktion aneinander geraten waren. In dieser Runde soll Biedenkopf Milbradt als „miserablen Politiker" bezeichnet haben – und eine gezielte Indiskretion sorgte dafür, dass diese Zuschreibung dann prompt auch von den Medien aufgegriffen, verbreitet und fortan immer wieder zitiert wurde.[666] Das Vorgehen Biedenkopfs führte nun dazu, dass der Konflikt innerhalb der sächsischen CDU noch zunahm, der ehemalige Innenminister Heinz Eggert fand damals deutliche Worte. Die Entlassung Milbradts sei „irrational und irritierend", und Eggert fügte eine Mahnung hinzu: Sachsen sei „kein Königtum": „Wer der nächste Ministerpräsident wird, das wird die sächsische CDU entscheiden und nicht die Staatskanzlei."

Wenn es das Ziel Biedenkopfs gewesen sein sollte, mit der Minister-Entlassung den von ihm mittlerweile als Nachfolger unerwünschten Milbradt politisch zu erledigen, dann schlug der Versuch gründlich fehl, wie sich in den folgenden Monaten zeigen sollte. Milbradt bewies Kampfeswillen, brachte sich in Stellung als Kandidat für den CDU-Landesvorsitz, der im September des Jahres 2001 neu bestimmt werden musste. Der von Biedenkopf unterstützte Umweltminister Steffen Flath unterlag, Milbradt gewann. Im Januar 2002 teilte Biedenkopf mit, zum 18. April als Ministerpräsident zurückzutreten. In der Debatte darüber, wer ihm folgen könnte, wurde hin und wieder auch der Name Thomas de Maizière genannt – doch der CDU-Politiker, der Milbradt als Finanzminister gefolgt war, lehnte eine Kampfkandidatur ab. So lief bei der Wahl des Biedenkopf-Nachfolgers im Landtag am 18. April 2002 alles auf Milbradt hinaus, die Wahl war auch wegen der satten absoluten Mehrheit der CDU im Landtag unproblematisch. Allerdings: Für Milbradt sprachen sich in geheimer Wahl im Landtag 72 Abgeordnete aus, obwohl die CDU über 76 Mandate

---

666 „Rheinische Post" vom 30.01.2001: Thomas de Maizière neuer Finanzminister

verfügte. Zwei christdemokratische Mandatsträger fehlten, zwei Abgeordnete enthielten sich der Stimme. Mit Nein votierten 44 Abgeordnete – so viel, wie die Oppositionsfraktionen SPD und PDS an Sitzen hatten. Das hieß: Schon der Start von Milbradt als neuer Ministerpräsident war vom Schatten der mangelnden Geschlossenheit der Union getrübt worden – was angesichts der Tatsache, dass der über viele Jahre verehrte Vorgänger Biedenkopf ihn ein gutes Jahr zuvor einen „miserablen Politiker" genannt hatte, nicht sonderlich verwunderlich war.

Aber die Dramatik sollte sich weiter zuspitzen. Im Wahlkampf vor der Landtagswahl im September 2004 mussten Milbradt und die CDU erleben, wie wenig sie mit ihren Botschaften wirklich zu den Wählern durchdringen konnten. Das war die Zeit der Proteste gegen die Hartz-Reformen, die sich nicht nur gegen die rot-grüne Bundesregierung und Kanzler Gerhard Schröder richteten, sondern vielerorts auch zur Demonstration gegen die etablierten politischen Kräfte wurden. Milbradt musste sich teilweise mit offenen Anfeindungen auseinandersetzen[667]. Der Wahlabend am 19. September 2004 wurde zu einem Desaster. Die CDU, die bis dahin seit knapp 14 Jahren mit absoluter Mehrheit regiert hatte und Biedenkopf als „König Kurt" im Wahlkampf gefeiert hatte, musste einen Verlust von fast 16 Prozentpunkten einstecken und landete bei 41,1 Prozent. Für ein Bündnis mit der FDP, die mit 5,9 Prozent in den Landtag kam, reichte es nicht – also musste die CDU mit der SPD koalieren, die gerade mal 9,8 Prozent erhalten hatte, nur etwas weniger als die rechtsextreme NPD, die mit 9,2 Prozent erstmals in den sächsischen Landtag gewählt wurde. Die PDS als zweitstärkste Kraft rangierte bei 23,6 Prozent. Für die erfolgsverwöhnte sächsische CDU, die noch 1999 meinte, die absolute Mehrheit sei ihr in diesem Land vermutlich auf Dauer sicher, war das Ergebnis ein tiefer Schock. Biedenkopf-Anhänger meinten, dass der alte Herr mit seinen Vorbehalten gegenüber Milbradt vermutlich Recht gehabt habe und die Wähler das nun in diesem Ergebnis zum Ausdruck gebracht hätten. Milbradt-Anhänger deuteten auf Biedenkopf, der mit seinem drastischen Vorgehen gegen Milbradt den Zwist in der sächsischen CDU erst richtig angefacht habe. Er sei Schuld daran, dass die CDU als uneinig angesehen und damit für die Sachsen nicht mehr attraktiv gegolten habe.

CDU und SPD starteten Koalitionsverhandlungen, die relativ geräuschlos blieben und schnell zu einer Verständigung führten. Am 10. November 2004 stand dann die Neuwahl des Ministerpräsidenten im Landtag an, gut zwei Jahre, nachdem Milbradt das erste Mal zum Regierungschef gewählt worden war.

---

667 Der Autor hat es erlebt, wie der CDU-Spitzenkandidat damals bei einem Besuch in einem Dorf an der Elbe von entgegenkommenden Männern angerempelt wurde.

Das Ergebnis wurde zu einem Desaster für Milbradt. Seine Koalition aus CDU und SPD kam auf zusammen 68 Sitze, das waren fünf mehr als zur absoluten Mehrheit der Mandate nötig waren. Im ersten Wahlgang jedoch verpasste der CDU-Kandidat die Wahl, für ihn sprachen sich nur 62 Abgeordnete aus. Da nach der sächsischen Verfassung im zweiten Wahlgang die einfache Mehrheit genügte, wurde er dann gewählt – aber auch wieder nur mit 62 Stimmen. Das hieß, dass sechs Abgeordnete aus der CDU/SPD-Koalition ihm die Unterstützung verweigerten – einer war nicht anwesend gewesen. Die Spekulationen schossen sofort ins Kraut: Waren es CDU-Leute, die sich hinter der Koalition verstecken konnten – indem sie ohne Beweispflicht behaupten konnten, die Sozialdemokraten würden Milbradt und die Koalition nicht aus Überzeugung mittragen? Oder waren es SPD-Leute, die in der Nicht-Wahl des Kandidaten einen Weg sahen, noch stärkeren Unfrieden in die CDU zu tragen – denn wer würde ihnen nach der Vorgeschichte nicht glauben, wenn sie erklärten, das Ergebnis spiegele die Uneinigkeit der sächsischen CDU wieder? Ein weiterer Schönheitsfehler war, dass der NPD-Abgeordnete Uwe Leichsenring, der von seiner Fraktion als Gegenkandidat zu Milbradt aufgestellt worden war, in beiden Wahlgängen je 14 Stimmen erhielt – obwohl die NPD nur 13 Abgeordnete hatte. Ob also einer aus der CDU/SPD-Koalition für den Bewerber der Rechtsextremisten gestimmt hatte? Verbreitet wurde seinerzeit auch ein rückblickend als peinlich zu bewertendes Zitat des CDU-Fraktionschefs Fritz Hähle. Vor der Wahl hatte er gesagt: „Es muss im ersten Wahlgang klappen, sonst machen wir uns lächerlich."[668] Nun war es genau so gekommen, Milbradt hatte sich lächerlich gemacht.

Im weiteren Verlauf war Milbradts Regierungstätigkeit nicht von Glück geprägt. Einen knappen Monat nach der Ministerpräsidentenwahl stand die Kür der neuen Ausländerbeauftragten im Landtag an – und wieder fehlten bei der Bewerberin der Koalition fünf Stimmen, während der NPD-Kandidat zwei Stimmen mehr erhielt als die NPD Mandate hatte. Die FDP hatte vorher angekündigt, die CDU-Bewerberin zu wählen. Der „Spiegel" schrieb damals von einer „skurrilen Verschwörung gegen Milbradt": „Aus Protest gegen den von vielen CDU-Abgeordneten als fast immer blass, manchmal sogar arrogant und eigentlich nie wirklich fraktionsverwurzelt empfundenen Ministerpräsidenten verweigerten ihm viele aus der eigenen Mannschaft schon vor einigen Tagen bei einer Probeabstimmung über seine Kandidatin die Unterstützung. Kaum 50 Prozent der damals Anwesenden konnte er auf seine Seite bringen. Milbradt

---

668 Manager-Magazin vom 10.11.2004: Milbradt erst im zweiten Anlauf gewählt

drohte erneut ein Debakel wie vor einigen Wochen, als er erst im zweiten Durchgang zum Ministerpräsidenten gewählt wurde."[669] Wenige Jahre später dann kam das Aus für den Regierungschef. Im Sommer 2007 wurde bekannt, dass der Vorstand der Landesbank Sachsen äußerst riskante Kreditgeschäfte in die Wege geleitet hatte – und die Aufsicht, die auch beim sächsischen Finanzminister lag, offenbar nicht eingeschritten war. Milbradt bildete sein Kabinett um und beteuerte, selbst von den Problemen der Bank und von der Arbeit der Bankenaufsicht nichts gewusst zu haben. Das wirkte deshalb wenig überzeugend, weil Milbradt doch sehr lange Zeit selbst Finanzminister gewesen war und sich deshalb in diesen Fragen auskennen musste. Zwar konnte er ein Gutachten präsentieren, das ihn entlastete. Doch als im Frühjahr 2008 bekannt wurde, dass Milbradt und seine Frau an einem geschlossenen Immobilienfonds der Bank beteiligt waren, verlor er den letzten Rückhalt – und trat zurück.[670] Rechtzeitig vor der Landtagswahl anderthalb Jahre später wagte die CDU eine Neuaufstellung, Stanislaw Tillich wurde zum ersten in Sachsen geborenen und aufgewachsenen Ministerpräsidenten des Freistaates nach der deutschen Wiedervereinigung. Zwar konnte auch er bei der Landtagswahl das CDU-Ergebnis nicht aufbessern, es kam sogar zu leichten Verlusten – aber anstelle der Koalition aus CDU und SPD konnte jetzt ein Bündnis aus CDU und FDP gebildet werden.

Misst man das Pech, das dem Ministerpräsidenten Milbradt vom Anfang bis zum Ende seiner Amtszeit als Regierungschef und Biedenkopf-Nachfolger verfolgte, an den Kriterien für die Illoyalität bei geheimen Wahlen im Landtag, so fallen doch einige Besonderheiten auf. Dass die CDU in Sachsen im Jahr 2001 und in den folgenden Jahren ausgelaugt schien, zu einer Zeit also, als Biedenkopf mit Milbradts Entlassung als Finanzminister die parteiinternen Konflikte erst richtig deutlich machte, ist unbestritten. Damals hatte die CDU eine mehr als zehnjährige Alleinregierung hinter sich. Biedenkopf, der Westimport, wurde 1990 noch getragen von den sehr selbstbewussten sächsischen CDU-Kräften, vor allem von den damals gerade in Sachsen verhältnismäßig starken Reformern, die einen alternativen Bewerber aus der alten Blockpartei als Spitzenkandidaten verhindern wollten. Im Laufe der Jahre schnitt dann die CDU ihre Politik immer stärker auf Biedenkopf zu, sodass der Spitzname „König Kurt" am Ende seiner Amtszeit auf viele in der Partei nicht mehr irritierend wirkte, sondern sogar anerkennend gemeint war. Mit dem Rauswurf Milbradts zerstörte Biedenkopf

669 „Spiegel" vom 09.12.2004: Rebellen stimmen gegen Milbradts Kandidatin
670 „Spiegel" vom 14.04.2008: Was Milbradt den Job kostete

die nach außen immer herausgekehrte Geschlossenheit der Partei. Die sächsische CDU wirkte 2001 bis 2004 nicht nur inhaltlich ausgezehrt, sie litt in der Zeit nach Biedenkopf vor allem daran, dass sie nicht mehr um Neubestimmungen gerungen, sondern sich allzu sehr auf den bestimmenden Mann an der Spitze ausgerichtet hatte.

Mit Blick auf die Eignung des Kandidaten Milbradt ist vermutlich weniger relevant, dass dieser in seiner langen Zeit als Finanzminister (und bekannter „Sparfuchs") die eigene Fraktion verärgert oder andere Politiker übervorteilt hätte. Vielmehr dürfte die Anspannung zwischen ihm und seinem Vorgänger eine entscheidende Ursache für eine Vertrauensstörung gewesen sein. Da große Teile der sächsischen CDU-Landtagsfraktion Biedenkopf-Anhänger waren, Biedenkopf selbst aber massiv gegen Milbradt vorgegangen war, kann hier eine Ersatzhandlung eingetreten sein: Abgeordnete verweigerten Milbradt das Vertrauen, weil sie meinten, damit Biedenkopf einen letzten Dienst erweisen zu können. Ein anderer Gesichtspunkt mag die Tatsache gewesen sein, dass Milbradt der zweite aus dem Westen kommende Ministerpräsident war – während manche glaubten, es sei mehr als zehn Jahre nach der Wiedervereinigung jetzt an der Zeit, auch einen in der DDR aufgewachsenen CDU-Politiker zum Regierungschef des Freistaates zu wählen.

Das dritte Kriterium für die Einordnung, die Zahl der ungelösten sachlichen und personellen Konflikte, ist hiermit schon beschrieben. Es waren wohl weniger sachliche, als vielmehr persönliche Animositäten, die sich im Streit zwischen den beiden Spitzenkräften der Partei manifestierten. Gleichzeitig waren andere Auseinandersetzungen, die zwischen Reformer und Mitgliedern der alten Blockpartei etwa, in den Hintergrund getreten, aber nicht verschwunden. Das vierte Kriterium, die Bedeutung anderer Parteien als möglicher Bündnispartner, spielte vermutlich eine weniger wichtige Rolle. Zwar hatte die CDU 2004 absolute Mehrheit verloren – und die Tatsache, dass der NPD-Kandidat bei der Ministerpräsidentenwahl zwei Stimmen mehr erhielt als seine Fraktion Mandate hatte, deutete vordergründig auf mögliche Sympathien aus der CDU für den NPD-Bewerber hin. Aber niemand wäre zu jener Zeit ernsthaft auf die Idee gekommen, eine CDU/NPD-Koalition zu bilden. Deshalb gewann die Überlegung an Gewicht, die Stimmen für den NPD-Bewerber aus dem Landtag könnten in Wirklichkeit in der Absicht abgegeben worden sein, die CDU in ihrer Orientierungslosigkeit der Nach-Biedenkopf-Zeit zusätzlich zu verwirren. Dass dahinter ein ernstes Bekenntnis zu einem von wenigen angeblich gewünschten Rechtskurs der CDU gesteckt haben könnte, darf wohl bezweifelt werden.

Beim fünften Kriterium ist eine klare Aussage möglich: Bei fünf oder sechs fehlenden Stimmen, wie sie sich 2004 bei der Milbradt-Wahl gezeigt hatten, ist eine Absprache der Beteiligten wahrscheinlich. Es hatte sich vermutlich also nicht um die isolierte Tat eines einzelnen gehandelt, wie beim Fall Simonis angenommen werden kann, sondern um eine Verständigung von mehreren, eine Art Komplott. Die mit dem sechsten Kriterium angesprochene Frage aber, ob die Aktion über die engeren politischen Verhältnisse im Lande hinauswies, darf verneint werden: Die sächsische Landespolitik war in jenen Jahren so stark geprägt vom Übergang der Ära Biedenkopf auf die Nach-Biedenkopf-Zeit, dass diese Binnensicht eine absolute Dominanz bekommen hatte. Außerdem hätte ein denkbares Scheitern von Milbradt im zweiten Wahlgang, wenn er dann noch weniger Stimmen erhalten hätte, zur Präsentation eines anderen CDU-Bewerbers als Ministerpräsidentenkandidaten geführt – ein Auswirkung auf die Machtverteilung im Bundesrat wäre nicht die Folge gewesen, eine Erschütterung der CDU auf Bundesebene in der damaligen Endphase von Rot-Grün in Berlin wäre wohl auch nicht spürbar geworden.

9.4. Der Fall Lieberknecht 2009

Ähnlich wie in Sachsen war auch Thüringen lange Zeit eine „Hochburg" der CDU gewesen, ein Bundesland, in dem sich im zehnten Jahr nach der Wiedervereinigung viele an die Vorstellung einer stark dominanten Volkspartei CDU gewöhnt hatten. Das mag hier wie in Sachsen auch an der Schwäche der Sozialdemokraten gelegen haben, die über die Jahre immer deutlich hinter den Christdemokraten geblieben waren. Anders als in Sachsen ist die Erfolgsgeschichte der Thüringer CDU nicht von Anfang mit dem Namen eines westdeutschen Politikers verbunden, der in den Osten gewechselt war und dort seinen späten Erfolg feierte. Vielmehr kam Bernhard Vogel als Ministerpräsident erst 1992, nachdem der erste – ostdeutsche – Ministerpräsident Josef Duchac nach Vorwürfen, er sei einst als Clown in Stasi-Heimen aufgetreten, der Lächerlichkeit preisgegeben wurde und zurückgetreten war. Anders als in Sachsen war auch kein innerparteilicher Machtkampf entstanden, als Vogel sich 2003 aus Altersgründen, er war damals 70, vom Spitzenamt zurückzog. Der Alt-Ministerpräsident wirkte landesväterlich und ausgleichend – nach Ansicht vieler damals eine ideale Besetzung dieses Amtes in einem Land, das von vielen unterschiedlichen Strömungen, regionalen Eigenheiten und Problemen geprägt war.

Der Nachfolger Vogels wurde Dieter Althaus, der sich damals schon in verschiedenen Ämtern bewähren konnte – als Kultusminister, Chef der CDU-Landtagsfraktion und dann auch schon ab 2000 als CDU-Landesvorsitzender. Der Übergang von Vogel zu Althaus war vorbereitet, er überraschte niemanden.

Als Althaus die erste Landtagswahl bestehen musste, 2004, büßte die CDU zwar 6 Prozentpunkte ein, die Partei konnte aber in einem Drei-Parteien-Parlament mit 43 Prozent die absolute Mehrheit knapp behaupten. Damals stand Thüringen sogar stabiler da als das benachbarte Sachsen, wo der Biedenkopf-Erbe Milbradt in einen Strudel des Machtkampfes gezogen wurde. Doch Althaus erwies sich nicht als der moderierende, versöhnende und über den täglichen Auseinandersetzungen stehende Landesvater, den die Thüringer aus der Vogel-Zeit gewohnt waren. Er irritierte mit Vorstellungen zu einer Gesundheitsprämie, geriet in heftige Auseinandersetzungen mit der Nominierung eines umstrittenen Kandidaten für das Kultusminister-Amt und musste sich gegen Vorwürfe wehren, er stehe einer bestimmten evangelikalen Glaubensrichtung nahe. Bei alldem wirkte Althaus eher als ein Managertyp, der sich auch vor provozierenden Positionen nicht scheute, der diese sogar gern einging, um damit bundesweite Aufmerksamkeit zu erzielen. Dass er damit nicht auf breite Akzeptanz in der Thüringer CDU stoßen würde, war für ihn offenbar ein hinnehmbarer Nebeneffekt. Er vernachlässigte seine Integrationsaufgabe.

Vermutlich hätte sich die CDU in dem Freistaat trotz aller Kritik an seinem Führungsstil und an bestimmten Inhalten weiter hinter ihm versammelt, wenn nicht im Januar 2009 ein dramatischer Unfall geschehen wäre. In Österreich stieß der Ministerpräsident beim Wintersport am 1. Januar mit einer Skifahrerin zusammen, die auf dem Weg ins Krankenhaus ihren Verletzungen erlag. Es dauerte einige Monate, bis Althaus Klarheit darüber schuf, ob er trotz des Unfalls, bei dem er ein schweres Schädel-Hirn-Trauma erlitten haben soll, an seinem Spitzenamt in der Politik festhalten wolle. In Österreich war Althaus kurze Zeit nach dem Unglück wegen fahrlässiger Tötung verurteilt worden, ein Urteil, das von Rechtsexperten als unangebracht kritisiert wurde. Gegen Althaus wurden im Frühjahr 2009 zudem Vorwürfe laut, er habe mit verschiedenen Interviews sein Schicksal „vermarktet". Als er dann Ende April vor die Presse trat, bekannte er eine „Schuld", an der er „schwer trage". Trotzdem wolle er weiter gestalten. In dieser Vorstellung schien Althaus so, als dränge er rastlos zurück in die Verantwortung und flüchte sich in sein politisches Amt – als Abkehr von der Beschäftigung mit diesem Unfall. In einem Kommentar hieß es damals: „Er wirkt wie ein angeschlagener Boxer, der allen unbedingt beweisen will, dass er noch Meister sein kann im Ring. Die Kühle, Distanziertheit und Unrast, mit der Althaus gestern seine Rückkehr ins Tagesgeschäft einläutete, geht offensichtlich mit Verdrängung einher."[671]

---

671 Hannoversche Allgemeine Zeitung vom 21.04.2009: „Kampf gegen sich"

Die Entscheidung des angeschlagenen Ministerpräsidenten, nach dem Motto „Jetzt erst recht" in den Wahlkampf zu ziehen, hatte seinen Grund auch in den gescheiterten oder gar nicht ernsthaft unternommenen Versuchen von Parteifreunden, ihn zu einem Rückzug zu bewegen. Spätestens nach dem österreichischen Urteil, so umstritten es auch gewesen sein mag, hätte diese Überzeugungsarbeit begonnen werden müssen. Im Wahlkampf, der dann von harten Attacken geprägt war, wirkte Althaus bei manchen Auftritten „wie ein Gespenst, geistesabwesend und wie in Trance"[672]. Die Quittung für eine Auseinandersetzung, in der der CDU-Spitzenkandidat alles andere als fit für ein politisches Spitzenamt zu sein schien, folgte am Wahlabend. Die Christdemokraten büßten 11,8 Prozentpunkte ein und kamen auf 31,2 Prozent – nicht weit entfernt von der PDS, die bei 27,4 Prozent rangierte. Nun begannen in der CDU die Vorbereitungen für einen Wechsel, eine Schlüsselrolle hatte Finanzministerin Birgit Diezel, die von Jahresanfang bis Ostern als Vertreterin von Althaus die Amtsgeschäfte in der Erfurter Staatskanzlei geführt hatte. In ersten Reaktionen nach der Wahl hatte Althaus noch angekündigt, nun Gespräche mit der SPD über eine Koalition führen zu wollen. Dann musste er aber erkannt haben, dass ihm der Rückhalt dazu fehlte. Althaus kündigte wenige Tage später seinen Rücktritt an. Es war dann Diezel, die in einer Sitzung des Thüringer CDU-Präsidiums die bisherige Sozialministerin Christine Lieberknecht als neue Ministerpräsidenten-Kandidatin vorschlug. Am gleichen Tag, fünf Tage nach seinem Rücktritt, war auch Althaus wieder in seinem Ministerpräsidentenbüro in der Staatskanzlei erschienen – er amtierte ja noch. Dies hatte Spekulationen geweckt, Althaus plane eine Aktion im parteiinternen Machtkampf.[673]

Die Irritationen, die Althaus' Auftritt in der Staatskanzlei und seine anschließende Leitung der Kabinettssitzung auslösten, veranlassten dann auch Lieberknecht zu einer öffentlichen Reaktion. Sie teilte mit: „Mit der Erklärung von Dieter Althaus, heute die Kabinettssitzung zu leiten, ist eine große Verwirrung entstanden. Auf jeden Fall ist die Ära von Althaus nach dem Rücktritt, den er selbst erklärt hat, zu Ende. Jetzt geht es darum, nach vorn zu schauen."[674] Damals wurde über „starke Kräfte in der Thüringer CDU" spekuliert, die sich gegen Lieberknecht richteten. Geschrieben wurde über Versuche von Teilen der Partei, Bernhard Vogel zur Rückkehr auf den Posten des Regierungschefs zu

---

Hannoversche Allgemeine Zeitung vom 03.09.2009: Der Sturz des Dieter Althaus

Agentur Reuters vom 08.09.2009: „Rückkehr von Althaus forciert CDU-Votum für Lieberknecht"

Süddeutsche Zeitung vom 09.09.2009: Lieberknecht: Ära Althaus ist zu Ende

bewegen – der jedoch habe dankend abgelehnt. Vogel erklärte zudem offen seine Sympathie für Lieberknecht. Bodo Ramelow, Spitzenkandidat der PDS, ließ sich damals zu einer Bemerkung über das merkwürdige Verhalten von Althaus hinreißen: „Der Realitätsverlust ist offenbar gravierender als gedacht."

In den Tagen danach wurde es ruhiger, die CDU verhandelte mit der SPD, wurde über eine gemeinsame Regierung einig und am 30. Oktober 2009, einen Monat nach Beginn der Koalitionsverhandlungen, stimmte der Landtag in Erfurt über den neuen Ministerpräsidenten ab. Lieberknecht war zunächst einzige Bewerberin, sie hätte 48 Stimmen aus der Koalition von CDU und SPD bekommen können. Nur 44 sprachen sich für sie aus, vier Koalitionsabgeordnete hatten nicht für sie gestimmt, drei Enthaltungen wurden gezählt. Da Lieberknecht mindestens 45 Stimmen hätte erhalten müssen, war sie nicht gewählt. Im zweiten Wahlgang wiederholte sich das Ergebnis. Vor dem entscheidenden dritten Wahlgang, bei dem die einfache Mehrheit ausreichend war, trat dann noch der PDS-Spitzenkandidat Bodo Ramelow gegen sie an – jetzt war die Mehrheit für sie ausreichend. Rückblickend betrachtet kann man mutmaßen, dass Ramelows Kandidatur zur Geschlossenheit der Koalitionsparteien führte und damit ein Versuch gewesen sein kann, die CDU-Kandidatin nach zwei peinlichen ersten Wahlgängen vor der Schmach eines üblen Ergebnisses auch im dritten Wahlgang zu bewahren. In der Betrachtung der damaligen Machtverteilung in der Thüringer CDU ist hier auch die besondere Rolle von Lieberknecht zu würdigen: Sie war als ehemalige Pastorin aus Weimar die erste Protestantin auf dem Ministerpräsidentenstuhl seit 1990 – da sowohl Duchac, als auch Vogel und Althaus Katholiken waren. Sie zählte zwar zur Blockpartei, rüttelte diese aber 1989 mit einem „Brief aus Weimar" auf und signalisierte darin ihre Bereitschaft zu Reformen. Eine Integrationsfigur, die alle Strömungen in der Partei hätte hinter sich versammeln können, ist sie offenkundig nicht gewesen und danach auch nicht geworden.

Fünf Jahre hielt die von Lieberknecht geführte Regierung, bei den Neuwahlen konnte sich die CDU im September 2014 leicht um 2,3 Prozentpunkte auf 33,5 Prozent verbessern. Dadurch gefühlt stärker als vor, peilte sie eine Koalition aus CDU, SPD und Grünen an – aber SPD und Grüne bevorzugten ein Zusammengehen mit Ramelow und der Linkspartei. Obwohl dieses Bündnis im Landtag nur eine hauchdünne Mehrheit von einem Mandat hatte, verzichtete Lieberknecht darauf, bei der Ministerpräsidentenwahl im Landtag gegen Ramelow anzutreten und damit auf Überläufer aus Grünen oder SPD zu setzen. Sie zog sich später dann aus der Politik zurück.

Die Frage, was zu dem Vertrauensverlust bei Lieberknechts Wahl zur Ministerpräsidentin 2009 geführt haben könnte und wie dieser zu bewerten ist, kann unterschiedlich beurteilt werden: Dass die CDU damals ausgelaugt gewesen wäre und keine Innovationen mehr zu bieten gehabt hätte, kann bedingt befürwortet werden. Nun ist es nicht so, dass die Partei an der Spitze erstarrt gewesen wäre, denn die Erneuerung nach den langen Vogel-Jahren war mit Althaus ja bereits eingeleitet gewesen. Trotzdem hatte es der neue Ministerpräsident Althaus sichtlich schwer, mit seiner forschen, manchmal vorwärtstreibenden Art die Geschlossenheit in der CDU zu sichern. Von Bernhard Vogel war die CDU es gewohnt gewesen, dass ein moderierender Mann an der Spitze steht. Althaus wollte aber definitiv anders sein. Die Innovationen, die er erzielen wollte, waren offenbar in der eigenen Partei nicht abgesichert. Das zweite Kriterium, die Eignung der Kandidatin, trifft hier auch nur bedingt zu: Sicher war Lieberknecht, ebenso wie vorher Althaus, in der CDU nicht unumstritten. Dass es aber ihr Verhalten gewesen wäre, das zum Loyalitätsverlust führte, ist unwahrscheinlich – denn im Wahlkampf stand ein anderer, Althaus, im Mittelpunkt. Die besonderen Umstände des Wahlkampfs, die Vorgeschichte von Althaus und sein merkwürdiges Verhalten nach der Wahlniederlage, brachten Lieberknecht in eine Situation, in der sie auf einmal als schärfste Kritikerin ihres Vorgängers auftrat. In den Ohren mancher Althaus-Anhänger mag das wie ein Verrat am bisherigen Ministerpräsidenten geklungen haben.

Die Frage, ob ein übermäßiges Maß an ungeklärten innerfraktionellen Konflikten in der CDU – oder hier in der künftigen CDU/SPD-Koalition – der Grund für Spannungen gewesen sein konnte, dürfte verneint werden. Trotz der personellen – und konfessionellen – Gegensätze zwischen den verschiedenen Politikern der Partei und trotz der Verwirrungen, die Althaus mit manchem seiner Vorschläge gestiftet hatte, wurde über tiefgreifende Zerwürfnisse nicht berichtet. Wenn die drastische Niederlage der CDU bei der Landtagswahl nicht gewesen wäre und die CDU mit ihrem Spitzenkandidaten Althaus ein halbwegs gutes Ergebnis erzielt hätte, hätte es die Abweichler bei der Ministerpräsidentenwahl womöglich gar nicht gegeben. Auch ein übermäßig gereiztes Klima im Landtag kann nicht bescheinigt werden, obwohl der Wahlkampf vor der Landtagswahl 2009 besonders heftig geführt wurde – auch und gerade von der CDU. Damit sind schon Verletzungen entstanden. Da der Hauptgegner der Christdemokraten aber die PDS und ihr Spitzenkandidat Ramelow waren, nicht die Sozialdemokraten als künftiger Koalitionspartner, ist dieser Aspekt als möglicher Grund für die fehlenden Stimmen für Lieberknecht zu vernachlässigen. Die fünfte Frage nach der Anzahl derer, die ihre Loyalität verweigerten, ist klar zu beantworten: Es waren sechs Stimmen aus der Koalition – und damit genau so viele, dass Lieberknecht im Ergebnis in zwei Wahlgängen nicht die erforderliche Zahl der Stimmen für ihre Wahl erhalten hatte. Die Wahrscheinlichkeit, dass sich die Abweichler vorher verständigt hatten, gemeinsam ein Zeichen setzen und bewusst die ausreichende Mehrheit verhindern wollten, ist damit groß. Das ist ein bedeutender Unterschied etwa zum sogenannten „Heide-Mörder", der für das Ende der Regierungszeit von Heide Simonis in Schleswig-Holstein verantwortlich war. Während der Abweichler dort als einzelner agierte und offenkundig nicht abgestimmt mit anderen, liegt im Fall Lieberknecht eine konzertierte Aktion nah.

Die Frage nach einem möglichen Zusammenhang, der über Thüringen hinauswies, kann nicht klar verneint werden. Als Lieberknecht ihre Schlappe im Landtag erlebte, war die Bundestagswahl gerade vorüber, die Machtposition von Kanzlerin Angela Merkel gefestigt. Die SPD hatte bundesweit eine schwere Niederlage einstecken müssen und als Ergebnis von vier Jahren Großer Koalition in Berlin elf Prozentpunkte verloren. Ein Signal an die Bundesebene, das dort zu einer Änderung der politischen Verhältnisse hätte führen können oder sollen, hätte allenfalls von der SPD ausgehen können. Die Streitigkeiten um das Althaus-Erbe hatten den Blick sehr stark auf die CDU gelenkt und darauf, ob es im Althaus-Lager offene Rechnungen gegenüber Lieberknecht gegeben haben könnte. Durchaus möglich war es aber auch, dass die fehlenden Stimmen für Lieberknecht vom neuen Koalitionspartner kamen, der SPD. Dadurch, dass Ramelow im dritten Wahlgang kandidierte, hatte er den Landtag vor eine klare Entscheidung gestellt – wenn die SPD nicht Rot-Rot-Grün wollte, musste sie jetzt doch geschlossen für Lieberknecht sein. Wäre aber im dritten Wahlgang womöglich die Zahl der Nein-Stimmen für Lieberknecht größer gewesen als die der Ja-Stimmen, dann wäre auch folgendes Szenario denkbar gewesen: Die Koalition von CDU und SPD wäre nicht zustande gekommen, vielleicht hätte die CDU noch versucht, mit einem neuen Ministerpräsidentenkandidaten einen weiteren Anlauf zu wagen. Es hätten aber auch ernsthafte Gespräche über die Bildung einer rot-rot-grünen Koalition unter Ramelow begonnen werden können – also das, was dann fünf Jahre später sich tatsächlich ereignete. Im Vorfeld der Lieberknecht-Wahl war eine Verständigung zwischen Linken, SPD und Grünen noch gescheitert, weil die SPD sich dagegen aussprach, einen Linken-Politiker zum Ministerpräsidenten zu wählen. Wäre nun aber Lieberknecht im Landtag gescheitert, dann hätte diese Debatte noch einmal von vorn beginnen müssen – unter dem Vorzeichen, dass im Landtag die Basis für eine Koalition von CDU und SPD offenbar nicht mehr vorhanden ist. Insofern kann der Loyalitätsverlust für Lieberknecht auch so gedeutet werden, dass dies eine Reaktion auf die schwere Schlappe der SPD bei der Bundestagswahl gewesen sein könnte – und der Versuch, dagegen ein neues rot-rot-grünes Modell zu etablieren. Thüringen hätte dann schon 2009 zum rot-rot-grünen Modellfall

werden können. Gegen diese These kann eingewandt werden, dass Ramelow ja
im dritten Wahlgang kandidierte und damit ein Angebot für Rot-Rot-Grün gegeben hatte – was aber von der SPD nicht angenommen wurde. Das stimmt zwar,
aber für einen wirklichen Strategiewechsel der SPD kam dieser dritte Wahlgang,
der sich gleich an die beiden vorherigen anschloss, wohl zu früh.

9.5. Der Sonderfall Ypsilanti 2008

In die Chronik der Fälle, in denen Abweichler eine geplante Regierungsbildung
verhindert haben, gehören sicher auch die Vorgänge in Hessen nach der Landtagswahl am 27. Januar 2008. Als „Sonderfall" müssen sie bezeichnet werden,
weil die Abweichler anders als in den anderen geschilderten Fällen nicht verdeckt agierten und unbekannt geblieben waren, sondern offen zu ihrem Stimmverhalten gestanden hatten. Das hatte dann nicht nur für sie, sondern auch für
ihre Spitzenkandidatin und für die SPD dramatische Folgen.

Das Drama, das sich in der hessischen SPD abspielen sollte, hat viel mit dem
Schicksal eines jungen Hoffnungsträgers zu tun. Jürgen Walter aus dem Süden
Hessens legte das zurück, was man eine typische Parteikarriere nennt: Er fing an
bei den Jungsozialisten, wurde Mitte der neunziger Jahre deren Landesvorsitzender, studierte Jura und arbeitete nach dem Abschluss als Rechtsanwalt, später
sogar in einer eigenen Kanzlei. Alles deutete auf einen weiteren Aufstieg hin. Er
wurde Landesgeschäftsführer der SPD, dann Vize-Landesvorsitzender und vor
allem Fraktionschef – damit im Landtag der Hauptgegenspieler des polarisieren-
den Ministerpräsidenten Roland Koch von der SPD. Walter, zehn Jahre jünger
als Koch, malte sich nicht ohne Grund eine gute Chance aus, bei der Landtagswahl 2008 als Spitzenkandidat der Sozialdemokraten antreten zu können – mit
jugendlicher Frische, neuem Schwung und dem Versprechen, vieles besser zu
machen als der Christdemokrat. Im August 2006 meldete Walter sein Interesse
an. Etwa zur gleichen Zeit tat das aber auch eine Parteifreundin, die zehn Jahre
ältere Diplomsoziologin Andrea Ypsilanti. Auch sie startete einst bei den Jusos,
wirkte dann unter Hans Eichel in der Staatskanzlei und führte ab 2003 den SPD-
Landesverband. Während Walter sich als „Netzwerker" bezeichnete, was in der
Übersetzung der Parteisprache eher als „gemäßigter Flügel" gilt, wurde Ypsilanti
dem linken Flügel zugeordnet. Die beiden starteten einen Wettlauf durch die
Parteigliederungen, und Walter konnte zu dessen Ende guter Hoffnung sein, die
Nominierung gewinnen zu können. Die SPD veranstaltete damals eine Mitglie-
derbefragung, die schon wegen des Parteienrechts und der Statuten nicht bin-
dend sein konnte, sondern nur einen empfehlenden Charakter haben konnte.

In 18 der 26 Unterbezirke hatte Walter vor Ypsilanti gelegen, das Resultat bei den Stimmen fiel knapper aus. Für Walter waren 3395 Stimmen abgegeben worden, für Ypsilanti 188 weniger, also 3207. Das Signal konnte also lauten, dass die SPD in dieser Personalfrage ziemlich gespalten war und die Unterlegene, in diesem Fall Ypsilanti, keinen Grund sehen musste, vor dem Parteitag einen Rückzieher zu machen. Es kam zu einer Kraftprobe beim Parteitag am 2. Dezember 2006 – und diese endete, wie es schicksalhafter nicht sein konnte, mit 172 zu 172 Delegierten im ersten Wahlgang. Jetzt hing es vom Zufall ab, von besonderen Absprachen oder von der besseren Tagesform, wer im dann folgenden zweiten Wahlgang die Nase vorn haben würde. Tatsächlich errang Ypsilanti nun 175 Stimmen, also drei mehr als bisher, während sich für Walter nur noch 165 aussprachen. Eine Stimme war ungültig, drei Delegierte hatten mit Enthaltung votiert.[675] Die Siegerin mochte sich nun glücklich schätzen, am Ende dann doch knapp vorn gelegen zu haben – doch bei dieser Vorgeschichte, den Signalen beim Mitgliedervotum und dem Patt im ersten Wahlgang wuchs für Ypsilanti daraus nun auch die Verpflichtung, ihren Widersacher Walter in besonderer Weise einzubinden, mit Sonderaufgaben zu betrauen oder ihn zumindest in alle wichtigen strategischen Schritte, die im Wahlkampf folgen würden, einzubeziehen. Ein gutes Jahr später, Ende Januar 2008, sollten die Wahlen stattfinden, die Blicke waren auf Ypsilanti gerichtet – und Walter musste seine erste wirklich harte politische Niederlage verdauen. Die Schmerzen waren sicher umso größer, als er sich ja vorher schon ganz dicht vor dem Ziel wähnen musste. Mitte Januar 2007, wenige Wochen nach seiner Niederlage bei der Kür des Spitzenkandidaten, gab er den Fraktionsvorsitz im Landtag an seine Widersacherin ab.

Der Wahlkampf wurde – wie in Hessen üblich – sehr hart geführt. Da Meinungsumfragen kursierten, die einen Einzug der Linken in das Landesparlament für möglich hielten, sah sich die SPD-Spitzenkandidatin Fragen ausgesetzt, wie sie es mit einer denkbaren Mehrheitsbildung von SPD, Grünen und Linkspartei halte, beispielsweise einer Tolerierung von Rot-Grün durch die Linkspartei. Daraufhin äußerte sich Ypsilanti mehrfach abweisend. Der damalige Focus-Chefredakteur Helmut Markwort veröffentlichte Wochen später einen Tonbandmitschnitt aus einem Interview im Wahlkampf, bei dem er genau an diesem wunden Punkt noch einmal nachgebohrt hatte. Markwort schilderte später das Gespräch: „Wie verhalten Sie sich, wenn es so kommt? Ist ihnen lieber der Roland Koch in der Staatskanzlei oder eine Tolerierung durch

---

675 Süddeutsche Zeitung vom 02.12.2006: Ypsilanti fordert Koch heraus

die Linke? Andrea Ypsilanti reagierte heftig, fast wütend: ‚Wie oft soll ich es denn noch sagen, Herr Markwort? Sie kriegen von mir heute Abend keine andere Antwort mehr, als ich die letzten Wochen und Monate immer gesagt habe: Es gibt keine irgendwie geartete Zusammenarbeit mit den Linken." Dann fügte Markwort noch hinzu: „Damals habe ich ihr geglaubt. Als Schauspielerin ist sie erstklassig."[676] Die Situation am Wahlabend war dann tatsächlich wie verhext, da die CDU kräftig verloren hatte, fast zwölf Prozentpunkte, während die SPD mit einem Plus von 7,6 Punkten deutlich zulegte. Ypsilanti konnte von daher als die gefühlte Gewinnerin des Abends bezeichnet werden. Die SPD lag dann am Ende mit 36,7 Prozentpunkten auch nur 0,1 Punkte hinter der CDU – und weil die FDP elf Mandate errungen hatte, die Grünen aber nur neun, hing bei der Mehrheitsbildung viel von der Linkspartei ab, die neu mit sechs Mandaten in den Landtag gekommen war. Hätte es nun eine Große Koalition geben können? Der Unterschied von 0,1 Prozentpunkten machte das aus SPD-Sicht zunichte, denn auch dieser geringe Stimmenvorsprung wäre wohl Grund genug für einen überzeugenden Anspruch der CDU und von Roland Koch gewesen, auf dem Posten des Regierungschefs zu beharren. Für eine Ampelkoalition aus SPD, FDP und Grünen zeigte die FDP keine Bereitschaft – die Grünen wiederum schlossen ein Zusammengehen mit CDU und FDP aus. Die „hessischen Verhältnisse" deuteten auf eine gegenseitige politische Blockade, da die Linkspartei, mit der niemand zusammengehen wollte, eine Mehrheitsbildung eines der beiden Blöcke verhinderte. Und zwischen den Blöcken schien wegen der Verhärtung der politischen Stimmung im Wahlkampf keine Verständigung möglich zu sein.

Ein paar Wochen nach der Wahl vergingen, bis der Landesvorstand der SPD Anfang März 2008 beschloss, Koalitionsverhandlungen mit den Grünen aufzunehmen. Erstmals rückte Ypsilanti in diesem Zusammenhang von ihrem im Wahlkampf erklärten klaren Nein zur Kooperation mit der Linkspartei ab. Womöglich, meinte sie, werde sie ihr Wahlversprechen nicht halten können: „Wenn die Gespräche mit den Grünen zielführend sind und das Gespräch mit den Linken hoffen lässt, dass das langfristig trägt, dann kann ich mir das vorstellen."[677] Im gleichen Moment beeilte sich in Berlin der SPD-Bundestagsfraktionschef Peter Struck, dass diese hessische Linie keinen Vorbildcharakter für den Bund haben werde: „Im Bund kommt eine Zusammenarbeit mit den Linken nicht in Frage." Heftige Reaktionen kamen von den Christdemokraten, von ihnen sprachen viele von einem „Tabubruch", denn das wäre hier das erste Mal gewesen, dass sich in

676 Focus Nr. 10/2008

677 „Spiegel" vom 04.03.2008: Ypsilanti will sich mit linken Stimmen wählen lassen

Westdeutschland eine Zusammenarbeit mit der Linkspartei ergibt. Es dauerte nicht lange, bis sich auch die neu in den Landtag gewählte SPD-Abgeordnete Dagmar Metzger, Schwiegertochter des einstigen sozialdemokratischen Oberbürgermeisters von Darmstadt, zu den Vorgängen äußerte. Sie erklärte, aus Gewissensgründen gegen eine Zusammenarbeit mit der Linkspartei zu sein – und sich deshalb bei einer anstehenden Wahl Ypsilantis zur Ministerpräsidentin im Landtag der Stimme enthalten werde. Da die Mehrheit für Rot-Rot-Grün im Landtag bei zwei Stimmen lang, Metzger nun ihre Enthaltung angekündigt hatte, hätte das von der SPD-Spitzenkandidatin angeschobene Projekt an der möglichen Mehrheit von nur einer einzigen Stimme im Landtag gehangen. Ypsilanti sagte daraufhin die damals noch für den 5. April geplante Neuwahl des Ministerpräsidenten im Landtag ab, denn die politische Basis für diesen Schritt schien ihr nun offenbar zu schwach zu sein.

Der Journalist Volker Zastrow, der Jahre später die damaligen Ereignisse in einem Buch ausführlich nachgezeichnet hat, schilderte auch die Stimmungslage, in der sich die abweichende SPD-Abgeordnete Metzger in dieser Zeit befunden habe: „Seit sie im März ihr Wahlversprechen bekräftigt hatte, Ypsilanti nicht gemeinsam mit den Abgeordneten der Linkspartei zur Ministerpräsidentin zu wählen, war sie in der SPD-Fraktion und im ganz überwiegenden Teil der Partei dramatisch isoliert worden, in einer Art, für die sich in der Geschichte der Bundesrepublik kein Beispiel nennen lässt. Gewiss: Eine Partei schöpft ihre Kraft aus der Gemeinschaft, sie ist ein Personenverband. Gemeinsam sind wir stark, das ist das Motto. Darum nennen Sozialdemokraten sich von alters her ‚Genossen'. Aus dieser Gemeinsamkeit auszuscheren, stellt das Grundprinzip der Partei in Frage. Jeder Partei. Entsprechend heftig sind die Reaktionen. Die Partei schließt sich zusammen, wird zum Kampfverband. Und der richtet seine ganze geballte Wut und Kraft nicht mehr nach außen, gegen andere mächtige Institutionen, die sich ihrer Haut schon erwehren können, sondern nach innen, auf eine Einzelne."[678] Am 11. März führte Metzger ein Gespräch erst mit Ypsilanti, dann mit der ihren Fraktionskollegen – und kam dann zu der Entscheidung, ihr Mandat zu behalten. Zuvor hatten ihr viele mehr oder weniger hochgestellte SPD-Politiker, auch der frühere Ministerpräsident Hans Eichel, den Verzicht auf das Mandat nahegelegt. Das hätte dann dazu geführt, dass ein Genosse nachrückt, der die Zwei-Stimmen-Mehrheit für Ypsilanti hätte sicherstellen können. Doch Metzger erklärte, sie wolle „nicht weichen". Ypsilanti reagierte darauf mit den Worten, sie werde „auch nicht weichen".[679] Sicher gab

---

678 Volker Zastrow: Die Vier. Eine Intrige, Berlin 2009, Seite 23
679 „Spiegel" vom 11.03.2008: SPD-Abgeordnete Metzger behält ihr Landtagsmandat

es auch Stimmen, die Metzger den Rücken stärkten, etwa die des Sprechers des „Seeheimer Kreises" Johannes Kahrs. Doch diese Positionen blieben in der Wahrnehmung eher am Rande.[680]

Der Fall Metzger, der seinerzeit bundesweit eine hohe Aufmerksamkeit erregte, lenkte ein wenig ab von der eigentlichen Frage: Wäre die Abgeordnete aus Darmstadt mit ihren „Gewissensgründen" denn die einzige in der SPD-Fraktion gewesen, die eine Kooperation mit der Linkspartei strikt ablehnen wollte? Oder hätte es vielleicht auch in der SPD oder bei den Grünen solche Vorbehalte gegeben, möglicherweise sogar bei der Linkspartei selbst? Die Aufregung über Metzger bewirkte, dass der in den Augen mancher Betrachter viel größere Skandal, nämlich der sich abzeichnende Wortbruch von Ypsilanti, in den Hintergrund rückte. Allerdings verhielten sich auch die ebenfalls dem „rechten Flügel" zugeordneten SPD-Abgeordneten Jürgen Walter, Carmen Everts und Silke Tesch in jener Zeit ausgesprochen zurückhaltend. Sie taten es Metzger nicht nach, obwohl das den Druck, der auf der Frau aus Darmstadt lastete, vielleicht gemindert hätte. So drehte sich die Aufregung weiter erst einmal nur um Metzger, und in der SPD reiften gar Überlegungen, ihr eine Bundestagskandidatur für die Wahlen 2009 schmackhaft zu machen – womöglich im Gegenzug für einen Mandatsverzicht im Landtag. Metzger lehnte das ab.

Über den Sommer zog sich dann der weitere Prozess hin, vor allem bei den Sozialdemokraten gab es Versuche, doch noch irgendein Ende der verflixten „hessischen Verhältnisse" zu erreichen. Wie aber sollte das geschehen? Über ein Entgegenkommen bei den Inhalten, über besondere Klauseln und Bekenntnisse? In Thüringen war der Preis für Rot-Rot-Grün im Jahr 2014 gewesen, dass die Koalitionäre das DDR-Unrecht als solches definitiv anerkannten, die Linkspartei also über ihren Schatten springen und eine Abkehr vom DDR-System erklären musste.[681] Das war nun in Thüringen von besonderer Bedeutung, weil große Teile der Mitgliederschaft der Linken ein höheres Alter hatten und früher in der SED gewesen waren, also in der Partei, die die Diktatur in der DDR getragen hatte. Aber in Hessen? Die Älteren, die hier aktiv waren, hatten womöglich eine Vergangenheit in der DKP, in anderen kommunistischen Gruppen – oder es waren enttäuschte Sozialdemokraten und Gewerkschafter, denen der Kurs der SPD inzwischen nicht mehr links genug war. Sollte man von diesen Gruppen irgendein Bekenntnis erwarten können? Welchen Wert hätte ein solcher Schritt gehabt?

---

680 Deutschlandfunk vom 09.03.2008: SPD-Politiker attackieren Andrea Ypsilanti
681 „Spiegel" vom 29.04.2014: Rot-Rot-Grün will DDR-Unrecht anerkennen

Es dauerte einige Wochen, bis alles reifte. Zastrow beschrieb in seinem Buch, dass eine wichtige Initiative seinerzeit von den Kritikern der Tolerierung ausgegangen sei. Walter habe Mitte Juli einen Kreis von Vertrauten um sich geschart und Konzepte entworfen. Auch sie gingen von einer gestützten Minderheitsregierung aus. Die Linkspartei sollte als Bedingung für die Tolerierung einige Zusagen abgeben, also stärker inhaltlich an die neue rot-grüne Koalition gebunden werden. Ende Juli wurden konkrete Schritte besprochen – es schälte sich dann heraus, damit auch ein Personalpaket zu meinen, also Posten für die Gruppe der „Rechten" in der SPD als Preis für deren Zustimmung zu diesem Modell: „Die Pragmatiker verlangten drei Minister und einen Staatssekretär. Dazu gab es dann später zwei Gesprächsrunden mit Ypsilanti... Walter warb öffentlich zunächst weiter für die Große Koalition, bereitete aber zugleich die kleine vor, indem er auf dem Parteitag der Süd-Hessen am 14. August feststellte, dass eine Neuwahl ,die vorsätzliche Exekution der hessischen Sozialdemokratie' sein würde. Vor allem wäre sie der Exekution von Walters ohnehin geschrumpfter Machtbasis gleichgekommen, weil die vorhersehbare Niederlage bei Neuwahlen zahlreiche Pragmatiker aus dem Parlament ,rasieren' würde."[682] Das war nun in der Tat zu jener Zeit das Schicksal der SPD-Abgeordneten: So verfahren die Situation angesichts der Mehrheitsverhältnisse im Parlament auch war, das Gerede über Ypsilantis bevorstehenden möglichen Wortbruch hatte in Umfragen eine Vertrauenskrise der hessischen Sozialdemokraten zur Folge – das wiederum jagte den gerade gewählten SPD-Abgeordnete Angst ein, bei vorgezogenen Neuwahlen könnten viele von ihnen wegen eines eheblichen Stimmenverlustes der SPD nicht wieder in das Parlament zurückkehren. So waren Neuwahlen für sie keine wirklich erstrebenswerte Alternative. Es blieb die einzige Chance, mit dem vorhandenen Ergebnis etwas Sinnvolles umzusetzen.

Die SPD zeigte sich im August und September einig, in mehreren Regionalkonferenzen ergab sich eine breite Mehrheit für den Versuch von Rot-Rot-Grün. Der Landesvorstand beschloss am 3. September einen Neustart der Pläne einer von der Linken tolerierten Minderheitsregierung, Walter habe, wie Zastrow berichtete, im Landesvorstand diesem Vorhaben zugestimmt. Für den 4. November 2008, sieben Monate nach dem ursprünglich geplanten Termin, war die Neuwahl des Ministerpräsidenten im Landtag geplant. Walter habe damals, hieß es, eigentlich nur das Ziel verfolgt, die Schmach seiner sehr knappen parteiinternen Niederlage bei der Aufstellung des Spitzenkandidaten zu beseitigen – indem er als Ausgleich einen wichtigen Kabinettsposten erhielt,

---

682 Zastrow, a.a.O., Seiten 349 bis 364

angepeilt hatte er das Wirtschaftsministerium. Die Überlegung von Ypsilanti, Wirtschafts- und Umweltministerium zusammenzuführen und dies dem profilierten SPD-Linken Hermann Scheer zu übertragen, würde wohl bei den Grünen auf Widerstand stoßen, hatte er damals angeblich spekuliert – und das Beharren auf einem grün geführten Umweltministerium hätte dann dazu führen können, Scheer nicht mehr ins neue Landeskabinett zu berufen. In dieser Logik wäre das dann der Moment von Walter gewesen, neuer Wirtschaftsminister zu werden. Es lief allerdings nicht so in den Koalitionsgesprächen, denn zwar sollten Wirtschaft und Umwelt tatsächlich getrennt werden, Scheer war aber weiter als Wirtschaftsressort vorgesehen, angereichert um Energie, während den Grünen ein um diesen Bereich vermindertes Umweltministerium in Aussicht gestellt wurde. Für Walter sei ein Verkehrs- und Europaministerium diskutiert worden, doch für ein derart zweitrangiges Ressort wollte Walter wohl nicht zur Verfügung stehen. Ypsilanti habe noch versucht, Walter zu überzeugen, habe sogar das Innenministerium erwähnt oder ein um Raumordnung angefüttertes Verkehrsressort, das sogar die Zuständigkeit für den Frankfurter Flughafen beinhaltet hätte. In der Darstellung von Zastrow heißt es, in dieser Phase, noch Ende Oktober, habe Walter die angebotenen Posten zwar enttäuscht abgelehnt – der designierten Ministerpräsidentin Ypsilanti aber dennoch versichert, sie trotz der Differenzen im Landtag wählen zu wollen.[683]

Wieso dann Walter, Metzger und zwei weitere Genossinnen am Tag vor der geplanten Ministerpräsidentenwahl, am 3. November, in einer eigenen Pressekonferenz verkündeten, Ypsilanti doch nicht zu wählen, hatte allerhand Spekulationen ausgelöst. War das ein lange vorher ausgeheckter Plan – oder kam es spontan? Im Buch von Zastrow wurden einige Thesen erörtert. Lag es vielleicht daran, dass Walter sein intern angeblich versprochenes Ja zur Wahl Ypsilantis nur vorspiegelte, um die SPD-Vorsitzende dahin zu locken und sie später dann im Regen stehen zu lassen? Wirkte zwischenzeitlich die CDU ein mit dem Plan, die vier SPD-Abgeordneten zum Austritt aus der Fraktion, zur Gründung einer eigenen neuen Fraktion und zu einer anschließenden Bildung einer Koalition aus CDU, FDP und Walter-SPD zu veranlassen? Einige Hinweise auf eine möglicherweise in diese Richtung weisende Strategie der CDU gab es, aber auch ein solches Spiel wäre problematisch geworden – denn das Risiko, alle Stimmen des eigenen Bündnisses in der geheimen Wahl zu erreichen, hätte dann bei Roland Koch und nicht mehr bei Ypsilanti gelegen. Unterm Strich bleibt die

---

683 Zastrow, a.a.O., Seiten 362 und 363

Feststellung, dass der weitere Verlauf der Ereignisse damals vor allem dann der CDU und Roland Koch in die Hände spielte.

Tatsächlich war mit der Pressekonferenz von Walter, Metzger und zwei weiteren SPD-Politikerinnen am 3. November nicht nur der Traum von der rotgrünen Minderheitsregierung erledigt, sondern auch die politische Karriere von Andrea Ypsilanti. Nach und nach waren alle Parteien, auch die SPD, für eine Selbstauflösung des Landtags, beschlossen wurde dies am 19. November. Zwei Monate später, am 18. Januar, brachten die Neuwahlen zwar kaum Veränderungen beim CDU-Ergebnis, aber bei der SPD einen Einbruch von 13 Prozentpunkten. Gewinner waren FDP und Grüne mit Zuwächsen von jeweils mehr als sechs Prozentpunkten – die Linke stabilisierte sich leicht über der Fünfprozenthürde. Eine CDU/FDP-Regierung konnte daraufhin mit der nun gestärkten FDP gebildet werden, Roland Koch konnte Ministerpräsident bleiben – obwohl bei der geheimen Wahl im Landtag vier Abgeordnete aus den Koalitionsfraktionen CDU und FDP nicht für ihn votierten. Neben Ypsilanti, für die dieses Resultat von Koch ein schwacher Trost gewesen sein musste, verschwanden nach und nach auch Walter, Metzger und die anderen beiden Abgeordneten aus der öffentlichen Wahrnehmung. Als die „Helden" des aufrechten Kampfes gegen eine Zusammenarbeit zwischen Sozialdemokraten und Kommunisten, als die sie wohl gern in der Öffentlichkeit gesehen worden wären, können die vier Abweichler nach diesen Ereignissen wohl kaum noch gelten – schon gar nicht, nachdem klar ist, wie aufgeschlossen zumindest drei von ihnen noch im Sommer 2008 gegenüber einer rot-rot-grünen Minderheitsregierung gewesen waren. Oder hatten sie diese Offenheit nur vorgetäuscht? Zum Heldentum hätte wohl von Anfang an gradliniges Verhalten gehört, eine Haltung, wie sie im politischen Alltagsgeschäft der dauernden Absprachen, Kompromisse und Verständigungsversuche selten geworden ist. Im „Tagesspiegel" hieß es zum Verhalten der vier Abweichler, sie seien fähig gewesen „zu einem Entschluss, der sehr viel Mut erfordert und einen hohen Preis gekostet hat – wie selbstsüchtig, naiv und oder raschsüchtig andere Motive dabei auch waren".

Für die Abtrünnige, die sich erst kurz vor der Entscheidung offenbarten, folgten Parteiordnungsverfahren und in mehreren Fällen auch Parteistrafen. Ihre politische Karriere, so sie denn noch geplant war, war damit vorüber. Sie mussten einen unglaublich großen Druck aushalten. Eine interessante Frage ist, wie die Geschichte wohl verlaufen wäre, wenn sie nicht offen, sondern verdeckt agiert hätten, wenn sie also unerkannt geblieben wären wie 1976 die Abweichler in Niedersachsen oder diejenigen, die Simonis, Milbradt und Lieberknecht zusetzten. Spekuliert werden kann, dass der Schaden wohl ähnlich groß gewesen wäre. Womöglich entschieden sich die vier Abweichler in Wiesbaden auch deshalb zum öffentlichen Auftreten, weil nach den langen und ausführlichen innerparteilichen Debatten in der hessischen SPD schon deutlich geworden war, wer eine Tolerierung mit der Linkspartei nicht mittragen würde. Der Druck auf Walter, der ja offen seine Unzufriedenheit mit dem angebotenen Ministerposten kommunizierte, wäre dann auch entstanden – er wäre bei einem verdeckten Agieren womöglich gar noch größer geworden. Aber wenn es der Plan von Walter, Metzger und den anderen gewesen sein sollte, tatsächlich als die wackeren Kämpfer gegen eine Zusammenarbeit von SPD und Linkspartei aufzutreten, also als wahre Überzeugungstäter, dann mussten sie vorher nicht gründlich darüber nachgedacht haben. Wie konnten sie denn annehmen, dass ihre intern vorgenommenen Wendungen nicht früher oder später bekannt werden müssten? Im Rückblick bleibt bei dieser Aktivität eine Spur von Irrationalität, von nicht nachvollziehbarem Verhalten. Oder dachten sie, ihre Tat würde mit dem eigenen Gewissen eher vereinbar sein, wenn sie diese offen vollziehen? Hatten sie als abschreckendes Beispiel die Abweichler in Niedersachsen 1976 und den „Heide-Mörder" in Schleswig-Holstein 2005 vor Augen?

Obwohl der Fall in Hessen anders liegt als die anderen hier geschilderten Situationen, soll auch er an den sechs aufgestellten Kriterien gemessen werden. War die CDU unter Roland Koch ausgelaugt damals? Der Ministerpräsident, der immer mehr polarisiert als präsidiert hatte, war schon acht Jahre im Amt, der Wahlkampf vor der Landtagswahl 2009 war – wie von der CDU in Hessen gewohnt – sehr angriffslustig gestaltet worden. Die Möglichkeit, dass Ypsilanti nur mit Hilfe der Linken eine Regierung würde bilden können, wurde von der CDU offensiv thematisiert mit Plakaten, auf denen zu lesen war: „Ypsilanti, Al-Wazir und die Kommunisten stoppen!" Tarek Al-Wazir, der Spitzenmann der Grünen, wurde hier mit als Ziel der Attacken identifiziert. Wenn man Angriffslust und Polarisierung als Zeichen von fehlender inhaltlicher Energie ansieht, könnte das hier zutreffen. Das zweite Kriterium, das die Integrationskraft des Spitzenkandidaten berührt, kann hier in jedem Fall bejaht werden – Ypsilanti wurde angreifbar, da sie sich im Wahlkampf als Reaktion auf die Angriffe der CDU genötigt gesehen hatte, eine rot-rot-grüne Zusammenarbeit auszuschließen. Nach der Wahl davon abzuweichen, schwächte ihre interne Position enorm. Die nächste Destabilisierung trat ein, als es ihr nicht gelang, für Walter als Gegenleistung für sein Ja-Wort ein herausragendes Ressort in der geplanten neuen Regierung frei zu schlagen. Tatsächlich hatte in der hessischen SPD-Landtagsfraktion damals ein dominanter Konflikt bestanden, nämlich der zwischen Ypsilanti und Walter, die beide Spitzenkandidat werden wollten und auch noch für zwei unterschiedliche Flügel in der Partei standen, den linken und den rechten. Auch das dritte Kriterium, die Uneinigkeit in den geplanten

Koalitionsfraktionen, trifft hier also zu. Das vierte, nämlich das Auseinander-
streben der parlamentarischen Basis in verschiedene Koalitionsoptionen, muss
auch bejaht werden. Spätestens nach dem sehr engen Ergebnis der Landtagswahl von 2008 musste die Variante einer Großen Koalition im Raum stehen,
auch wenn die schon traditionell in Feindschaft ausartende Gegnerschaft der
politischen Lager in Hessen dies an sich als unwahrscheinlich erscheinen ließ.
Immerhin gibt es ja im Agieren von Walter und seinen Mitstreiterinnen auch
Hinweise auf eine mögliche Annäherung an die Christdemokraten, zumindest
zeitweise. Tatsache ist auch, dass die vier Abgeordneten, die in Hessen agiert
hatten, sich zuvor untereinander abgesprochen hatten – sie traten ja sogar
gemeinsam öffentlich in Erscheinung. Das letzte Kriterium allerdings, die über
den engen hessischen Rahmen hinausreichenden Wirkungen und Absichten,
dürften wohl vernachlässigt werden. Sicher, sowohl der Plan von Ypsilanti
als auch die Gegnerschaft der Gruppe um Walter befeuerten bundesweit eine
Strategiedebatte der Sozialdemokraten, sie bedeuteten sicher auch einen Rück-
schlag für jene Kräfte, die keine Vorbehalte gegenüber einer Kooperation mit
der Linkspartei hatten. Dass dies aber der eigentliche Zweck des Agierens der
Abweichler gewesen sein könnte, sozusagen ihr Hintergedanke, ist dann doch
unwahrscheinlich. Denn irgendeine große Weichenstellung ist mit diesen Vorgängen, die den innerparteilichen Konflikt noch einmal befeuerten, nicht verbunden gewesen. Zwar stürzte im September 2008 der SPD-Bundesvorsitzende
Kurt Beck, der es vorher nicht vermocht hatte, die heftigen Richtungskämpfe in
seiner Partei mit einem Machtwort zu beenden. Das war aber wohl mehr eine
Begleiterscheinung der Entwicklung, nicht mehr.

9.6. Wie schützt man sich vor Illoyalität bei geheimen Wahlen?

Die bisher geschilderten Abläufe in verschiedenen Ländern und verschiedenen
parteipolitischen Konstellationen zeigen, wie unterschiedlich die Motive sein
konnten. Mit Ausnahme von Hessen, wo die Akteure am Ende den offenen Bruch
bewusst herbeiführten, sind die Überläufer bei den geheimen Wahlen sonst im
Vorborgenen geblieben und haben sich nicht bekannt. Der Spießrutenlauf, den
beispielsweise Dagmar Metzger 2008 in Hessen erlebte oder den Wilhelm Helms
1972 in Niedersachsen und in Bonn hinnehmen musste, zeigt die Robustheit des
Umgangs mit Überläufern an.
    Bevor die Frage erörtert werden soll, welche Schritte vor einer mögli-
chen Illoyalität schützen können, widmen wir uns zunächst anhand des Kri-
terienkatalogs der Kernfrage dieses Buches und beleuchten die Situation im
niedersächsischen Landtag Anfang 1976. Dass die SPD in Niedersachsen

1976 ausgelaugt war, nachdem sie vorher 30 Jahre lang – mit vierjähriger Unterbrechung – den Ministerpräsidenten gestellt hatte, lässt sich nicht bestreiten. Helmut Kasimier, der ausgeguckte Kandidat, stand auch nicht wirklich für eine Politik des Aufbruchs und der Erneuerung, er war vielmehr offensichtlich der Wunschbewerber des scheidenden Ministerpräsidenten Alfred Kubel gewesen und stand für die Fortsetzung von dessen Politik. War Kasimier jemand, der persönlich für manche in der Koalition nicht tragbar war? Das ist eher unwahrscheinlich, denn über den SPD-Kandidaten wurde seinerzeit oft behauptet, dieser habe gar keine Feinde, sei ein zutiefst anständiger, bescheidener und freundlicher Mensch. Dass die nicht nur von ihm, sondern von der gesamten Parteiführung vorbereitete Kabinettsbildung jedoch Enttäuschungen zurückgelassen hatte, kann nicht bestritten werden. Es gab im Frühjahr 1976 offenbar sozialdemokratische Abgeordnete, die verärgert waren, weil sie nicht als neue Minister auf Kasimiers Liste auftauchten. Es war durchaus auch so, dass es viele Konflikte in den Reihen der Regierungskoalition gab – sowohl zwischen SPD und FDP, als auch in den beiden Fraktionen. Die Kreisreform war das nach außen auffälligste Streitthema, aber es gab mehr – das Ringen zwischen linken und eher konservativen Sozialdemokraten, zwischen den forscheren und den eher verhaltenen Bildungspolitikern, zwischen den sozialliberalen Freidemokraten und denen, die eher nationalliberal waren. Verstärkt wurde das durch die gerade in Niedersachsen seit jeher sehr ausgeprägten regionalen Besonderheiten, deren Bedeutung durch die Debatten über die Kreisreform noch zusätzlich hervorgehoben wurde.

Natürlich war auch die Stimmung 1976 im niedersächsischen Landtag außerordentlich gereizt, das lag an der Zeit – in den siebziger Jahren wurden politische Debatten allgemein weitaus polarisierter geführt als heute. Nicht auszuschließen ist auch, dass in der SPD und in der CDU einige mit dem Gedanken an eine Große Koalition spielten – und dass auch in der FDP manche wohl gern von den Sozial- zu den Christdemokraten bei der Partnerwahl gewechselt wären. Eine extreme, über das zu der Zeit Übliche hinausgehende Lagerbildung im Landtag war allerdings trotz alldem nicht zu sehen. Die Abläufe im Jahr 1976 wurden von vielen Zeitzeugen so geschildert, dass trotz der Anspannung gerade zwischen Sozial- und Christdemokraten immer noch ein guter zwischenmenschlicher Kontakt möglich war, dass man sich oft zum Bier in der Kneipe getroffen und dabei auch über Politik gesprochen hatte. Das fünfte Kriterium, die vermutliche Absprache zwischen mehreren Überläufern, war mit Blick auf die Ereignisse im niedersächsischen Landtag im Januar und Februar wahrscheinlich. Auch wenn es erst um drei, dann um vier und dann wieder um drei Stimmen ging, die bei den drei Wahlgängen im Lager der

SPD/FDP-Koalition fehlten, darf vermutet werden, dass mindestens dreimal dieselben drei Akteure aktiv geworden waren. Belege dafür fehlen, und die Hinweise auf vorherige Absprachen sind immer wieder laut geworden, wurden aber nie bestätigt. Dass es den Überläufern um mehr als nur einen Denkzettel ging, ist schon deshalb naheliegend, weil die Resultate ihres Handelns gewaltig waren – die Koalition zerbrach, die Opposition stellte den Regierungschef, das Verhältnis der bisherigen Koalitionsparteien war stark belastet. Auch das sechste Kriterium spielte in Niedersachsen 1976 eine Rolle, die über den engeren Rahmen von Niedersachsen hinausweisende Bedeutung. Sie war damals auf jeden Fall gegeben, schon wegen der Terminierung der Bundestagswahl neun Monate später – und wegen der Strategie des neuen CDU-Bundesvorsitzenden Helmut Kohl, schrittweise zu einer Partnerschaft mit der FDP, der damaligen dritten Kraft, zu gelangen. Ob die Überläufer im Landtag aber ausschließlich aus der Absicht heraus handelten, die bundespolitischen Verhältnisse zu ändern, ist nun auch wieder nicht wahrscheinlich. Zu sehr ging es bei den Entscheidungen im Landtag auch um die Personen, um Albrecht und Kasimier, Kubel und von Oertzen. Wie sehr in jener Zeit und auch später dann Beobachter und auch Beteiligte dazu neigten, die Bedeutung der Vorgänge zu überhöhen, zeigt ein Beispiel, das der Historiker Manfred von Boetticher aufgeschrieben hat: Als Albrecht nach seiner Wahl zum Ministerpräsidenten im Frühjahr 1976 seine Regierungserklärung hielt, bedankte er sich bei den „Zehntausenden Männern und Frauen", die ihr Bestes gegeben hätten, diesen Tag nun möglich zu machen. Daraufhin habe das Protokoll aus den Reihen von SPD und FDP Zwischenrufe vermerkt: „Drei Abgeordnete – drei Abgeordnete waren es."[684] Statt Zehntausenden also nur drei. Das ist ein schönes Beispiel dafür, wie oft wenige Menschen an wichtigen Stellen in entscheidenden Momenten die Geschichte beeinflussen können – und jahrzehntelang Spekulationen darüber anzuheizen vermögen, welche aufwendigen Strategien wohl dahinterstecken können. Dieses Buch ist ja auch ein Beleg dafür.

Wenden wir uns nun der Frage zu, ob es Schutzvorkehrungen gegen die Illoyalität bei geheimen Ministerpräsidentenwahlen geben kann – und ob man diese im System auf irgendeine Weise verankern könnte. Wollte man die Abgeordneten verpflichten, ihren Stimmzettel vor dem Einwerfen in die Urne jemand anders zu zeigen, der das Kreuz seines Kollegen an der richtigen Stelle später dann bezeugen könnte, und sei es auch nur fraktionsintern, so wäre das

---

684 Manfred von Boetticher: Die „Ära Albrecht", in: Gerd Steinwascher (Hrsg.): Geschichte Niedersachsens Band 5, Hannover 2010, Seite 747

ein Verstoß gegen die Wahlvorschriften. Derartige Umwege verbieten sich, man sollte dann lieber gleich vom Institut der geheimen Wahl Abstand nehmen. Dann wurde immer wieder von Tricks und Kniffen berichtet, mit denen sich einzelne Abgeordnete nach einer Wahl hervortaten und damit belegen zu können glaubten, sie hätten nachweislich „richtig" gewählt. So hatte Erich Küpker behauptet, sein Verhalten damit unterstrichen zu haben, dass er auf seiner Visitenkarte noch einmal den Namen Kasimier notierte und diese Karte dann dem SPD-Fraktionschef übergab.[685] Die Frage ist, welche Wirkung solche demonstrativen Zeichen unmittelbar nach dem Wahlakt haben konnten. War Küpker damit weniger verdächtig als andere, die sich still und zurückgezogen verhielten? Oder lenkte er mit derlei Aktivität, die auf ein Bedürfnis nach eigener Rechtfertigung hinwies, den Verdacht nicht gerade erst recht auf sich?

Über den hessischen SPD-Überläufer Jürgen Walter, der trotz seiner bekannten Gegnerschaft zu Andrea Ypsilanti lange intern verkündet hatte, ihr trotzdem seine Stimme zu geben, wurde damals folgende Geschichte berichtet: Er wollte das Handy mit in die Wahlkabine nehmen, den Stimmzettel ankreuzen und diesen dann heimlich so fotografieren, dass sein neuer Ehering am Finger seiner Hand auf jeden Fall sichtbar wird[686]. Das wäre vermutlich zwar auch untersagt gewesen, da eine geheime Wahl geheim zu bleiben hat, hätte aber im Fall der Fälle intern durchaus als Beleg wirken können. Denn wenn Ypsilanti bei der Wahl durchgefallen wäre, hätte ihr Intimfeind Walter belegen können, dass er es nun gerade nicht war. Es kam nicht dazu, weil Walter seine Position änderte, offen seinen Widerspruch zur Parteifreundin verkündete und die Wahl dann abgeblasen wurde. Würde man den von Walter erwogenen Weg zu Ende denken, dann wären nach einer geheimen Wahl, bei der es Überläufer gab, immer diejenigen fein raus gewesen, die mit Tricks und heimlichen Fotos ihr Verhalten dokumentiert hatten und damit später argumentierten. Kein Wunder, dass man erst in diesem Jahrtausend auf solche Gedanken kam – denn 1976 wäre jeder noch so moderne Fotoapparat wohl noch zu auffällig gewesen, so dass dieser Kniff überhaupt nicht in Betracht gekommen wäre. Man hätte dann noch behaupten können, das Kreuz mit einem Stift in besonderer Farbe machen zu können. Ob das aber etwas gebracht hätte, ist auch zweifelhaft, denn die Stimmzählkommissionen im Landtag pflegen hinterher nicht zu berichten,

---

685 So Gabriela I. Carmanns: Geschichte und Politik des niedersächsischen Landesverbandes der FDP in seiner Umbruch- und Konsolidierungsphase 1967 bis 1978, Hannover 1978, Seite 162

686 Volker Zastrow, a.a.O., Seiten 356 und 357

wie die Stimmzettel kenntlich gemacht wurden. Auch das widerspräche ja der
Vorgabe einer geheimen Wahl.

Interessant ist in diesem Zusammenhang eine Einschätzung, die Bundestags-
präsident Wolfgang Schäuble kurz vor Ende des Jahres 2020 in einem längeren
Interview gegeben hat. Den Anlass zu diesem Interview im Corona-Jahr 2020,
das wegen der massiven, staatlich verfügten Einschränkungen des öffentlichen
Lebens absolut außergewöhnlich war, boten die Proteste, die teilweise von Ver-
schwörungstheoretikern ausgerichtet worden waren. Schäuble beschrieb die
Vorfälle als Teil einer größeren, schon vor der Corona-Krise bemerkbaren Entwicklung im politischen Diskurs. Häufiger und gezielter als früher würden Politiker versuchen, gemeint waren jetzt vor allem die Bundestagsabgeordneten der
rechtspopulistischen AfD, gegen die überkommenen Regeln zu verstoßen und
damit die anderen – etablierten – politischen Kräfte zu provozieren. Wie früher
schon komme es auch heute vor, dass Abgeordnete stolz darauf seien, wenn sie
vom Bundestagspräsidenten gemaßregelt würden. Aber Schäuble bemerkte noch
eine Steigerung, wie er berichtete: „In der Tat gibt es Abgeordnete, die sich mit
Ordnungsrufen schmücken wollen. Darum habe ich es nicht bei Rufen belas-
sen. Bei der Kanzlerwahl (2017, d. Verf.) habe ich ein Ordnungsgeld verhängt,
nachdem ein Abgeordneter der AfD seine ausgefüllte Stimmkarte fotografiert
und getwittert hatte. Das hatte einen präventiven Effekt. Es gab nämlich einen
zweiten Fall, wie wir anschließend erfahren haben. Ein anderer Abgeordneter
hatte ebenfalls ein Foto seiner Stimmkarte ins Netz gestellt. Er hat es aber sofort
wieder gelöscht, weil ihm ebenfalls ein Ordnungsgeld von 1000 Euro drohte."[687]
Nun kann spekuliert werden, ob die von Schäuble beschriebenen Aktivitäten
der AfD-Politiker bei der Kanzlerwahl ein Akt der Provokation waren, eine
bewusste Regelüberschreitung zu dem Zweck, auf sich aufmerksam zu machen
und wegen der Rüge des Präsidenten das öffentliche Interesse auf sich zu lenken.
Das wäre eine Möglichkeit gewesen. Genauso gut aber kann man auch annehm-
men, dass es den Abgeordneten, die ihre Stimmkarte fotografierten und das Foto
danach verbreiteten, um die nachdrückliche Dokumentation ihres Wahlverhal-
tens ging. Nicht zu dem bisher diskutierten Zweck, etwaige Zweifler zu beruhigen, sondern einfach nur, um über das Veröffentlichen ihrer Haltung noch mehr
Nachdruck zu verleihen. Es bleibt allerdings dabei, und die Darstellung von
Schäuble unterstreicht dies: Jedes Publizieren eines Wahlvorgangs, der nach den

---

687   Frankfurter Allgemeine Sonntagszeitung vom 06.12.2020: „Streit ist normal", Inter-
      view mit Bundestagspräsident Wolfgang Schäuble

Vorschriften geheim bleiben muss, ist ein Verstoß und hat – wie das Beispiel zeigt – nicht geringe Sanktionen zur Folge.

Vermutlich darf die Frage, wie fehlende Loyalität bekämpft werden kann, nicht beim Wahlakt direkt ansetzen. So lange dieser geheim bleibt, spricht auch viel dafür, ihn geheim zu lassen. Was geschieht aber nach Wahlgängen, die schief gelaufen sind – und nach denen sich dann die Fraktionen zu internen Gesprächen zurückziehen? Oft werden dann beschwörende Reden gehalten, es wird an die Geschlossenheit appelliert, womöglich gibt es auch ein Angebot an alle, noch einmal in sich zu gehen und bei weiter aufrecht bleibenden Zweifeln später mit einigen älteren Vertrauensleuten aus der eigenen Fraktion reden zu können. Das kann wohl nur dann funktionieren, wenn in den Fraktionen trotz aller Konkurrenz, die das politische Geschäft begleitet, ein grundsätzliches Vertrauensverhältnis herrscht und Autoritäten anerkannt werden, die in schwierigen Situationen mit einem klugen und empathischen Auftreten die Dissonanzen wieder aus der Welt räumen können. Dass es tatsächlich wenigstens einmal eine solche Situation gegeben hat und starke Vorsitzende in einer Mischung aus väterlicher Strenge und Milde Abweichler auf Kurs zu bringen vermochten, berichtet aus eigenem Erleben der Alt-Oberbürgermeister von Hannover, Herbert Schmalstieg. Die Linken in der SPD hatten ihn, den 28-Jährigen, gegen den von der Parteiführung gesetzten Favoriten beim Parteitag der hannoverschen SPD als Oberbürgermeisterkandidaten für die Kommunalwahl 1972 durchgesetzt. Als der Rat zusammentrat, um den nächsten Oberbürgermeister von Hannover zu wählen, fehlten Schmalstieg auf einmal sechs Stimmen. Er war im ersten Wahlgang damit nicht gewählt worden. Die Fraktionen zogen sich daraufhin zur Beratung zurück, und Schmalstieg erinnert sich noch, wie der SPD-Fraktionsvorsitzende Walter Heinemann dann vorging: „Er forderte in totalem Ernst der Situation jeden der SPD-Ratsmitglieder auf, einzeln aufzustehen und wörtlich zu sagen: ‚Ja, ich unterstütze Herbert Schmalstieg und wähle ihn auch.‘ Nachdem diese Prozedur abgeschlossen war, ging die Ratssitzung weiter, der zweite Wahlgang wurde eröffnet. Dann plötzlich hatte ich alle Stimmen meiner Fraktion."[688] Nun bleibt offen, woran es gelegen hat, dass die widerstrebenden SPD-Mitglieder, die offenbar Schmalstieg im ersten Durchlauf die Stimme verweigerten, in der zweiten Runde dann doch für ihn waren. Hatten sie darauf spekuliert, dass der junge Kommunalpolitiker keine Nerven haben und schon gleich aufgeben würde? Oder meinten sie, die Fraktionsspitze würde ihm keinen Rückhalt mehr geben? Da beides nicht geschah, hätte ein Putschversuch wohl

---

688 Gespräch mit Herbert Schmalstieg am 17.11.2020

wenig gebracht. Vielleicht lag es aber auch an dem von Heinemann gewählten
Verfahren. Ein Mandatsträger, der vorher öffentlich vor einer größeren Gruppe
erklärt, seine Stimme für einen Kandidaten abzugeben, wird womöglich gegenüber sich selbst wortbrüchig, wenn er es dann in der geheimen Wahl doch nicht
tut. Ist es die eigene Ehre, die über diesen Weg angesprochen wurde – und das
schlechte Gewissen, das dann dafür sorgte, dass die Betreffenden von ihrer
geplanten Illoyalität wieder Abstand genommen haben? Zumindest geschah es
so im hannoverschen Rathaus 1972, auch wenn Motive und Umstände noch eine
nähere Untersuchung wert sein dürften.

Aber sechs Jahre später im Landtag musste keiner der SPD-Abgeordneten auf-
stehen und ein Bekenntnis abgeben, die Probeabstimmung verlief geheim. In der
FDP soll es wohl schon so gewesen sein. Warum hatte die SPD-Fraktionsführung
im Landtag 1976 ihre Abgeordneten nicht noch stärker in die Mangel genommen, so wie es im Rathaus Walter Heinemann mit seinen sozialdemokratischen
Genossen getan hatte? Vielleicht war die Situation schon zu angespannt, vielleicht herrschte nach vielen Monaten Streit in vielen Sachfragen kein Vertrauen
mehr in die Autorität der Führung. Es hätte ja sein können, dass die Fraktionsführung einen solchen Weg tatsächlich erwogen hatte, aber die Risiken als zu
groß eingestuft wurden: Was wäre dann gewesen, wenn die Abgeordneten gegen
einen derartigen Druck rebelliert hätten? In einer kritischen Phase wie Mitte
Januar 1976 im Landtag in Hannover wäre ein solcher Vorgang sicher nicht
geheim geblieben – schon wegen des gewaltigen Medieninteresses nicht. So kam
im Januar und Februar 1976 zwischen den Wahlgängen wenigstens bei der SPD
niemand in die Verlegenheit, sein öffentlich gegenüber den Parteifreunden aus-
gesprochenes Wort brechen zu müssen. Sie konnten alle weiter schweigen und
still agieren.

Schlusswort und Ausblick

Wie wirkt ein „politisches Trauma", wenn es so etwas tatsächlich geben sollte? Ein kleiner Hinweis, eine Andeutung des Senders genügt manchmal, um beim Empfänger der Botschaft eine Episode aus dem Gedächtnis hervorzuholen und heftige Emotionen auszulösen. Dabei kann es durchaus sein, dass die Erinnerung trügt – und die Episode im Rückblick zur Mischung aus Realität und Fiktion geworden ist. Auch Verdrängung spielt eine Rolle, sie nützt zur Abwehr unangenehmer Gefühle. Wenn man dann das Geschehene rückblickend vereinfacht und verfälscht, sind häufig auch Schuldzuweisungen oder Entlastungen damit verbunden. Der Erinnernde verknüpft ein Ereignis, auf das er besser nicht hingewiesen werden möchte, mit einer vereinfachten Betrachtungsweise. Was gut dazu passt, wird hervorgehoben, was weniger gut passt, rückt in den Hintergrund oder wird ganz ausgeblendet. Die eigene Rolle wird meist verniedlicht oder von jeglicher Verantwortung freigesprochen. Was heißt das nun für das „Trauma von 1976"? Zunächst einmal gibt es dieses Trauma an sich nicht, es gibt vielmehr viele verschiedene Traumata nebeneinander. Oder anders ausgedrückt: Je nach politischem Standort markiert 1976 aus der Sicht vieler damaliger Akteure ein Jahr, an das man besser nicht erinnert werden möchte – oder, wenn es positiv gewendet wird, ein Jahr, das nur mit Blick auf bestimmte Aspekte hervorgehoben wird.

Da sind zunächst die Sozialdemokraten, bis 1976 in Niedersachsen unbestritten die stärkste und prägendste politische Kraft in dem damals 30 Jahre bestehenden Bundesland. Allen internen Rangeleien und Rivalitäten zum Trotz zeichnete diese Partei im Landtag immer eine große Geschlossenheit aus. Sie versammelte sich hinter ihren jeweiligen Spitzenleuten. Das „Trauma" beschreibt nun zweierlei: Zum einen wird die alte Regel, dass man zwar intern streiten und abweichende Meinungen vortragen und darüber abstimmen lassen kann, am Ende aber im Landtag in wichtigen Fragen geschlossen zur Haltung der fraktionsinternen Mehrheitsposition bleibt, außer Kraft gesetzt – zumindest dann, wenn unter den Überläufern auch SPD-Abgeordnete waren. Das ist der eine Teil des Traumas, der schmerzlich ist, aber noch milde im Vergleich zum zweiten Teil: Die Überläufer bleiben verdeckt, agieren planvoll und mit falscher, vorgetäuschter Fassade. Dass sämtliche Landtagsabgeordnete von SPD und FDP in den Zählappellen ihrer Fraktionen erst für Kasimier und dann für Ravens gestimmt haben, obwohl später bei der entscheidenden Abstimmung im Parlament mehrere von ihnen anders votierten, ist ein Ausdruck tiefster

Vertrauensstörung. Wie konnten sich die Abgeordneten in einer so schwierigen Phase noch gegenseitig in die Augen sehen, wenn sie doch vermuten mussten, dass jeder, der ihnen begegnete, ein politischer Übeltäter sein könnte? Von
Alfred Kubel ist der Satz überliefert, dass er jahrelang nach den Ereignissen nicht
mehr in den Landtag gegangen sei – um zu verhindern, dass er einem der Überläufer die Hand gedrückt hätte[689]. Das Trauma wird aus Sicht der SPD also vom
Gedanken ausgelöst, auch ein Genosse konnte zum Verräter geworden sein.

   Die Freien Demokraten, 1976 seit zwei Jahren der Koalitionspartner an der
Seite der SPD, waren vor dem Auftritt der Grünen in den deutschen Parlamenten lange Zeit das sogenannte „Zünglein an der Waage" – die einzige demokratische Partei mit ausreichender Stärke und Struktur, um entweder an der Seite
der Union oder der SPD zu regieren. 1966 wurde diese Rolle in Bonn erschüttert
durch die Bildung der Großen Koalition, später wurde ein der FDP oft zuge-
ordneter Spruch, diese Partei sei „offen nach allen Seiten" mit dem Eindruck
der Unzuverlässigkeit verknüpft. Das alles geschah vor dem Hintergrund heftiger Richtungskämpfe bei den Freien Demokraten, die schon seit den fünfziger
Jahren anhielten und besonders ausgeprägt auch in Niedersachsen waren – auf
der einen Seite die bürgerlich-liberalen Kräfte, die von links auch noch von den
Jungdemokraten unter Druck gesetzt wurden, auf der anderen die nationallibe-
ralen Kräfte, von denen manche auch lange Zeit kein Problem damit hatten, eine
Kooperation mit der rechtsextremen NPD einzugehen. Mit der Wahl von Rötger
Groß zum neuen Landesvorsitzenden 1968 gewann die linke Seite Oberhand.
1974 wurde eine Koalitionsaussage zugunsten der SPD für die Landtagswahl im
gleichen Jahr beschlossen – und wenn es dann stimmen sollte, dass die Überläufer 1976 aus den Reihen der FDP kamen, dann haben diese Leute die Partei
in den Ruf gebracht, es handele sich bei ihr um einen Verein unsicherer Kanto-
nisten. Das Trauma wird aus Sicht der FDP vom Gedanken ausgelöst, durch die
Position in der Mitte zwischen SPD und CDU kein verlässlicher Partner, sondern
ein schwankender zu sein – verknüpft meistens mit der Unterstellung, es handele
sich um reines Machtstreben und nicht um inhaltlich begründete Haltungen als
Basis der Entscheidungen. Oder, wie es der damalige FDP-Landtagsabgeordnete
Peter-Jürgen Rau nach dem zweiten Wahlgang spontan sagte, der „Mende-
Schock", der den Freien Demokraten noch in den Gliedern stecke, schließe
eine Täterschaft von FDP-Abgeordneten aus.[690] Unter dem Bundesvorsitzenden

---

689 Gespräch mit seiner Sekretärin Irmgard Johannes am 21.09.2020
690 So Hans-Peter Sattler in der Hannoverschen Allgemeinen Zeitung am 16.01.1976:
      „Großer Jubel bei der CDU – Verbitterung in der SPD"

Erich Mende hatte die FDP vor der Bundestagswahl 1961 erklärt, auf keinen Fall nach der Wahl Konrad Adenauer erneut zum Kanzler zu wählen – nach den Koalitionsgesprächen hatten die FDP-Abgeordneten im Bundestag dies aber doch getan. Das Ereignis trug der FDP lange den Ruf ein, eine „Umfaller-Partei" zu sein.

Die Christdemokraten, die im Januar und Februar 1976 bundesweit einen riesigen Aufschwung erlebten und in Ernst Albrecht eine neue starke Figur vorweisen konnten, haben zu den runden Jahrestagen des 6. Februar 1976 immer wieder Treffen veranstaltet und sich zugeprostet. Spätestens die Ereignisse im Vorfeld der Landtagswahl 2017, die im ersten Kapitel beschrieben werden, zeigen aber, dass auch bei der CDU mit den damaligen Vorgängen ein Trauma verbunden ist. Genauso wenig, wie geklärt ist, ob die Überläufer aus der SPD oder der FDP kamen, ist auch die Frage nicht beantwortet, wie es zu den Abweichlern gekommen ist. War vielleicht doch Geld im Spiel? Wenn es so gewesen sein sollte, dann betrifft der Makel zwei Seiten – die Käufer genauso wie die Gekauften. Der Vorwurf an die CDU wäre in diesem Fall, um politische Mehrheiten nicht über das Argumentieren und politische Programme geworben zu haben, sondern schlicht mit dem Angebot von finanzieller Zuwendung oder Absicherung. Dass dies die CDU treffen musste, liegt auch an den belegten Versuchen des „Greifvogels" Bruno Brandes vor der vorgezogenen Landtagswahl 1970, Politiker anderer Fraktionen auf allen möglichen Wegen zur CDU herüberzuziehen. Das Trauma wird aus Sicht der CDU also von dem Gedanken ausgelöst, man wende unlautere Mittel zum Machterwerb an – und versuche die Menschen zu bestechen, statt zu überzeugen.

Die Vorgeschichte der Ereignisse von 1976 zeigt nun, dass es für alle drei Ängste, die der Sozialdemokraten, die der Freien Demokraten und die der Christdemokraten, belastende wie auch entlastende Hinweise gibt. Alle drei Parteien waren auch von heftigen internen Kämpfen und Streitigkeiten geprägt. Eine starke Führungspersönlichkeit, wie sie Ernst Albrecht von 1976 an in der CDU war, fehlte bis dahin in den Fraktionen. Ungeklärte Konflikte um die führenden Personen und um die inhaltlichen Positionen bestimmten den landespolitischen Alltag. Die Risse, die in der Gesellschaft vorhanden waren zwischen Linken und Rechten, zwischen Jungen und Alten und zwischen Modernisierern und Traditionalisten, zeigten sich gleichzeitig auch in allen Landtagsparteien. Das ließ die Spannungen in SPD, FDP und CDU wachsen – und damit natürlich auch die Bemühungen der jeweiligen Parteiführungen, mit Appellen an Disziplin und Geschlossenheit zu beeindrucken. Dass dies nicht mehr so funktionierte, wie es jahrzehntelang vorher noch der Fall war, mussten vor allem SPD und FDP zu ihrem Leidwesen erkennen. Vielleicht agierten die

Überläufer auch deshalb geheim und verdeckt, weil die politische Situation so angespannt war, dass sie bei einem offenen Auftreten um ihr Leib und Leben hätten fürchten müssen? Das Beispiel von Wilhelm Helms aus der Grafschaft Hoya, der 1972 im Bundestag von der FDP zur CDU gewechselt war und hinterher einen medialen Ansturm überstehen musste, mag für viele Akteure abschreckend gewesen sein. Der CDU-Abgeordnete Werner Pöls, der 1977 über die Ereignisse von 1976 einen längeren Aufsatz schrieb, hatte diese These als erster geäußert.[691] Oder war es doch ein großer genialer strategischer Plan, von langer Hand in der CDU vorbereitet und dann Schritt für Schritt umgesetzt, wie es linke Kommentatoren wie Eckart Spoo gemutmaßt hatten[692]? Jeglicher Beleg dafür fehlt, damit dürfte diese Variante höchst unwahrscheinlich sein.

Ein Trauma lässt sich hervorragend im politischen Meinungsstreit einsetzen, da es mit relativ geringem Aufwand funktioniert. Es ist nicht nötig, eine längere historische Erläuterung zu geben, vielmehr genügen ein paar Stichworte, und im Handumdrehen hat man bei den Zuhörern die dazu passende Erzählung wachgerufen. Bei der SPD hat das im Wahlkampf 2017 so funktioniert, dass man auf die böse CDU verweisen und deren unredliche Aktivitäten zur Verfälschung des Wählerwillens anprangern konnte. Bei der CDU hat die Erwähnung der Jahreszahl „1976" lange Zeit die Stärke und Strahlkraft der Albrecht-Ära symbolisiert, eine Phase des Aufbruchs und der Weichenstellung – auch bundespolitisch, selbst wenn es von dort bis zur sogenannten „Wende" in Bonn noch sechseinhalb weitere Jahre dauern sollte. Bei der FDP war der Hinweis auf das Jahr der Albrecht-Wahl im Landtag mit der politischen Existenz verknüpft und daher eher angstbesetzt. Vier Jahre, nachdem die Partei 1974 in den Landtag zurückgekehrt war, flog sie 1978 wieder aus ihm heraus, mutmaßlich auch wegen der Hinweise, es seien vermutlich FDP-Politiker gewesen, die das sozialliberale Bündnis in Hannover hatten zerbrechen lassen. Daneben ist dann, quer durch alle politischen Lager, immer noch die Mahnung erhoben worden, von jeglicher Reform der Landkreisgrenzen bitteschön lieber die Finger zu lassen – das sei die Lehre aus 1976 gewesen.

Ob man nun von Trauma spricht oder von Mythos – in jedem Fall ist eine Verzerrung, Überhöhung oder Fehldeutung ein denkbar schlechter Umgang mit historischen Ereignissen. Heidi Hein-Kirchner schreibt zum Wesen eines Mythos, dass „nur bestimmte Aspekte dieses Sachverhalts fokussiert,

---

691 Werner Pöls: Regierungswechsel in Hannover, Hannover 1977, Seite 10
692 Eckart Spoo: Täter unbekannt, in: Bittner/Düvel/Holtfort/Spoo (Hrsg.): Sturmfest und erdverwachsen, Göttingen 1980, Seiten 45 bis 50

andere dagegen ausgeblendet werden."[693] Sie spricht von einer „gemachten Erinnerung", also von einer Form der Manipulation der Geschichte. Wie aber kann
man erreichen, dass man sich sachlich und analytisch mit historischen Vorgängen beschäftigt, ohne die damals zugefügten Narben wieder aufzureißen oder
neue irrationale Vorwürfe an die eine oder andere Seite auszusprechen? Es gibt
einen Ratschlag, den der Psychologe Strephon K. Williams entwickelt hat: „Der
Schlüssel zur Heilung liegt darin, das ursprüngliche Trauma noch einmal durch-
zugehen und es erneut zu durchleben, ihm leidenschaftlich und vorbehaltlos zu
begegnen und es zu einer Lösung zu führen. Auf dies Weise wird das festgefah-
rene Verhaltensmuster gesprengt, die Blockade löst sich auf – und dann kann die
Lebensenergie wieder frei fließen."[694]

Der alte Spruch „Zeit heilt Wunden" hat insofern seine Berechtigung, als
mit zunehmendem Abstand zum Ereignis eine sachbezogene, nicht gefühlsbe-
ladene Sichtweise wahrscheinlicher wird. Die meisten derer, die 1976 in politischer Verantwortung waren, Strippen gezogen und Strategien geplant haben,
sind bereits verstorben. Wieder andere betonen, sie wüssten etwas, wollten
dieses Wissen aber „mit ins Grab nehmen"[695]. Andere wiederum, die damals
noch zu den jungen Abgeordneten zählten und nicht so intensiv wie andere in
die Vorgänge involviert waren, haben inzwischen meistens den 80. Geburtstag überschritten und können gelassener auf die damalige Zeit zurückblicken.
Viele erinnern sich noch gut an die Stimmung in jener Zeit, viele haben auch
ihre Theorie darüber, wer die „Täter" waren und wie diese sich in den Jahren
danach dann verhalten haben sollen. Natürlich unterliegen auch diese Sichtwei-
sen auf ein Ereignis, das 45 Jahre zurückliegt, der selektiven Wahrnehmung in
der Erinnerung. Außerdem fehlen bisher Zufälle, die eine Aufarbeitung erleichtern oder bereichern könnten – beispielsweise, dass jemand im hohen Alter sein
Schweigen bricht und Details enthüllt. Vielleicht keimte bei diesem und jenem
die Hoffnung auf, ein Täter sei so sehr von schlechtem Gewissen geplagt, dass
er seine Beteiligung auf dem Sterbebett kundtut – oder in einem Nachlass so
platziert, dass nach seinem Tod die Erben die Aufgabe haben, das Bekenntnis

---

693 Heidi Hein-Kircher: Krisen in der Erinnerung – Erinnerung in Krisen: Die Bedeu-
     tung politischer Mythen für das Geschichtsbewusstsein und zur Krisenbewältigung,
     in: Frank Bösch, Nicole Deitelhoff, Stefan Kroll (Hrsg.): Handbuch der Krisen-
     forschung, Wiesbaden 2020, Seite 81
694 Strephon K. Williams: Durch Traumarbeit zum eigenen Selbst, Interlaken 1984,
     Seite 38
695 So Dieter Haaßengier im Gespräch am 11.09.2020

vorzutragen. Das ist bislang nicht geschehen, was auch damit zu tun haben könnte, dass ein unterstelltes „schlechtes Gewissen" bei den Betroffenen womöglich gar nicht vorhanden ist, dass sie sich politisch wie moralisch völlig im Recht sehen mit ihrem Verhalten als Überläufer.

Wie also soll man jetzt vorgehen? Lässt sich die geheime Kraft eines Traumas durch sachliche Aufklärung und Aufhellung abschwächen? Mit diesem Buch sollte der Versuch unternommen werden, alles zusammen zu tragen, was mit dem Ereignis „1976" in Verbindung steht. Getreu der Devise, dass alles einmal offen ausgesprochen werden muss, wenn man anschließend ordnen und damit beginnen will, die Dinge möglichst rational aufzuarbeiten. Da ist zum einen die Vorgeschichte – angefangen mit den Spannungen im Landtag, die 1970 zum Bruch der Großen Koalition geführt haben. Der Blick fällt auf den heftigen Kampf der Generationen und der politischen Richtungen in der SPD, auf die lange ungeklärte Machtfrage in der CDU und auf die siebziger Jahre, die generell eine Zeit der extremen politischen Polarisierung waren. Der latente Konflikt zwischen den Abgeordneten in den Fraktionen auf der einen Seite, den Ansprüchen der Parteien auf der anderen (vor allem in SPD und FDP) hat seine Bedeutung für diese Debatte, Ausfluss davon ist der damals aufkeimende Gedanke, die Grenzen des „freien Mandates" enger zu ziehen als bisher. Der Umgang der Medien mit diesen Vorkommnissen ist ein Thema für sich – bemerkenswert ist dabei auch, dass die Gegensätze zwischen den verschiedenen Journalisten und ihren Medien in den siebziger und achtziger Jahren extrem zugenommen hatten.

Das endete dann 1988 in einer regelrechten Konfrontation. Kein Wunder, dass just in dieser Endphase der Regierung Albrecht, als die CDU nach der Barschel-Affäre in Schleswig-Holstein bundesweit unter Druck geraten war und manche auch das bevorstehende Ende der Ära Kohl beschrieben hatten, das Trauma von 1976 wieder zu wirken begann. Der Hauptbelastungszeuge im Spielbank-Untersuchungsausschuss, Laszlo Maria von Rath, der als einstiger CDU-Berater nun Vorwürfe gegen die CDU offenbarte, stellte eine Beziehung her zwischen der undurchsichtigen Spielbank-Lizenzvergabe und den Umständen der Albrecht-Wahl, er stellte Behauptungen über Zusagen an einzelne Akteure auf und befeuerte damit die Debatte. Rath wusste offenbar nur zu gut, dass die gezielte Erwähnung bestimmter Namen und Begriffe schon ausreichen würde, die gesamte Aufmerksamkeit auf sich zu lenken und die politische Szenerie erheblich zu verunsichern. Einige seiner Detailaussagen waren widersprüchlich und verwirrend, doch der Wirkung seiner Darstellung tat das keinen Abbruch. Diese Diskussionen uferten damals nicht aus, was auch an der weltpolitischen Lage gelegen haben kann: Die letzte Zeugenvernehmung des Spielbank-Untersuchungsausschusses im Landtag war am 8. November 1989 – einen Tag

später war die legendäre Pressekonferenz in Ost-Berlin, in der Günter Scha-
bowski die Öffnung der Mauer verkündete. Die politisch interessierte Öffentlichkeit konzentrierte sich fortan auf ein anderes Thema, und zwar monatelang.
Selbst die Tatsache, dass er im September 1989 nachgerückte SPD-Abgeordnete
Oswald Hoch gleich nach Eintritt ins Parlament die SPD-Fraktion verließ und
der CDU/FDP-Koalition aus der Patsche half, weil diese nach dem Parteiaustritt des CDU-Politikers und Rechtsabweichlers Kurt Vajen ihre Mehrheit verlor,
bewegte die politische Debatte nicht nachhaltig. Zu überragend war das nahende
Ende der SED-Diktatur in der DDR in der öffentlichen Diskussion. Ein paar
Monate danach kam dann auch der Regierungswechsel in Hannover, damit war
dann die Ära Albrecht vorüber. Ein neuer Ministerpräsident, eine neue Regierungsmehrheit zogen das öffentliche Interesse auf sich – und niemand wollte
mehr genau wissen, was in der Albrecht-Zeit alles schiefgelaufen war. Diese
Zeit schien abgehakt, obwohl die noch wenige Monate vorher als bedrückend
beschriebenen Fragen alles andere als aufgeklärt waren.

Nun ist viel Zeit vergangen. Das Resultat der Befragung vieler Zeitzeugen,
der Recherche in unterschiedlichen Archiven und der Beleuchtung der politischen Begleitumstände dieser Ereignisse von 1976, ihrer Vorgeschichte und
ihrer Folgen lautet: Es kann ganz viele Möglichkeiten gegeben haben, auch ganz
viele Motive. Es kann das Handeln von Überzeugungstätern gewesen sein, die
eine andere Politik wollten – oder auch die menschliche Schwäche von Abgeordneten, die einem verlockenden Versprechen auf einen Karrieresprung oder
einer finanziellen Zuwendung nicht widerstehen konnten oder wollten. Es können ehrenwerte Absichten gewesen sein, die in politischen Inhalten begründet
waren – oder weniger ehrenwerte Motive, die Rache oder Vergeltung für früher
erlittenes Unrecht zum Ziel hatten. Es kann Begeisterung für einen Kandidaten
Albrecht gewesen sein – oder Ablehnung seines Gegenkandidaten, des SPD-
Politikers Kasimier, die sich später dann auch auf dessen Nachfolgekandidaten
Ravens übertrug. Es kann eine Entscheidung unter Druck und in einer Zeit
großer Anspannung gewesen sein, oder auch eine lange reiflich geplante und
dann kühl und kalkuliert durchgezogene Entscheidung. Es können drei oder
vier Abweichler aus der SPD/FDP-Fraktion gewesen sein, oder auch mehr. Wer
sagt denn, dass die erst drei, dann vier und schließlich wieder drei Stimmen,
die im SPD/FDP-Lager für den jeweiligen Kandidaten fehlten, immer dieselben
Personen waren? An dieser Stelle sei eine Anekdote erwähnt, die der damalige
CDU-Landtags- und spätere Bundestagsabgeordnete Klaus-Jürgen Hedrich aus
Uelzen zum besten gegeben hat: „Irgendwann bin ich Albrecht mal begegnet
und habe zu ihm gesagt: ‚Sie sind ja von sechs SPD-Leuten gewählt worden.‘
Daraufhin der verdutzte Albrecht: ‚Warum sechs?‘ Da antwortete ich ihm: ‚Weil

zwei CDU-Leute Sie nicht gewählt haben.' Das fand er dann gar nicht lustig, obwohl er sonst immer gern zu Scherzen aufgelegt war."[696]

Spielen wir einen Moment lang die Variante durch, es hätte gar keine geheime Wahl des Ministerpräsidenten im Landtag gegeben, sondern eine offene Abstimmung – so wie es bei Sachfragen ohnehin üblich ist. Die Vorgänge im Frühjahr 1976 im Landtag lösten noch im Februar desselben Jahres eine wissenschaftliche Diskussion darüber aus, ob man den Modus der Wahlen in Parlamenten nicht ändern und Wahlen als offene Abstimmungen durchführen sollte – mit dem Ziel, die Abgeordneten bei einem abweichenden Verhalten damit zu zwingen, ihre Motive offen darzustellen und zu begründen. Sogar der Nestor der Politikwissenschaft, Theodor Eschenburg[697], zeigte sich seinerzeit offen für eine Systemänderung in diesem Punkt. Was wäre also geschehen, wenn die offene Wahl damals im Landtag in Niedersachsen verpflichtend gewesen wäre? Die Wahrscheinlichkeit, dass am Ende mehrere Abgeordnete der Koalition Kasimier die Stimme verweigert hätten, ist ausgesprochen gering. Sofort wären die Überläufer nach dem ersten Wahlgang nicht nur von ihren Partei- und Fraktionsführungen in die Mangel genommen worden, sie hätten auch einen öffentlichen Rechtfertigungsdruck erlebt, dem sie nie hätten ausweichen können. Die Begründung hätte wohl nur politisch sein können – dass nämlich ihre bisherige Partei, die SPD oder FDP, sich verändert habe und sie nun eine neue politische Heimat suchen, was in diesem Fall wohl nur die CDU hätte sein können. Wie stark der öffentliche Druck in ähnlichen Situationen auch viel später noch war, schilderte die 2017 von den Grünen zur CDU übergetretene Abgeordnete Elke Twesten ausführlich.[698] Wenn aber unter solchen fiktiven Umständen mit Überläufern in der entscheidenden Landtagssitzung nicht zu rechnen gewesen wäre, hätten Unmut oder Unzufriedenheit einzelner Abgeordneter der Koalitionsfraktionen mit der angepeilten Regierungskonstellation intensivere Debatten in diesen Fraktionen selbst zur Folge haben müssen. Wer seinen Protest hätte ausdrücken wollen, hätte ihn wohl oder übel in den Fraktionssitzungen offen ansprechen zu müssen – um überhaupt Wirkung zu erzielen.

Kann man daraus nun aber im Umkehrschluss ableiten, die bis heute andauernde Ungewissheit über die Identität der Überläufer spreche dafür, dass ihre Motive wohl nicht politisch waren – sondern in persönlichen Absichten

---

696 Gespräch mit Klaus-Jürgen Hedrich am 09.10.2020
697 Vgl. Abschnitt 5.8.
698 Politikjournal Rundblick vom 18.09.2017: „Es wurde immer wieder diskutiert, aber es kam nie zu irgendwelchen Lösungen"

(Rache oder finanzielle Vorteilsnahme) begründet waren? Das muss nicht so sein, denn dass eine Elke Twesten 2017 die wochen- und monatelange Empörung über ihren Parteiwechsel ohne Mandatsverzicht hinnahm, bedeutet ja nicht, dass dies 1976 für die Überläufer auch verkraftbar erscheinen musste. Die erhebliche Polarisierung in den politischen Debatten, mit der die siebziger Jahre gekennzeichnet waren, zeigt ja eben auch in diesem Punkt eine andere Ausgangsposition. Wer 1976 in einem extrem vom Freund-Feind-Schema geprägten politischen Umfeld zum Gegner überlief, galt doch im Vergleich zu heute viel stärker als „Verräter". In jener Zeit war die Auseinandersetzung zwischen den politischen Lagern extrem zugespitzt. Was bis 1970 noch im Landtag und bis 1972 im Bundestag wiederholt geschehen war, nämlich ein Parteienwechsel von FDP- und SPD-Abgeordneten mit der Begründung einer abweichenden Haltung zur neuen Ostpolitik von Kanzler Willy Brandt, wurde schon damals äußerst kritisch von jenen Kräften in den Parteien beäugt, die ohnehin mehr Einfluss der Parteivorstände auf die Fraktionen in den Parlamenten forderten. Diese Sensibilität nahm danach offenbar noch zu – und erschwerte offenes Abweichen in Fragen der wichtigen Weichenstellungen zusätzlich. Das gilt umso mehr, als dieses Abweichen nun den Bestand der Regierung als solcher gefährdete.

Wenn weiterhin alle denkbaren Varianten über die möglichen Überläufer zulässig bleiben und sich auch nach 45 Jahren keine Richtung aufzuzeigen beginnt, welches wohl der wahrscheinliche Verlauf damals war – wie berechtigt ist dann überhaupt noch eine intensive Beleuchtung der damaligen Ereignisse? Die Antwort lautet: Im Laufe der vielen Jahren hat es viele besondere Situationen gegeben, es traten verschiedene Akteure auf die Bühne, die allesamt behaupteten, eine Rolle im Jahr 1976 gespielt zu haben. In diesem Buch wird versucht, sie alle zu erwähnen und ihre jeweilige Sichtweise zu präsentieren – um anschließend abzuwägen, ob das mehr oder weniger wahrscheinlich so gewesen sein könnte. Damit wird jeder, der in Zukunft eine Anspielung auf das Jahr 1976 erlebt oder erfährt, welche Reaktionen eine solche Anspielung beim Publikum auszulösen vermag, mit dem Blick in dieses Buch nachschauen können, was damals geschehen war und welche Theorien bisher schon rund um das Ereignis gestrickt wurden. Das kann eine politische Einordnung erleichtern, die umso wichtiger ist, je emotionaler die Rückschau in einer aktuellen politischen Auseinandersetzung von interessierter Seite gestaltet wird. Dieses Buch soll also ein Beitrag zur Entzauberung der damaligen Ereignisse sein. Wir sehen genau hin und erkennen, wie vielfältig die möglichen Erklärungen bleiben.

Wir sollten uns an dieser Stelle noch einmal ein paar wichtige Fakten verge-
genwärtigen, die unbestritten geblieben und für die Einordnung der Ereignisse
nicht unwichtig sind:

Erstens: SPD und FDP waren vorgewarnt, als sie die Ministerpräsidentenwahl
für Januar 1976 angesetzt hatten. Sie wussten, wie groß der Unmut in Teilen
der eigenen Reihen war – vor allem, aber nicht nur wegen der Kreisreform. Die
SPD-Fraktionsspitze hat vorher noch versucht, auf Kubel einzuwirken und ihn
zu bitten, doch länger im Amt zu bleiben. Er lehnte das ab. Die von der SPD
verbreitete Behauptung, die parteiinterne Entscheidung für Helmut Kasimier
als Ministerpräsidentenkandidaten im Jahr 1975 sei einmütig gelaufen, muss
mit einem Fragezeichen versehen werden. Die Mitteilung über den Verzicht
des erkrankten Helmut Greulich in der Landesausschuss-Sitzung der SPD war
mit einem Hintertürchen versehen. Er wäre ja vielleicht bereit gewesen, später
anzutreten – wenn denn die Wahl, die ohne Not für Anfang 1976 vorgesehen
war, verschoben worden wäre. Diese Variante hätte auch vielen anderen in der
SPD-Spitze damals gut gepasst, wohl auch Peter von Oertzen. Manche hofften
sogar insgeheim darauf – denn sie wussten, wie stark das Unbehagen in der eigenen SPD-Landtagsfraktion war, nicht nur wegen des Reizthemas Kreisreform.
Es war dann aber die unverrückbare Position von Alfred Kubel, die die SPD in
Zugzwang setzte und damit auch eine Festlegung auf Kasimier unausweichlich
machte.

Zweitens: Die CDU-Spitze um Wilfried Hasselmann und Ernst Albrecht hatte
eine Strategie, eigentlich schon 1974, im nächsten Schritt dann aber 1976 an die
Macht zu gelangen. Albrecht selbst hat vor dem Start der Ministerpräsidentenwahl am 14. Januar 1976 und in den Tagen danach mehrere Gespräche auch mit
Menschen geführt, die später ausgesagt haben oder über die später behauptet
wurde, sie hätten versucht, Abgeordnete aus SPD und FDP für die Wahl Albrechts zu gewinnen. Es hat im Vorfeld der Ereignisse im Landtag eine reichliche
politische Aktivität gegeben.

Drittens: Es hat nach den Vorgängen 1976 viele Leute gegeben, die verbreitet
haben, über die damaligen Abläufe genau Bescheid zu wissen – aber nichts
näher dazu sagen zu wollten. Es kann sich um Trittbrettfahrer gehandelt
haben, die dies nur behaupteten, um sich wichtig zu machen oder ihre politischen Gesprächspartner zu beeindrucken. Es kann auch sein, dass einige von
ihnen wirklich in Absprachen involviert waren. Dieses „Kapital", nämlich die
Behauptung, über die Umstände von damals genau Bescheid zu wissen, hat
erkennbar niemandem wirklich zu einem Ertrag gebracht – weder politisch

noch in anderer Weise. Womöglich entsprangen solche Debatten auch immer dem Bedürfnis, man müsse das Geheimnis doch endlich mal lüften können.

Viertens: Die Beziehungen vieler Akteure in den Parteien waren teilweise gereizt, von Misstrauen und Unterstellungen geprägt. Das gilt vor allem für führende Politiker in den jeweiligen Parteien, die sich als Konkurrenten eifersüchtig gegenüberstanden. Daher kann angenommen werden, dass es isolierte Aktivitäten einzelner Akteure gegeben hat, von denen andere führende Parteifreunde nichts wussten. Ein solches Vorgehen wäre dann Ausfluss der heftigen politischen Lagerkämpfe, die in den siebziger Jahren bundesweit die Politik prägten – und die mit ihrer Heftigkeit tiefe Verletzungen in den jeweiligen Parteien geschaffen haben. So etwas trifft für SPD, CDU und FDP in Niedersachsen zweifellos zu.

Fünftens: Trotz der extremen politischen Polarisierung hat es auch in den siebziger Jahren so etwas wie eine „regionale Solidarität" gegeben – eine Verbundenheit zwischen Abgeordneten verschiedener politischer Ausrichtung, die aus einer bestimmten Gegend stammten. Zwar waren dann oft Rivalitäten im Spiel, aber die Gegnerschaft beispielsweise zu den Regierungsvorschlägen zur Kreisreform einte dann häufig Sozial-, Christ- und Freie Demokraten aus einer Region. Solche Bündnisse, die quer zur bundes- und landesweiten politischen Lagerbildung standen, konnten der Geschlossenheit der Fraktionen zugesetzt haben. Sie können sich am Ende als tragfähiger erwiesen haben als die jeweilige Fraktionsdisziplin.

Sechstens: Die Abläufe rund um die Ministerpräsidentenwahl im Frühjahr 1976 dürfen nicht landespolitisch isoliert betrachtet werden. Sie spielten sich ab unmittelbar vor einer Bundestagswahl, in der eine historische Weichenstellung bevorstand: Würde es CDU und CSU unter Kanzlerkandidat Helmut Kohl gelingen, die absolute Mehrheit gegen das Bündnis aus SPD und FDP unter Kanzler Helmut Schmidt zu erlangen? Die Wahl von Albrecht, der zu den Verbündeten von Kohl gerechnet werden konnte, war nicht nur ein Signal des Aufbruchs für die Christdemokraten. Aus den auf die Wahl folgenden Wochen und Monaten konnte auch auf das Verhalten der Freien Demokraten zurückgeschlossen werden. Deshalb dürfen auch die bundespolitischen Akteure in der Betrachtung auf keinen Fall vernachlässigt werden.

Siebtens: Bis heute sind die Vorgänge von 1976 nicht nur bei den Beteiligten, sondern auch bei ihren politischen Erben und Nachfolgern ein ganz besonderes, auch besonders empfindliches Kapitel. Das hängt wohl mit der Tragödie von Vertrauen und Verrat, von enttäuschten Erwartungen und verdeckt agierenden

Übeltätern zusammen – eine Mischung, die politische Vorgänge undurchsichtig und spannend erscheinen lässt. Damit fällt das Drama um Kasimier und Ravens in die Kategorie Barschel-Affäre oder auch Guillaume-Affäre. Aber womöglich ist das Thema auch deshalb noch so präsent und immer wieder aufs Neue interessant, weil damit das Verhältnis von Politik und Moral berührt wird. Welche Pflichten hat ein Abgeordneter gegenüber der Partei, für die er gewählt wurde? Welche Pflichten hat er, was die Aufrichtigkeit seines Verhaltens bei internen Abstimmungen angeht? Wären die Überläufer verpflichtet gewesen, sich vor den entscheidenden Wahlen zu erkennen zu geben – einfach nur, weil sich das in einer Fraktion, die trotz aller sachlichen und persönlichen Differenzen eine Gemeinschaft ist, so gehört? Diese Fragen bleiben aktuell, auch für alle anderen gleich oder ähnlich gelagerten Fälle, die es künftig geben wird.

Wahr ist aber auch: Solange nicht geklärt ist, wer die Überläufer waren, wird dieses landespolitische Kapitel vom Hauch des Geheimnisvollen umhüllt. Nichts ist interessanter als diese Ungewissheit, da sie ein breites Spektrum der Möglichkeiten eröffnet.

Dieses Buch ist entstanden im außergewöhnlichen Jahr 2020, das geprägt war durch die Corona-Krise. Lange Zeit schien es so, als gäbe es neben diesem Virus, den Strategien zu seiner Bekämpfung und den Hilfen für die von staatlichen Kontaktverboten Betroffenen keine weitere Themen. Als ich begann, für die Recherche mit vielen Zeitzeugen zu reden, stellte ich rasch fest, wie bereitwillig sie über ihre damaligen Erlebnisse berichteten. Vielleicht auch deshalb, weil es ihnen Gelegenheit gab, der drückenden Dominanz von Corona für einen Augenblick zu entfliehen?

Ohne die Bereitschaft des Sparkassenverbandes Niedersachsen, als Sponsor den Druck zu unterstützen, wäre dieses Buchprojekt gar nicht begonnen worden. Ich möchte dem SVN dafür herzlich danken.

Besonderer Dank gebührt auch Prof. Rolf Wernstedt, Wolfgang Jüttner und Wolfgang Pennigsdorf, die Teile des Manuskripts kritisch beleuchtet und wichtige Ratschläge gegeben haben. Bedanken möchte ich mich auch bei Klaus Wettig, Jürgen Gansäuer, Dieter Haaßengier, Walter Hirche, Kurt Rehkopf und Andreas Grau, die mir mit wertvollen Anregungen, Tipps und ergänzenden Hinweisen geholfen haben. Posthum gilt das auch für Egon Kuhn. Hermann Ühlein vom Peter-Lang-Verlag hat meine Arbeit als Lektor gründlich und gewissenhaft begleitet, dafür schulde ich ihm hohe Anerkennung. Ständige und schnelle Unterstützung habe ich von der Verwaltung des niedersächsischen Landtags erfahren, vor allem von der Landtagsbibliothek und vom Archiv des Landtags. Der Zugang zu verschiedenen Unterlagen wurde mir problemlos ermöglicht, erwähnen möchte ich hier vor allem die Konrad-Adenauer-Stiftung, die Friedrich-Ebert-Stiftung, die Friedrich-Naumann-Stiftung, das Archiv für die Unterlagen des DDR-Staatssicherheitsdienstes, das Niedersächsische Landesarchiv, das Archiv der Gottfried-Wilhelm-Leibniz-Universität Hannover und die Archive der Hannoverschen Allgemeinen Zeitung, des „Spiegel" und des „Stern".

Meiner Frau Gabriele Wallbaum ist dieses Buch gewidmet, sie hat mich ständig zum Recherchieren und Schreiben ermuntert – besonders in Phasen, in denen auch mich die Corona-Lethargie erfasst hatte. Auch meine Kinder Christopher und Johanna haben mich immer wieder motiviert und angetrieben. Dafür gilt ihnen ein großes Dankeschön.

Literatur

Albrecht, Ernst: Der Staat – Idee und Wirklichkeit, Stuttgart 1976

Albrecht, Ernst: Erinnerungen, Erkenntnisse, Entscheidungen, Göttingen 1999

Benz-Overhage, Karin/Jüttner, Wolfgang/Peter, Horst (Hrsg.): Zwischen Räteso-zialismus und Reformprojekt, Köln 1994

Berg, Christian: Ist Nachhaltigkeit utopisch?, München 2020

Bösch, Frank: Die Adenauer-CDU, Stuttgart 2001

Bösch, Frank, Deitelhoff, Nicole, Kroll, Stefan (Hrsg.): Handbuch Krisenfor-schung, Wiesbaden 2020

Boetticher, Manfred von: Die „Ära Albrecht", in: Gerd Steinwascher (Hrsg.): Geschichte Niedersachsens Band 5, Hannover 2010, Seiten 737 bis 806

Bittner/Düvel/Holtfort/Spoo: Sturmfest und erdverwachsen, Göttingen 1980

Bundesbeauftragter für Unterlagen des DDR-Staatssicherheitsdienstes: Gutach-ten zum Deutschen Bundestag in den MfS-Akten, Berlin 2013

Carmanns, Gabriela I.: Geschichte und Politik des niedersächsischen Landes-verbandes der FDP in seiner Umbruch- und Konsolidierungsphase 1967 bis 1978, Hannover 1978

Claasen, Utz und Guise-Rübe, Ralph: Überlastet, überfordert, überrannt – der Rechtsstaat vor dem Zusammenbruch, München 2020

Der Staat, Zeitschrift für Staatslehre, öffentliches Recht und Verfassungsge-schichte, 2000

Eschenburg, Theodor: Nur noch ein alter Zopf, in: „Zeit" vom 13. Februar 1976

Fratzscher, Arnold: Die CDU in Niedersachsen 1952 bis 1970, unveröffentlichtes Manuskript von 1971

Glienke, Stephan A.: Die NS-Vergangenheit späterer niedersächsischer Land-tagsabgeordneter, Hannover 2012

Göpel, Maja: Unsere Welt neu denken, Berlin 2020

Grau, Andreas: Zur Suche nach fehlenden Stimmen 1972, in: Historisch-politische Mitteilungen, Heft 16/2009

Grajetzki, Katrin: „Kanalarbeiter" und Bundesminister, Bonn 2019

Gunlicks, Arthur B.: Die parteipolitischen Präferenzen beim niedersächsischen Entscheidungsprozess für eine Gebietsreform im Spannungsfeld von Effizi-enz, Gleichheit und Freiheit, in: Zeitschrift für Parlamentsfragen 1976, Seiten 472 bis 488

Hein-Kircher, Heidi: Krisen in der Erinnerung – Erinnerung in Krisen: Die Bedeutung politischer Mythen für das Geschichtsbewusstsein und zur Krisenbewältigung, in: Bösch, Deitelhoff, Kroll (Hrsg.): Handbuch zur Krisenforschung, Wiesbaden 2020, Seiten 77 bis 93

Hoffmann, Uwe: Die NPD, Frankfurt 1999

Hogrefe, Jürgen und Spoo, Eckart (Hrsg.): Niedersächsische Skandalchronik, Göttingen 1990

Jusos Hannover: „Fall und Aufstieg des Genossen R.L." vom 2. Oktober 1970

Koerth, Jürgen (Hrsg.): „Der Hannoveraner", Berlin 2006

Kufferath, Philipp: Peter von Oertzen, Göttingen 2017

Müller, Martin: Fraktionswechsel im Parteienstaat, Opladen 1974

Münkel, Daniela: Von Hellwege bis Kubel, in: Steinwascher, Gerd (Hrsg.): Geschichte Niedersachsens, Band 5, Hannover 2010

Pöls, Werner: Regierungswechsel in Hannover, Hannover 1977

Rebe, Bernd (Hrsg.): Alfred Kubel – in der Pflicht des klaren Wortes, Braunschweig 1989

Renzsch, Wolfgang: Alfred Kubel, 30 Jahre Politik für Niedersachsen, Bonn 1985

Rieger, Helmut: Alles hat seine Zeit, Hannover 1995

Schildt, Axel und Schmidt, Wolfgang (Hrsg.): „Wir wollen mehr Demokratie wagen", Bonn 2019

Schmollinger, Horst W. (Hrsg.): Die Bundesrepublik in den siebziger Jahren, Leverkusen 1984

Seifert, Jürgen: Kampf um Verfassungspositionen, Frankfurt 1974

Seuffert, Walter: Über geheime Wahlen und Abstimmungen in Parlamenten, Hannover 1978

Spoo, Eckart: Täter unbekannt, in: Bittner/Düvel/Holtfort/Spoo: Sturmfest und erdverwachsen, Göttingen 1980

Staatskanzlei Niedersachsen: Alfred Kubel zum Gedenken (Schrift zu seinem Tode), 1999

Steffani, Wilfried: Parlamentarische und präsidentielle Demokratie, Opladen 1979

Steinwascher, Gerd (Hrsg.): Geschichte Niedersachsens, Band 5, Hannover 2010

Vogt, Hannah: Georg Diederichs, Hannover 1978

Weber, Wolf: Der Zeuge aus Florida, in: Hogrefe/Spoo (Hrsg.): Niedersächsische Skandalchronik, Göttingen 1990, Seiten 83 bis 99

Wernstedt, Rolf: Alfred Kubel zum Gedenken, Hannover 1999

Wernstedt, Rolf: Herbert Schmalstieg und seine Partei: geprägt, erduldet und manchmal auch erlitten, in: Jürgen Koerth (Hrsg.): „Der Hannoveraner", Berlin 2006

Wettig, Klaus: Soziale Demokratie und Geschichte, Göttingen 2020

Wettig, Klaus: Die niedersächsische Landtagswahl vom 9. Juni 1974, in: Zeitschrift für Parlamentsfragen 6/1975

Wildt, Michael: Die Generation des Unbedingten, Hamburg 2002

Williams, Strephon K.: Durch Traumarbeit zum eigenen Selbst, Interlaken 1984

Winkler, Hans-Joachim: 3000 D-Mark Strafe bei Parteiwechsel? Zeitschrift für Parlamentsfragen 1970, Seiten 170 bis 173

Zastrow, Volker: Die Vier. Eine Intrige, Berlin 2009

Zeitschrift für Parlamentsfragen, Jahrgänge 1970, 1974, 1975, 1976

Zick, Rolf: Die CDU in Niedersachsen, Sankt Augustin 2008

Zick, Rolf: Die Landespressekonferenz am Puls des Geschehens, Hannover 1997

Zick, Rolf: Walter Hirche. Ein Liberaler aus Niedersachsen, Hildesheim 2014

Rotenburger Kreiszeitung, Hannoversche Allgemeine Zeitung, Politikjournal Rundblick, „Der Spiegel", „Stern", Nordwest-Zeitung, Frankfurter Allgemeine Zeitung, Frankfurter Allgemeine Sonntagszeitung, Göttinger Tageblatt, Elbe-Jeetzel-Zeitung, Neue Osnabrücker Zeitung, Peiner Allgemeine Zeitung, „Konkret", Frankfurter Rundschau, Kreiszeitung Syke, Cellesche Zeitung, Stuttgarter Zeitung, Leine-Zeitung Wunstorf, Süddeutsche Zeitung, Alfelder Zeitung, Kreiszeitung Harpstedt, Bersenbrücker Kreisblatt, Schaumburger Nachrichten, Schaumburger Zeitung, „Cicero", „Berliner Republik", Rheinische Post, „Focus", Manager-Magazin, Deutschlandfunk, Agentur Reuters

Mitgliedermagazin der Jusos Hannover, 1967 bis 1970

Landtag Niedersachsen, Stenographische Berichte

Protokolle der Sitzungen der Landesvorstände von SPD, CDU und FDP, Protokolle der Sitzungen der Fraktionen von SPD, CDU und FDP – in den Archiven der Friedrich-Ebert-Stiftung, der Konrad-Adenauer-Stiftung und der Friedrich-Naumann-Stiftung, Protokolle der Sitzungen des SPD-Bezirksvorstandes Hannover

Protokolle des Spielbank-Untersuchungsausschusses im Landtag Niedersachsen 1988/1989

Nachlässe von Wilfried Hasselmann und Heinz Müller im Archiv der Konrad-Adenauer-Stiftung, Nachlass von Adolf von Thadden im Niedersächsischen Landesarchiv, Nachlass von Peter von Oertzen im TIB/Universitätsarchiv der Gottfried-Wilhelm-Leibniz-Universität Hannover

Akten von Egon Kuhn

Personenregister

Scheel, Walter 62, 119, 183
Scheer, Hermann 295
Scheibe, Reinhard 85, 146, 152, 175, 209, 303
Schlüter, Leonhard 71
Schmalstieg, Herbert 98–100, 147, 303
Schmidt, Helmut 16, 17, 315
Schmidt-Harries, Helmut 192–194
Schmidt-Jortzig, Edzard 110
Schmitt, Carl 84
Schmollinger, Horst W. 54
Schmude, Jürgen 49
Schmücker, Kurt 120, 139
Schnipkoweit, Hermann 117, 118, 167, 250
Schnorr, Helmut 128
Schörshusen, Horst 214
Schorlemer, Reinhard von 137, 165
Schröder, Gerhard 30, 180, 209, 227, 272, 279
Schultert, Reinhold 131, 174, 175
Schünemann, Uwe 34, 35
Schultze, Wolfgang 126, 147, 148, 181
Schulz, Martin 31
Schwenke de Wall, Uwe 153
Schwind, Hans-Dieter
Seebohm, Hans-Christoph 74
Seifert, Jürgen 240, 264
Seiffert, Wolfgang 110, 111
Seiters, Rudolf 74, 85, 89, 90
Selbert, Elisabeth 44
Seuffert, Walter 163
Siegmund, Detlef 53
Simonis, Heide 21, 164, 272–277
Spoo, Eckart 201, 204–207, 307
Stecker, Josef 74
Steffen, Jochen 95
Stegner, Arthur 71

Stegner, Ralf 272–277
Stender, Herbert 78–79, 82, 88–90, 197
Steiner, Julius 60
Strasser, Johanno 48
Strauß, Franz Josef 17, 167, 168
Striefler, Hans 103, 107, 108
Struck, Peter 291
Stuhldreher, Ekkehard 89
Stulle, Heinrich 120, 121, 197–201, 229
Süssmuth, Rita 16, 18, 228

T
Tesch, Silke 293
Thadden, Adolf von 83, 121, 122
Theilen, Bernd 154
Thiele, Ulf 30
Thölke, Jürgen 174–176, 259
Thümler, Björn 24, 25
Tillich, Stanislaw 281
Twesten, Elke 18, 23–31, 41–43

V
Vajen, Kurt 311
Vogel, Bernhard 283–289
Vogt, Hannah 67, 77, 81, 233

W
Wagner, Leo 60
Walter, Jürgen 289–298, 301
Wartenberg, Ludolf von 137
Weber, Werner 33
Weber, Wolf 211–231
Weil, Stephan 25, 26, 29, 30, 36, 37, 41
Werner, Rudolf A. 246, 247
Wernstedt, Rolf 28, 49, 98, 109, 175, 190, 205, 232, 237, 242
Wettig, Klaus 32, 92, 115–124, 174, 178, 179, 232, 239–241

Wettig-Danielmeier, Inge
 154
Weyrauch, Horst 202
Wienand, Karl 61
Wildt, Michael 232
Williams, Strephon K. 309
Wulff, Christian 34

Y
Ypsilanti, Andrea 21, 289–298

Z
Zastrow, Volker 292–294
Zick, Rolf 123, 160, 167, 185, 203–
 208, 210, 248